Develando Tu Verdad Sagrada

La esencia más íntima de todas las enseñanzas del Buda, junto con una explicación complementaria de los métodos para entrar en el sendero profundo de los Seis Vajra Yogas.

བདེ་གཤེགས་སྙིང་པོའི་འཇུག་རིམ་རྟོགས་ལྡན་གསར་པའི་ཁྱད་ནོར

༄༅།། རབ་ལམ་རྡོ་རྗེའི་རྣལ་འབྱོར་དྲུག་ལ་འཇུག་ཆུལ་འཕྲོས་དོན་དང་བཅས་པ་ཀུན་འདུས་རྒྱལ་བསྟན་ཡང་སྙིང་།།

— PRIMERO LIBRO —
La Realidad External

por Shar Khentrul Jamphel Lodrö

ཤར་མཁན་སྤྲུལ་རིན་པོ་ཆེ་འཇམ་དཔལ་བློ་གྲོས

Dzokden

©2022 Dzokden

Todos los derechos de esta obra están reservados. Ninguna parte de este libro sea esto el texto o el arte puede ser reproducidos de forma alguna sea esta de forma electrónica o de cualquier otra manera sin el permiso escrito de Dzokden.

Autor: Shar Khentrul Jamphel Lodrö
Editor en Ingles: Ven. Tenpa'i Gyaltsen
Traducción al Español: Héctor Totti
Editores en español: Elba Cardona

Primera Edición

ISBN Libro de Bolsillo (Edición en Español): 978-1-7373482-4-5
ISBN Libro electrónico (Edición en Español): 978-1-7373482-3-8
Nombres: Shar Khentrul Jamphel Lodrö, autor
Identificadores: LCCN: 2021911536

Publicado por:

DZOKDEN

Este trabajo fue producido por Dzokden, una institución sin fines de lucro operada enteramente por voluntarios. Esta organización está dedicada a propagar una visión no sectaria de todas las tradiciones espirituales del mundo y a enseñar el budismo en una forma completamente autentica y al mismo tiempo practica y accesible a la cultura occidental. Está especialmente dedicada a difundir la tradición Jonang, una rara joya de una parte remota de Tíbet que conserva las preciadas enseñanzas del Kalachakra.

Para obtener más información sobre las actividades programadas o materiales disponibles, o si desea hacer una donación, comuníquese con:

Dzokden
3436 Divisadero Street
San Francisco, CA 94123
USA

www.dzokden.org
office@dzokden.org

Contenido

Homenaje	vii
Agradecimientos	ix
Introducción	xi

PRIMERA PARTE CREANDO ESPACIO PARA LA REFLEXIÓN

1 Comprendiendo la Mente	1
2 Trabajando con los Estados Mentales Destructivos	23
3 Cómo Meditar	51
4 Las Etapas de la Meditación	81

SEGUNDA PARTE REFLEXIONANDO SOBRE TU SITUACIÓN ACTUAL

5 Como Practicar el Dharma	107
6 La Ley Kármica de Causa y Efecto	127
7 La Naturaleza Sufriente de la Existencia Cíclica	165
8 La Preciosa Oportunidad Que Ofrece una Vida Humana	211
9 Reflexionando Sobre la Muerte e Impermanencia	235

TERCERA PARTE DESARROLLANDO LA FE EN UN SENDERO

10 Eligiendo un Sendero Espiritual	259
11 Introducción al Budismo	281
12 El Vehículo Fundacional	315
13 El Gran Vehículo	343
14 El Vehículo Vajra	375

APÉNDICE

I: Los Cincuenta y Un Factores Mentales	411
II Guía del Primer Libro	423
Glosario	432
Sobre el Autor	470
La Visión de Rinpoche	471

Shar Khentrul Jamphel Lodrö Rinpoché

Homenaje

སྲིད་པའི་དཔལ་ཡོན་འདོད་དགུས་མ་འཆིང་གཏན་གྱི་ཐར་བའི་ལམ་མཆོག་བསྒྲེགས། །
འགར་མེད་དུས་བཅས་དཔལ་བ་སྙིང་གི་ཕ་མཐར་བསྒྲོད་བའི་སྙིང་སྟོབས་ཀྱིས། །
མཆོད་བྲལ་ལམ་གྱིས་མྱང་འདས་བརྙེས་ནས་རྣ་བྲལ་མཐུན་དང་བར་ཆེན་གྱིས། །
ཟབ་ཞི་སྤྲོས་བྲལ་བདག་མེད་སྡེའི་ཆོས་སྒྲ་སྙིང་འདིར་བསྔགས་ལ་འདུད། །

Al que buscaba el camino supremo de la libertad, sin ataduras a las muchas atracciones de la existencia samsárica; con el coraje y la inquebrantable dedicación que fue más allá de los límites de miles de dificultades; Me postro ante el camino ilimitado que obtiene el nirvana, así como la sabiduría incomparable y la gran amabilidad del que proclamó el Dharma del altruismo como el rugido de un león, libre de elaboraciones, profundo y pacífico.

ཆ་མེད་འགར་མེད་རྟག་བརྟན་གཡུང་དུང་ཀུན་ཁྱབ་ཆོས་ཀྱི་སྐུ། །
ནང་དབྱིངས་རང་རིག་རབ་འབྱམས་སྟོང་གཟུགས་རྡུལ་བྲལ་ལོངས་སྐུའི་འཕུལ། །
ཁྱུ་མཆོག་བུའི་བརྟན་བཞིན་སྣ་ཚོགས་འགྲོ་ལ་ཐར་བའི་ལམ། །
སྟོན་མཁས་ཡང་སངས་རྣས་ལ་ཆོས་མེད་དང་དང་བས་འདུད། །

Al Dharmakaya, Cuerpo de la Verdad, sin partes, inmutable, permanente, invariable, eterno y penetrante; al milagroso Sambhogakaya Cuerpo del Disfrute, la extensión interna de la autoconciencia, la infinita forma vacía más allá de las partículas; Rindo homenaje con una fe e inspiración inconmensurables al que [demuestra el logro del Budado una y otra vez, mostrando hábilmente el camino de la libertad para la diversidad de seres, al igual que los millones de reflejos de la luna en el agua.

གང་དེའི་ཐུན་མིན་ཟབ་གསང་ཤམ་བྷ་ལ་ཞེས་དོན་དུ་ལྷུན་སྲིད་ཡེ་ཤེས་ཞིང་མཆོག་ཏུ། །
བྱང་སེམས་རིགས་ལྡན་སོ་ལྔ་སྲས་དང་བཅས་པའི་ཆོས་རྒྱུན་འདྲེན་མཛད་དུས་ཞབས་ཆེ་རྒྱུན་གཉིས། །
ཁ་ཆེའི་པཎ་ཆེན་འདྲེ་སྟོན་བླ་རྗེ་ཡུ་མོ་སོགས་ཀུན་སྤུངས་དོ་པོ་ནས་བརྒྱུད། །
མཆོག་མེད་དྲིན་ཅན་ཛུ་སྟེའི་བླ་མའི་བཀའ་དྲིན་བསྒྲལ་བའི་མཐར་ཡང་བརྗོད་མེད་སྙིང་དུ་འཆང་། །

A los dos Kalachakrapadas que trajeron el Dharma de los Treinta y Cinco Reyes Kalki y sus hijos de la tierra suprema de la sabiduría primordial, la realidad innata conocida como Shambhala, el profundo secreto poco común; a Somanatha,

Dro Lotsawa, Lhaje Gompa, Yumowa, Kunphangje, Dolpopa, etc., hasta mi incomparable y amable lama raíz, cuya bondad amorosa nunca podría pagar hasta el final de los tiempos; Los tengo a todos en mi corazón sin olvidarlos.

འགྲོ་བའི་བསོད་ནམས་དམན་དང༌། ཀླ་ཀློས་གཅེས། གངས་ལྗོངས་རྒྱལ་བསྟན་ནུབ་རིར་ཕྱོགས་དང་ལྡན། །
དུས་ཀྱི་འཁོར་ལོའི་མན་ངག་སྦྱོར་བ་དྲུག །འཛིན་མཁས་རྗེ་ནང་བརྒྱུད་པའི་བཀའ་དྲིན་དྲན། །

Debido al debilitamiento del mérito en los seres y al daño de los bárbaros, el Buda-Dharma de la Tierra de Nieve se está moviendo hacia las montañas occidentales. Por lo tanto, estoy muy agradecido con el linaje Jonang que sostiene las instrucciones esenciales para los Seis Yogas del Kalachakra.

འོན་ཏེ་དུས་ཀྱི་རྒྱལ་མོ་ནམ་ཡང་མི་སྡོད་མདུན་གྱི་ཕྱོགས་སུ་བསྒྲོད། །
འགྲོ་བའི་ཁམས་དབང་དུས་ཀྱི་རེས་འགོར་རྗོད་པ་བརྗོད་ལ་རིན་ཐང་ཆུང༌། །
སྐབས་བབས་གཏམ་དང་དུས་ཀྱི་ཆར་ནི་འགལ་ལ་ཕན་པ་ངོ་བོའི་གཞིས། །
འབྱུང་འགྱུར་རྫོགས་ལྡན་ཆོས་ཀྱི་བག་ཆགས་གསར་པ་འཇོག་རན་གངས་ཅན་པ། །

Sin embargo, dado que la reina del tiempo nunca deja de avanzar y tiene poco valor repetir solo las viejas formas de los seres, este mensaje oportuno, como la lluvia que cae cuando se necesita, naturalmente beneficia a los seres. ¡Es hora de que todos desarrollen nuevas inclinaciones para la futura Edad Dorada del Dharma!

བདག་བློ་ཟབ་མོའི་དོན་ལ་རྨོངས་དང་གཅིག །གདགས་ཅན་མཐོ་སློག་ཆོས་ལས་ནོངས་དང་གཉིས། །
ཟབ་གསང་ཐུན་མིན་ལམ་མཆོག་རེག་པ་ལ། །རྩ་གཞིའི་ཆོས་ཀྱུལ་གསལ་རྒྱས་འདིར་ནི་སྦྱོ། །

En primer lugar, para despejar mi mente de la ignorancia con respecto al significado profundo y, en segundo lugar, dado que muchas personas cometen el error de aferrarse a las elevadas enseñanzas, elaboraré aquí con detalles claros el camino del Dharma fundamental para alcanzar el sendero supremo del secreto poco común y profundo .

མཆོག་གསུམ་བདེན་པའི་མཐུ་དང་བསོད་ནམས་དཔུང༌། །ཆོས་ཉིད་རྟེན་འབྱུང་བསླུ་བ་མེད་པ་ཡིས། །
གངས་ལྗོངས་རྒྱལ་བསྟན་རྡུལ་ནས་རིམ་གསོལ། །མཐུ་དང་ནུས་པ་ནམ་ཡང་མི་དམན་ཀྱི། །

Por el poder de la verdad de las Tres Joyas, la fuerza del mérito y la inagotable verdad de la realidad y la interdependencia, que el Buda-Dharma de la Tierra de las Nieves se nutra gradualmente desde sus cimientos y que su fuerza y poder nunca se debiliten.

¡Que así sea!

Agradecimientos

En nombre del Instituto Budista Tibetano Rimé, me gustaría agradecer a todos los que han estado involucrados en hacer realidad este libro. Lo primero y más importante es, por supuesto, nuestro amable maestro Khentrul Rinpoché, cuyas profundas enseñanzas y orientación paciente han hecho que el Sistema del Kalachakra sea accesible para todos nosotros. Estamos eternamente agradecidos por tener la oportunidad de encontrar un sendero tan increíble y por participar en la preparación de esta serie de libros.

Nos gustaría agradecer específicamente a los miembros del equipo editorial que han trabajado diligentemente durante el último año para preparar esta última edición. Apreciamos sinceramente los esfuerzos de Vanessa Mason, Holly Reilly y Val Mason. Estamos muy agradecidos por todo el amable apoyo y los comentarios que hemos recibido de la comunidad TBRI en su conjunto, pero en particular de Julie O'Donnell, cuyos esfuerzos incansables detrás de escena mantienen las condiciones presentes para que podamos hacer nuestro trabajo. También nos gustaría agradecer a Edward Henning por su generosidad al compartir muchos de sus recursos en Kalachakra.

Hemos hecho nuestro mejor esfuerzo para reproducir la intención de las enseñanzas de Rinpoché lo mejor que pudimos. Dicho esto, pido disculpas por cualquier error que podamos haber introducido inadvertidamente como resultado de nuestras propias limitaciones. Agradeceríamos cualquier comentario que nos pueda ofrecer.

Es nuestra sincera aspiración que este libro le proporcione una puerta auténtica para entrar en el Sendero del Kalachakra. Que traiga beneficios a su vida y que se convierta en la causa para que usted y todos los seres sensibles logren una felicidad genuina y duradera y estén libres de sufrimiento.

Que se convierta en una causa para que Rinpoché tenga una vida larga y saludable, que se haga realidad su vasta visión para el florecimiento del Dharma Jonang y que se manifieste la edad dorada de Shambhala.

Joe Flumerfelt
Belgrave, Australia
Octubre del 2015

Buda Shakyamuni

Introducción

Develando Tu Verdad Sagrada fue escrito para exponer el camino espiritual como lo enseñó Buda Shakyamuni. A lo largo de este texto, he intentado presentar los principios básicos del budismo de una manera accesible sin perder la esencia de la antigua sabiduría del Buda. Espero que *Develando Tu Verdad Sagrada* te permita vivir con propósito y compasión.

Cuando lees un libro de Dharma como este, no estás simplemente leyendo las palabras del autor. A través de Develando Tu Verdad Sagrada te conectas con la sabiduría incomparable del Buda y conoces a los grandes practicantes del pasado y del presente que realizaron el Buda Dharma por sí mismos. Estos ancestros budistas, conocido como linaje, es crítico para el desarrollo espiritual, ya que son sus historias, comentarios y realizaciones de las que dependemos para obtener orientación e inspiración.

Las enseñanzas del Buda fueron dadas para una gran variedad de personas, cada una de las cuales experimentó insatisfacción y sufrimiento de diferentes maneras. Como resultado, existen diferentes niveles de beneficio al estudiar estas enseñanzas que todos podemos aspirar a alcanzar. En el nivel más básico, podemos encontrar herramientas prácticas para ayudarnos a disminuir nuestras tensiones cotidianas y vivir una vida más significativa. En un nivel más profundo, podemos realizar nuestro increíble potencial y cultivar las causas de la felicidad duradera y genuina, tanto para nosotros como para los demás.

De todas las enseñanzas del Buda, el sistema con el que personalmente me siento más conectado es el del Tantra de Kalachakra. En mi opinión, es el sistema más hábil para realizar este extraordinario potencial y para alcanzar la iluminación en una sola vida. Si bien la mayoría de las personas relacionan estas enseñanzas con prácticas esotéricas avanzadas, el Sendero del Kalachakra es, de hecho, un sistema completo y adecuado para los practicantes en todas las etapas de su desarrollo espiritual.

Resumen del Sendero del Kalachakra

Kalachakra significa literalmente *rueda* (chakra) *del tiempo* (kala). Es el nombre dado a un sistema de prácticas que se originó con el Buda Shakyamuni y se ha transmitido a través de los siglos en un linaje ininterrumpido hasta nuestros días. El sistema del Kalachakra se centra en ayudar a las personas a dar sentido a sus experiencias de tal manera que les permita cultivar una mayor paz y armonía en sus vidas y en sus relaciones.

El Kalachakra es único ya que proporciona enseñanzas sobre una amplia gama de temas que apoyan a una gran variedad de practicantes en las diferentes etapas de su desarrollo espiritual. Dentro de un marco unificado, encontramos una riqueza de sabiduría profunda que es inmediatamente relevante y directa en su enfoque.

El tema principal de *Develando Tu Verdad Sagrada* es la presentación del sendero completo del Kalachakra. El sendero es de naturaleza progresiva, proporcionando instrucciones claras paso a paso para guiarte a través de los muchos niveles de tu experiencia. He dividido este camino en tres libros separados, donde cada libro se enfoca en un nivel específico de la realidad, moviéndose linealmente de lo burdo a lo sutil. Como tal, se recomienda estudiar el material en secuencia para desarrollar los fundamentos necesarios para cada práctica posterior.

Primer Libro — La Realidad Externa

Comenzamos el viaje estudiando primero las características de nuestra experiencia inmediata. Específicamente, estamos mirando el mundo ordinario con el que nos encontramos cada día, con el objetivo de desarrollar la sabiduría que nos permitirá vivir vidas más significativas y equilibradas. En esta etapa, la atención se centra en estrategias pragmáticas, firmemente arraigadas en un enfoque experimental para comprender la realidad.

Este libro presenta muchas ideas potencialmente nuevas que te desafiarán a pensar más ampliamente sobre la naturaleza de nuestro universo compartido.

Estas ideas forman la base para comprender una visión budista del mundo que a su vez es la base de un sistema profundo de práctica contemplativa.

Recuerda que en esta etapa de estudio, no es necesario adoptar personalmente una visión budista del mundo para recibir el beneficio de las técnicas que inspira. Si encuentras una idea que simplemente no puedes aceptar, entonces está bien. En lugar de rechazar la idea por completo, simplemente déjala y concéntrese en desarrollar más experiencia a través de los diversos ejercicios. Con el tiempo, es posible que tu comprensión cambie y obtengas una nueva perspectiva sobre las cosas. De esta manera, tu propia visión personal puede evolucionar de manera natural y orgánica.

Este libro ha sido dividido en tres partes, cada una representando una fase diferente de tu viaje espiritual. Hay diferentes maneras de estudiar este material, pero te sugiero que trabajes secuencialmente en ciclos. Comienza centrando tu atención en la primera parte, leyendo de principio a fin. Luego regresa y léelo nuevamente, pero durante esta ronda, pasa más tiempo familiarizándote con los ejercicios. Continúa de esta manera hasta que sientas que tienes una comprensión relativamente estable del material y te sientas listo para pasar a la siguiente parte del libro.

Primera Parte — Creando Espacio en tu Vida

Para la gran mayoría de las personas, la razón principal para elegir un libro como este es un deseo básico de superar los muchos problemas y obstáculos que enfrentamos en nuestra vida. En Occidente, si bien es posible que hayamos desarrollado cierto grado de riqueza material, a menudo nos falta nuestra capacidad para hacer frente a los muchos desafíos que genera este estilo de vida. A veces, puede parecer que nos estamos ahogando en un océano, luchando por mantener nuestra cabeza fuera del agua.

Mientras nos encontremos en tal situación, tenemos muy pocas posibilidades de transformar nuestra experiencia significativamente. Por lo tanto, el primer paso debe ser encontrar cierto grado de estabilidad en nuestra vida y crear un espacio en el que podamos tomar decisiones que conduzcan a una mayor felicidad, paz y armonía.

Podemos hacer esto mediante el uso de dos métodos principales: *la Psicología budista* y la práctica de la *Meditación*. Juntos, estos métodos proporcionan una gran cantidad de herramientas que podemos utilizar para observar nuestra experiencia, identificar problemas y desarrollar estrategias viables sobre cómo responder constructivamente.

Cuando nuestras mentes se vuelven más estables, somos más capaces de lidiar con los muchos altibajos de la vida. Es como si nos hubiéramos salido del agua en una balsa salvavidas y finalmente pudiéramos descansar y recuperar el aliento. Con menos preocupación por tragar agua y mantener nuestra cabeza por encima de las olas, descubrimos que tenemos más tiempo para reflexionar sobre lo que es realmente importante.

Segunda Parte — Reflexionando sobre tu Situación Actual

El siguiente paso en nuestro viaje es utilizar nuestro nuevo punto de vista para analizar detenidamente la naturaleza de la realidad en la que vivimos. Con demasiada frecuencia, descuidamos detenernos y ver lo que realmente está sucediendo y, en consecuencia, nuestra percepción de lo que es importante y lo que no puede distorsionarse. Nos confundimos y pasamos todo nuestro precioso tiempo obsesionados con cosas que finalmente no son capaces de brindarnos una felicidad genuina y duradera.

A través del análisis sistemático de cuatro temas conocidos como las *Cuatro Convicciones de la Renunciación*, aprendemos cómo nuestras acciones individuales juegan un papel directo en la perpetuación de situaciones insatisfactorias. Al ampliar aún más el alcance de nuestra comprensión, también comenzamos a ver que las elecciones que hacemos en el presente están moldeando constantemente nuestro futuro. Sobre la base de esta comprensión, desarrollamos un sentido de responsabilidad sobre cómo vivimos nuestras vidas y la determinación de aprovechar al máximo las condiciones que se nos presentan.

Sobre la base de estas contemplaciones, podemos encontrar que nuestras prioridades comienzan a cambiar. Comenzamos a ver que lo que una vez pensamos como verdaderas fuentes de felicidad, en realidad son las causas del sufrimiento. Reconociendo esto, enfocamos nuestra atención en encontrar los métodos que realmente son capaces de generar los resultados que buscamos. Es en este punto podemos desarrollar el deseo de participar más plenamente en la práctica de un camino espiritual. Podemos comparar este proceso con escanear el horizonte, ver una isla en la distancia y tomar la decisión de remar nuestra balsa salvavidas hacia la seguridad de tierra firme.

Tercera Parte — Desarrollar la Fe en un Camino

Con un fuerte deseo de cambio, el próximo desafío es identificar la forma más hábil de lograr ese cambio. Somos individuos únicos con condiciones únicas para trabajar. Por lo tanto, necesitamos encontrar un conjunto de métodos que se adapten particularmente a nuestras necesidades. Al igual que alguien que está enfermo, debemos encontrar un medicamento que sea capaz de curar esa enfermedad.

A lo largo de miles de años de historia humana, han surgido muchas tradiciones de sabiduría, cada una de las cuales proporciona una amplia gama de enseñanzas y métodos que se pueden utilizar para aportar un mayor significado y propósito a nuestra vida. En esta etapa de nuestro desarrollo espiritual, es importante establecer una amplia conciencia de estas diferentes tradiciones para poder desarrollar la fe en el camino que elegimos seguir.

El Sendero del Kalachakra que se presenta en estos libros se deriva de la tradición Jonang del budismo tibetano. Para comprender cómo esta tradición se relaciona con otras formas de budismo, analizaremos más de cerca las *enseñanzas centrales del Buda y las diversas interpretaciones que surgieron de esas enseñanzas*. Esto nos proporcionará un contexto teórico general para comprender las prácticas que se describen en los libros posteriores.

Al final de este libro, tendrás toda la información que necesitas para saber si deseas continuar en este sendero. A medida que avanzamos en la siguiente fase de nuestro desarrollo, surgirán desafíos a medida que trabajemos para desarrollar hábitos constructivos. Por tal razón, deberás tener fe en lo que estás haciendo. Para algunos, esa fe surgirá muy rápidamente, mientras que para otros, puede tomar algún tiempo aclarar dudas. Cualquiera que sea el caso, siempre que seas sincero contigo mismo y con los demás, puedes estar seguro de que vas en la dirección correcta.

Segundo Libro — La Realidad Interna

Al enfocarnos hacia afuera, podemos desarrollar estrategias para enfrentar lo que surja en nuestras vidas. Podemos encontrar formas de aplicar nuestra sabiduría para actuar de manera constructiva frente a la adversidad. Pero no importa cuán efectivas puedan ser nuestras estrategias, no pueden generar una transformación duradera que sea capaz de romper el ciclo de nuestro sufrimiento y abrir la puerta a la felicidad genuina. Para eso, debemos dirigirnos hacia nuestro interior. Debemos mirar directamente a nuestra mente y comenzar a experimentar su potencial natural.

En el segundo libro, exploramos el mundo fenomenológico de las apariencias y cómo estas realmente existen. Mientras continuamos trabajando con conceptos en un nivel teórico, cambiamos cada vez más nuestro énfasis hacia la experiencia directa. No es suficiente simplemente entender lo que está sucediendo, debemos desarrollar una experiencia de primera mano de lo que esos conceptos están describiendo. Es a través de la conversión de la comprensión en experiencia que realmente podemos integrar estas ideas en nuestra forma de ser. Este proceso de transformación se facilita a través de varias prácticas conocidas como las *Prácticas Preliminares del Kalachakra* (ngöndro).

Tercer Libro — La Realidad Iluminada

Al trabajar con nuestra realidad interna, estamos refinando lentamente nuestra capacidad de distinguir entre las apariencias impuras de la realidad externa y las apariencias puras de la realidad iluminada. Al igual que limpiar el lente de un telescopio, cuando eliminamos los obscurecimientos de nuestra mente, podemos vislumbrar nuestra verdadera naturaleza. Si bien esta naturaleza aún no se manifiesta por completo, ese primer vislumbre nos proporciona una base para trabajar y sobre la cual expandirse.

En los dos libros anteriores, trabajamos con enseñanzas que son comunes a todas las tradiciones budistas tibetanas. En este libro final nos enfocamos en las prácticas únicas que se presentan específicamente en el *Tantra del Kalachakra*. Para el practicante que está listo para dedicarse al sendero, estos métodos profundos proporcionan todo lo que se necesita para lograr la iluminación en una sola vida.

Aprovechando al Máximo este Libro

A medida que leas el material, puede ser útil tener en cuenta algunos puntos clave. El siguiente es un consejo general que se aplica a cualquier forma de estudio del dharma, ya sea leyendo un libro o escuchando una enseñanza.

La Actitud Correcta para Estudiar el Dharma

Cuando nos encontramos con las enseñanzas budistas, es importante generar una actitud de gran entusiasmo. Si somos capaces de reconocer que a través de estas enseñanzas se nos están presentando ideas que en última instancia nos pueden llevar a una mayor paz y felicidad, esta debería ser una tarea relativamente fácil. Dicho esto, cultivar una mente brillante y alerta es una habilidad que requiere tiempo para desarrollarse y deberás hacer un esfuerzo prolongado para superar los diferentes obstáculos que puedan surgir. Una enseñanza que destaca estas dificultades se conoce como *Los Tres Defectos de una Olla:*

1. No deberíamos ser como una **olla al revés** sobre la cual se vierte líquido, y estando distraídos o teniendo una mente cerrada, las enseñanzas no pueden penetrar. Escucha con una mente abierta y lista.

2. Tampoco debemos ser como **una olla con un agujero**. No importa cuánto líquido se vierta, gotea y no retenemos nada de lo que se aprende.

3. Finalmente, no seamos como una **olla que contiene veneno**. Evita caer presa de ideas fijas o preconcebidas. Esto hará que malinterpretes lo que escuchas y manipules el Dharma en algo que no es, como el néctar vertido en veneno.

A medida que leas cada capítulo, trata de mantener una actitud abierta y receptiva que esté completamente comprometida con el material y libre de prejuicios o críticas. Revisa de vez en cuando para ver la calidad de la atención que estás brindando a la lectura. Recuerda esta simple enseñanza siempre que necesites la inspiración para mejorar tu método de estudio.

Reflexionar

A lo largo de este texto, he incluido diferentes ejercicios que puedes usar como una oportunidad para reflexionar sobre el material que estás estudiando. Es importante no abrumarnos por la teoría. Romper tu lectura con breves períodos de reflexión personal puede proporcionar información valiosa sobre cómo el material se relaciona con tu experiencia personal.

Incluso si una sección no sigue con un ejercicio en particular, sigue siendo un buen hábito seleccionar pasajes del texto, leerlos varias veces y asegurarte de que realmente comprendes lo que se dice. Luego deja el libro y considera cómo estas enseñanzas se relacionan con tu vida. Piensa en ejemplos de tu propia experiencia que ilustren los diversos principios.

Otro buen hábito para desarrollar es escribir las preguntas que surgen mientras lees. Mantén cerca un bloc de notas y cuando surja una pregunta, simplemente anótala. Cuando termines de leer una sección, vuelve a mirar las preguntas y ver si han sido respondidas. Si la pregunta persiste, considera discutir el tema con un maestro u otro amigo espiritual cuando surja la oportunidad.

Disfruta en el Viaje

Finalmente, no importa cuál sea tu motivación, estoy seguro de que la sabiduría intemporal del Buddha-dharma tiene la capacidad de brindarte algún beneficio si puedes mantener abiertos el corazón y la mente.

Recuerda que este es un viaje de descubrimiento; un proceso de transformación. Tomará tiempo para que los conceptos y las prácticas se desarrollen en tu mente y, por lo tanto, es importante ser paciente. Analiza las ideas a tu propio ritmo, tomando todo el tiempo que necesites. Después de leer algunos capítulos, revísalos nuevamente y observa si tu comprensión ha cambiado. A menudo puedes encontrar que las enseñanzas posteriores arrojan nueva luz sobre las anteriores, despegando capas y descubriendo un significado más profundo.

Sobre todo, cultiva un sentido de alegría al tener esta preciosa oportunidad. No debe ser seco ni tedioso. En cambio, piensa en ello como una aventura y disfruta de los desafíos que presenta. En el budismo hablamos de sembrar las semillas para la realización futura; esto simplemente significa que cualquier confusión que enfrentamos aquí y ahora es la base para que surja una comprensión futura.

> *"En la mente del principiante hay muchas posibilidades,*
> *pero en la mente del experto hay pocas"*
>
> *— Shunryu Suzuki —*

PRIMERA PARTE

*Creando espacio
para la reflexión*

CAPÍTULO 1

Comprendiendo la Mente

Piensa en el comienzo de tu día, en el primer momento que puedas recordar. Estás durmiendo, quizás en medio de un sueño y de momento te despiertas. A veces es muy claro, sin duda alguna, definitivamente sabes que estás despierto. El sol brilla a través de la ventana y el mundo ensoñado en el que te encontrabas ya no está. En otras ocasiones, aunque puede ser un poco confuso y es posible que no estés seguro de las cosas, tal vez todavía estés soñando, tal vez estés despierto; no está completamente claro.

De cualquier modo, nuestro mundo despierto eventualmente va ganando terreno poco a poco, sales de tu cama y así comienza el día. La mayoría de nosotros tenemos rutinas matutinas, una serie de acciones que ejecutamos día tras día. Se trata de hábitos que hemos creado a través de los años que pueden sentirse en ocasiones que estamos en piloto automático, por lo que frecuentemente ni siquiera somos conscientes de lo que estamos haciendo. Esta la experiencia de haber tomado una ducha. El sonido de los grifos girando, el agua fluyendo, el golpeteo de las gotas de agua sobre la piel y la visión del vapor empañando los cristales. En cada momento estamos recibiendo un flujo constante de información; vistas, sonidos, sabores, olores y sensaciones, todo combinado en una rica experiencia sensorial.

Pero no son solo los sentidos, ¿verdad? Mientras aplicas el champú en tu cabello comienzan a surgir pensamientos sobre tu día. Quizás hoy es un día particularmente importante como el comienzo de un nuevo trabajo. Puedes sentirte un poco ansioso o inseguro respecto a tu nuevo jefe y compañeros de trabajo. Quizás estás excitado. Puede que recuerdes todo el duro trabajo que te tomó llegar hasta este punto. Todos estos pensamientos, sentimientos y recuerdos integran otro nivel de cómo experimentas tu mundo.

En el budismo, a este flujo constante de experiencias se le llama "mente". Al igual que un espejo, la mente refleja todo lo que se le presenta. La mente no son las moléculas de H_2O de las gotas de agua sino la experiencia subjetiva de las gotas de agua golpeando tu piel. De igual forma, tampoco se trata de las ondas de luz que atraviesan tus ojos ni los pulsos de energía que viajan a través del nervio óptico. Ni siquiera es la red de neuronas que se activan en tu corteza visual. Se trata, en realidad, de la experiencia de enjabonarse bajo una ducha caliente con el sol entrando por tu ventana.

Entre el cuerpo y la mente, ¿cuál tendemos a enfatizar más en nuestras vidas? ¿Cuál es más importante: el mundo objetivo de las cosas de "allá afuera" o el mundo subjetivo de experiencias de "acá adentro"? Sólo enciende el televisor y observa en qué se enfocan los comerciales. Parece que en gran parte del mundo occidental existe una arrolladora convicción de que el mundo físico claramente es lo más importante. Existe la noción de que todos nuestros problemas pueden ser resueltos si aprendemos a manipular nuestro mundo físico correctamente.

Si pausamos para analizar esta idea seriamente vamos a descubrir múltiples inconsistencias. Hay mucha gente bella allá afuera que tienen todo lo que pudieran desear y aún así se sienten completamente miserables. Pueden estar viviendo en las casas más extravagantes y aún así experimentan insatisfacción y aburrimiento. Por lo contrario, una persona puede estar viviendo en condiciones paupérrimas y aún así sentirse feliz y contento. Puede que ni siquiera sea dueño de cosa alguna excepto la ropa que lleva sobre su espalda, y aún así está satisfecho y lleno de gozo.

De poder escoger entre ambas, ¿cuál preferirías: una vida llena de felicidad o una vida llena de sufrimiento? Creo que todos podemos estar de acuerdo en que preferiríamos, naturalmente, lo primero. No importa cuáles puedan ser las condiciones externas, si podemos experimentar la felicidad siempre saldremos ganando. Al reconocer que la felicidad ocurre en la mente nos resulta claro que la mente es el fenómeno más importante para entender.

Por ende, resulta bastante sorprendente lo poco que nuestra cultura occidental conoce acerca de la misma. Afortunadamente las antiguas tradiciones de sabiduría, tales como el budismo, invirtieron grandes cantidades de tiempo en el desarrollo de una robusta *ciencia de la mente*. En este primer capítulo estudiaremos algunas características de la mente según percibidas por la *Sicología Budista* y cómo podemos trabajar con ésta para superar muchos de los problemas que enfrentamos en nuestras vidas.

¿Que Es La Mente?

Comenzaremos desarrollando algún entendido sobre lo que es la mente. Para ello debemos despejar ideas equivocadas en algunos de los conceptos comunes más prevalecientes en nuestra sociedad. El concepto más erróneo es creer que la mente *es* el cerebro. Hay una creencia de que la mente es esencialmente una entidad física y que nuestras experiencias son propiedades que emergen de esa entidad. Basados en esta presunción, los científicos escudriñan neuronas y sinapsis cerebrales intentando comprender cómo nuestras experiencias surgen de ellas. Hasta ahora dichos intentos han sido infructuosos.

Lo que ellos sí han podido identificar es que existe una *correlación* muy estrecha entre la actividad eléctrica dentro del cerebro con las correspondientes experiencias de la mente. Ello sugeriría que hay dos tipos distintos de fenómeno capaces de influenciarse mutuamente. Distintos, pero aún así relacionados.

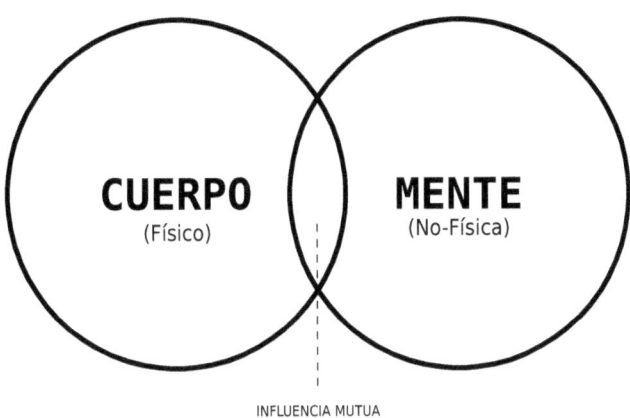

Figura 1-1: La relación entre el cuerpo y la mente.

De acuerdo con la sicología budista, la naturaleza de la mente es no-física. Ello significa que la mente no está compuesta de partículas, ni existe en un lugar específico en el espacio y tiempo. Por el contrario, la mente está caracterizada por ser clara y conocedora. Aquí la claridad se refiere a la capacidad básica que tiene la mente de generar apariencias, mientras que la parte conocedora se refiere a la capacidad que tiene la mente de percatarse de esas apariencias.

A pesar de que la actividad dentro del cerebro influencia las apariencias que surgen en la mente, no podemos decir que el cerebro es igual a la mente. De igual manera, los pensamientos e ideas que surgen en la mente pueden influenciar la actividad eléctrica del cerebro y conducir a nuevas conexiones neuronales o puede detonar comportamientos físicos particulares. Existe una influencia mutua entre ambas. Para ver cómo esto funciona hagamos un experimento simple: detén la lectura de este libro por unos segundos, levanta y baja tu brazo derecho.

Veamos qué es lo que ocurre en esta actividad aparentemente tan sencilla. Diversas ondas de luz rebotan de las páginas de este libro entrando a través de tus ojos y se convierten en impulsos eléctricos. Estos impulsos viajan en tu cerebro activando diversas neuronas y esta actividad cerebral hace que la apariencia de unas letras aparezca en tu mente. Al percatarte de estas letras, comienza a producirse la apariencia del significado de estas. Este tomar conciencia de su significado, a su vez, hace que un patrón de neuronas se encienda y el impulso eléctrico viaje a través del sistema nervioso hacia el brazo, provocando la contracción muscular. El brazo se eleva. Luego, después de pasado algún tiempo, la memoria del significado de lo que se leyó, provoca otra cadena de reacciones que hace que bajes el brazo. Todas estas pequeñas interacciones entre el cuerpo y la mente ocurren en un increíblemente breve lapso, tan rápido, que nos parece que ocurren simultáneamente.

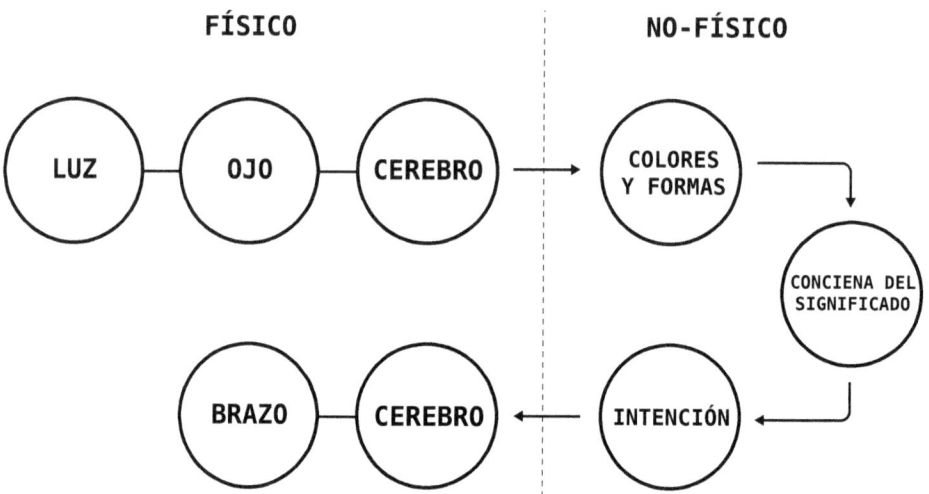

Figura 1-2: Una ilustración simple de cómo el cuerpo y la mente se influencian mutuamente.

El budismo plantea que indudablemente existe una sólida relación entre el cerebro y la mente, pero dicha relación solamente representa una pequeña porción de la capacidad total de la mente. Podemos pensar en la mente como la totalidad del espacio y el cerebro como un solo sistema solar dentro del mismo. La contemplación de ese sistema solar únicamente nos puede dejar atónitos por razón de su vasto tamaño y forma, incluso podemos sentir curiosidad sobre su origen. Pero en el gran esquema de las cosas, se trata de un solo sistema dentro de una galaxia, dentro de un universo. Por el contrario, el espacio es ubicuo en su naturaleza, desafiando cualquier intento de comprender su pura inmensidad. No importa lo que surja dentro del espacio, el espacio no cambia. Sin embargo, sin el espacio nada puede surgir.

Si aceptamos que la mente no es física entonces tenemos que aceptar que los fenómenos físicos no pueden detectar a la mente. Hay una creencia común que propone que todo lo que existe tiene que ser detectable a través de medidas físicas. Si no puede ser medido, no existe. Esto sin embargo es un concepto erróneo. Mientras nuestras máquinas pueden detectar fluctuaciones de la energía sutil o cambios en el campo cuántico, nunca podrán detectar las apariencias correspondientes que surgen en la mente. Lo que sí han podido detectar son las influencias correlacionadas que este fenómeno no físico tiene en el mundo físico. Al final esto nos lleva a la conclusión de que lo único que puede detectar un fenómeno no físico es otro fenómeno no físico, en este caso la mente misma.

Al darse cuenta de esto, los grandes meditadores y filósofos del yoga, tales como Siddhartha Gautama (Buda Shakyamuni), han hecho grandes esfuerzos para desarrollar una serie de técnicas mentales para la observación directa de la mente con la mente misma. A través de la prolongada relación con estas prácticas ellos aprendieron que la mente puede ser adiestrada y condicionada para manifestar cualidades específicas deseadas. De hecho, al trabajar con la mente, ellos pudieron transformar completamente la forma en que se relacionaban con su mundo.

Si consideramos los avances científicos y tecnológicos del último siglo podremos observar fácilmente que nuestro conocimiento del mundo ha aumentado significativamente. Ello no ocurrió de un día para otro. Se requirió que un sinnúmero de personas dedicara su tiempo y esfuerzo para descubrir los secretos del mundo físico. Igualmente, los grandes meditadores del pasado dedicaron sus vidas al descubrimiento de la verdadera naturaleza de la mente. Ellos renunciaron a las comodidades y placeres mundanos al igual que a cualquier preocupación por su nombre y fama, para descubrir esta naturaleza escondida y entender todos los fenómenos relacionados con la mente. Las próximas secciones explorarán los descubrimientos que estos maestros hicieron.

La Continuidad De La Mente

Una de las primeras observaciones logradas por estos maestros es que nada surge de la nada. Tampoco puede algo de repente convertirse en nada. Al igual que la energía física, existe en operación un principio de conservación. La energía nunca puede ser creada ni destruida, solo puede ser transformada y reconfigurada. Del mismo modo, la mente es una continuidad, donde cada momento da lugar al siguiente, que da lugar al siguiente y así sucesivamente.

En cualquier momento dado, debe haber habido un momento directamente precedente que actuó como la base para que surgiera el siguiente momento. Esto significa que no podemos encontrar un comienzo de la mente. Nunca ha existido un momento donde la nada se convierta en algo.

El hecho de que ahora está surgiendo un momento es también la base para que surja el próximo momento. La experiencia que surja depende de las condiciones actuales del presente. Si bien el nuevo momento que surge no será igual al anterior, éste sigue siendo mente y por lo tanto nunca podremos proponer que la mente termina. Nunca existirá un momento en que algo se convierte en nada. De esta manera podemos afirmar que la mente es un proceso de transformación sin principio ni fin.

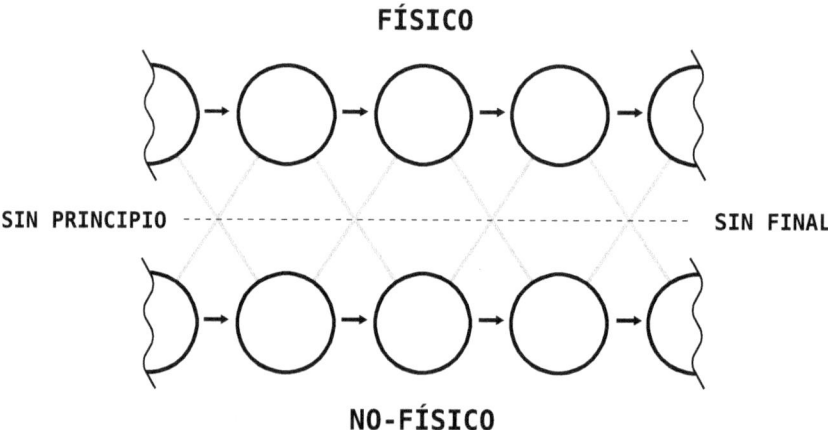

Figura 1-3: El continuo infinito de los cambios momentáneos.

A este proceso se le puede llamar *La Rueda Externa del Tiempo* (Kalachakra). En este contexto la "rueda" se refiere al proceso interminable de tomar conciencia momento a momento; un ciclo sin principio, sin medio, ni fin. El "tiempo" se refiere al continuo movimiento y cambio; el cambio constante de apariencias en la mente que surgen de la influencia mutua entre los fenómenos físicos y no- físicos.

¿Por qué esto es importante para nosotros? Es importante porque este entendimiento nos ayuda a reconocer la conexión causal entre nuestras experiencias pasadas, presentes y futuras. Podemos observar fácilmente que algunas de nuestras experiencias son mas preferibles que otras. Aquellas que nos gustan las llamamos felicidad, mientras que las que nos disgustan las podemos llamar sufrimiento. Al analizar qué condiciones nos proveen felicidad y cuáles nos dan sufrimiento, podemos modificar nuestra conducta correspondientemente. Los que nosotros llamamos adiestrar la mente es sencillamente el proceso de darle forma intencionalmente a cómo se desarrolla nuestro continuo mental.

Ejercicio 1.1—Retrocediendo En El Tiempo

- *Siéntate en silencio con tu espalda derecha, adoptando un estado relajado de la mente.*

- *Considera dónde te encuentras en este momento. ¿Cómo llegaste aquí? ¿Qué eventos te condujeron a este momento? Según identificas las diversas acciones, considera los pensamientos que motivaron esa acción. Retrocede lentamente reconstruyendo la cadena causal de eventos desde este momento hacia atrás hasta que llegues al momento en que te despertaste esta mañana.*

- *Ahora considera la semana pasada. Selecciona algunos momentos que te dejaron una impresión particular. Piensa tanto en las experiencias mentales como las acciones físicas en que te involucraste. Sigue buscando hacia atrás, como si estuvieras siguiendo una huella de migajas de pan.*

- *Observa más atrás aún, considerando los eventos más importantes que han ocurrido en el transcurso del último año. Considera como cada uno de estos eventos contribuyeron al momento presente que experimentas actualmente.*

- *Ahora revisa momentos pasados de tu vida e identifica diversos momentos que hayan sido significativos para quien eres como persona. Considera cómo estos puntos de inflexión influenciaron tus decisiones subsiguientes.*

- *Entra en tantos detalles como puedas dentro del tiempo que te gustaría dedicar al ejercicio. Cuando te canses de pensar, toma un descanso.*

La Sutileza De La Mente

Otro descubrimiento importante de los contempladores del pasado es que la mente tiene muchos niveles de sutileza. Cada nivel se construye sobre el nivel inferior erigiendo una configuración más elaborada y específica. Cuando la mente está adiestrada es capaz de distinguir estos distintos niveles.

Esta idea es muy similar a la noción de lo sutil en el mundo físico. A un nivel muy burdo, podemos pensar en los sólidos, líquidos y gases. Estos son estados que todo el mundo puede experimentar. A través de nuestra comprensión de las leyes básicas de la física, podemos aprender cómo interactúan estos distintos tipos de materia.

En un nivel de sutileza mayor podemos pensar en los átomos con sus diversos componentes atómicos (electrones, neutrones, protones, etc.). Nuevamente, al comprender las diversas leyes que operan en este nivel, podemos efectuar aún cambios mayores en el nivel más burdo. Solo piensa en la forma en que hemos podido manipular la electricidad para darle energía a gran parte de nuestra tecnología.

Un nivel aún más sutil es el de las partículas cuánticas. A este nivel las leyes de la física clásica se quiebran y todo funciona de formas muy diferentes. De hecho, este funcionamiento es tan diferente que la sociedad científica se encuentra buscando aún cómo ésta afecta los otros niveles. Estoy seguro que con el tiempo veremos verdaderos descubrimientos extraordinarios producto de estas investigaciones.

Al igual que en el mundo físico, podemos identificar tres niveles básicos de sutileza en la mente:

1. **La Mente Burda:** A nivel burdo, todos los aspectos físicos y mentales de nuestra experiencia están fuertemente ligados a nuestro cerebro. Se trata del nivel más evidente de nuestra experiencia y el que se nos presenta a través de nuestros sentidos. Es también a este nivel donde nos identificamos con un "ego" el cual es específico para cada persona y perdura durante una sola vida. El pensamiento racional y la intuición son grados más sutiles de la mente burda.

2. **La Mente Sutil:** Luego tenemos el nivel sutil de la mente que puede asemejarse a una célula madre mental. Al carecer de configuración específica alguna éste permite que surja cualquier número de configuraciones diversas. A pesar de que en esta etapa no podemos necesariamente denominarla una mente humana, sí podemos identificarla como una corriente mental individualizada. Es esta mente sutil la que es capaz de dar lugar a una secuencia interminable de vidas, donde cada vida es una configuración mental, tales como un humano o un animal. Podemos pensar en ella como agua, alternando entre ser líquido o estar congelado. El tipo de mente que se desarrolla a través del adiestramiento meditativo generalmente se enfoca en el nivel sutil mental carente de configuraciones.

3. **La Mente Muy Sutil:** La mente muy sutil es el estado de la clara luz, también conocido como nuestra Naturaleza Búdica o luminosidad básica. Esta carece totalmente de fundamento físico, no es humana, ni corresponde con un continuo individual ya que trasciende estas categorías. Esta mente muy sutil solo puede ser descubierta por la mente misma, a través de la práctica de la suprema concentración y meditación. Las prácticas avanzadas que se presentan en el Tantra Budista están diseñadas específicamente para permitir que un meditador experimente este nivel de sutileza.

Nivel	Físico	No - Físico
Burdo	Átomos y moléculas	Seis Sentidos:
	Solidos, líquidos y gases	Visión, sonidos, olores, gustos, sensaciones táctiles y eventos mentales (pensamientos, memorias, emociones)
Sutil	Partículas sub-atómicas:	Corriente mental sin configurar
	Protones, neutrones, electrones	
Muy Sutil	Partículas cuánticas:	Mente de la Clara Luz (conciencia prístina o naturaleza búdica)
	Leptones, quarks, bosones	

Tabla 1-1: Niveles de sutileza en el cuerpo y la mente.

Cuando combinamos el conocimiento de los diversos niveles de la mente con el hecho de que nuestra mente es un continuo infinito, llegamos al entendimiento de que la mente ha existido antes de esta vida y existirá después de ella. Desde el momento en que nacemos hasta el momento en que morimos generalmente experimentamos una configuración particular de la mente burda. Luego que morimos esta mente burda se disuelve y todo lo que queda es nuestra mente sutil. De esa mente sutil emerge una nueva mente burda. A este proceso le llamamos *reencarnación*.

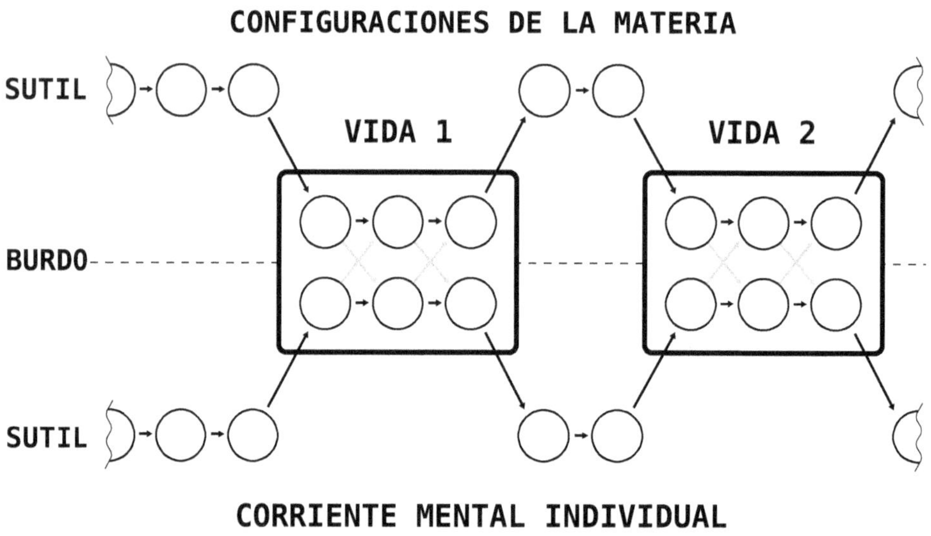

Figura 1-4: La formación y disolución de las vidas a través del tiempo.

Un meditador altamente realizado puede controlar esta mente sutil al punto de que puede escoger efectivamente la forma que tendrá su próxima mente burda. Este grado de control les permite mantener la continuidad de la práctica a través de sus vidas, y por lo tanto, les facilita el desarrollo en curso de su maestría mental. Debido a que no olvidan la totalidad de sus "investigaciones", son capaces de acceder a niveles cada vez más sutiles en su experiencia mental.

Un examen más detallado por parte de los científicos y académicos sobre la noción de que la mente existe como algo separado de la existencia física, podría estimular la aplicación de la investigación meditativa en otras disciplinas científicas. Resulta interesante el especular qué descubrimientos la ciencia haría si acogiera la noción de que la mente solo puede ser investigada por la mente misma.

Un Modelo de la Mente

Lenta, pero muy lentamente vamos creando un modelo sobre la forma en que trabaja nuestra mente. Mientras más detalles le demos a este modelo, más información tendremos disponible para tomar decisiones. Recordemos que no estamos estudiando el tema de la mente para obtener solamente un buen modelo de algo intangible. Nuestro objetivo más bien es utilizar este modelo para ayudarnos a tomar decisiones constructivas en nuestras vidas. A través de este examen de la mente intentamos identificar la fuente de nuestro sufrimiento para desarrollar estrategias para superarlo.

Dentro del budismo existen muchas formas de clasificar la mente. Podemos trabajar con ésta como una sola entidad, como lo hicimos previamente, o la podemos dividir en las diversas partes que la componen. Cada sistema de clasificación destaca distintos aspectos de cómo funciona la mente. Cuando se utilizan en conjunto, las clasificaciones nos proveen una imagen más completa de lo que está ocurriendo.

En las secciones siguientes entraremos a observar un número de clasificaciones que se relacionan con los niveles burdos y sutiles de nuestra mente. Ya que el nivel más sutil está accesible solamente a los practicantes avanzados de yoga, dejaremos esto para discusiones futuras.

Mentes Primarias y Secundarias

La clasificación más genérica es sencillamente dividirla en dos:

1. **Mentes Primarias:** La mente primaria es nuestra experiencia de percepción básica. Es *aquello* de lo que estamos conscientes. Hay distintos tipos de mentes primarias, cada una identificada a base de los tipos de objetos que ésta percibe. Por ejemplo, a una conciencia visual que percibe figuras y formas se le considera una mente primaria. Mientras los niveles más burdos de conciencia son en su mayoría de naturaleza objetiva, existen otros niveles más sutiles que se enfocan en la experiencia subjetiva de un agente u observador.

2. **Mentes Secundarias:** La mente secundaria es una forma particular de relacionarse con el objeto. Se trata más de *cómo* estamos conscientes de algo. Cada uno de los distintos tipos de mente secundaria se definen a base del tipo de relación que se crea entre el sujeto que percibe y el objeto percibido. Un ejemplo de ello sería la mente secundaria de la "atención", cuya función es involucrar la mente con un aspecto particular del objeto que está apareciendo.

La utilización de términos tales como "primario" o "secundario" no deben ser comprendidos como una relación temporal. Por el contrario, ambos se refieren a propiedades emergentes de la mente, que ocurren simultáneamente. La palabra primario se refiere más bien a la naturaleza fundamental de estas mentes. Se trata del reconocimiento de que sin estas percepciones del sujeto con el objeto no existiría base para crear relaciones.

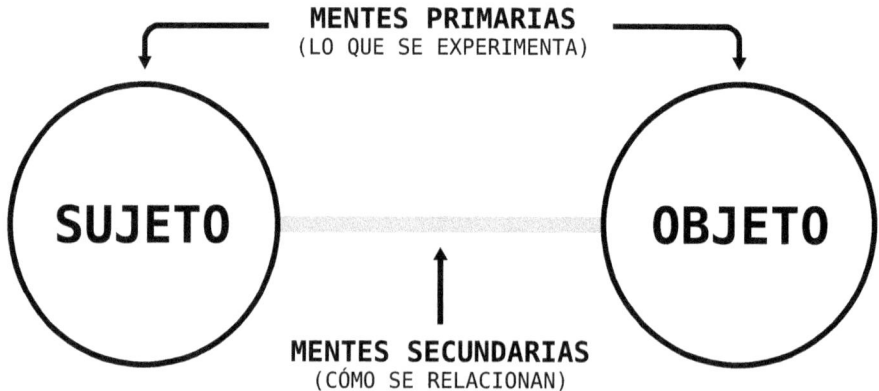

Figura 1-5: Cómo las mentes primarias y secundarias establecen una visión dualista.

Ambas categorías nos proveen una oportunidad para desarrollar distintos tipos de análisis. A través del estudio de las mentes primarias lograremos tener un entendimiento de los componentes básicos de la mente. Luego, al estudiar las mentes secundarias podremos entender las diversas formas en que estos componentes se relacionan unos con otros. Particularmente, podemos identificar patrones de relaciones que conducen hacia experiencias armoniosas o aquellas que nos conducen a los problemas.

Objeto	Facultad	Conciencia	Experiencia
Ondas de Luz	Ojo	Visual	Colores y formas
Vibraciones	Oídes	Auditiva	Ritmos y tonos
Compuestos Químicos	Nariz	Olfativa	Olores
Compuestos Químicos	Lengua	Gustativa	Sabores
Configuraciones de la materia	Cuerpo	Táctil	Sensaciones de solidez, fluidez, calor y movimiento

Tabla 1-2: Los Cinco Tipos de Conciencia Sensorial.

Las Ocho Formas de la Conciencia

Ahora observaremos los tipos distintos de mentes primarias que podemos experimentar en los niveles burdos y sutiles. Recuerda que cuando nos referimos generalmente a la mente se trata verdaderamente de un fenómeno compuesto, construido de diferentes tipos de mente trabajando a distintos niveles. En este caso, el tipo de mente en que nos estaremos enfocando es conocida como *la conciencia*. La conciencia se refiere a cualquier concienciación (percatarse) condicionada por la relación dualista entre el objeto y el sujeto. A la continuidad de tal conciencia podemos llamarla un *continuo mental*. Debido a que cada persona tiene una perspectiva única su continuo mental también será única. Si observamos nuestro propio continuo mental, podemos identificar dos categorías básicas de nuestra conciencia:

La Conciencia Sensorial

Una conciencia sensorial es cualquier conciencia que está directamente atada a un órgano físico. Por ejemplo, nuestra conciencia visual es producida cuando la luz rebota desde un objeto y entra en contacto con nuestro órgano sensorial de la vista. Esta información es transmitida a un sistema particular de actividad eléctrica que a su vez permite que surjan experiencias de formas y colores. Cuando expandimos la aplicación de este patrón básico a cada órgano sensorial, podemos identificar cinco formas de conciencia:

1. **La Conciencia Visual:** La experiencia de colores y formas.
2. **La Conciencia Auditiva:** La experiencia de ritmos y tonos.
3. **La Conciencia Olfativa:** La experiencia de diferentes olores.
4. **La Conciencia Gustativa:** La experiencia de diferentes sabores.
5. **La Conciencia Táctil:** La experiencia de sensaciones de solidez en el cuerpo.

Todas estas formas de conciencia son percibidas directamente en la mente, lo que significa que cuando las condiciones se unen, surge la experiencia. Estas son de naturaleza no conceptual. También son formas extremadamente burdas de la mente ya que descansan fuertemente en la presencia física de los órganos de los sentidos. Sustrae el órgano sensorial y la conciencia correspondiente cesa de surgir en la mente.

Similarmente, podemos observar que a través del tiempo nuestros órganos sensoriales se deterioran y las cualidades correspondientes de nuestra conciencia sensorial también se deterioran. La visión se hace borrosa, los sonidos se amortiguan, los sabores se ablandan. Algunas de estas cosas pueden ajustarse a base de tecnología (espejuelos o audífonos), cirugía que arregle el órgano sensorial (remover cataratas, por ejemplo). Todo ello apunta al hecho de que nuestras conciencias sensoriales no siempre representan claramente la realidad que le es presentada. En ocasiones solamente estamos recibiendo un aspecto parcial o distorsionado de la misma.

Conciencia Mental

Cuando la mente no está condicionada por un órgano sensorial nos referimos a ella como una conciencia mental. Distinto a los cinco tipos de conciencia sensorial, la conciencia mental tiene la capacidad de percatarse de aquello que percibe. Por ejemplo, si percibimos una flor, la conciencia visual es como un espejo que refleja los detalles tales como el color y la forma, pero no tiene un entendimiento de lo que refleja. La conciencia visual observa el objeto, pero la conciencia mental *conoce* el objeto. Es esta base de concienciación la que permite generar modelos conceptuales que representen un fenómeno percibido o no por las conciencias sensoriales. Cuando examinamos la conciencia mental identificamos tres categorías de la mente:

1. **La Conciencia Mental Burda:** Esta es la mente racional. Está compuesta de pensamientos, imaginería mental y sentimientos subjetivos (como las emociones). Este es el tipo de experiencia que la mayoría de nosotros asociamos con la palabra "mente". Es muy dependiente de las condiciones del cerebro para su apoyo. Si el cerebro tiene daños, nuestra capacidad para manifestar la totalidad de esta conciencia mental burda de algún modo u otro se limita. La experiencia que denominamos como "memoria" ocurre cuando la conciencia mental burda genera imágenes mentales que recrean nuestra experiencia pasada.

2. **La Conciencia Alucinada:** Se usa esta conciencia para referirnos a cualquier error en la percepción de nuestra realidad. Aunque particularmente se utiliza para referirnos a las percepciones incorrectas que tenemos en torno al sentido de nosotros mismos. Este tipo de conciencia provee una base para el desarrollo de todo tipo de estados mentales distorsionados, a los que llamamos "aflicciones". Algunas aflicciones son burdas, mientras que otras son más sutiles. Sin embargo, todas tienen en común que distorsionan nuestro entendimiento de la realidad y nos crean condiciones para experimentar el sufrimiento.

   La conciencia alucinada puede ser muy difícil de detectar porque ocasiona la generación de una proliferación de conceptos en nuestra conciencia mental burda. Con tantos pensamientos revoloteando por doquier se hace difícil, usualmente, identificar el concepto erróneo que la animó. A través de la práctica meditativa es posible calmar la mente lo suficiente para poder identificar estas mentes alucinadas. Hay cuatro conceptos erróneos básicos que forman la raíz de esta conciencia.

El primero es creer en un ser sustancialmente existente. Esta es la convicción de que el ego existe como cierto tipo de entidad separada que llamamos "ser". El segundo es la convicción de creer que este ego tiene atributos de existir de una manera particular dada, aportando el acondicionamiento de "cómo" este ser existe. Tercero, tenemos la convicción de que este ser es más importante que ningún otro, lo que podemos clasificar como auto indulgente. Finalmente, existe la ignorancia, la creencia de que este ser tiene existencia inherente, independientemente de que la cataloguemos como tal. Hasta que no eliminemos las conciencias alucinadas nuestra percepción siempre estará influenciada por estos cuatro conceptos erróneos y las aflicciones mentales que surgen de éstos. Como un vaso de cristal lleno de agua sucia la naturaleza pura de nuestras conciencias mentales estará oscurecida por la presencia de estos conceptos erróneos.

3. **La Conciencia Fundamental:** La forma más sutil de la conciencia mental se conoce como la conciencia fundamental (también identificada como alayaviñana o conciencia de substrato). Esta es la base de todas las conciencias –cómo pensamos y experimentamos el mundo, nuestro ambiente, todos los objetos percibidos o sentidos, y aún cómo percibimos nuestro cuerpo. Es el fundamento de nuestra mente y su depósito lo que condiciona otros tipos de conciencias. Todas las tendencias habituales están almacenadas en esta conciencia y se cree que es esta conciencia la que continúa a través de nuestras vidas. Se considera que ésta es neutral ya que en este nivel no tiene conceptos sobre qué es bueno o malo. Existe solo la mera conciencia de que se es consciente. Es esta conciencia a la que la conciencia ilusoria erróneamente concibe como el "yo". Este sentido básico del ser luego es elaborado por la conciencia mental burda con diversas características.

Podemos comparar la conciencia fundamental con las profundidades mas remotas del océano. Nuestros pensamientos y emociones son como las olas turbulentas de la superficie que a pesar de que son parte del océano no logran perturbar el agua de las profundidades. Cuando estamos inconscientes, nos desmayamos, o cuando nos encontramos en un profundo estado de absorción meditativa todas las demás conciencias se disuelven nuevamente en la conciencia fundamental. Todo se absorbe en este continuo infinito. Cuando la mente alucinada ha sido eliminada, la conciencia fundamental surge en su forma pura.

Ejercicio 1.2- Identificando la Mente Burda

- *Siéntate en silencio por unos momentos para calmar la mente.*
- *Con los ojos abiertos, mira a tu alrededor lentamente. Toma conciencia de los muchos colores y formas que puedes ver a través de tus ojos. Cierra los ojos por un momento y observa cómo cambian estos colores y formas. Ábrelos y observa cómo surgen las apariencias una vez más. Esta es tu conciencia visual.*
- *Con los ojos cerrados, toma conciencia de los sonidos que se están manifestando actualmente. Conoce las cualidades de los sonidos y cómo cambian con el tiempo. Observa cómo los sonidos se superponen, contribuyendo cada uno a una experiencia general. Esta es la conciencia auditiva.*
- *Pasa un tiempo oliendo diferentes aromas. Tal vez selecciones algo de comida y tomes conciencia de las variaciones de los olores a medida que fluyen por las fosas nasales. Esta es la conciencia olfativa.*
- *Del mismo modo, intenta probar diferentes alimentos. Intenta distinguir los diferentes componentes de lo que estás probando. Observa cómo surge el sabor cuando la comida toca tu lengua, cómo permanece después de que te tragas la comida y, finalmente, cómo se disuelve con el tiempo. Esta es la conciencia gustativa.*
- *Con la mano, presiona sobre algo que es duro. Siente la solidez del objeto, la firmeza. Luego toma un trago de agua y manténgalo en la boca. Siente la sensación del líquido chapoteando. Ahora escanea a través de tu cuerpo y observa cualquier área de calor o frío. Observa cómo algunas áreas*

se sienten más activas que otras. Toma conciencia del movimiento de tu respiración a medida que fluye hacia adentro y hacia afuera. Siente la contracción y expansión de tu pecho o abdomen. Finalmente, busca cualquier área de tu cuerpo donde no surja ninguna sensación particular. Intenta tener una idea de los espacios vacíos. Esta es la conciencia táctil.

- Ahora, sentado en silencio por un momento, imagina que estás sentado en un hermoso prado en medio de la primavera. Al borde del prado hay un bosque de árboles altos que proyectan sus sombras sobre el suelo. El cielo está despejado y el sol brilla. Puedes sentir su calor en tu piel. Justo en la distancia hay un pequeño estanque. Puedes ver las ondas de los peces nadando justo debajo de la superficie. Intenta sentirte realmente como si estuvieras presente en esta escena. Esta es la conciencia mental burda.

En total podemos identificar ocho formas diferentes de conciencia. De estas ocho, seis se consideran de naturaleza burda: los cinco tipos de conciencia sensorial y la conciencia mental burda. La conciencia alucinada es una mezcla de mentes burdas y sutiles, mientras que la conciencia fundamental se considera sutil.

Sutileza	Tipo	Conciencia
Burda	Sensorial	1. Conciencia Visual
		2. Conciencia Auditiva
		3. Conciencia Olfativa
		4. Conciencia Gustativa
		5. Conciencia Táctil
	Mental	6. Conciencia Burda Mental
Burda y Sutil		7. Conciencia Alucinada
Sutil		8. Conciencia Fundamental

Tabla 1-3: Resumen de "Las ocho Formas de Conciencia"

Cómo Surge Una Conciencia Mental

Para comenzar a comprender la dinámica entre estas diferentes formas de conciencia, podemos usar un modelo simple de cinco partes conocido como

CAPÍTULO 1 COMPRENDIENDO LA MENTE

los *Cinco Agregados*. Cada paso ilustra el proceso secuencial en el que se genera una conciencia mental. Este proceso se define de la siguiente manera:

1. **Forma:** Comenzamos con apariencias que surgen dentro de una conciencia sensorial o mental. Podemos llamar a estas apariencias *formas*. Suponiendo que todas nuestras facultades funcionen correctamente, normalmente estamos recibiendo seis corrientes distintas de información correspondientes a los seis sentidos (cinco físicos y uno mental). Estas formas, crean el enfoque objetivo de nuestra mente. Dado que este proceso es de naturaleza instantánea, cuando nos referimos a la apariencia de la mente como un objeto para la conciencia mental, nos estamos refiriendo a la conciencia presente que se da cuenta de un momento previo de conciencia mental.

2. **Percepción:** La conciencia mental actual solo puede ser consciente de una corriente de información en un momento dado. Si bien podemos percibir la sensación de que cosas como la vista y el sonido suceden al mismo tiempo, en realidad es una ilusión creada por nuestra conciencia mental que salta de un lado a otro a un ritmo muy rápido. Cuando la conciencia mental se da cuenta de una corriente particular de apariencias, deja una impresión mental en la mente. Esta impresión se conoce como *percepción*. La función principal de la percepción es crear una imagen mental con la cual la conciencia mental pueda establecer una conexión.

3. **Sentimiento:** Sobre la base de las características de esta imagen mental, la mente experimentará una reacción inicial. Esta reacción es la relación más básica que se establece entre el objeto percibido (la imagen mental) y el sujeto que percibe (la conciencia de esa imagen). Se produce cuando la imagen mental desencadena las diversas propensiones habituales que se almacenan dentro de la conciencia fundamental y se manifiestan como una compulsión para comprometerse o desconectarse del objeto.

4. **Formaciones mentales:** Una vez que se ha realizado la conexión inicial entre el sujeto y el objeto, surgirá una gama completa de patrones cognitivos relacionados. Podemos pensar en la conciencia fundamental como una gran red interconectada. Cuando se activa una propensión, eso provoca que se activen otras propensiones, como las ondas producidas al dejar caer

una roca en un estanque. Estas propensiones se manifiestan como una amplia gama de designaciones conceptuales que dan forma o condicionan el tipo de relación que estás desarrollando con el objeto. En cierto modo, la mente está construyendo una historia alrededor del sentimiento inicial, desarrollando los detalles con superposiciones conceptuales.

5. **Conciencia:** El momento resultante de la conciencia mental que surge de este proceso dependerá del tipo de historia proyectada por las formaciones mentales. Si la historia se basó en ideas erróneas engañosas, entonces la interpretación de la experiencia estará en desacuerdo con la realidad. Esta distorsión servirá como base para que surja el sufrimiento en forma de sentimientos desagradables. Del mismo modo, si la interpretación está de acuerdo con la realidad, eso servirá como base para que surja la felicidad.

Para comprender este proceso, podemos usar un ejemplo simple:

Imagina que estás sentado en un restaurante. Acabas de terminar tu comida y estás esperando el postre, una gran porción de pastel de chocolate. El camarero se acerca a la mesa y deja el postre. Para tu horror, hay una rodaja de tarta de limón. Miras al camarero indignado y le preguntas: "¿Dónde está mi pastel de chocolate?"

Veamos lo que sucede en la mente. Primero, comencemos con la forma. Tu conciencia visual experimenta la apariencia de un círculo blanco, con un triángulo marrón claro, lleno de lo que parece una mancha amarillenta. Tu conciencia mental se da cuenta de estos colores y formas y construye una imagen mental en la mente. Odias la tarta de limón y tu reacción inicial al ver esta forma es de disgusto. Y ahora comienzan las formaciones mentales. Esto no es un pastel de chocolate. Esta es una tarta de limón. Odio la tarta de limón. Quiero chocolate, no limón. ¿Por qué está esta tarta de limón aquí? ¿Por qué esta persona me trajo esta cosa terrible? ¿Por qué siempre me pasan cosas tan malas? Y así sucesivamente.

A medida que desarrollamos conceptos en torno a la experiencia, creamos un ciclo de retroalimentación. Nuestro sentimiento de aversión se fortalece cuanto más avivamos las llamas. Eventualmente se vuelve tan fuerte que nos sentimos obligados a hacer algo al respecto. En este caso, su cara se contorsiona en lo que comúnmente se identifica como ira, y ataca verbalmente al pobre mesero.

Las cosas no siempre son tan exageradas como las hago ver aquí. Algunas veces nuestras reacciones son muy sutiles y las superposiciones conceptuales son igualmente sutiles. En otras ocasiones, pueden ser mucho peores. Piensa en un episodio de furia extrema, por ejemplo. A través de este modelo simple, podemos comenzar a ver cómo la forma en que concebimos una situación juega un papel importante en nuestra experiencia general de esa situación.

Repaso de los Puntos Claves

- La mente es la fuente de toda nuestra felicidad y, por lo tanto, es el fenómeno más importante que debemos entender.

- La mente no es lo mismo que el cerebro. Es un fenómeno no físico que tiene aspectos burdos que están estrechamente relacionados con el cerebro y aspectos sutiles que no lo están.

- La mente es una continuidad eterna de experiencias sin principio ni fin.

- El momento mental actual es el resultado de momentos mentales anteriores, mientras que los momentos futuros son el resultado del presente. Esto significa que, al entrenar la mente en el presente, podemos dar forma a las experiencias que surgirán en el futuro.

- La mente opera en diferentes niveles de sutileza: burdo, sutil y muy sutil.

- La mente puede dividirse en mentes primarias y mentes secundarias, donde las mentes primarias se usan para describir lo que le está apareciendo a la mente y las mentes secundarias se usan para describir cómo nos relacionamos con esas apariencias.

- Hay ocho formas de mentes primarias: cinco tipos de conciencia sensorial y tres tipos de conciencia mental.

- Podemos entender la naturaleza de cómo surge una conciencia mental mediante el uso de cinco categorías: forma, percepción, sentimiento, formaciones mentales y conciencia.

Manjushri, el Bodhisattva de la Sabiduría

CAPÍTULO 2

Trabajando con los Estados Mentales Destructivos

En el capítulo anterior, sugerimos que la mente es la causa principal de nuestra experiencia de felicidad o sufrimiento. Nuestras condiciones externas, las personas y las circunstancias que rodean nuestras vidas diariamente, solo pueden actuar como condiciones que catalizan nuestras experiencias. Para lograr una vida más positiva y constructiva, debemos entender cómo funciona la mente.

Cada uno de nosotros podemos recordar momentos en nuestras vidas cuando hemos sentido ansiedad, enojo o tristeza. A través de nuestro estudio de las diversas mentes primarias, podemos obtener una comprensión general de cómo surge la conciencia, pero no podemos determinar con precisión qué causa estos estados mentales indeseables. Para diagnosticar con precisión sus causas (y así comprender cómo remediarlas), necesitamos un modelo más detallado para trabajar. El siguiente es solo un modelo.

Los Cincuenta y Un Factores Mentales

Un factor mental es una forma específica de relacionar la mente con un objeto. Los diferentes tipos de relaciones influyen en cómo experimentamos un momento de conciencia mental. Podemos entender que son como los diferentes ingredientes que intervienen en la preparación de una taza de té. Dependiendo de las cantidades relativas de los ingredientes, la experiencia resultante del té será diferente.

En esta próxima sección presentaremos una visión general de las seis categorías de factores mentales que se identifican en la psicología budista. En aras de la brevedad, no entraré en detalles de todos los factores mentales. Si desea una presentación más completa, consulte el apéndice de este libro.

1. Factores Mentales Omnipresentes

Este primer conjunto de factores mentales son los ingredientes más fundamentales para un momento de cognición. Como surgen en cada momento de la conciencia sensorial y mental, se les conoce como *omnipresentes*. Estos factores están principalmente vinculados a la mecánica de la percepción directa, proporcionando una base para que surja la mente conceptual. Existen Cinco *Factores Mentales Omnipresentes*:

1. **La Sensación:** La sensación proporciona la conexión básica que es absolutamente necesaria para que la mente experimente un objeto con los seis sentidos. Cuando una conciencia sensorial percibe un objeto a través de un órgano sensorial, surge una sensación. No es solo el sentimiento burdo que todos reconocen, sino que incluye la sensación más sutil que impregna cada percepción. Esta cualidad de la sensación es inherente a cada estado mental y comprende todas las asociaciones inmediatas con el objeto, ya sean agradables, desagradables o neutrales, que tienen lugar en un nanosegundo. El punto principal por entender es que cualquier tipo de conciencia que está surgiendo, en cada instante de experiencia, contiene un elemento de sensación.

2. **La Discriminación (o Distinción):** La discriminación es cuando nuestro campo sensorial toma una característica poco común de un objeto o una característica sobresaliente de un objeto y le atribuye un significado convencional. No etiqueta ni nombra el objeto, sino que lo discrimina como una cosa en lugar de otra. Por ejemplo, distinguir la luz de la oscuridad o distinguir una mesa del fondo; no se requieren palabras. Todo esto sucede de forma inmediata, simultánea y constante con todo lo que estamos experimentando. Sin distinguir, la mente no podría vincular el objeto con otros procesos mentales.

3. **La Intención (o Volición):** Este es el impulso consciente y espontáneo que hace que la mente se involucre y experimente objetos, o un objetivo consciente que guía la acción. Sin intención, la mente no podría dirigir su atención hacia un objeto. Toda actividad mental tiene intención.

4. **El Contacto:** El contacto es cómo nos conectamos con un objeto. Ocurre con la reunión de tres factores: el momento precedente de conciencia (que podría ser cualquiera de los tipos de conciencia), el objeto y la facultad sensorial. Sin contacto, la mente no podría encontrar el objeto y establecer una relación o sentimiento con él. Diferencia que un objeto de cognición es agradable, desagradable o neutral, lo que proporciona la base para experimentarlo con un sentimiento de felicidad, infelicidad o indiferencia.

5. **La Atención (y Compromiso Mental):** El compromiso mental es la penetración de la conciencia en un objeto al prestarle cierto nivel de atención. Cualquier tipo de conciencia, no importa cuán brevemente surja, siempre está comprometida con un objeto en particular. La atención está presente en cada fracción de segundo para todos los seres, y sin ella, la mente no podría permanecer fija en un objeto experimentado por ninguno de los seis sentidos, lo que resulta en una pérdida total de estabilidad.

Si falta alguno de estos factores mentales, no se puede establecer una relación entre sujeto y objeto. Siempre y cuando los cinco estén activos (no importa cuán fuerte sea), al menos tiene la base para una conexión que luego pueda respaldar la aparición de otros factores mentales. Al fortalecer estos factores mentales omnipresentes, se puede fortalecer la conexión que crean. Cuanto más fuerte sea la conexión, más información tendrá que trabajar su mente y, por lo tanto, más precisa será su percepción de la realidad.

Ejercicio 2.1 - Estableciendo una conexión

- *Siéntate en silencio por unos momentos para calmar la mente.*
- *Elije una forma particular de conciencia para enfocarte. Este puede ser uno de los cinco sentidos o la conciencia mental. Intenta identificar una experiencia específica para usar como sujeto de análisis.*
- *Considera el tema que has elegido. Tal vez sea la apariencia visual de una flor o una taza. Cualquiera sea el fenómeno, establece en tu mente el*

escenario en el que el tema se te apareció. Ten en cuenta lo que realmente está apareciendo. Esta apariencia es la sensación.

- *¿Cuáles son los detalles de esta sensación? ¿Cuáles son sus características? Obtén una idea de cómo la mente aísla y separa la sensación del fondo. Cuán claramente te aparece esta sensación. Esta separación del objeto es discriminación.*

- *¿Dónde está enfocada tu mente? ¿Está bloqueada en la sensación o la sensación está más en la periferia? Esta dirección de la mente es intención.*

- *Ahora considera, ¿cómo está surgiendo esta sensación en mi mente? ¿A través de qué facultad sensorial la estoy percibiendo? Trae a la mente las tres condiciones: objeto, facultad sensorial y conciencia. Identifica cada uno de estos. Por ejemplo, las ondas de luz podrían ser el objeto, el ojo la facultad, y cuando se encuentran, surge una conciencia visual de una flor. Esta unión de condiciones es el contacto.*

- *Finalmente, ¿qué tan fuerte es tu compromiso con esta sensación? ¿Estás completamente absorto en la sensación o ocupa solo una parte de tu mente? Esta fuerza de enfoque es la atención.*

2. Los Factores Determinantes de los Objetos

A través de los factores mentales omnipresentes, la mente puede establecer una conexión con las apariencias que surgen en los seis sentidos. El siguiente conjunto de factores mentales permite que la mente sepa realmente lo que le está apareciendo. Este conocimiento se manifiesta en forma de un grado particular de certeza de que el objeto es esto y no aquello. En total, hay cinco *Factores Mentales Determinantes de los Objetos:*

1. **La Aspiración:** La aspiración se refiere al deseo o la intención de lograr u obtener algo, valga la pena o no. Es la mente la que se interesa por un objeto y desea conocerlo más completamente. La aspiración actúa como la base del esfuerzo y produce diligencia.

2. **La Creencia (Convicción Firme):** Creencia es la sujeción estable de un objeto o sujeto específico para ser como es; tener una firme convicción de que es esto y no eso. Quizás haya una prueba obvia de que lo que se cree es realmente cierto, o puede haber mucha evidencia de que es así, ya sea a través de la experiencia directa, el razonamiento lógico o la referencia de las Escrituras. También se puede asumir o creer "a ciegas" sin ninguna evidencia. En cada uno de estos casos, la creencia surge en relación directa con el objeto o sujeto.

3. **La Atención Plena:** La Atención Plena es como un tipo de "pegamento mental" que mantiene un objeto enfocado, manteniéndolo claro en la mente, como si uno estuviera conjurando una imagen al referirse a ella en una conversación. Esto puede ser durante un período de tiempo largo o corto, y el objeto puede incluir el momento presente. La atención plena se logra cultivando la conciencia de los propios pensamientos, acciones y motivaciones.

4. **La Concentración:** Concentración significa que uno enfoca la mente en un solo sentido en un solo objeto o un tema de investigación, sin ninguna distracción. Este es un estado de enfoque sin distracciones, al igual que torcer un hilo hasta un punto fino para pasarlo por el ojo de una aguja.

5. **La Sabiduría:** La sabiduría es el antídoto a la duda. Es una conciencia discriminatoria que agrega un nivel de decisión para distinguir un objeto de cognición, conociendo la realidad de un objeto independientemente de lo que sea. Comprender que en un nivel sutil toda la existencia convencional es impermanente es un ejemplo de sabiduría. La verdadera sabiduría siempre conduce a la paz y la tranquilidad, ya que nos enseña que todo es interdependiente y, naturalmente, nos da una idea de lo que es mejor para nosotros y para los demás. Esto es muy diferente a algunos tipos de conocimiento que pueden ser dañinos y provocar un gran sufrimiento, tal como saber diseñar armas. Por supuesto, el conocimiento en sí no es dañino, pero no se basa en la verdadera sabiduría.

Cuando estos factores mentales son fuertes, la certeza que tenemos de lo que se percibe también es fuerte. Con mayor certeza, podrás actuar de manera más efectiva de acuerdo con la situación. Si estos factores son débiles, habrá una gran incertidumbre con respecto a lo que realmente está sucediendo, lo que aumentará la posibilidad de cometer errores.

Ejercicio 2.2 - Saber Qué Es un Objeto

- *Siéntate en silencio por unos momentos para calmar la mente.*
- *Elije una forma particular de conciencia para enfocarte. Este puede ser uno de los cinco sentidos o la conciencia mental. Intenta identificar una experiencia específica para usar como tu objeto de análisis.*
- *¿Qué tan interesante encuentras el objeto? Obtén una idea de cuánto atrae tu atención el objeto. Este deseo de comprometerse con el objeto es aspiración.*
- *¿Qué tan firme esta tu mente sosteniendo el objeto? ¿Tienes la convicción de que realmente estás experimentando el objeto de manera realista o hay dudas? ¿Podría lo que estás experimentando ser una ilusión? La fuerza de la certeza de que el objeto es como parece es la creencia.*
- *¿Qué tan estable es tu aprehensión del objeto? ¿Estás teniendo un compromiso momentáneo o la mente puede sentarse con el objeto por algún tiempo? Esta estabilidad mental que sostiene el objeto continuamente es atención plena.*
- *¿Qué tan concentrada está tu mente? ¿Sostiene el objeto de manera puntual o está distraída por muchos objetos diferentes? ¿Estás completamente absorto en el objeto o tu atención está dividida? La capacidad de enfocarte de manera puntual es la concentración.*
- *¿Sabes lo que estás percibiendo? ¿Es una mesa, una silla, un sonido, un pensamiento? ¿Qué es? La capacidad de discriminar varias características y saber realmente cuáles son es sabiduría.*

3. Las Aflicciones Mentales Raíz

Si bien los factores mentales omnipresentes y determinantes de los objetos pueden no ser necesariamente fáciles de observar, sin embargo, son la base sobre la cual se construyen todas las otras mentes conceptuales. Los conjuntos de factores mentales restantes son ejemplos más obvios de los diferentes tipos de conceptos que influyen en cómo nos relacionamos con un objeto.

Cualquier factor mental que hace que la mente se agite se conoce como una aflicción. También se les conoce como impurezas y oscurecimientos aflictivos, son emociones negativas perturbadoras que pueden hacernos perder la compostura, el auto control y provocar que tomemos decisiones poco calificadas. Trayendo sufrimiento a nosotros y a los demás, las aflicciones son como barro que se nos pega como pegamento, oscureciendo las buenas cualidades que tenemos dentro.

Una aflicción es una forma específica de relacionarse con objetos que no está de acuerdo con la realidad. Todos implican cierto grado de distorsión. Por esta razón se les considera parte de la *Conciencia Confundida*. Como veremos, hay una amplia variedad de aflicciones mentales derivadas, pero todas pueden condensarse en seis *Aflicciones Mentales Raíz*.

1. **El Apego:** Aferrarse a las cualidades positivas de un objeto percibido.
2. **La Aversión:** Aferrarse a las cualidades negativas de un objeto percibido.
3. **La Ignorancia:** No conocer un aspecto particular de la realidad.
4. **La Visión Equivocada:** Creer activamente en una idea falsa.
5. **El Orgullo:** Creer que las propias cualidades son superiores a las de los demás.
6. **La Duda Angustiante:** No tener confianza en algo que es verdad.

Como estas aflicciones juegan un papel importante en nuestra experiencia de sufrimiento, las cubriré con mayor detalle más adelante en este capítulo.

4. La Aflicciones Mentales Derivadas

De las seis aflicciones raíces, tres son particularmente poderosas: el apego, la aversión y la ignorancia. A estas tres a menudo se les conoce como los *Tres Venenos*, ya que son responsables de una amplia gama de estados mentales destructivos. En total, hay veinte aflicciones mentales derivadas, cada una agrupada por la raíz de la aflicción con la que más se relacionan:

Sutileza	Conciencia
Aversión	1. Furia
	2. Resentimiento
	3. Hostilidad
	4. Nocividad
Apego	5. Avaricia
	6. Excitación
	7. Auto encaprichamiento
Aversión y Apego	8. Celos
	9. Encubrimiento
	10. Pereza
Ignorancia	11. Letargo
	12. Falta de fe
	13. Olvido
	14. Descuido
Apego e Ignorancia	15. Engaño
	16. Hipocresía
Apego, Aversión e Ignorancia	17. Falta de conciencia
	18. Desvergüenza
	19. No Introspección
	20. Distracción

Tabla 2-1: Las Veinte Aflicciones Derivadas.

5. Los Factores Mentales Virtuosos

A diferencia de las aflicciones, los factores mentales virtuosos se consideran derivados de una comprensión precisa de la realidad. Debido a que están libres de distorsiones, pueden actuar como antídotos para los estados mentales aflictivos. Cuando están presentes, tienden a tener un efecto pacificador o armonioso en la mente. Estos Once *Factores Mentales Virtuosos* son:

1. La Fe
2. La Vergüenza moral
3. El Miedo a la Falta de Integridad
4. El desapego
5. El No odio
6. La No ignorancia

7. La Diligencia
8. La Flexibilidad mental
9. La Conciencia
10. La Ecuanimidad
11. El No dañar

6. Los Factores Mentales Variables

El último conjunto de factores mentales tiene el potencial de ser estados mentales virtuosos o aflictivos. Debido a que son de naturaleza neutral, tomarán el "sabor" general de los otros factores mentales que están presentes. Estos Cuatro *Factores Mentales Variables* son:

1. El Sueño
2. El Remordimiento
3. La Detección Burda
4. El Discernimiento

De estas seis categorías, las dos primeras contribuyen a la calidad de la información que puedes percibir. Las categorías tercera y cuarta son interpretaciones distorsionadas de la realidad y, por lo tanto, deben abandonarse, mientras que la quinta debe cultivarse. La sexta debe desarrollarse hábilmente en relación con los virtuosos estados mentales.

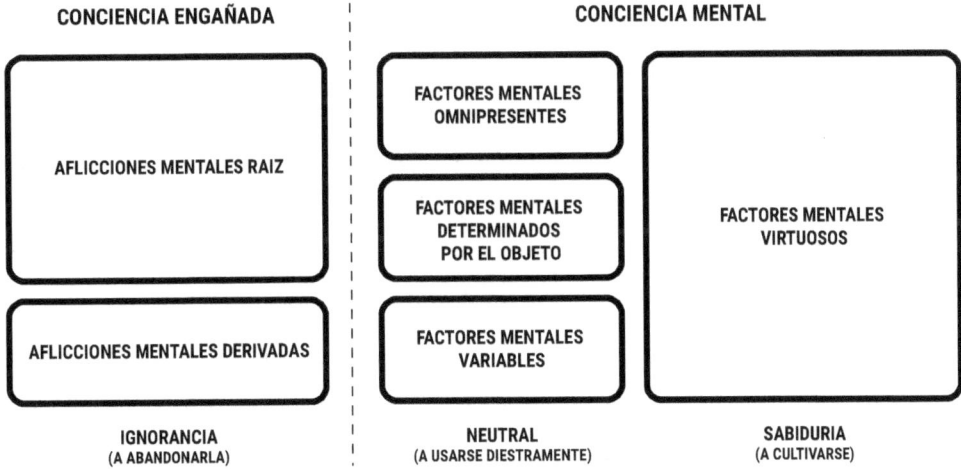

Figura 2-1: Visión general de los "Cincuenta y un Factores Mentales"

Establecer Una Percepción Válida

Con nuestro modelo de la mente considerablemente más detallado, ahora podemos comenzar a ver cómo lo que estamos experimentando no siempre está de acuerdo con la realidad. Las distorsiones se pueden introducir a través de los órganos de los sentidos físicos, a través de los conceptos deformados de la conciencia confundida o mediante una combinación de ambos. En pocas palabras, la forma en que nuestra mente percibe las cosas a menudo no es así. Por esta razón, es cada vez más importante considerar cómo podemos saber si nuestras experiencias son representaciones válidas de la realidad o no.

Para responder a esta pregunta, primero debemos identificar los diferentes tipos de fenómenos que somos capaces de experimentar. En general, hay tres tipos:

1. **Lo Obvio:** Los fenómenos obvios pueden ser fácilmente percibidos por nuestras cinco conciencias sensoriales físicas, así como por la conciencia mental. Los ejemplos incluyen cosas como una silla, una emoción, un recuerdo o un elefante. Estos son fenómenos que cualquiera debería poder experimentar.

2. **Lo Oculto:** Un fenómeno oculto es cualquier fenómeno que se oculta al ser percibido directamente. Un ejemplo de tal fenómeno es la naturaleza sutil e impermanente de nuestros cuerpos. Aunque están cambiando miles de veces por segundo, a medida que las células se dividen y regeneran continuamente, esta transformación constante está oculta a nuestra vista. Para detectar este movimiento, necesitamos usar tecnología para aumentar nuestra vista o prácticas meditativas para mejorar la calidad de nuestras mentes. De esta manera, podemos ver que un fenómeno oculto no está intrínsecamente oculto, solo está oculto mientras las condiciones necesarias no están presentes para que sea obvio.

3. **Lo Muy oculto:** Un fenómeno muy oculto es un fenómeno tan complejo que no podemos experimentarlo con las mentes burdas o sutiles. Un ejemplo de tal fenómeno es la comprensión de todas las causas y condiciones que se unieron para formar los patrones específicos de una

pluma de pavo real. De manera similar, comprender todas las causas que determinan la experiencia momentánea de felicidad o sufrimiento de un individuo.

Podemos definir una percepción válida como cualquier experiencia que conozca con precisión un aspecto dado de un fenómeno. Para desarrollar un conocimiento válido sobre cada uno de los tipos de fenómenos anteriores, debemos confiar en las siguientes formas de percepción:

La Percepción Directa

Una percepción directa es cualquier cosa que aparece en la mente sobre la base de una conciencia sensorial o mental no distorsionada. Un ejemplo sería nuestra capacidad de conocer una flor por su olor. En su mayor parte, la mente no entrenada solo puede percibir directamente fenómenos obvios a través de los sentidos físicos o la conciencia mental burda. Formas más sutiles de percepción mental directa son posibles, pero a menos que hayamos entrenado nuestra mente a través de la práctica de la meditación, ocurren tan rápidamente que no nos damos cuenta de ellas.

Así como la meditación puede mejorar nuestra capacidad de percibir fenómenos más directamente, las tecnologías físicas también pueden ayudar a ampliar nuestra capacidad sensorial. En ciencia usamos todo tipo de dispositivos para detectar fenómenos que están más allá del alcance de nuestra capacidad humana normal. Solo piense en cómo un telescopio gigante nos permite observar galaxias que están a miles de millones de años luz de distancia, o cómo una simple secuencia de fotografía de lapso puede mostrarnos el movimiento de plantas o glaciares.

De todas las formas de percepción válida, la percepción directa conlleva la mayor certeza. Como es directa, hay muy pocas distorsiones o superposiciones entre tu mente y el fenómeno que se está observando. Afortunadamente, todos los fenómenos tienen el potencial de ser conocidos directamente, incluso los fenómenos ocultos y muy ocultos. Cuando la mente está entrenada adecuadamente y se eliminan todas las distorsiones, ya no hay barreras para lo que podemos saber.

El Razonamiento Lógico

Cuando no puedes observar un fenómeno directamente, debes conformarte con conocerlo indirectamente. Hacemos esto mediante la construcción de un modelo conceptual que represente los fenómenos dados. Sobre la base de este modelo, podemos hacer inferencias lógicas que nos ayudan a ampliar nuestro conocimiento.

Tomemos, por ejemplo, el fuego. Un incendio es un fenómeno obvio y, por lo tanto, podemos conocerlo a través de la experiencia directa. A partir de esa experiencia podemos atribuirle varias características, como cuando se quema, produce humo. Sobre la base de este modelo muy simple, podemos inferir que cada vez que vemos humo, debe haber un incendio correspondiente. De esta manera, incluso si no podemos percibir directamente el fuego, podemos saberlo indirectamente a través de la percepción directa de una señal, como el humo que se eleva hacia el cielo.

La ciencia usa el razonamiento lógico para conocer indirectamente una amplia variedad de fenómenos. Considera cómo hemos llegado a conocer los orígenes de nuestro universo. Nadie ha viajado en el tiempo para presenciar el Big Bang. En cambio, los científicos han desarrollado modelos matemáticos que les permiten realizar ingeniería inversa de la secuencia causal a base de las observaciones que actualmente pueden hacer.

Para que el razonamiento lógico tenga alguna fuerza en nuestras mentes, debemos tener fe en el modelo del cual depende el razonamiento. La fe se desarrolla en un modelo dado cuando se pueden hacer observaciones directas para corroborarlo; tome cualquier experimento científico bien diseñado. Por ejemplo, primero el científico establece una hipótesis: una predicción para un determinado resultado basado en un modelo dado. Luego se realiza un experimento que produce una serie de observaciones directas. Estas observaciones se comparan con la hipótesis y apoyan el modelo o no. Con cada observación de apoyo, crece nuestra convicción de que un modelo representa con precisión la realidad.

En el budismo, lo mismo es cierto. El modelo de la mente que hemos estado estudiando hasta ahora es el resultado de una considerable investigación llevada a cabo por practicantes contemplativos avanzados. Cuando se dedicaron intensamente a entrenar sus mentes, pudieron hacer más y más observaciones directas y muchos fenómenos que estaban ocultos para los demás, se hicieron obvios para ellos. Luego usaron sus observaciones para crear un modelo que hace posible que las personas sin el mismo entrenamiento conozcan los aspectos ocultos de la mente indirectamente. Este modelo puede ser probado por cualquiera que esté dispuesto a realizar los experimentos contemplativos que se presentan en sus enseñanzas.

La Fe en la Autoridad

¿Cuántas personas han visto realmente un quark? Creo que para la gran mayoría de nosotros, las partículas cuánticas son un fenómeno muy oculto. Simplemente no tenemos ningún sentido de lo que son o cómo existen. Si bien sabemos que hay modelos para describir cómo funciona la realidad cuántica, los modelos en sí mismos son presentados por matemáticas extremadamente complejas que son indescifrables para la mente no entrenada. Por lo tanto, la única forma en que podemos conocerlos es a través del testimonio de personas que entienden los modelos y, sobre la base de esos modelos, han realizado experimentos.

Llamamos a estas personas "autoridades". Una autoridad es alguien que creemos que tiene un conocimiento válido sobre un fenómeno particular. Desarrollamos fe en estas personas por una serie de razones:

1. **Experiencia:** Cuando conocemos la capacitación por la que ha pasado una persona, ganamos confianza en su condición de expertos en un campo determinado. Aquí estamos poniendo nuestra fe tanto en el cuerpo de conocimiento que se le ha transmitido a esa persona como en la experiencia que ha desarrollado al poner ese conocimiento en práctica. Considera la confianza que obtienes de ir a un médico que ha practicado durante veinte años, en lugar de ir a un médico que acaba de graduarse de la escuela de medicina.

2. **Consistencia:** Cuando una autoridad esta en lo correcto con respecto a temas que podemos entender, tenemos mayor confianza en que también pueden tener razón sobre cosas que no podemos entender. Un ejemplo

sería la fe que ponemos en la comunidad científica. Dado que la ciencia ha producido muchos beneficios tangibles en nuestra vida cotidiana, la mayoría de las personas no tienen problemas para confiar en "hechos científicos". Esto a pesar de tener una comprensión mínima o incluso nula de la ciencia detrás de esos hechos.

3. **Motivación:** El grado de confianza que depositamos en alguien también dependerá significativamente de la motivación percibida detrás de por qué esta persona comparte una determinada información. Si la persona ha demostrado ser confiable y vemos que realmente quieren ayudarnos, es mucho más fácil aceptar como verdad lo que dicen. Por lo menos, reconocemos su sinceridad con respecto a su conocimiento y, por lo tanto, no sentimos que estén intentando engañarnos. Depende de nosotros elegir si confiamos o no en su idea. Considera el ejemplo de dos personas que recomiendan un medicamento en particular. Por un lado, hay un representante de una compañía farmacéutica que quiere vendernos su último producto. Por otro lado, tienes un amigo que es bioquímico y cree que este medicamento puede ayudarte. ¿En cuál confiarías más?

Como descubriremos en nuestro estudio del budismo, hay muchas ideas de fenómenos que no podemos percibir directamente en este momento. Algunas de estas ideas se pueden probar indirectamente a través del razonamiento, pero solo si desarrollas fe en los modelos que se presentan.

Si consideramos las cualidades del Buda histórico (la fuente de estos modelos), podemos comenzar a ver por qué se le considera una fuente válida de información. En primer lugar, podemos ver que todas sus ideas surgieron de su experiencia directa durante el entrenamiento intensivo como practicante contemplativo. Durante más de seis años de investigación dedicada desarrolló las condiciones para que surjan estas experiencias seguido de otras cuatro décadas de ponerlas en práctica. Desde entonces, sus enseñanzas han sido practicadas por millones de personas durante más de dos mil años, lo que demuestra que son eficientes y capaces de producir los resultados reclamados. Finalmente, la motivación del Buda es, en última instancia, una de compasión suprema, donde cada palabra que enseñó fue diseñada específicamente para aliviar el sufrimiento. Es por estas razones que se considera que el Buda es una autoridad genuina y confiable.

Afortunadamente, el Buda mismo no creía en la fe ciega. En cambio, alentó a sus alumnos a poner en práctica sus enseñanzas y a ver por sí mismos los beneficios que podrían producir. En general, es preferible mantener una mente abierta a nuevas ideas; tomándolas como "hipótesis de trabajo". Luego, con el tiempo, podemos probarlas con nuestra propia experiencia y desarrollar una mayor confianza en su verdad.

Fenómeno	Tipo de Percepción	Relación	Certeza
Obvio	Directa	Directa	Fuerte
Escondido	Razonamiento Lógico	Indirecta (a través de un modelo conceptual)	Moderada
Bien Escondido	Fe en la Autoridad	Indirecta (a través de la fe)	Débil

Tabla 2-2: Maneras de conocer la realidad.

Manejando los Estados Emocionales Destructivos

A través de nuestro estudio de la psicología budista, hemos podido identificar los mecanismos centrales de cómo surge nuestra experiencia. Hemos establecido una comprensión teórica de los diferentes tipos de experiencias que tenemos y las diferentes formas en que nos relacionamos con esas experiencias. Ahora es el momento de poner toda esta teoría en práctica. Necesitamos aprender cómo traer estas ideas a nuestras vidas para que puedan ayudarnos a mejorar la calidad de nuestras experiencias. Para hacer esto, analizaremos más de cerca las seis aflicciones raíz para identificar estrategias específicas para reducir su influencia destructiva.

El enfoque general aquí es familiarizarnos con estados mentales sanos específicos que actúan como antídotos para las aflicciones. El adiestramiento es bastante sencillo:

1. En adiestramiento formal identifica qué aflicciones surgen en tu experiencia.

2. Cultiva los antídotos para esas aflicciones.

A través de este proceso, estamos aplicando efectivamente una fuerza contraria a las mentes angustiadas. Con persistencia, debilitaremos tanto la aflicción que ya no tendrá la capacidad de abrumarnos. Esto traerá una mayor confianza ante la adversidad y nos ayudará a experimentar una mayor estabilidad y tranquilidad en la vida.

Las Seis Aflicciones Raíces y sus Antídotos

Al comienzo de tu adiestramiento, el enfoque está en desarrollar claridad con respecto a cuáles son cada una de las aflicciones y qué antídotos pueden usarse para contrarrestar su influencia.

El Apego

Surge cuando nos aferramos demasiado a un objeto. El objeto podría ser una persona, un sentimiento, una posesión material particular o incluso una idea. Sea lo que sea, el apego nos hace aferrarnos y exagerar las cualidades deseables de ese objeto. Esto crea una fuerte sensación de deseo de poseer el objeto o nunca dejarlo ir. La naturaleza del apego reduce nuestro campo de enfoque y nos ciega a los efectos que tiene sobre nosotros mismos y los que nos rodean.

El problema que surge del apego es que crea una fantasía que el objeto no puede cumplir. Comenzamos a ver el objeto como una verdadera fuente de felicidad y sufrimos cuando inevitablemente se demuestra que esta creencia es falsa. Tomemos por ejemplo lo que a menudo llamamos "amor romántico". Cuando una persona se enamora por primera vez, solo puede ver las cualidades positivas de su pareja. Ven a su pareja como perfecta y creen que lo que sienten es el resultado directo de estar cerca de ellos. Inicialmente son inseparables, pero a medida que pasa el tiempo, la persona comienza a notar pequeñas imperfecciones. Al principio son insignificantes porque el apego sigue siendo muy fuerte. Eventualmente, sin embargo, las imperfecciones comienzan a agrandarse y el mundo de fantasía que esta persona ha construido se derrumba. Si la persona puede desarrollar una perspectiva más realista de su pareja, existe la posibilidad de una relación más duradera. Pero si la persona se aferra a la fantasía, es poco probable que se cumplan las expectativas y una ruptura es casi segura.

El antídoto para el apego es construir una visión más realista del objeto al que estás apegado, en lugar de alimentar la fantasía. No esperes a que estalle la burbuja; en cambio, considera la naturaleza impermanente del objeto y cómo cambiará con el tiempo. Imagina el objeto en diferentes situaciones y cómo no siempre será como es ahora. Continuando con el ejemplo de amor romántico, con el fin de construir una relación más sana y equilibrada con tu pareja, reflexiona en sus cualidades negativas, mientras te recuerdas a ti mismo que no son perfectos y que sus imperfecciones son sólo una parte tan importante de ellos como las cualidades que tanto amas. En general, intenta desarrollar una comprensión más amplia del objeto de apego que abarque más de sus características, no solo aquellas a las que está apegado.

Ejercicio 2.3 - Fundamentándonos en la Realidad

- *Siéntate en silencio por unos momentos para calmar la mente.*
- *Identifica un objeto físico al que te sientas muy apegado. Debería ser algo de lo que te resultaría muy difícil separarte.*
- *Ahora recuerda las diversas cualidades del objeto. Comienza con todo lo que te gusta. Esto hace que tu apego se manifieste. Identifica cómo se siente.*
- *Ahora considera las cualidades del objeto que crees que no son tan grandiosas. Piensa en las diferentes imperfecciones que tiene, o las diferentes formas en que podría ser mejor. Después de pasar un tiempo pensando en las fallas de este objeto, ten en cuenta cómo te sientes ahora hacia él.*
- *Tómate un tiempo para tener una idea del equilibrio entre las cualidades que te atraen y las cualidades que consideras insatisfactorias. Considera la totalidad del objeto, no solo un aspecto. Mira cómo este objeto ha cambiado con el tiempo.*
- *Libera todos los pensamientos y simplemente descansa por unos momentos.*

La Aversión

La ira, el miedo, el resentimiento y el odio son manifestaciones de la aversión. Puedes pensar en la aversión como lo opuesto al apego. En lugar de aferrarnos a las cualidades deseables de un objeto, nos aferramos a las indeseables. Al igual que con el apego, construimos una fantasía, solo que esta vez tratamos de convencernos de lo terrible que es el objeto. La naturaleza de la aversión es rechazar el objeto y querer alejarse de él.

Podemos ver esto en juego cuando alguien hace algo para ofendernos, quizás diciendo algo que hiere nuestros sentimientos. Nuestra mente reacciona al dolor que está sintiendo, diciéndose una historia sobre esa persona, "¿Por qué fue tan malo conmigo? ¿Qué le hice alguna vez? Es una persona tan egoísta e indiferente. Desearía que alguien lo lastimara como él me lastimó a mí. No merece ser feliz". Muy rápidamente, la ira y el odio se acumulan en la mente hasta que hemos demonizado por completo a la otra persona. A veces puede salirse de control, podemos guardar rencor durante años y todo el tiempo nos sentimos miserables.

Y esto es lo verdaderamente triste del odio. La única persona a la que daña es a quien lo tiene en su mente. Mientras permitamos que la aversión domine nuestra vida, no podremos experimentar ningún sentimiento de paz. El antídoto contra la aversión es cultivar un sentido de mayor conexión o cercanía con el objeto de nuestra aversión. Si se trata de una persona, podemos pensar en cómo son como nosotros, queriendo ser felices y estar libres de sufrimiento. La razón por la que arremeten es porque están confundidos y dominados por afliccones mentales. Sobre esta base podemos desarrollar un sentido de compasión hacia ellos. En lugar de rechazarlos, cultivamos el deseo de que puedan experimentar felicidad y bienestar genuinos para que dejen de lastimar a los demás.

Por supuesto, habrá algunas personas con las que nos resultará muy difícil sentir compasión. Tal vez sentimos que su comportamiento es tan horrible (como un asesino en serie) que no merecen nuestra compasión. Tener compasión por alguien no significa que apruebes su comportamiento. Significa que reconoces que están enfermos y sufriendo. Intenta desarrollar un sincero deseo que puedan estar libres de esta enfermedad, porque solo entonces dejarán de hacer esas cosas terribles. Cuando trabajamos con personas difíciles, necesitamos comenzar de a poco y desarrollar nuestra capacidad. A medida que aprendemos a trabajar con pequeñas molestias, eventualmente podemos desarrollar nuestra compasión y aprender a vivir con aquellos que percibimos que han perjudicado profundamente al igual que a otros.

Ejercicio 2.4 - Compasión por Aquellos que te Lastiman

- *Siéntate en silencio por unos momentos para calmar la mente.*
- *Recuerda una situación en la que sientes que alguien te ha molestado. Vuelve a crear el escenario en tu mente, agregando tantos detalles como sea posible para que la experiencia sea vívida en tu mente. Sin abrumarte, permite que surja la aversión y observe cómo se siente.*
- *Ahora trae tu enfoque a esta persona. ¿Por qué crees que hicieron lo que hicieron? ¿Qué creían que estaba pasando? ¿Qué creías que estaba pasando?*
- *Trata de tener una idea del estado mental en que se encontraba esta persona. ¿Puedes identificar la presencia de alguna aflicción? ¿De ser así, cuales? ¿Cómo motivaron esas aflicciones las acciones que desencadenaron tus sentimientos?*
- *Ahora imagina el mismo escenario si esta persona estuviera libre de esas aflicciones. ¿Crees que habrían actuado de la misma manera? ¿Cómo podría este escenario haber sido diferente?*
- *Reconociendo la influencia distorsionada que las aflicciones tienen sobre esta persona, alimenta el deseo de que esta persona esté libre de esos estados mentales destructivos.*
- *Descansa tu mente por unos momentos.*

La Ignorancia (de la Verdad)

Hay dos tipos de ignorancia que debemos tener en cuenta; La ignorancia de la verdad y la visión equivocada. La ignorancia de la verdad se refiere a un mero "no saber" cómo existe realmente la realidad. Debido a que no tenemos conocimiento de ciertos fenómenos, no podemos entender lo que está sucediendo en nuestra experiencia y, por lo tanto, tomamos decisiones imprudentes.

Un buen ejemplo de esto es nuestra ignorancia de la ley de causa y efecto. La mayoría de nosotros, no somos conscientes de qué tipo de acciones conducen a qué tipo de resultados, y por lo tanto, nos involucramos erróneamente en todo tipo de actividades que nos traen exactamente lo contrario de lo que estamos buscando.

El antídoto para este tipo de ignorancia es familiarizarse con las enseñanzas a través del estudio y la reflexión. En este momento, estás haciendo exactamente eso. Solo en este capítulo, has estado aprendiendo sobre la naturaleza de la mente. Con suerte, el conocimiento que hayas adquirido te ayudará a trabajar con tu experiencia de una manera más constructiva.

Ejercicio 2.5: Identificación de Oportunidades Para Aprender

- *Siéntate en silencio por unos momentos para calmar la mente.*

- *Considera tu situación actual. ¿En qué tipo de entorno vives actualmente? ¿En qué tipo de actividades estás participando? ¿Con qué tipo de personas te encuentras?*

- *Dentro de este contexto, ¿qué tipo de problemas enfrentas? Identifica una serie de ejemplos de cosas en tu vida que cree que podrían mejorarse. Considera todas tus esperanzas y sueños, y lo que sientes que necesitas para poder hacerlos realidad.*

- *¿Qué conocimiento te estás perdiendo que limita tu capacidad para superar esos obstáculos o alcanzar tus metas? Identifica algunos temas que considere útiles para conocer más.*

- *Considera cómo podrías aprender más sobre estos temas. ¿Podrías tomar una clase o comprar un libro? ¿Conoces a alguien con quien puedas hablar sobre estos temas? Piensa en las diferentes fuentes de información a las que tienes acceso y desarrolla la resolución para investigar más a fondo.*

La Visión Incorrecta

La segunda forma de ignorancia es la de mantener una visión incorrecta. Con este tipo de ignorancia, no solo fallamos en conocer la realidad tal como es (ignorancia de la verdad) sino que en realidad creemos que existe de una manera falsa. Es un concepto erróneo activo de la realidad. Podemos desarrollar puntos de vista erróneos a través de nuestra cultura o mediante nuestra mala interpretación de nuestra experiencia.

Dos formas muy comunes de visión errónea son afirmar demasiada existencia a las cosas (conocido como lo eterno) o muy poco (conocido como nihilismo). Ambos puntos de vista establecen una comprensión distorsionada de la realidad. Cuando usamos supuestos distorsionados, todos los conceptos que construimos sobre ellos también tienen la misma distorsión. Esto nos lleva a malinterpretar drásticamente nuestra experiencia y nos impide llegar a la verdad. Es esta influencia generalizada la que hace que la visión errónea sea la raíz de tantas otras aflicciones.

El antídoto para trabajar con una visión incorrecta es desafiar esa visión con razonamiento lógico o experiencia directa. Debido a que una visión errónea es una mera fabricación de la mente, entonces no tiene el respaldo de la realidad detrás de ella. Cuando realmente investigamos cómo existen las cosas, la visión incorrecta se separará ya que no puede resistir el análisis.

Ejercicio 2.6 - Desafiando la Inexistencia

- *Siéntate en silencio por unos momentos para calmar la mente.*
- *Trae a tu mente una idea que estás seguro de que no existe o al menos una que estás bastante seguro de que no existe. Imagina que alguien se te acerca y comienza a hablar sobre esa idea. Tal vez sea la idea de que nuestra mente es una continuidad eterna que reencarna vida tras vida.*

Tal vez sea la idea de que todos los fenómenos son inherentemente de naturaleza física. Intenta identificar tu reacción inicial a si crees o no en la idea que has elegido.

- *Ahora considera las razones por las cuales no crees en esta idea. Identifica todos los argumentos por los cuales este fenómeno simplemente puede o no puede existir.*

- *Luego cambia de posición e intenta imaginar que estás defendiendo la idea. ¿Cómo responderías a cada uno de los argumentos? ¿En qué razones puedes pensar por qué alguien debería creer en esta idea?*

- *De los dos lados (el retador y el defensor), ¿qué puntos crees que tienen mayor fuerza? ¿El proceso de análisis ha fortalecido tu creencia o la ha debilitado? Si estuvieras tan seguro de que algo no existía, ¿puedes ahora pensar que podría ser posible? Trata de tener una idea de la dirección en la que se mueve tu mente.*

- *Descansa tu mente por unos momentos.*

El Orgullo (Arrogancia)

Esta aflicción mental se manifiesta como una forma de proteger el ego. Todos tenemos ciertas cualidades con las que nos identificamos. Con el tiempo, llegamos a aferrarnos firmemente a esas cualidades, viéndolas como mejores que las de los demás. La naturaleza del orgullo es aislarse, separándose de los que lo rodean.

Cuando conduce a desarrollar una mayor autoconfianza, un cierto grado de orgullo en nuestra capacidad puede ser beneficioso. El problema es cuando se establece una actitud de desdén o falta de respeto hacia los demás que puede conducir a toda clase de engreimiento y exceso de confianza. Cuando llegamos a este extremo, dejamos de aprender de los demás. Nos cerramos y nos atrofiamos.

El antídoto al orgullo es desarrollar una mayor humildad. Podemos hacer esto considerando temas muy complejos de los que no sabemos nada. El objetivo aquí es reconocer nuestras propias limitaciones. Al cultivar el deseo de aprender de los demás, te opones directamente a la actitud que piensa que lo sabe todo.

Otra técnica útil es contemplar las muchas formas en que confías en los demás. Al reconocer el beneficio que recibes de otras personas, aprendes a apreciar su presencia en tu vida. Esto refuerza tu sentido de interconexión y ayuda a llevar a todos al mismo nivel.

Ejercicio 2.7 - Agradecimiento por Aquellos que te Ayudan

- *Siéntate en silencio por unos momentos para calmar la mente.*

- *Recuerda todas tus mejores cualidades como persona. Piensa en todo lo que te hace realmente especial y único. ¿De qué manera eres mejor que otros? Permite que surja una sensación de orgullo. ¿Cómo se siente?*

- *Ahora considera todas sus debilidades. Considera las áreas de tu vida donde no eres particularmente hábil. Piensa en ejemplos de personas que son muy buenas en las cosas que tu no lo eres. Cultiva un aprecio por sus cualidades. ¿Cómo se siente?*

- *Mirando hacia atrás, piensa en cómo adquiriste las cualidades de las que estás tan orgulloso. ¿Estas cualidades se manifestaron naturalmente o se desarrollaron con el tiempo? ¿En quién confiaste para ayudarte a desarrollarlas? Piensa en el papel que tus padres y maestros han jugado para apoyarte en tu viaje. Piensa en todas las personas que te han permitido obtener las experiencias que necesitabas para aprender. ¿Imagina cómo habría sido tu vida si no te hubieran ayudado cuando lo necesitabas? Permite que surja el sentimiento de gratitud hacia estas personas.*

- *A medida que tu enfoque se aleja de ti mismo y hacia los demás, observa si ese sentimiento de orgullo sigue siendo fuerte.*

- *Descansa tu mente por unos momentos.*

La Duda Angustiante

La gente no suele considerar la duda como una aflicción grave, pero de hecho, es un estado mental muy negativo. Para lograr cualquier cosa debemos tener la convicción de que podemos lograr nuestro objetivo. Realizar acciones con dudas o dudas puede debilitarnos y llevarnos a renunciar cuando vamos por la mitad. Si nunca nos involucramos completamente con las actividades, nunca podremos cosechar completamente los beneficios que esas actividades tienen para ofrecer. Es este tipo de duda la que debemos tener en cuenta.

Digamos que te gustaría aprender a meditar:
Comienzas a ir a una clase de meditación donde aprendes diferentes técnicas. Te gusta cómo te sientes cuando lo haces, pero no estás seguro de dedicar tiempo a la práctica. Hay tanto por hacer y no sientes que eres capaz de hacer el tiempo. Debido a que careces de la confianza para comprometerte con lo que estás haciendo, solo practicas de vez en cuando. El resultado es que la práctica realmente nunca gana impulso. Terminas perdiendo interés y pasas a probar otra cosa.

Así es como funciona la duda. Absorbe el poder de tus acciones y te hace rebotar constantemente de esto a aquello. Sin convicción no puedes seguir el rumbo. Te desvías todo el tiempo y nunca haces nada. El antídoto para esta actitud problemática es pasar el tiempo para desarrollar la fe en cualquier acción que estés haciendo. Puedes considerar los diversos beneficios que te brindará una acción. Imagina todo lo que podrás hacer cuando completes la actividad, agregará energía a tu determinación y te dará la fuerza para no vacilar ante las dudas. En lugar de abandonar un curso de acción que vale la pena, aprende a perseverar ante las dificultades y a terminar lo que comienzas.

Ejercicio 2.8 - Fortaleciendo tu Convicción

- *Siéntate en silencio por unos momentos para calmar la mente.*

- *Elige una aspiración personal que tengas para ti mismo; algo que siempre quisiste hacer, pero que nunca has logrado hacer. Tal vez te gustaría desarrollar una práctica de meditación regular o te gustaría reducir tu*

CAPÍTULO 2 TRABAJANDO CON LOS ESTADOS MENTALES DESTRUCTIVOS

tendencia a enojarte. Preferiblemente es algo que tomará algún tiempo completar; algo que requerirá un esfuerzo considerable de tu parte.

- *Recuerda todos los beneficios que recibirás al cumplir esta aspiración. Identifica las razones por las cuales esta actividad sería algo bueno para ti. ¿Cómo te ayudará en tu vida?*

- *Ahora considera todos los inconvenientes de no perseguir tu aspiración. ¿Qué problemas enfrentarás? ¿Cómo hacer nada cambiará tu situación actual?*

- *Imagina tu vida después de haber completado esta aspiración. Imagina el conocimiento que habrás adquirido. Imagina la capacidad que habrás desarrollado. Inspira vida en esta visión tanto como puedas y alimenta el anhelo de ver que este futuro potencial se convierta en realidad.*

- *Descansa tu mente por unos momentos.*

Trabajando regularmente con cada una de estas meditaciones te pueden ayudar a debilitar los estados aflictivos de la mente de tal manera que no surjan intensamente en el diario vivir. Recuerda que estamos habituados a estos factores mentales por consiguiente el proceso puede tomar un tiempo.

Aflicción	Antídoto
Apego	Contemplar las faltas del objeto o su naturaleza impermanente
Aversión	Contemplar la gentileza amorosa y la compasión
Ignorancia	Estudia y reflexiona sobre las enseñanzas
Visión Incorrecta	Reta tu visión a través del razonamiento lógico y meditación acerca de la naturaleza de la realidad
Orgullo	Cultivar la humildad y la conciencia de interdependencia
Duda Angustiante	Desarrolla fe y devoción

Tabla 2-3: Resumen de las aflicciones raíz y sus antídotos.

Repaso de los Puntos Claves

- Los factores mentales son mentes secundarias que describen la relación entre un sujeto determinado y el emparejamiento de objetos.

- Hay cinco categorías de factores mentales: factores mentales omnipresentes, factores mentales determinantes de objetos, aflicciones mentales de raíz, aflicciones mentales derivadas, factores mentales virtuosos y factores mentales variables.

- Necesitamos confiar en percepciones válidas para poder tomar las decisiones más constructivas en relación con las situaciones que surgen en nuestra experiencia.

- Hay tres tipos de fenómenos que tenemos el potencial de experimentar: el obvio, el oculto y el muy oculto.

- Hay tres formas correspondientes de percepción válida: percepción directa, razonamiento lógico y fe en la autoridad. Podemos conocer fenómenos obvios a través de la percepción directa. Podemos conocer fenómenos ocultos indirectamente a través del razonamiento lógico. Podemos conocer fenómenos muy ocultos indirectamente a través de nuestra fe en fuentes autorizadas.

- Para trabajar con las aflicciones, primero debemos poder identificar cuándo ha surgido una aflicción. También puedes revisar tu experiencia para identificar patrones y extraer ideas. Una vez que hayas identificado algunas áreas problemáticas, puedes pasar tiempo contemplando los antídotos para esas aflicciones. Cuanto más familiarizado esté con estos antídotos, menos poderosa será la aflicción.

- Hay seis aflicciones fundamentales: apego, aversión, ignorancia, visión equivocada, orgullo y duda angustiante.

- El antídoto para el apego es contemplar las fallas de un objeto o su impermanencia.

- El antídoto contra la aversión es contemplar la bondad amorosa y la compasión.

- El antídoto contra la ignorancia es estudiar y reflexionar sobre las enseñanzas.

- El antídoto para una visión errónea es desafiar sus puntos de vista a través del razonamiento lógico y la meditación sobre la naturaleza de la realidad.

- El antídoto para el orgullo es cultivar la humildad y la conciencia de la interdependencia.

- El antídoto para la duda angustiante es desarrollar la fe y la devoción.

CAPÍTULO 3

Cómo Meditar

La psicología budista es maravillosa para ayudar a crear una mayor conciencia sobre cómo nos relacionamos con nuestra mente. Sin embargo, está limitada porque las ideas a las que podemos acceder están directamente relacionadas con la calidad de la mente que tenemos. Si nuestra mente está abrumada por el aburrimiento, la distracción o cualquier tipo de emociones incontroladas, entonces la calidad de la información que es probable que obtengamos será superficial en el mejor de los casos. Para acceder a un nivel más profundo de comprensión, necesitamos aprender nuevos métodos para ayudar a que nuestra mente sea una herramienta más efectiva para el análisis.

La meditación puede usarse para purificar y refinar nuestra mente. En un nivel, puede contribuir a una vida más equilibrada, tranquila y pacífica, mientras que, en un nivel más profundo, puede ayudarnos a desarrollar una mente increíblemente fuerte y enfocada. Desde una perspectiva budista, cuando estos dos aspectos se unen, junto con el desarrollo de una mayor compasión y una liberación del apego a los intereses mundanos, tienen el potencial de llevarnos al descubrimiento de nuestra propia naturaleza iluminada.

Esto es posible porque la meditación trabaja directamente con la conciencia mental que es de naturaleza no física. Dado que la conciencia mental no está limitada por el cuerpo físico como los diferentes tipos de conciencia sensorial, tiene el potencial de ser refinada a un grado infinito de sutileza. Por esta razón, la práctica de la meditación es capaz de conducir a resultados verdaderamente extraordinarios.

¿Qué es la Meditación?

En las últimas décadas, la meditación ha ido ganando popularidad en todo el mundo y muchas personas han escuchado sobre sus muchos beneficios para la salud y el manejo del estrés. Desafortunadamente, el significado de la meditación es generalmente mal entendido, siendo limitado y frecuentemente simplificado en exceso. La meditación es mucho más que simplemente sentarse a relajarse. La meditación es como un vasto océano, que abarca un increíble tesoro de diferentes habilidades y métodos.

Desde el punto de vista budista, la meditación se describe mejor como la base tecnológica para su *ciencia de la mente*. Es el microscopio electrónico el que permite a los practicantes contemplativos profundizar en su propia experiencia y recopilar información valiosa sobre la naturaleza de su realidad. Del mismo modo que un científico puede observar su mundo a través de diferentes tecnologías, también un contemplativo puede hacer observaciones utilizando diferentes estilos de meditación. No importa qué forma adoptes la práctica de la meditación, su propósito siempre es utilizar la observación directa de las experiencias para facilitar un proceso de autodescubrimiento personal.

La palabra tibetana para meditación es *gom*, que significa tanto "familiaridad" como el proceso de "familiarizarse". Significa aprender a reconocer y habituarte con la verdadera naturaleza de tu experiencia. Para decirlo de manera más simple, es entendernos a través del trabajo con nuestras mentes. A medida que practicas la meditación, te acostumbras a un sentido más verdadero de quién eres, haciendo que esta visión sea más sólida y estable. En lugar de ser simplemente algo intelectual, esta visión puede convertirse en parte de tu realidad viviente, permitiendo el desarrollo de una sabiduría y compasión más profundas.

En un nivel básico, podemos pensar en la meditación como una herramienta para cultivar el bienestar mental y para lograr un mayor equilibrio en nuestras vidas. Tomemos, por ejemplo, la tensión que estamos acostumbrados a llevar con nosotros en nuestros cuerpos. Esta tensión surge de una combinación de influencias culturales específicas y un flujo compulsivo de patrones de pensamiento poco saludables. Nuestros estados mentales esencialmente hacen que la energía se bloquee en diferentes partes del cuerpo, generando molestias y una falta general de comodidad. A través de la meditación es posible calmar estos pensamientos discursivos y descubrir una perspectiva equilibrada desde la cual podemos relacionarnos con el mundo. Este equilibrio brinda mayor facilidad a nuestros cuerpos que a su vez libera la energía acumulada, lo que nos permite ser más efectivos y tener una mente clara en todas nuestras acciones.

Si bien aliviar el estrés puede ser muy beneficioso, es importante recordar que no es el objetivo principal de la meditación. Desde la perspectiva budista, nuestro objetivo siempre debe ser ir más allá de las experiencias superficiales de éxtasis y usar la meditación para transformar completamente la forma en que nos relacionamos con nuestras experiencias diarias. De esta manera, la meditación no es un escape de la dureza de la realidad, sino una forma de involucrarte más plenamente con todo lo que está sucediendo en tu vida.

Categorías de la Meditación

Cuando observamos la amplia gama de técnicas de meditación, es posible identificar dos categorías generales de práctica:

1. **Meditación acerca de la Ubicación (shamatha):** Esta primera categoría se refiere a una colección de técnicas diseñadas para desarrollar una mente particularmente enfocada y flexible. conocido como concentración de un solo punto. La naturaleza esencial de estas prácticas es entrenar la mente para que preste toda su atención a un objeto elegido durante el tiempo que el meditador lo desee. El objeto que se usa puede variar significativamente entre diferentes técnicas de meditación. Esta forma de meditación se puede comparar con el desarrollo de una mente similar a un láser que se puede utilizar para hacer observaciones extremadamente precisas sobre la mente.

    El nombre *Shamatha* (que literalmente significa "permanecer tranquilo") también se usa para describir el estado resultante que se produce por estas técnicas. A medida que el meditador progresa en esta práctica, su mente burda se vuelve inactiva, revelando niveles de mente cada vez más sutiles. Como un buzo que desciende pasando las turbulentas olas de la superficie y puede descansar en las profundidades tranquilas e inmóviles del océano. Lo que llamamos "lograr Shamatha", es lo mismo que el meditador que descansa su conciencia en la conciencia fundamental. Este estado se caracteriza por ser de éxtasis, quieto y extremadamente vívido.

2. **Meditación acerca de la Comprensión (vipashyana):** La segunda forma de meditación se utiliza para referirse a cualquier técnica meditativa que busca activamente desarrollar una visión de la naturaleza de un fenómeno dado. Podemos considerar la meditación de colocación como un microscopio muy poderoso y la meditación de comprensión como los experimentos que ejecuta con ese microscopio. La naturaleza esencial de esta forma de meditación es que analiza las características de un fenómeno a través de la observación directa de ese fenómeno. Podemos extender esto para incluir la observación indirecta de un fenómeno a través del razonamiento conceptual. Es por esta razón que también podemos referirnos a la meditación de comprensión como "meditación analítica".

Si pensamos en una vela, shamatha es como la estabilidad de la llama, mientras que vipashyana es como el brillo. Para ver una imagen con claridad, necesitas una llama que sea estable y brillante. Del mismo modo, para descubrir la verdadera naturaleza de tu experiencia, necesitas una mente que también sea estable y brillante. Esto no significa que shamatha y vipashyana estén completamente separadas. Muchos maestros comparan estos dos métodos con dos extremos de un palo, o dos lados de una mano. Cuanto más tranquila y puntual sea tu mente, más probabilidades tendrás de desarrollar una visión. Mientras más información desarrolles, más fácil será para tu mente estar enfocada y tranquila. Para erradicar por completo las emociones negativas y los estados mentales improductivos, es necesario que ambos estén presentes. Esto se conoce como la unión de shamatha y vipashyana.

La Estructura Básica de la Práctica de la Meditación

No importa qué técnica estés enfatizando actualmente, toda práctica de meditación formal utiliza una estructura similar:

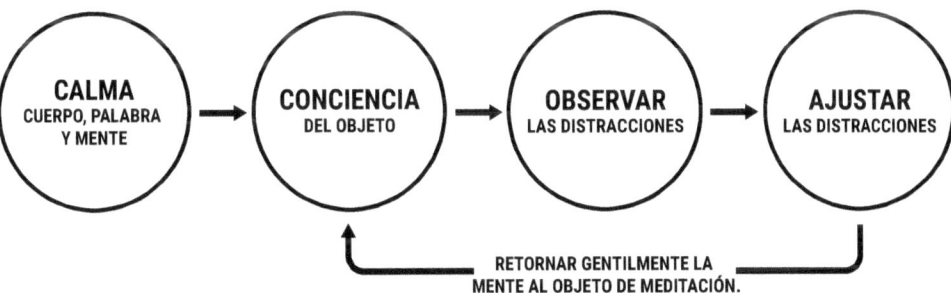

Figura 3-1 Estructura para una sesión típica de meditación.

Este procedimiento básico puede usarse para observar un objeto bastante simple como el flujo de la respiración, o puede usarse para observar un objeto más complejo como una imagen mental elaborada. Cualquiera que sea el objeto que elijamos, usamos dos facultades básicas para entrenar la calidad de nuestra mente:

1. **La Atención Plena:** Esta es nuestra capacidad para recordar qué es lo que pretendemos hacer. Cuando somos conscientes, estamos completamente comprometidos con nuestro objeto. Es lo opuesto a estar distraído. Podemos pensar en él como el pegamento que nos mantiene conectados con un objeto.

2. **La Introspección:** Esta es nuestra capacidad de estar conscientes de lo que está sucediendo actualmente en la mente. Es como un guardia de seguridad que puede "revisar" y asegurarse de que no nos dejemos llevar por alguna forma de excitación o nos hundamos en el descuido. La introspección nos permite controlar la calidad de la mente. Es un iniciador para atraer la atención plena y devolver nuestra atención al objeto.

A medida que estas dos facultades crecen en fuerza, la mente se vuelve cada vez más refinada. Las cualidades específicas que caracterizan este estado mental son:

3. **La Relajación:** A través del proceso de meditación, el cuerpo aprende a deshacerse de todas sus tensiones habituales, lo que resulta en una sensación extática de alivio y amplitud. Esta cualidad es la base que permite que nuestra atención se sostenga por el tiempo que deseemos.

4. **La Estabilidad:** A través de la aplicación repetida de la atención plena, la mente se absorbe en el objeto elegido. Esto se compara con el logro de un estado de "flujo", en el que estás totalmente centrado en lo que estás haciendo sin distracciones.

5. **Intensidad:** A través del cultivo de la introspección, somos capaces de lograr una mayor conciencia de lo que está sucediendo dentro de la mente. Esta conciencia nos permite captar más aspectos del objeto, como mirar televisión de alta definición.

Estas tres cualidades son como las raíces, el tronco y el follaje de un árbol. A medida que nuestra práctica crece, las raíces de la relajación se hacen más profundas, el tronco de la estabilidad se fortalece y el follaje de la intensidad se eleva.

Los Beneficios de la Meditación

La clave para la meditación es desarrollar una continuidad de práctica que te permita desarrollar estas cualidades con el tiempo. Uno de los mayores desafíos para un meditador principiante es mantener la disciplina necesaria para desarrollar esta continuidad. Cuando perdemos nuestra inspiración para practicar o nos encontramos postergando, puede ser útil reflexionar sobre los diferentes beneficios que una práctica de meditación saludable puede aportar a nuestras vidas:

1. **Mayor Conciencia:** La práctica de la meditación aumenta nuestra conciencia de lo que está sucediendo en nuestras vidas. Con una mayor conciencia, podemos aprender a abordar la vida de una manera más tranquila y clara. Esto puede ayudarnos a sentirnos presentes y arraigados con un mayor sentido de conexión con todas nuestras experiencias. En lugar de estar dominado por tus emociones y pensamientos, puedes aprender a involucrarte más plenamente con la vida sin perder tu perspectiva.

2. **Crea Espacios para Elegir:** La práctica de la meditación te brinda el espacio para tomar decisiones constructivas. A medida que te vuelves menos reaccionario a los eventos externos, te vuelves más capaz de comprender cómo surgen las diferentes situaciones. Esta información te brinda la oportunidad de elegir la mejor manera de responder. De esta manera, puedes aportar mayor sabiduría, paciencia y amabilidad a tus relaciones.

3. **Mejora la Salud:** La mente y el cuerpo están inextricablemente unidos. Los estados mentales destructivos pueden contribuir a una amplia variedad de enfermedades. A través de la meditación, puedes desarrollar mejores habilidades de afrontamiento, recordar memorias, mayor eficiencia de las funciones cerebrales, mejores patrones de sueño, mayores respuestas de relajación, menos ansiedad y depresión y, en algunos casos, una disminución del dolor crónico. Si bien la meditación no es una panacea, se ha demostrado que tiene un efecto significativo en la salud general de quienes la practican. Se ha documentado que reduce la presión arterial y la frecuencia cardíaca, mejora las funciones inmunes y beneficia una amplia gama de afecciones físicas como enfermedades cardíacas, diabetes e incluso cáncer. A medida que la comunidad científica continúe su investigación sobre las correlaciones de la meditación y la salud, es probable que veamos surgir más beneficios.

4. **Hace Posible la Iluminación:** En última instancia, para un practicante budista, el mayor beneficio de la práctica auténtica de meditación es que es la clave para abrir la puerta a la iluminación. Lo hace al proporcionarnos la agudeza mental que se necesita para observar la naturaleza misma de la realidad. A través de la meditación, podemos explorar el nivel muy sutil de nuestras mentes y desbloquear nuestro mayor potencial.

Independientemente de tu intención personal, si emprendes este viaje con sinceridad, sin duda recibirás muchos beneficios del proceso transformador que la práctica de meditación tiene para ofrecer.

Comenzando una Práctica de Meditación

Ahora que nos han presentado los aspectos generales de lo que es la meditación, podemos comenzar a ver lo que se necesita para desarrollar una práctica de meditación. Cuando recién estamos comenzando, es importante no complicar demasiado las cosas. La meditación es en realidad un proceso muy simple. La clave es darse la oportunidad de experimentar los beneficios de este proceso.

Para eso, primero debemos crear un espacio en nuestros horarios ocupados donde podamos comenzar a familiarizarnos con estas técnicas. Tenemos la tendencia a pensar que no tenemos tiempo y, sin embargo, esto no es realmente cierto. Dedicamos tiempo a todo tipo de actividades que no nos brindan ningún beneficio significativo. De hecho, muchas de las actividades en las que participamos contribuyen directamente a nuestro sufrimiento personal. Entonces, antes de comenzar a poner excusas de por qué no podemos meditar, debemos analizar realmente nuestros hábitos diarios.

Ejercicio 3.1 - Encontrar Tiempo

- *Siéntate en silencio por unos momentos para calmar tu mente.*

- *Considera tu rutina diaria. Comienza desde el momento en que te levantas, hasta cuando te vas a dormir. Obtén una idea de dónde pasas tu tiempo. ¿Cuáles son tus prioridades?*

- *Ahora considera los beneficios que obtienes de esas actividades. Por ejemplo, ¿cuál es el resultado de mirar televisión durante dos horas? No tenemos que juzgar estas actividades, simplemente identificar lo que se obtiene de ellas.*

- *¿Puedes ver alguna oportunidad en tu agenda de diez, quince o treinta minutos que puedas usar para estar solo y dedicarte a desarrollar tu mente? Si no, ¿hay algún hábito que tenga que puedas reducir para hacer espacio en tu agenda? Por ejemplo, ¿qué pasaría si te despertaras quince minutos antes de lo normal? ¿Estarías dispuesto a perder quince minutos soñando para desarrollar un mayor equilibrio en tu vida? Considera* *otros cambios que podrías hacer en tu rutina que te brindaría más oportunidades para practicar.*

Elegir un Objeto de Meditación

Una vez que hayamos creado un tiempo para nuestra práctica de meditación, podemos comenzar eligiendo un objeto de enfoque apropiado. Podemos elegir trabajar exclusivamente con un tipo de objeto de meditación o podemos elegir entre una variedad de métodos. De hecho, hay un número infinito de objetos de meditación para adaptarse a personas con diferentes temperamentos y tipos de personalidad.

Tu elección puede basarse en tu experiencia o preferencia, o un maestro puede recomendarte una. Por lo general, se elige un objeto particular para ayudarte a superar una debilidad particular, o porque se basa en tus fortalezas. Por ejemplo, si tienes mal genio, la bondad amorosa puede ser un objeto adecuado, ya que puede servir como un antídoto para tu ira. Si tu personalidad está más orientada hacia los sentimientos, puede sentirse atraído por una práctica devocional, utilizando la imagen mental de un Buda como objeto. Del mismo modo, para aquellos que les gusta pensar mucho, pueden ser adecuadas ciertas formas de meditación analítica.

Si tu objetivo es lograr la concentración en un solo punto, entonces a medida que tu concentración comience a mejorar, puedes optar por cambiar tu enfoque a objetos que son cada vez más sutiles. Al principio, un objeto en movimiento, como caminar o respirar lentamente, puede ser más adecuado, pero en cierto punto es mejor concentrarse en un objeto estable y sin movimiento, como una imagen sagrada o una visualización mental. Recuerda siempre que para alcanzar los estados sutiles de nuestra mente eventualmente necesitaremos trabajar directamente con la conciencia mental.

Tradicionalmente, los objetos de meditación se pueden dividir en ocho categorías o tipos:

1. **Meditaciones en la Respiración:** Si tu mente se ve afectada principalmente por pensamientos excesivos (lo cual es bastante común con nuestros

estilos de vida ocupados y tensos) centrarse en el flujo natural de la respiración puede ser una forma efectiva de relajar el cuerpo y la mente. Incluye respiración espontánea y respiración controlada. El uso de la respiración como un objeto de meditación se describe con mayor detalle más adelante en el próximo capítulo.

2. **Las Visualizaciones Mentales:** Para aquellos con experiencia en el cristianismo u otras religiones basadas en la fe y que se sienten atraídos por la oración o las prácticas devocionales, es posible que la visualización de una deidad como Jesús, la Virgen María o el Buda sea más efectiva. Una visualización también podría ser algo tan simple como imaginar una vela o una flor.

3. **Meditaciones en Los Mantras:** Especialmente adecuado para aquellos con un tipo de personalidad intuitiva, aquí es donde se repite un sonido o un grupo de sílabas. Puedes sentirte atraído por una forma particular dependiendo de tu temperamento. Algunos ejemplos del budismo se proporcionan en la tabla a continuación:

Imagen del Buda	Mantra	Atributos por desarrollar
Manjushri	OM AH RA PA TSA NA DHI	Sabiduría
Chenrezig	OM MANI PADME HUNG	Compasión
Vajrapani	HUNG VAJRA PHET	Poder compasivo y fuerza
Buda de la Medicina	TAYATA OM BEKANZE BEKANZE MAHA BEKANZE RADZA SAMUDGATE SVAHA	Curación
Tara Verde	OM TARE TUTARE TURE SVAHA	Fuerza para superar los obstáculos y lograr todas las actividades.

Tabla 3-1: Mantras budistas comunes.

Cada una de estas prácticas está asociada con una visualización específica, cuyos detalles están más allá del alcance de este libro.

4. **Meditaciones de Movimiento:** La atención plena del movimiento corporal, como caminar lentamente o practicar yoga, es otro enfoque efectivo para relajarse y concentrar la mente. Para la meditación caminando, puedes concentrarte intensamente en cada movimiento de

cada pie, sincronizándolos con la respiración; inhalando, consciente del pie izquierdo, exhalando, consciente del pie derecho. También puedes combinar la caminata lenta con un mantra como "*bud-dho*", que se usa comúnmente en la tradición tailandés. Con cada paso recitas en silencio una sílaba.

5. **Meditación en los Centros de Energía (chakras):** Los centros de energía son otro tipo de objeto de meditación, aunque en el budismo tibetano generalmente se usan en prácticas avanzadas. Realizar estas prácticas como principiante es como construir una casa sin una base sólida, y es poco probable que genere muchos beneficios. Varias escuelas de yoga no budistas ofrecen métodos poderosos para activar los chakras y pueden ser muy efectivos para ciertos tipos de personas.

6. **Meditaciones de Jhana:** Una vez que un meditador ha alcanzado el estado de Shamatha, puede continuar a través de un proceso de estados progresivamente más sutiles de absorción conocidos como Jñanas. Puedes obtener más información sobre estas técnicas en mi libro "*Una Guía Auténtica para la Meditación*".

7. **Meditaciones Analíticas:** Es posible utilizar el proceso de pensar como un objeto meditativo. En esta práctica, el meditador elige un tema para reflexionar, como la impermanencia, la bondad amorosa o el karma. La práctica es mantener un tren de pensamiento sin perderse en las distracciones. Examinaremos esta forma de meditación con mayor detalle durante los capítulos siguientes.

8. **Meditaciones de Conciencia:** Este tipo de meditación se enfoca en tomar la mente misma como el objeto de la meditación. Se puede practicar objetivamente enfocándose en el espacio de la mente y los diversos contenidos de esa mente (tales como pensamientos, sentimientos, etc.), o se puede enfocar subjetivamente en la conciencia misma. En ambos enfoques, estás desarrollando una mente que no está distraída y que no puede aferrarse.

Las primeras cinco categorías enfatizan explícitamente el desarrollo de la concentración en un solo punto, mientras que las tres categorías finales se centran más en desarrollar una visión. Dicho esto, cada categoría tiene el potencial de desarrollar tanto la concentración como la percepción.

Énfasis Principal	Objeto	Tipo de Personalidad
Concentración	Respiración	Propensa a pensamientos excesivos
	Visualización Mental	Devocional
	Recitación de Mantras	Intuitiva
	Movimiento	Inquieta
	Centros de energía	Mente focalizada
Percepción	Absorción Mental	Practicante avanzado
	Análisis	Pensadora
	Conciencia	Relajada

Tabla 3-2: Tipos de objetos para la meditación.

Creando el Ambiente Adecuado para la Meditación

Para que una semilla se desarrolle en un árbol, se requieren ciertas condiciones, como suelo fértil, luz solar y lluvia. Del mismo modo, para adiestrar la mente en meditación, necesitamos varias condiciones externas e internas. Las siguientes son las condiciones principales que necesitarás para maximizar el beneficio que obtienes de tu práctica.

La Ubicación Correcta

Es útil preparar un lugar que sea propicio para la práctica de la meditación. Idealmente, debe ser silencioso, limpio, libre de desorden y libre de interrupciones o distracciones. Ciertos lugares se adaptan a diferentes tipos de práctica. Por ejemplo, un ambiente boscoso y pacífico puede ayudar con el desarrollo de la calma y la concentración, mientras que un lugar abierto y con vista panorámica puede ser un lugar efectivo para cultivar la percepción. Un ambiente que es ruidoso o que contiene muchas distracciones puede ser un obstáculo para los principiantes, sin embargo, si puede desarrollar una buena práctica de meditación a pesar de tales desafíos, esto puede conducir a un mayor logro.

La Postura Correcta

Como hemos visto, nuestra mente puede tener efectos significativos en nuestro cuerpo físico. Del mismo modo, el cuerpo tiene un efecto importante en nuestro estado mental. Por lo tanto, es muy importante que establezcamos una postura física que conduzca al desarrollo de una mente estable. Mientras seamos seres encarnados, debemos ser hábiles en la forma en que utilizamos nuestro cuerpo. Si el meditador se compara con un pasajero que desea cruzar un gran océano, entonces el cuerpo puede considerarse como un bote para llevarnos a través de él. Sin embargo, una vez que llegamos al otro lado, ya no se necesita el bote.

Durante la meditación es importante que nuestra postura nos permita estar relajados y cómodos mientras mantenemos un estado alerta y consciente. La postura que elijamos tendrá una influencia directa en nuestra capacidad de permanecer quietos durante períodos de tiempo potencialmente largos. Por lo tanto, vale la pena tomarse el tiempo para hacerlo bien. Las siguientes posturas se pueden usar tanto para sesiones de meditación formales como informales:

1. **Sentado:** Al sentarse, debe usar una silla acolchada, cómoda y de respaldo recto, un taburete de meditación o un cojín en el piso. Las manos descansan juntas en el regazo o en los muslos, mientras que la espalda es recta como una flecha y la barbilla está ligeramente doblada.

2. **Acostado:** Si su mente está agitada, también puede acostarse boca arriba con los brazos a los lados y las manos abiertas, aunque esta postura debe evitarse si su mente está aburrida. Para mantener una mayor claridad mental, puede acostarse sobre el lado derecho con la mano derecha debajo de la cara, las piernas juntas con las rodillas ligeramente dobladas y el brazo izquierdo hacia el lado izquierdo de su cuerpo.

3. **Caminando y Parado:** Asegúrese de tener una postura erguida pero relajada con los brazos colgando naturalmente delante de su cuerpo. Debe sostener su mano derecha con la izquierda, o puede entrelazar los dedos si le resulta difícil.

La Postura de Siete Puntos de Vairochana

Para la meditación budista, se ha demostrado que una postura particular es particularmente efectiva. Cada aspecto de esta postura ayuda al meditador a controlar el flujo de energía en su cuerpo, lo que a su vez lo ayuda a alcanzar estados más altos de concentración.

Figura 3-2: Los siete puntos principales para una postura meditativa estable.

La Postura Consta de las Siguientes Características:

1. **Piernas (cruzadas):** Idealmente, las piernas deben cruzarse en lo que se conoce como postura vajra, que tiene el pie izquierdo descansando sobre el muslo y el pie derechos sobre el muslo izquierdo. Si esta posición es demasiado difícil, cualquier postura cómoda con las piernas cruzadas será suficiente, aunque debe tenerse en cuenta que se logra una mayor estabilidad si se levantan las nalgas para que las caderas se inclinen hacia adelante. Como nuestros cuerpos son muy sensibles a nuestro entorno, sentarse en el suelo puede conectarte con la inmensa tierra que hay debajo, dándote una idea de su gran energía. Una buena posición con las piernas cruzadas proporciona un excelente equilibrio físico y también representa una unión de método y sabiduría.

Igualmente, importante para sentarse en la posición adecuada es estar cómodo. La postura óptima para sentarse contribuye al desarrollo de su meditación, pero sentarse cómodamente significa que estará menos distraído en su meditación y le resultará mucho más fácil relajar su cuerpo. Por lo tanto, puede optar por sentarse en una silla con las piernas relajadas, las rodillas en ángulo recto y las nalgas firmemente apoyadas por la silla, recordando mantener la espalda recta.

2. **Manos (en el regazo):** Las manos deben descansar suavemente en el regazo, con la mano derecha colocada sobre la mano izquierda, con las palmas hacia arriba. Para las meditadoras, colocar la mano izquierda sobre la derecha puede ser más efectivo. Las puntas de los pulgares deben tocarse ligeramente un poco debajo del ombligo. La posición de las manos expresa la unificación del método y la sabiduría durante su práctica. Debe sentir una sensación de relajación desde los hombros hasta las muñecas y hacia las manos, permitiendo que se libere cualquier tensión en la parte superior del cuerpo.

3. **Parte Posterior (columna recta):** El cuerpo debe mantenerse en posición vertical como una flecha o una pila de monedas de oro colocadas una encima de la otra. Se debe tener cuidado de no inclinarse hacia los lados, hacia atrás o hacia adelante. Una espalda recta ayuda a su mente a mantenerse alerta y atenta, y también tiene un efecto enorme en los vientos internos, que son los movimientos sutiles de energía que circulan dentro del cuerpo y la mente. Estos vientos están estrechamente relacionados con la respiración y, en ciertas prácticas avanzadas, pueden usarse con gran efecto. Una vez que te hayas colocado en posición, tómate un momento para imaginar tu cuerpo desde la parte superior de tu cabeza hasta la base de la columna. Puedes hacer pequeños ajustes durante la meditación para asegurarte de que tu postura sea equilibrada y recta. El objetivo es permanecer quieto, relajado y alerta; Estar rígido e inmóvil es un obstáculo para la conciencia.

4. **Hombros y codos (estirados hacia atrás y ligeramente alejados del cuerpo):** Los hombros y los brazos deben estirarse un poco hacia atrás

y ligeramente curvados para que estén colocados de manera uniforme a ambos lados del cuerpo. Esto ayuda a que los pulmones se expandan correctamente y ayuda a respirar durante la meditación. Los codos deben permanecer un poco alejados del cuerpo.

5. **Cabeza y cuello (mentón ligeramente bajado):** La cabeza debe estar recta y centrada; no demasiado alta o inclinada demasiado hacia abajo. Mantén la barbilla ligeramente doblada y la nariz alineada con el ombligo. Intenta no inclinar el cuello hacia los lados o hacia atrás.

6. **Boca (cara relajada y punta de la lengua tocando el paladar superior):** Los dientes y los labios deben mantenerse en una posición natural con los dientes apenas tocándose. Mantener la cara y la mandíbula relajadas ayudará a evitar el tragado excesivo, mientras que colocar la punta de la lengua suavemente detrás de los dientes superiores ayuda a agudizar la mente y evitar la sequedad y el goteo. Si tu mente está bastante agitada y te resulta difícil lograr un estado de calma, coloca la lengua detrás de los dientes inferiores puede ayudar a aflojar y calmar la mente.

7. **Ojos (mirando más allá de la punta de la nariz):** Los ojos no deben abrirse demasiado, ni deben estar completamente cerrados. Si se abren demasiado, puedes distraerte fácilmente y, si están completamente cerrado, tu mente puede nublarse o aburrirse. Sin embargo, al comenzar, mantener los ojos suavemente cerrados puede ayudar a que tu cuerpo entre en un estado más profundo de relajación. Después de meditar así por un momento, naturalmente te sentirás más equilibrado y es posible que desees abrir los ojos ligeramente. Si estás utilizando un objeto visualizado como foco para la meditación, o si encuentras que tu mente está demasiado agitada, es probable que te beneficies cerrando los ojos.

Existen diferentes métodos para dirigir tu mirada. El primero es mirar directamente frente a ti cualquier color que no sea demasiado brillante, o un objeto agradable o sagrado, como una flor o una imagen del Buda. El segundo método más común es dirigir los ojos hacia abajo; mirando suave y serenamente al espacio un poco enfrente de la punta de la nariz.

Mantén los ojos quietos sin enfocarte demasiado y permite que ocurra un parpadeo natural. Ambos métodos son adecuados para principiantes. Otros métodos de meditación específicos implican mirar hacia arriba en un espacio expansivo con los ojos bien abiertos. Esto puede suceder de forma bastante natural cuando la mente ha alcanzado un cierto nivel de calma y comienza a surgir una visión clara.

Cualquiera que persevere en la práctica de la *Postura de los Siete Puntos de Vairochana*, independientemente de cuán dura o dolorosa pueda parecer inicialmente, eventualmente la encontrarás extremadamente cómoda y beneficiosa para la salud. Sin embargo, el principal beneficio es que ayudará a tu práctica de meditación y desarrollo mental a largo plazo. Si no estás realmente preocupado por practicar intensamente y alcanzar shamatha, es igual de efectivo practicar en cualquier posición en la que te sientas cómodo y te relajes fácilmente.

La Actitud Correcta

Para los practicantes budistas, la actitud correcta se refiere a muchas condiciones internas importantes, como poseer la motivación y la intención correctas. Estos aspectos son necesarios para el progreso exitoso en el camino espiritual. Sin embargo, para aquellos que recién comienzan con una práctica de meditación, tener la actitud correcta se puede ver en un sentido más práctico. Al entrar en tu práctica, debes dejar de lado tu historia personal, abandonando cualquier preocupación que puedas tener sobre el pasado o el futuro. Trata de traer su mente a este momento presente, libre de distracciones y expectativas. En particular, debes abandonar los pensamientos de desánimo si tu práctica no va bien y evitar dejarte llevar por el orgullo y la emoción si encuentras experiencias "buenas" durante la meditación.

Las Prácticas Preliminares

Para comenzar a meditar con una mente tranquila y receptiva, es útil llevar a cabo algunas prácticas preliminares:

1. **Exhalando el aire fétido:** El primero de ellos es una breve práctica de la tradición tibetana que consiste en visualizar todas tus impurezas como

humo y expulsarlas con fuerza por la nariz durante tres respiraciones profundas. Esto ayuda a eliminar del cuerpo sutil las corrientes de energía contraproducentes asociadas con el apego, la aversión y la ignorancia. Como la respiración y la mente están íntimamente conectadas, esta práctica es un excelente punto de partida para cualquier meditación. La ciencia también ha descubierto que tres respiraciones profundas activan el sistema nervioso parasimpático y provocan una respuesta de relajación en el cuerpo.

2. **Moviendo el cuerpo:** La segunda práctica preliminar es mover tu cuerpo de lado a lado hasta que llegues a tu lugar de descanso natural. Verifica que tu columna está recta sin estar tensa y relájate en la posición. El propósito de esto es crear una base estable para la práctica de la meditación.

3. **Toma conciencia de todos los fenómenos externos:** Toma conciencia ahora de tu experiencia sensorial al asimilar los sonidos, sabores, olores y vistas que se producen a tu alrededor. El objetivo es llevar la mente completamente al momento presente sin crear una historia. Solo está presente.

Ejercicio 3.2 - Una Práctica Simple de Atención Plena en la Respiración

- *Prácticas Preliminares:*
- *Tómate un momento para revisar tu postura, asegurándote de estar sentado relajado y vigilante.*
- *Toma tres respiraciones largas y profundas, y con cada exhalación, imagina liberar todas tus preocupaciones e inquietudes.*
- *Moviendo suavemente tu cuerpo de lado a lado, permite que tu cuerpo se acomode en su posición.*

CAPÍTULO 3 CÓMO MEDITAR

- *Ahora libera conscientemente todos los recuerdos del pasado y todos los planes para el futuro. Trae tu conciencia a este momento presente. Este es tu tiempo y durante la duración de esta sesión, nada más importa.*

- *Práctica Principal:*

- *Permite que tu conciencia llene completamente tu cuerpo, como una nube que se extiende desde la parte superior de tu cabeza hasta el punto donde tu cuerpo se encuentra con el suelo. En este punto, simplemente tome conciencia de las diversas sensaciones táctiles dentro de tu cuerpo.*

- *De estas sensaciones, identifica aquellas sensaciones que relacionas con el ritmo constante de tus respiraciones de entrada y salida. No necesitas hacer nada para crear estas sensaciones, simplemente observa qué sensaciones surgen naturalmente.*

- *Observa si puedes mantener tu conciencia en un ciclo completo de respiración. Observa cómo te sientes cuando entra el aire. Observa cómo te sientes cuando se detiene la inhalación y el aire comienza a salir. Observa cómo te sientes cuando se libera todo el aire. Observa cómo te sientes mientras esperas que surja la próxima respiración.*

- *Dedica un tiempo a familiarizarte con este proceso.*

- *Ahora usa cada exhalación como una oportunidad para liberar aún más todas las tensiones en tu cuerpo y mente. Al exhalar, permítete estar cada vez más relajado, al mismo tiempo que permaneces claro y presente.*

- *Usando tu facultad de introspección, revisa de vez en cuando para asegurarte que no estés cayendo en un estupor o que te quedes dormido. Si descubres que te estás aburriendo, entonces ilumina tu mente prestando mayor atención a la respiración. Cuando vuelvas a estar presente y comprometido, vuelve a concentrarte en la exhalación.*

- *Continúa así por el resto de la sesión.*

Los Obstáculos a la Práctica de la Meditación

Aprender a meditar no es fácil. Para la mayoría de las personas, puede ser la primera vez que hacen un esfuerzo consciente para mirar su mente y, por lo tanto, se sorprenden al descubrir lo ruidosa que es en realidad. Enfocar la mente en un solo objeto puede parecer relativamente simple, pero en realidad, es una tarea significativamente desafiante y, al igual que con el aprendizaje de cualquier otra habilidad, requiere práctica.

Estar consciente de los obstáculos que se enfrentan comúnmente al practicar la meditación es, por lo tanto, un paso importante para avanzar en tu práctica. Este conocimiento te permite comprender el estado actual de tu mente, que luego te permite aplicar los métodos apropiados para superar los obstáculos. Los obstáculos que surgen durante la meditación son a menudo los mismos que surgen en la vida diaria, por lo que al aprender a lidiar con ellos en sesiones formales, estás desarrollando una habilidad muy útil. Conocer los obstáculos también puede ayudarte a hacer una evaluación más realista de tu capacidad actual y, por lo tanto, evitar expectativas poco realistas sobre tu práctica. Esto facilitará el desarrollo de hábitos constructivos a lo largo del tiempo. En un nivel más avanzado, también puede ayudarte a identificar con precisión qué etapa del camino de meditación has alcanzado y cómo continuar.

Las Cinco Faltas y Los Ocho Antídotos

Las cinco faltas y los ocho antídotos nos proporcionan un referente efectivo para reconocer y superar los obstáculos que interfieren con nuestra capacidad de meditar. Describen los diferentes obstáculos para la meditación exitosa que surgen a medida que avanzas a través de los diferentes estados de atención que conducen a shamatha. El conocimiento de estas faltas y sus antídotos puede ayudarte a lidiar con ellas de la manera más rápida y efectiva posible, no solo durante la meditación sino también en la vida diaria. Las cinco faltas, junto con sus antídotos correspondientes, son las siguientes:

1. La Pereza

(Antídotos: aspiración, fe, diligencia y flexibilidad mental)

La pereza es un estado mental estancado que puede evitar que incluso nos sentemos en el cojín para empezar. Por lo tanto, puede ser un obstáculo importante para nuestra práctica de meditación. Con sus diferentes formas, es más que simplemente quedarse y no hacer nada. De hecho, podemos identificar tres tipos de pereza:

1. **La Complacencia:** Esto es cuando estamos desinteresados o no estamos inspirados para meditar. La complacencia ocurre cuando preferimos acostarnos en el sofá y mirar televisión.

2. **La Falta de autoconfianza:** Esto se refiere a la falta de autoconfianza en nuestra capacidad de meditar, creando la sensación de que no podríamos lograr ninguna realización como shamatha o cualquier otro logro.

3. **Estar habitualmente ocupado:** También conocido como pereza activa, este tipo puede ser bastante engañoso, ya que ocurre cuando nos ocupamos de muchas tareas mundanas. Podemos encontrar la energía para ponernos al día con amigos o ir al cine, pero la idea de meditar nos hace sentir repentinamente cansados.

La pereza se puede superar desarrollando la *fe* en las excelentes cualidades que la meditación puede producir, tanto en nuestra práctica como en nuestra vida diaria; solo entonces valoraremos la meditación lo suficiente como para que sea una prioridad en nuestra vida. Cuanto más nos demos cuenta de los beneficios, más *aspiración* tendremos para practicar, lo que a su vez fomenta el desarrollo de la *diligencia* y el esfuerzo alegre. A través del poder de la familiaridad podemos lograr *flexibilidad física y mental,* una flexibilidad única y un éxtasis de cuerpo y mente.

Si te desanimas porque no sientes que estás progresando, puede ser útil reconocer el increíble esfuerzo que ponemos en otras áreas de nuestras vidas, como educar a los niños o aprender un oficio. Si realmente consideramos los beneficios de la meditación, podemos llegar a la conclusión de que vale la pena dedicar tiempo y esfuerzo a la tarea de desarrollar nuestra mente.

2. No Saber u Olvidar las Instrucciones

(Antídoto: atención plena)

Esta falla se refiere a la falta de atención plena sobre cómo meditar adecuadamente. Ocurre cuando se olvida el objeto de meditación o las instrucciones no se han aprendido adecuadamente, por lo que la mente frecuentemente se desvía hacia otros objetos. Cambiar el enfoque de la meditación con demasiada frecuencia, especialmente en una sola sesión, también es un signo de esta falla.

El remedio para esto es cultivar un nivel de *atención plena* que te permita retener el objeto de meditación y evite que olvides las instrucciones. La atención plena se refiere tanto a recordar las instrucciones como a involucrar a la mente para que se "llene" del objeto. Una vez que hayas establecido cierta atención, puedes comenzar a desarrollar la *vigilancia*. Esto significa observar la mente meditativa y detectar cuándo la mente se ha alejado del objeto, incluso de una manera sutil. Entonces podrás aplicar el remedio apropiado. Es como un comentarista no participante que informa sobre lo que está sucediendo pero que no se une.

3. El Embotamiento Mental y Agitación

(Antídoto: vigilancia)

La Agitación Burda

Durante las primeras etapas de la meditación, la mente puede parecer bastante agitada. Con frecuencia se mueve hacia estímulos externos, como los sonidos de actividad que se desarrollan a nuestro alrededor. También divaga constantemente, pensando en otras cosas. Podría ser una canción, una escena experimentada más temprano en el día, o una idea sobre qué cocinar para la cena; cualquier otra cosa que no sea el objeto de meditación. Esta agitación ocurre cuando la concentración se mantiene demasiado apretada o si no se ha relajado lo suficiente, lo que hace que mantengas la tensión en tu cuerpo. Cuando la mente distraída se desvía completamente de su objeto de enfoque, puede ser bastante fácil de detectar. Sin embargo, al principio, la mente no adiestrada puede tardar varios minutos en darse cuenta de que el objeto se ha perdido. La agitación burda se compara con el movimiento de una nube, que es fácil de reconocer cuando ocurre.

Aplicar el remedio generalmente no es demasiado difícil en esta etapa y hay varias cosas que se pueden intentar. Puedes bajar el objeto, imaginando que es bastante pesado. Puede ser útil relajar el cuerpo concentrándote en las sensaciones corporales o colocando la lengua contra los dientes inferiores con los ojos cerrados por un tiempo. Otra técnica para dominar la mente es visualizar un punto negro junto a tu asiento. Si eres muy inquieto, el ejercicio físico te cansará y hará que la mente divague menos. Inicialmente, los pensamientos errantes pueden tardar un tiempo en detectarse, pero con el tiempo y la práctica, esa conciencia se vuelve natural.

La Monotonía Burda

Esto surge cuando la mente carece de claridad y se vuelve excesivamente retraída. Nos sentimos nublados y a punto de quedarnos dormidos. Aquí, la claridad se refiere a un estado mental claro, fresco y brillante, más que a la claridad del objeto de meditación.

Puedes iluminar o elevar el objeto de meditación alzando un poco los ojos o prestando más atención a sus detalles, como si te cayeras del borde de un acantilado si pierdes el objeto. Recordar algo sano o inspirador o imaginar una luz blanca en la frente entre los ojos también puede iluminar la mente. Otra técnica es meditar en un lugar elevado con una vista amplia, o encontrar un lugar fresco y ventoso. Salpicar su cara con agua, hacer ejercicio al aire libre y seguir una dieta ligera también puede ayudar.

Sin embargo, debes tener mucho cuidado para distinguir el cansancio debido a la pereza, del cansancio natural porque realmente necesitas descansar. Vale la pena señalar que la mala voluntad hacia uno mismo, como tener expectativas poco realistas de la práctica, puede manifestarse como cansancio. Si está realmente cansado, continuarás sintiéndote fatigado a pesar de aplicar los remedios anteriores. En este caso, es importante descansar, ya que presionar demasiado puede ser contraproducente.

La Agitación Sutil

La agitación sutil es más difícil de reconocer y ocurre cuando una parte de la mente descansa cómodamente sobre el objeto de meditación, mientras que otra parte se ha desviado sin que te des cuenta. Mucho más difícil de detectar, se asemeja a un mono que se mueve rápidamente.

Para remediar la agitación sutil, debes desarrollar una *vigilancia* particularmente fuerte y poderosa. Esto no se puede obtener por medios intelectuales; solo a través de tu propia experiencia y práctica. A través del impulso ganado con la práctica constante, tu mente eventualmente podrá identificar la agitación sutil tan pronto como surja y volver rápidamente al objeto.

La Monotonía Sutil (hundimiento)

La falla de monotonía sutil o hundimiento no suele ser un problema para los principiantes, ya que generalmente están demasiado agitados. Solo se reconoce cuando un meditador está más avanzado y tiene la capacidad de enfocarse en el objeto con cierto grado de estabilidad. La monotonía sutil ocurre cuando hay fijación y algo de claridad, pero no intensidad. Esto significa que hay poca vitalidad o fuerza con la que se sostiene el objeto. Esto es mucho más difícil de detectar y eliminar. De hecho, muchos meditadores se quedan atrapados aquí, sintiendo que su meditación va muy bien. Esta es una trampa común.

El remedio para el hundimiento sutil es desarrollar una intensidad particularmente fuerte, poderosa y vívida, que solo se puede cultivar con una disciplina increíble. Esto no es algo que pueda describirse intelectualmente, sino que solo sea experimentado por profesionales calificados. También puede ayudar a refrescar la mente el reflexionar sobre un tema que te inspira, como la gratitud hacia tu maestro y los increíbles beneficios de adiestrar la mente. Estos pensamientos exaltan y elevan la mente.

4. La Sub-Aplicación

(Antídoto: aplicación de remedios)

Esto significa no tomar suficientes medidas para corregir la monotonía, la agitación o la pereza cuando surgen. No aplicar el remedio, a menudo porque es demasiado letárgico o complaciente.

El remedio aquí es tomar medidas y *aplicar el antídoto relevante*. A veces puede ayudar interrumpir la meditación caminando un rato, estirando el cuerpo, salpicando la cara con agua fría o tomando un poco de aire fresco. Al regresar a tu asiento, te resultará más fácil reanudar tu meditación. Nuevamente, también puede ayudar el recordar los muchos beneficios de la práctica de la meditación.

5. La Aplicación Excesiva

(Antídoto: ecuanimidad)

Este es el error de aplicar remedios cuando no son necesarios, o aplicarlos en exceso. Un ejemplo podría ser cuando el hundimiento y la agitación han sido reconocidos y corregidos, y aún continúas aplicando más acciones correctivas.

El antídoto para este problema es aplicar *ecuanimidad*. En otras palabras, déjalo en paz.

Si memorizas estas cinco faltas y ocho antídotos, tus meditaciones ya no serán un asunto de "acertar y fallar", sino más bien un proceso dinámico del que seguramente te beneficiarás.

Falta	Antídotos
1. Vagancia	1. Aspiración
	2. Fe
	3. Diligencia
	4. Flexibilidad mental
2. Desconocimiento o Olvidar las Instrucciones	5. Atención plena
3. Embotamiento Mental y Agitación	6. Vigilancia
4. Sub-Aplicación	7. Aplicación de Remedios
5. Aplicación Excesiva	8. Ecuanimidad

Tabla 3-3: Las Cinco Faltas y los Ocho Antídotos.

Los Cinco Impedimentos

Al igual que las cinco faltas, los cinco impedimentos pueden dominar por completo tu práctica. Sin embargo, a medida que avanzas por el camino de la meditación, se debilitarán y disminuirán gradualmente, permitiéndote descubrir una mente que es naturalmente tranquila y clara.

1. El Deseo Sensorial

El deseo sensorial se refiere a un apego a los objetos de los cinco sentidos: visiones, sonidos, olores, sabores y sensaciones táctiles atractivas. Cuando meditamos, intentamos trascender nuestros sentidos dejando de lado nuestra preocupación por nuestro cuerpo. Este obstáculo, por lo tanto, se manifiesta cuando nuestra mente "va" a distracciones como el dolor en la espalda, el olor de la barbacoa del vecino o la música que viene de la habitación de al lado.

La clave para superar este obstáculo es abandonarlo poco a poco. Primero, puedes aprender a estar consciente y receptivo a los objetos sensoriales sin reaccionar a ellos, y gradualmente estarás menos inclinado a distraerte o "alejarte" de ellos en la meditación.

2. La Mala Voluntad

La mala voluntad en la meditación aparece como una aversión hacia el objeto de enfoque o la meditación misma, haciendo que la mente divague a otro lado. También la podemos dirigir hacia nosotros mismos a través de sentimientos de culpa o expectativas irrazonables.

El remedio para este obstáculo es generar amor y bondad hacia el objeto de la mala voluntad. La meditación a veces puede parecer una tarea, por lo que puede ser útil verla como un querido amigo, a quien has llegado a amar y apreciar. Ser amable contigo mismo también es muy importante, ya que aprender a comprender tus faltas y tener el coraje de perdonarlas te permite dejarlas ir y seguir adelante.

3. La Monotonía y Somnolencia

Este obstáculo se refiere a la pesadez del cuerpo y la monotonía de la mente que causa la atención intermitente. En realidad, puede conducir a quedarte dormido mientras meditas sin siquiera darte cuenta.

La clave para superar el aburrimiento es primero hacer las paces con él y dejar de luchar contra él; de lo contrario, la mente tiende a oscilar violentamente entre la monotonía y la agitación. Si te encuentras en un estado relajado y comienzas a caer en el aburrimiento, es importante que aprietes ligeramente la mente, estimulando su estado de alerta como si estuviera caminando al borde de un acantilado. También puedes reflexionar sobre la preciosa oportunidad que tienes para desarrollar tu mente con la práctica de la meditación u otros temas inspiradores. Sin embargo, si todavía te sientes cansado, lo mejor es descansar en lugar de forzar la meditación. A veces, el problema puede no ser la monotonía, sino la mala voluntad, ya que tendremos a escapar hacia la monotonía si no disfrutamos de lo que estamos haciendo.

4. La Inquietud

La inquietud ocurre cuando nuestra mente se mueve de un pensamiento al siguiente y luego al siguiente pensamiento y luego a otro; como un mono continuamente brincando de rama en rama.

La inquietud se supera cultivando un sentido interno de satisfacción, libre de expectativas y feliz de estar quieto y en silencio. También puede ayudar a relajar la meditación y asegurar que el cuerpo esté relajado.

5. La Incertidumbre o la Duda

Este obstáculo surge cuando nos hacemos preguntas internas al intentar calmar la mente y enfocarnos en el objeto de meditación. Podemos preguntarnos "¿Puedo hacer esto?" "¿Por qué me estoy molestando con esto, ¿cuál es el punto?" La duda también puede tomar la forma de una evaluación constante; "¿Me pregunto en qué estado de atención he llegado?" O "¿Cómo va mi práctica?" Estas preguntas son obstáculos ya que se plantean en el momento equivocado y, por lo tanto, solo sirven para distraer.

Esto se puede superar si comprendemos por qué nos tomamos el tiempo para meditar, tenemos instrucciones claras antes de comenzar y contamos con un buen maestro para guiarnos. La duda personal puede superarse con determinación y experiencia, mientras que revisar su meditación al final de la sesión es mucho más hábil que durante la práctica.

Impedimentos	Antídoto
1. Deseo Sensorial	Reducir el apego sensorial a través de la atención plena.
2. Mala Voluntad	Darnos bondad amorosa.
3. Monotonía y Somnolencia	Reconocerla y no batallar con ella.
4. Inquietud	Cultivar la alegría.
5. Incertidumbre o Duda	Comprender los beneficios de la meditación y saber lo que estas haciendo.

Tabla 3-4: Los Cinco Impedimentos.

Repaso de los Puntos Claves

- La meditación es una colección de técnicas que nos ayudan a familiarizar nuestras mentes con cualidades positivas.

- Hay dos formas principales de meditación: meditación de colocación y meditación de comprensión. La meditación de colocación también se conoce como *shamatha* e implica mejorar la calidad de nuestra mente. La meditación de comprensión también se conoce como *vipashyana* y nos ayuda a desarrollar la sabiduría sobre la naturaleza de los diferentes fenómenos mentales.

- Hay dos facultades que utilizamos durante una sesión de meditación típica: atención plena e introspección. La atención plena mantiene nuestra mente comprometida con el objeto de meditación, mientras que la introspección nos ayuda a reconocer cuándo nuestra mente se ha distraído.

- La meditación nos ayuda a desarrollar tres cualidades positivas de la mente: relajación, estabilidad y viveza. La relajación nos permite mantener nuestra atención en el tiempo. La estabilidad nos permite mantener nuestra mente enfocada en un objeto. La intensidad nos permite observar características cada vez más sutiles del objeto en el que estamos meditando.

- La meditación tiene muchos beneficios, como aumentar nuestra conciencia general, crear espacio para que tomemos decisiones sabias, mejorar nuestra salud física y hacer posible el desarrollo de nuestro potencial espiritual.

- Para experimentar los beneficios de la meditación, debes sacar tiempo para practicar regularmente.

- Hay diferentes objetos de meditación que puedes elegir, dependiendo de tu tipo de personalidad y necesidades específicas.

- Parte de establecer una práctica de meditación exitosa es tener la ubicación, postura y actitud correctas.
- Hay muchos obstáculos que pueden surgir en la práctica meditativa. Al comprender las cinco faltas y los cinco obstáculos, puedes desarrollar la capacidad de aplicar antídotos y mejorar así la calidad de tus sesiones.

CAPÍTULO 4

Las Etapas de la Meditación

La meditación es un proceso que se desarrolla durante un período prolongado de tiempo. Es un proceso diseñado específicamente para domesticar la mente y hacerla lo suficientemente flexible como para que podamos usarla de manera constructiva. Podemos pensar en nuestra mente como una oveja traviesa que sigue escapando del rebaño. Mientras el pastor está ocupado atendiendo a las otras ovejas, esta oveja sigue vagando por las montañas. El pastor va en busca de esta oveja, finalmente la encuentra y la lleva a casa a un lugar seguro. Pero la oveja es persistente y sigue huyendo, por lo que el pastor vigila a esta oveja en particular y puede atraparla antes de que llegue demasiado lejos. Cada vez, recoge con calma la oveja y la lleva de vuelta al refugio del rebaño. El pastor se vuelve tan consciente de esta pequeña oveja que pronto puede atraparla en el momento en que ella da un paso en dirección a las montañas. Finalmente, la oveja aprende a quedarse con el rebaño y el pastor ya no necesita perseguirla.

De manera similar, a través del uso de las dos facultades de atención plena e introspección, el meditador aprende a monitorear y dirigir la mente de manera consistente. Cuanto más usamos estas cualidades, más fuertes se vuelven. Con el tiempo, nos permiten condicionar la mente de tal manera que ya no se pierda entre todas sus distracciones, pudiendo ser utilizada de manera más efectiva para cualquier tarea que pretendamos hacer.

A través de años de investigación contemplativa, los grandes meditadores del pasado han identificado una secuencia consistente de etapas por las que pasará un profesional cuando se involucre con estas prácticas. Estas experiencias forman un mapa claro que todos podemos seguir, ayudándonos a reconocer nuestra propia posición dentro de este proceso. Como veremos, ser capaz de evaluar con precisión nuestro desarrollo puede ser útil para llamar nuestra atención sobre los diferentes obstáculos que probablemente enfrentaremos en cualquier etapa.

Usando la Respiración como un Objeto

Para ilustrar este proceso, caminaremos a través de cada una de las etapas de la meditación usando las sensaciones táctiles de la respiración como nuestro objeto de meditación. Para aquellos con un ambiente muy ocupado y estimulante, propensos a un pensamiento y ansiedad excesivos, la *atención plena de la respiración* es un método particularmente efectivo para superar la energía nerviosa que impulsa estos problemas. De todos los métodos enseñados por el Buda, este fue, por mucho, el más popular.

Los ejercicios de este capítulo se extraen específicamente del *Satipatthana Sutta* en la tradición Theravada. El Buda dio esta enseñanza para demostrar cómo la atención plena de la respiración podría usarse como base para generar la unión de shamatha y vipashyana. La primera parte de esta enseñanza da instrucciones para dieciséis formas de enfocarse en la respiración (anapanasati), cada una diseñada para calmar la mente de manera efectiva y al mismo tiempo, desarrollar una conciencia clara de la experiencia actual. Juntas, estas prácticas representan una progresión gradual que se puede resumir en cinco etapas:

1. Atención plena del presente

2. Enfocando la mente en el objeto

3. Manteniendo la mente en el objeto

4. Afinando la mente

5. Unificando la mente

Describiré estas etapas con mayor detalle a continuación, por lo tanto, por ahora, es suficiente saber que las dos primeras etapas enfatizan el desarrollo de la relajación. La tercera enfatiza el cultivo de la atención plena que resulta en una mayor estabilidad de la concentración. Mientras que las etapas cuarta y quinta enfatizan el cultivo de una mayor claridad o intensidad de la atención, en base a los fundamentos de relajación y estabilidad previamente desarrollados.

La progresión a través de estas fases no es en blanco y negro. Durante una sesión puedes alcanzar diferentes niveles en diferentes momentos. Algunos días puedes experimentar la primera etapa, mientras que otros días puedes experimentar la tercera etapa. Por lo tanto, podemos medir con mayor precisión nuestra capacidad actual, en función de la experiencia promedio obtenida de múltiples sesiones durante un período de tiempo determinado. Cuando experimentamos constantemente una etapa determinada, entonces se puede considerar que hemos "alcanzado" esa etapa. Sin embargo, ten en cuenta que aferrarse a estas etapas como cosas a lograr puede introducir una serie de obstáculos en tu práctica. Es mucho mejor mantener un enfoque relajado y paciente, libre de expectativas innecesarias.

Dentro de la tradición tibetana, estas cinco etapas de meditación se entienden sobre la base de nueve estados de atención. Esta enseñanza fue presentada por primera vez por el gran erudito indio Kamalashila durante su comentario sobre las enseñanzas del Buda Maitreya. Estos nueve estados de atención se definen como:

1. Enfocando la mente en un objeto
2. Enfoque continuo
3. Enfoque parcheado
4. Enfoque cercano
5. Disciplinando la mente
6. Pacificando la mente
7. Pacificando completamente la mente
8. Unidireccional
9. Ecuanimidad

La diferencia principal entre estos dos enfoques es que las cinco etapas se centran más en la calidad de la mente que se está desarrollando, mientras que los nueve estados de atención se centran más en los tipos de obstáculos que surgen.

Las Cinco Etapas y los Nueve Estados de Atención

Para obtener una comprensión más detallada de este proceso, fusionaremos los dos sistemas en una sola presentación. La relación de cada etapa, en relación con cada estado de atención se ilustra en la siguiente tabla:

Etapa de Meditación	Estado de Atención	Énfasis
1. La Atención Plena del momento presente		Relajación
2. Enfocar la mente en el objeto	1. Enfocando la mente	Relajación
	2. Enfoque continuo	
3. Mantener la mente en el objeto	3. Enfoque parcheado	Atención Plena
	4. Enfoque Cercano	
	5. Disciplina	
4. Afinando la mente	6. Calmante	Vigilante
	7. Totalmente Calmante	
5. Unificando la mente	8. Unidireccional	Vigilante
	9. Ecuanimidad	

Tabla 4-1: Las Cinco Etapas y los Nueve Estados de Atención.

Etapa 1: La Atención Plena del momento presente usando la respiración

Para muchos de nosotros, la vida es un bombardeo constante de estimulación sensorial y un malabarismo frenético con un flujo aparentemente interminable de cosas que deben hacerse. No es sorprendente entonces, cuando nos sentamos a meditar por primera vez, puede ser bastante difícil permanecer atento al objeto de meditación. Por lo tanto, el objetivo de esta primera etapa es crear un estado mental receptivo que sea capaz de comprometerse realmente con el objeto.

La triste realidad es que no importa cuán cuidadosamente seleccionamos nuestra ubicación para practicar, siempre habrá algo que nos distraiga. Al principio podría ser el sonido de un perro ladrando a lo lejos. Este sonido puede desencadenar una serie de pensamientos como: "Necesito comprar algo de comida para mi perro. Espero que mi perro esté bien. Extraño a mi perro. No puedo esperar para ver a mi perro ". Antes de darnos cuenta, estamos perdidos en una cascada de charlas mentales.

Para reducir la capacidad de nuestro entorno para provocar tales distracciones, debemos capacitarnos para aceptar las condiciones que nos rodean. En lugar de reaccionar a los estímulos externos, simplemente lo notamos y lo aceptamos, sin dejarnos llevar por él. Usa la respiración para relajar conscientemente el cuerpo y anclar tu conciencia para estar presente en el momento y presente dentro de tu cuerpo.

Ejercicio 4.1 - Relajándote en el Momento Presente

- *Adopta una postura de meditación cómoda y participa en las prácticas preliminares. Toma tres respiraciones largas y profundas, liberando toda la tensión. Agita suavemente el cuerpo para asentar la postura. Libera todos los recuerdos del pasado y los pensamientos del futuro, llevando tu mente a este momento presente.*

- *Trae tu conciencia a la parte superior de tu cabeza. Mientras exhalas, imagina liberar toda la energía en esa área de tu cuerpo. Relajándola completamente.*

- *Ahora cambia tu conciencia hacia abajo, llevándola a tu cara. Toma conciencia de las sensaciones táctiles en esa área. Exhalando, libera todas las tensiones y relájate por completo.*

- *Avanza lentamente por el cuerpo, deteniéndote por un momento en cada punto. Haz el esfuerzo consciente de observar las sensaciones en cada área, luego libera toda la tensión con la exhalación.*

- *A lo largo de este proceso, mantén una mente tranquila pero alerta, comprometida con la actividad y trabajando con lo que se te presente.*

- *Cuando hayas terminado de escanear tu cuerpo, descansa por unos momentos en las sensaciones producidas. Solo observa cómo te sientes.*

Etapa 2: Enfocar la mente en el objeto de meditación

"... como un salto de agua en cascada sobre las rocas"

Al cultivar primero la atención plena del momento presente, descubrirás cómo una mente alerta puede coexistir con un cuerpo relajado. Sin embargo, para desarrollar un tipo de concentración más directa, puede ser útil limitar tu enfoque a un solo objeto; en este caso tu respiración. Si saltas directamente a la etapa dos, sin relajar el cuerpo en el momento presente, es muy probable que constriñas tanto tu mente como tu cuerpo, agravando cualquier tensión preexistente y evitando que te involucres en la práctica.

Según la primera línea del Sutta Satipatthana, la forma más efectiva de comenzar esta práctica es simplemente observar cómo se experimenta la respiración:

Inhalando consciente de la respiración corta, exhalando consciente de la respiración corta.
Inhalando consciente de la respiración larga, exhalando consciente de la respiración larga.

La clave para la meditación en esta etapa es mantener un estado mental relajado, y el mayor obstáculo que enfrentarás es la tendencia de tu mente a controlar la respiración. Por lo tanto, esta instrucción te permite mantener una estrecha conciencia del flujo natural de la respiración, al tiempo que resistes la necesidad de controlarla. Dejar de lado la tendencia a controlar tu respiración simplemente notando cuándo se detiene por sí sola, te ayuda a relajarte. Mientras que dirigir tu atención al largo de la respiración aumenta tu estado de alerta.

Para lograr una mayor relajación, es beneficioso estar atento a la respiración en todo el cuerpo, aunque puede resultarte más natural concentrarte en un área específica, como el pecho, el abdomen o las fosas nasales. A medida que te das cuenta de la "respiración" de todo el cuerpo, tu respiración se volverá más sutil y suave. Este sentimiento se conoce como el viento interno, que a veces puede sentirse como corrientes de energía que viajan a través del cuerpo. Puedes visualizar esta respiración sutil circulando, pasando por cada parte a su vez, o puedes imaginarte que todo tu cuerpo está exhalando e inhalando, como una ola. Colocando la lengua detrás de los dientes inferiores y haciendo más lenta la exhalación también puede ayudarte a que tu cuerpo se relaje.

Ejercicio 4.2 - Atención Plena de la Respiración Para Relajarte

- *Adopta una postura de meditación cómoda y participa en las prácticas preliminares.*

- *Explora brevemente tu cuerpo de arriba a abajo, relajando todas las tensiones a través de la exhalación.*

- *Permite que tu conciencia llene todo el cuerpo; relajado y suelto.*

- *Toma conciencia de las sensaciones táctiles que corresponden a tu respiración interna y externa. Estas pueden incluir el subir y el bajar del pecho o el abdomen o la sensación del aire moviéndose a través de las fosas nasales. No importa, simplemente identifica las sensaciones que indican que estás respirando.*

- *Adopta una postura mental de un observador imparcial. Ahora observa cómo se desarrollan estas sensaciones con el tiempo. Presta especial atención a la duración relativa de cada fase de la respiración. Toma nota mental cuando sean largas o cuando sean cortas.*

- *Si encuentras que tu mente está llena de muchos pensamientos, puedes generar un pensamiento muy específico contando las respiraciones. Al final de la respiración, cuenta mentalmente "uno". Luego libera todo el esfuerzo en la exhalación. Una vez más, observando cómo fluye la inhalación, cuenta "dos" y nuevamente libera la exhalación. Repite este proceso, contando hasta diez y luego nuevamente a uno.*

- *Cuando la mente se haya calmado, deja de contar y simplemente vuelve a observar la duración relativa de cada respiración.*

- *A medida que se acerque al final de la sesión, libera todos los esfuerzos y descansa en el momento presente.*

Esta etapa de la meditación en la respiración equivale aproximadamente a los dos primeros de los nueve estados de atención progresivos establecidos en el Sistema Tibetano. El enfoque aquí es entender las instrucciones de meditación y lograr un estado relajado de cuerpo y mente. Estos dos primeros estados de atención son:

1. Enfocando la Mente en un Objeto

Al principio, mantener la mente fija en el objeto requiere mucho esfuerzo. Inicialmente, tu capacidad para mantener el enfoque será bastante limitada y solo habrá breves momentos en los que puedas lograrlo. Incluso te puede parecer que tu mente está más perturbada que antes de comenzar y puedes tener la sensación de que tus pensamientos discursivos están aumentando. Sin embargo, es probable que esto signifique que solo ahora te estás dando cuenta del estado habitual de tu mente. Esta realización es un excelente primer logro.

Este primer estado se logra a través del poder de escuchar o escuchar las instrucciones del maestro sobre el método de meditación y qué objeto elegir. Se logra cuando puedes colocar la mente en el objeto deseado de meditación durante al menos un segundo o dos. Si tu objeto es la respiración, esto puede lograrse en tu primer intento, aunque si tu objeto es una visualización compleja, esto puede llevar varias semanas.

2. Enfoque Continuo

Durante esta etapa, los períodos de distracción son aún más largos que los períodos de concentración, pero los períodos durante los cuales puedes permanecer enfocado en el objeto se vuelven más frecuentes. La mente se está volviendo más estable y ocasionalmente puede mantener un enfoque ininterrumpido durante aproximadamente uno a cinco minutos. También existe la sensación de que los pensamientos discursivos están disminuyendo. Esta etapa se logra a través del poder de la reflexión. Puedes enfocar la mente en el objeto, pero aún necesitas recordar las instrucciones una y otra vez con comprensión.

Estos dos primeros estados de atención tienen como objetivo conectar la mente a un objeto y esto requiere un compromiso centrado. Las principales faltas por superar en este punto son *la pereza* y *el olvido del objeto de meditación*.

En esta etapa, el movimiento de los pensamientos a través de la mente se asemeja a una cascada que cae sobre las rocas. Esto no significa que la cantidad de nuestros pensamientos esté aumentando, sino que nos estamos dando cuenta de ellos por primera vez.

Estado de Atención	Falta Principal	Poder	Movimiento
1. Enfocar la Mente	Vagancia	Escuchar	Como una caída de agua
2. Enfoque Continuo	Olvidar el Objeto	Reflexión	

Tabla 4-2: Enfocando la Mente en un Objeto.

Etapa 3: Mantener la mente en el objeto de meditación

"Convirtiéndonos en un río que fluye a través de un desfiladero."

En la etapa anterior comenzaste a experimentar un enfoque continuo en la respiración, dirigiendo tu atención a estar consciente de su longitud o contando la respiración mientras el cuerpo se relaja más y más. Una vez que desarrollas algo de estabilidad con este método, simplemente puedes dejar que tu atención fluya con la respiración siguiéndola en toda su longitud. Tu mente se absorbe más en la respiración desde el primer momento de la inhalación hasta el último momento, notando la brecha en el medio y luego siguiendo la exhalación de principio a fin. De esta manera, con tu cuerpo ya bastante relajado, comienzas a desarrollar una atención plena continua, seguida de vigilancia. Según el sutta, simplemente debes saber que:

Inhalando consciente de todo el cuerpo (de la respiración),
Exhalando consciente de todo el cuerpo (de la respiración).

Esta instrucción generalmente se toma para referirse a la duración de la respiración, aunque algunos la interpretan en el sentido de que debes ser consciente de que la respiración se mueve por todo tu cuerpo. Al igual que en la etapa anterior, debes concentrarte en la respiración de donde sea que venga naturalmente, enfocándote hacia abajo si necesitas relajarse más (por ejemplo, en el abdomen) y enfocándote más alto si necesitas mejorar tu vigilancia (por ejemplo, en la punta de la nariz). Al mismo tiempo, sin embargo, debes mantener una conciencia periférica de todo el cuerpo mientras respiras.

El objetivo de esta etapa es estar tan absorto en la respiración que no te distraigas con sonidos, imágenes o incluso sensaciones incómodas en el cuerpo. Esto es especialmente útil si tu cuerpo está cansado. En lugar de permitir que tu mente se nuble, haz esfuerzos vigilantes para intensificar tu enfoque y capturar claramente cada instante de la respiración.

Ejercicio 4.3 - Atención Plena de la Respiración para la Estabilidad

- *Adopta una postura de meditación cómoda y participa en las prácticas preliminares. Realiza una breve exploración del cuerpo, adoptando un estado mental relajado pero alerta.*

- *Dirige tu atención a la parte inferior de tu abdomen, tomando conciencia de las sensaciones táctiles que se corresponden con la respiración.*

- *Durante la duración de una sola respiración, trata de observar cómo se desarrolla el ciclo de esa respiración. Primero nota el comienzo de la respiración. ¿Cómo se siente cuando la respiración comienza a fluir por primera vez al cuerpo?*

- *Luego ten en cuenta el medio. ¿Cómo se siente cuando la respiración se detiene y el flujo se invierte hacia afuera?*

- *Finalmente ten en cuenta el final. ¿Cómo se siente cuando la respiración se libera naturalmente, sin hacer ningún esfuerzo?*

- *Una vez que estés familiarizado con cada fase del ciclo, observa cómo se siente cuando terminas una respiración y comienzas la siguiente.*

- *Toma conciencia de este flujo constante de entrada y salida. Observando el ciclo completo con una mente relajada pero comprometida.*

- *A medida que te acerques al final de la sesión, libera todos los esfuerzos y simplemente descansa en el momento presente.*

Los estados de atención correspondientes, que apuntan a establecer la atención plena y luego la vigilancia, son los siguientes:

3. El Enfoque Parcheado

En esta etapa, te das cuenta de cualquier distracción a tu concentración y has desarrollado la capacidad, a través del poder de la atención plena, de devolver la mente al objeto de meditación tan pronto como divague, como si estuvieras colocando un parche sobre un agujero en un paño. De esta manera, restableces tu concentración y puedes permanecer enfocado ininterrumpidamente, generalmente durante aproximadamente cinco a diez minutos. Comienzas a estar más consciente y, por lo tanto, progresas hacia la meditación real, donde tu atención se centra en el objeto la mayor parte del tiempo en prácticamente todas tus sesiones de meditación. Llegar incluso a este tercer estado es un gran logro y puede marcar una gran diferencia en tu capacidad para controlar la mente en la vida cotidiana.

4. El Enfoque Cercano

Tu enfoque es tan fuerte en este punto que la mente nunca pierde por completo la fijación sobre el objeto, y la agitación burda ya no es un obstáculo. Por lo tanto, la mente se aleja de una amplia gama de cosas y su enfoque se reduce aún más. Aunque puedes sostener el objeto continuamente, aún existe la necesidad de desarrollar niveles crecientes de claridad o intensidad y también lidiar con la agitación sutil. Esto es cuando parte de tu mente se desvía del objeto de concentración, pero no lo pierde por completo. Durante este cuarto estado, el poder de la atención plena se logra ya que ahora puedes sostener el objeto con tal estabilidad que puedes volver fácilmente a él cada vez que te distraigas. Sin embargo, aún debes asegurarte de que esta estabilidad no se produzca a expensas de la relajación. Es posible que debas aplicar técnicas para relajar la mente y lidiar con la agitación sutil, como mantener la lengua detrás de los dientes inferiores.

5. Disciplinando la Mente

Ahora hemos desarrollado la capacidad de superar el aburrimiento y la agitación burda, y hemos aumentado la observación o la vigilancia de nuestra mente. El principal obstáculo en este estado es la opacidad o el hundimiento sutil, que surge cuando la retirada de la mente de objetos extraños ha ido demasiado lejos.

Haciéndose pasar por un estado mental estable y pacífico, existe un peligro significativo de no reconocer el aburrimiento sutil. Por lo tanto, requiere mucha disciplina y esfuerzo para superarlo. La eliminación de este obstáculo requiere un fortalecimiento de tu conciencia con niveles crecientes de vigilancia. Esto puede ser difícil de lograr, sin socavar la estabilidad y, a veces, puede ser un acto de equilibrio bastante delicado. En este nivel, necesitamos generar una mente elevada a través de la inspiración, por ejemplo, recordando las buenas cualidades de shamatha o las enseñanzas del Buda. Esto ayuda a elevar el objeto de meditación y hacerlo más pequeño o definido. Aquí debemos asegurarnos de que la lengua ahora descanse detrás de los dientes superiores.

En esta etapa, siguen surgiendo pensamientos involuntarios, aunque ahora, en lugar de una cascada, fluyen como un río que se mueve suavemente a través de un desfiladero. Si bien todavía hay una pequeña resistencia a la práctica, los resultados de nuestros esfuerzos se están volviendo bastante evidentes.

Estado de Atención	Falta Principal	Poder	Movimiento
3. Enfoque Parcheado	Agitación Burda	Atención Plena	Como un río fluyendo rápidamente a través de una garganta.
4. Enfoque Cercano	Aburrimiento Burdo	Atención Plena	
5. Disciplinando	Aburrimiento Sutil	Vigilancia	

Tabla 4-3: Manteniendo la mente en el objeto de la meditación.

Etapa 4: Afinando La Mente

"Como un río que fluye lentamente a través de un valle".

Después de haber logrado la atención continua de la respiración con un alto nivel de disciplina, entonces necesitas calmar la respiración. Si saltas a este paso demasiado pronto, puedes caer presa del aburrimiento y la somnolencia. Por lo tanto, debes asegurarte de completar las etapas anteriores, capturando toda la respiración antes de intentar calmarla, así como primero debes capturar un caballo salvaje antes de poder domesticarlo.

El Sutta continúa, dando las instrucciones:

Inhalando para calmar el cuerpo (de la respiración),
Exhalando, calmando el cuerpo (de la respiración).

CAPÍTULO 4 LAS ETAPAS DE LA MEDITACIÓN

La dificultad puede surgir aquí, ya que hemos utilizado fuerza de voluntad sustancial para lograr las etapas anteriores. Lo que ahora se requiere es un desprendimiento suave y persistente. Este puede ser un acto de equilibrio fino y puede ayudar a reducir la respiración y poner más énfasis nuevamente en relajar el cuerpo.

El Sutta continúa:

Inhalando consciente de la alegría, exhalando consciente de la alegría.
Inhalando consciente de la felicidad, exhalando consciente de la felicidad.

Esto se refiere a la aparición de alegría y felicidad (piti y sukha en Pali) a medida que el aliento se calma, como la luz dorada del amanecer que emerge en el horizonte oriental. Ahora desarrolla una atención totalmente sostenida de la "respiración hermosa" y solo quedan rastros de pensamiento discursivo. Cuando puedas permanecer fácilmente con el objeto durante mucho tiempo, experimentando una gran cantidad de alegría y felicidad, la mente se vuelve muy concentrada.

Ejercicio 4.4 — Atención Plena a la Impresión de la Respiración

Adopta una postura de meditación cómoda y participa en las prácticas preliminares. Realiza una breve exploración del cuerpo, adoptando un estado mental relajado pero alerta.

- *Trae tu conciencia al labio superior, justo en la entrada de las fosas nasales. Toma conciencia de las sensaciones sutiles allí, a medida que la respiración fluye hacia adentro y hacia afuera. Permite que todas las demás sensaciones y experiencias se desvanezcan en el fondo. Permite que todo tu interés descanse en esta pequeña región.*

- *En cada una de las respiraciones, distingue cuidadosamente el flujo de sensaciones. Reconoce que las sensaciones surgen sin la necesidad de hacer nada. Adopta una actitud mental de ser un observador pasivo, como un anciano sentado en un banco del parque, observando las aves.*

- *Relájate en este modo de observación, sin tratar de controlar la respiración de ninguna manera y sin distraerte de tu objeto de meditación.*
- *A medida que la respiración se vuelve más sutil, las sensaciones serán más difíciles de detectar. Siéntete contento de que no necesitas hacer nada para "crear" sensaciones. Sencillamente aquieta aún más tu mente, y mira más intensamente el objeto. Absórbete completamente en el flujo de la respiración.*
- *A medida que te acerques al final de la sesión, libera todos los esfuerzos y simplemente descansa en el momento presente.*

Ahora puedes pasar al siguiente paso que, según el Sutta, es:

Inhalando consciente de la mente, exhalando consciente de la mente

En esta etapa, tu atención es tan refinada que la respiración parece desaparecer por completo y es reemplazada por un signo adquirido más sutil (nimitta). La sensación física de la respiración y su sentido del tacto se apagan ya que ahora experimentas la respiración como un objeto puramente mental, percibido por algunos como una luz blanca, una perla azul o tal vez una sensación de éxtasis. Como una luna llena que emerge de detrás de las nubes, el mundo de los cinco sentidos se ha disuelto y la mente se puede ver claramente. Este objeto sutil ahora se convierte en el foco de tu meditación y te lleva a los estados de atención superiores.

El signo adquirido es como un animal tímido que solo se acercará si estás absolutamente quieto. También es como una habitación oscura, en la que eventualmente puedes ver formas a medida que tus ojos se acostumbran a la oscuridad. Del mismo modo, el signo adquirido emerge gradualmente de la quietud sin forma de la mente.

Las siguientes dos líneas del Sutta nos dicen qué hacer si surgen formas sutiles de embotamiento o emoción mientras estás enfocado en el signo adquirido:

Inhalando, alegrando la mente, exhalando, alegrando la mente
Inhalando, concentrando la mente, exhalando, concentrando la mente

Puede ser que tu experiencia con el signo adquirido esté aburrida o manchada, tal vez porque tu energía mental es baja. El antídoto para esto es traer más alegría a la meditación y experimentar este objeto mental sutil más plenamente. Puedes concentrarte más intensamente en el centro del signo, agudizar tu atención o quizás regresar a la etapa anterior, centrándote en la hermosa respiración. También puedes aumentar tu alegría al recordar los beneficios de las virtudes, como la bondad amorosa.

Si, por otro lado, la apariencia del signo es inestable, debes asegurarte de que tu mente esté perfectamente quieta y concentrada. Esto no solo significa mantener la imagen quieta, sino también mantener el "conocedor" quieto; El aspecto de la mente que "ve" la imagen. Cuando surge el primer signo, puedes encontrar miedo o emoción, como cuando te encuentras con un extraño por primera vez. De la misma manera que aprendes a relajarte en la compañía de este extraño a medida que lo conoces, puedes aprender a relajar un poco la mente y mantenerte presente con el hermoso signo.

Hay dos estados de atención que corresponden a estas etapas de la meditación de la respiración:

6. *Pacificando la Mente*

La monotonía sutil ha sido superada durante la etapa anterior por el poder de la vigilancia inspirada, sin embargo, aún quedan algunas huellas. Ahora existe el peligro de vigorizar demasiado la mente, provocando una sutil agitación o excitación que necesita ser pacificada. Durante este sexto estado, la atención plena se vuelve más intensa, habiendo sido refinada a través de la atención ininterrumpida. También se está desarrollando una facultad más fuerte conocida como vigilancia completa. Esto permite enfrentar la emoción sutil, aunque aún no se elimina por completo. La calidad de la atención se convierte así en un canal de radio claro, sin ruidos extraños o estática. En este nivel, ya no experimentas resistencia a la práctica de meditación y tus sesiones pueden durar una hora o más.

7. Pacificando Completamente la Mente

Con inspiración y perseverancia, se desarrolla aún más la vigilancia completa y, por lo tanto, se eliminan los rastros restantes la monotonía sutil y la excitación, desapareciendo por completo. De este modo, puedes abandonar estos dos obstáculos sutiles, tan pronto como se produzcan, a través del poder de la diligencia entusiasta. De esta manera, tan pronto ocurre esto en ti, despiertas tu atención, y cuando ocurre la agitación, te relajas un poco. Estos desequilibrios de atención se reconocen rápidamente y se pueden remediar fácilmente con ajustes bastante delicados.

Estado de Atención	Falta Principal	Poder	Movimiento
6. Pacificando	Agitación Sutil	Vigilancia	Como un río fluyendo lentamente por un valle.
7. Pacificando Completamente	Sub-aplicación	Esfuerzo	

Tabla 4-4: Afinando la Mente.

Etapa 5: Unificando la Mente

"Como un océano inamovible por las olas".

La práctica de la conciencia de la respiración ahora se ha desplazado completamente a la conciencia de una señal mental hermosa y estable. Habiendo superado casi cualquier rastro de monotonía y emoción, la meditación ahora avanza sin problemas y sin esfuerzo. Aprendes a confiar por completo en tu experiencia y permanecer absorto en el objeto, tratando de renunciar a todo control, ya que la belleza intensa de la señal atrae tu atención sin tu ayuda. Simplemente disfruta el viaje ya que tu atención se dirige al centro o la luz se expande y te envuelve.

Para continuar con el ejemplo del animal tímido que solo se acerca a ti cuando estás quieto, notarás que se materializan más animales a medida que aumenta tu quietud. Al principio solo aparecen animales comunes, pero ahora comienzan a emerger animales extraños y maravillosos. Del mismo modo, aparecen otras señales que te llevan a niveles aún más profundos de meditación. En particular, aparece un signo mental aún más sutil conocido como el signo de contraparte (patibhaga nimitta), como si saliera del signo sutil adquirido. Está mucho más purificado y no tiene color ni forma. La aparición de esta señal corresponde al logro de shamatha.

Esta descripción es equivalente a los dos estados de atención finales que conducen directamente a Shamatha:

8. La Unidireccionalidad

En este estado, desarrollas una habilidad espontánea especial para fijarte en un solo punto en el objeto durante el tiempo que desees. Se requiere un poco de esfuerzo al comienzo de la meditación, pero luego fluye con el impulso de la práctica sin interrupción o esfuerzo adicional. Por lo tanto, el hundimiento sutil y la excitación se eliminan con un pequeño grado de esfuerzo a través del poder de la diligencia entusiasta. En este octavo estado logras un compromiso ininterrumpido, lo que significa que la mente puede enfocarse con absorción continua en el objeto de concentración. Esto está en contraste con las etapas anteriores que se logran con el compromiso interrumpido. En este nivel, puedes mantener una atención altamente concentrada durante aproximadamente tres horas más o menos, y tu mente todavía está "como un océano inamovible por las olas"; alterado solo por la ondulación ocasional.

9. La Ecuanimidad

En el noveno estado hay una entrada sin esfuerzo y una permanencia en la meditación profunda. La mente se coloca sobre el objeto por sí misma, sin esfuerzo y espontáneamente. Esto se logra a través del poder de la familiaridad completa y el compromiso espontáneo. La mente ahora está perfectamente pacificada y el surgimiento de una monotonía y emoción sutil ya no es posible durante tu sesión de meditación. Ahora puedes mantener una concentración perfecta durante al menos cuatro horas. Sin embargo, si interrumpes tu práctica, entonces la monotonía y la emoción aún pueden regresar, ya que no se han eliminado por completo.

Estado de Atención	Falta Principal	Poder	Movimiento
8. Unidireccional	Aplicación Excesiva	Esfuerzo	Como un océano inamovible por las olas.
9. Ecuanimidad	Ninguna	Familiaridad	

Tabla 4-5: Unificando la Mente.

El Logro de Shamatha

Cuando Shamatha se logra realmente, hay un cambio radical en tu cuerpo y mente, como una mariposa que emerge de su crisálida. Tu mente en esta etapa ha ido más allá del reino del deseo y ahora ha obtenido acceso al reino de la forma, una dimensión sutil de conciencia que trasciende el reino de los sentidos físicos.

Este cambio se caracteriza por experiencias específicas que tienen lugar en un corto período de tiempo. En primer lugar, un poderoso viento entra a través de tu coronilla y se disuelve en todo tu cuerpo, como si te hubieras llenado del poder de una energía dinámica de éxtasis. Tu cuerpo y mente ahora están impregnados de un tipo especial de flexibilidad, ya que el cuerpo se siente flotando y liberado de la disfunción física, llenando la mente con una abrumadora sensación de alegría. Tienes una sensación de completa frescura y mayor capacidad mental, ya que tu mente es como una lámpara de aceite que no se mueve por el viento, descansa brillante y clara.

Una vez que hayas alcanzado Shamatha, puedes ingresar a este estado a voluntad y meditar durante el tiempo que desees sin interrupción. Incluso puedes sobrevivir sin requisitos básicos como comida, bebida o sueño. Durante la meditación, tu atención se retira por completo de los sentidos físicos, los pensamientos discursivos y las imágenes mentales, aunque puedes indicarte que salgas de la meditación después de un período específico. Sin embargo, las tendencias aflictivas no se erradican por completo y aún pueden surgir emociones fuertes bajo ciertas condiciones. Si, por otro lado, estás siguiendo un camino budista, en este nivel de realización, Shamatha puede usarse como una herramienta para obtener una visión directa de nuestra verdadera naturaleza. Esto puede conducir a la eliminación completa de todas las emociones y estados mentales aflictivos, y al logro de la iluminación.

Las Cuatro Aplicaciones de la Atención Plena

Habiendo entrenado a fondo en la atención plena de la respiración, la mente del meditador es ahora un instrumento perfectamente afinado para hacer observaciones introspectivas. La parte final del Satipatthana Sutta describe cuatro prácticas que pueden usarse para generar una idea de la naturaleza de la experiencia. Estas cuatro prácticas se conocen como las *Cuatro Aplicaciones de la Atención Plena* y representan las enseñanzas centrales de vipashyana. Estos cuatro son los siguientes:

1. **La Atención Plena del Cuerpo:** Esto incluye atención plena de la respiración; saber cuándo estás experimentando una respiración larga o corta, estar consciente de su movimiento y la calma que esto trae a través de todo el cuerpo. También se refiere a la atención plena de la posición del cuerpo; saber cuándo estás caminando, de pie, sentado o acostado, a dónde vas y cómo te mueves. Es la atención plena de comer, beber y defecar, cuando estás hablando y cuando estás en silencio. Finalmente, es la atención plena de los elementos que componen tu cuerpo, sus características poco atractivas y la atención plena de su impermanencia y muerte inminente.

2. **La Atención Plena de los Sentimientos:** Esto es simplemente saber cuándo estás experimentando felicidad o un sentimiento doloroso o incluso la conciencia de una emoción neutral. Esto puede ocurrir mediante el contacto con los cinco sentidos o mediante el contacto con objetos mentales, como percepciones, recuerdos, pensamientos e imágenes mentales. También pueden surgir sentimientos más sutiles cuando la mente está tranquila, como una sensación de satisfacción o irritación o molestia leve.

3. **La Atención Plena de los Estados Mentales:** Esto incluye saber que una mente con deseo es una mente con deseo, mientras que una mente sin deseo es una mente sin deseo. Del mismo modo, sabes cuándo están presentes la ira, la ignorancia, la distracción y la concentración, y saber

cuándo estos estados están ausentes. También sabes cuándo la mente está liberada y cuándo no.

4. **La Atención Plena de los Fenómenos:** Esto significa que estás consciente de todos los fenómenos o contenidos de la mente. Puede incluir la conciencia de objetos sensoriales como sonidos, objetos visuales, gustos, olores y sensaciones táctiles, así como objetos mentales como recuerdos y pensamientos. También se refiere a saber que la naturaleza de tales fenómenos es impermanente, sufriente (es decir, incontrolable) y carente de naturaleza propia.

Cada una de estas formas de atención plena se distingue por el objeto en el que se enfoca el meditador. A través de una observación cercana, el meditador puede reconocer cómo surgen cada uno de estos diferentes tipos de fenómenos, cómo permanecen y cómo finalmente desaparecen. Al darse cuenta de la impermanencia de estos fenómenos, el meditador también considera cada uno, establecido sobre la base de cómo aparecen internamente, externamente y tanto interna como externamente. Este método destaca específicamente los tipos de relaciones que desarrollamos en torno a estas experiencias.

Un Resumen del Sendero de Shamatha

Es habitual que los nueve estados progresivos de atención de la tradición tibetana estén representados por una ilustración de un elefante, un mono y un monje, como se muestra a continuación. Los elementos clave dentro de esta ilustración son:

- **El monje:** representando al meditador
- **La llama:** representando el esfuerzo
- **El elefante:** representando la mente
- **El mono:** representando las distracciones
- **El conejo:** representando un sutil hundimiento / letargo
- **El color negro:** representa una mente dominada por una de las cinco faltas
- **El color blanco:** representa una mente libre de las cinco faltas

CAPÍTULO 4 LAS ETAPAS DE LA MEDITACIÓN

Figura 4-1: Los Nueve Estados De Atención Progresivos

Al principio, el mono negro tiene el control completo del elefante, lo que demuestra cómo estamos naturalmente dominados por las distracciones. El monje inicialmente trabaja muy duro para poner la mente bajo su control y el fuego simboliza el gran esfuerzo que se requiere. Con persistencia, el monje gradualmente comienza a manejar al elefante y, con gran disciplina, comenzamos a superar el embotamiento mental. El elefante se vuelve más blanco, simbolizando la lenta erradicación del aburrimiento burdo a través del esfuerzo de la meditación. En este punto, sin embargo, aparece una pequeña liebre negra en la parte superior del elefante, lo que significa una monotonía sutil. Continuando con la práctica de meditación diligentemente, llegamos a la siguiente etapa, en cuyo punto el mono ya no tiene el control del elefante. Como todavía tenemos dificultades con niveles menos frecuentes de agitación y monotonía, el mono persiste en la interrupción ocasional.

A medida que el mono se vuelve cada vez menos perturbador, el monje obtiene un mayor control del elefante, que lentamente se ha vuelto completamente blanco. Finalmente llegamos a la etapa en la que el mono no tiene influencia sobre el elefante, ya que nuestra mente ha sido completamente pacificada. Ahora tenemos el control total de nuestras emociones en lugar de ser impulsados por ellas. Esto lo muestra el monje que medita junto al elefante apaciguado. Más allá de esta etapa, vemos al monje meditando mientras está sentado encima del elefante. Más adelante, dos arcoíris emergen del corazón del monje, que simbolizan el desarrollo de poderes sobrenaturales tras el dominio de la meditación de ubicación. Luego hemos adquirido la capacidad de enfocar la mente unidireccional en el desarrollo de la meditación perspicaz. Dependiendo de qué tipo de camino se sigue, se avanza a través de las diversas etapas de profundización de la comprensión, hasta que finalmente se alcanza la iluminación.

De acuerdo con la tradición Theravada, lograr Shamatha usando la respiración como un objeto te coloca en el umbral de experimentar los jhanas, estados de concentración que son aún más brillantes y poderosos, lo que lleva directamente a la comprensión. El Buda resumió este camino al afirmar que la atención plena de la respiración era "una cosa que, cuando se desarrolla y cultiva, cumpliría cuatro cosas": las *Cuatro Aplicaciones de la Atención Plena*. Estas "cuatro cosas que, desarrolladas y cultivadas, cumplirían siete cosas": los *Siete Factores de la Iluminación:* atención plena, investigación, energía, alegría, tranquilidad, concentración y ecuanimidad. Estas "siete cosas que, cuando se desarrollan y cultivan, cumplirían dos cosas": conocimiento verdadero y liberación.

Repaso de los Puntos Claves

- En la tradición Theravada hay cinco etapas que representan la progresión gradual hacia el logro de Shamatha: la atención plena del presente, enfocar la mente en el objeto, mantener la mente en el objeto, afinar la mente y unificar la mente.

- En la tradición tibetana hay nueve estados de atención que se utilizan para describir la misma progresión: enfocar la mente en un objeto, enfoque continuo, enfoque parcheado, enfoque cercano, disciplina de la mente, pacificación de la mente, pacificación total de la mente, mente unidireccional y ecuanimidad.

- Durante la primera y segunda etapa, el enfoque está en desarrollar la relajación, luego en la tercera enfatiza la atención plena y finalmente en la cuarta y quinta, el enfoque está en la vigilancia.

- A través de la atención plena de la respiración, eventualmente abandonarás las sensaciones táctiles de la respiración y cambiarás a un objeto mental muy sutil conocido como el *signo adquirido*. Esto a su vez dará paso a un objeto aún más sutil conocido como el *signo de contraparte*.

- Cuando alcanzas Shamatha, tu cuerpo y tu mente experimentarán un cambio energético radical. Esto produce un grado de flexibilidad física y mental sin precedentes que te permite dirigir la mente sin esfuerzo adonde lo desees.

- Sobre la base de calmar la mente, entonces te involucras en la práctica de las *Cuatro Aplicaciones de la Atención Plena*, para desarrollar una comprensión de la naturaleza de tu experiencia.

SEGUNDA PARTE

Reflexionando sobre tu situación actual

CAPÍTULO 5

Como Practicar el Dharma

Con las herramientas psicológicas que aprendimos en los primeros capítulos, estamos mejor equipados para hacerle frente a los muchos altibajos de la vida. Luego, con las herramientas contemplativas de meditación, se nos proporciona una metodología básica para el cultivo de cualidades positivas que reducen aún más el impacto que esos altibajos tienen en nuestras mentes. Juntos, nos brindan una plataforma más estable sobre la cual comenzar a explorar realmente la naturaleza de nuestra experiencia.

Podrías preguntar, ¿por qué querríamos hacer algo así? ¿Qué nos motiva a profundizar? La respuesta es que todos queremos ser felices y no queremos sufrir. Es realmente así de simple. Si somos sinceros, podemos ver que la base de todas nuestras acciones es esta motivación básica, que nos empuja constantemente hacia algunos tipos de fenómenos y nos aleja de otros.

Aunque todos buscamos alguna forma de felicidad, muy pocos somos conscientes de cómo se siente realmente la felicidad genuina. Es por esta razón, que primero debemos tener una idea de lo que significa este término. En el budismo hablamos de dos tipos o niveles de felicidad:

1. **La Felicidad Mundana:** Esta forma de felicidad es el placer que derivamos de nuestra interacción con los estímulos externos. Cuando nos encontramos con una bella imagen, saboreamos una deliciosa comida o olemos una fragancia encantadora, la experiencia que surge en la mente como respuesta a estas apariencias se llama felicidad "mundana". Es mundana, porque depende del mundo externo para que se manifieste.

2. **La Felicidad Genuina:** Esta forma de felicidad no depende de nada fuera de nuestra mente. Surge naturalmente de las características innatas de la mente misma. La podemos experimentar cuando somos capaces de vivir la vida de acuerdo con esa naturaleza. Mientras que la felicidad

mundana es algo que *recibes del* mundo, la felicidad genuina es algo que *traes al* mundo.

La confusión surge cuando no reconocemos que todos estamos motivados por un deseo de experimentar una felicidad duradera y genuina y, sin embargo, solo buscamos la felicidad mundana. Como la felicidad mundana depende de objetos externos, solo puede ofrecernos un placer momentáneo. En el momento en que el objeto desaparece o cuando nos acostumbramos a su presencia, el placer correspondiente también se desvanece. Lamentablemente, estamos buscando felicidad genuina en el lugar equivocado. Al igual que tratar de sacar agua de una roca, la felicidad mundana simplemente no tiene la capacidad de darnos lo que queremos.

Al final, es una cuestión de satisfacción. En el fondo hay una especie de sensación desgarradora de que "falta algo". No importa en qué situación nos encontremos, siempre hay algo que falta, algo que simplemente no está del todo bien, ¿no es así? En un nivel fundamental, parece que estamos viviendo en un modo perpetuo de insatisfacción. Esto plantea la pregunta, ¿hay algo que podamos hacer al respecto? ¿Tenemos que aceptar solo esta realidad? ¿O hay cambios que podemos hacer en nuestras vidas para lograr una forma más duradera de satisfacción?

Según las enseñanzas del Buda, hay causas para nuestra insatisfacción y, por lo tanto, es posible eliminar esas causas. La forma de hacerlo es a través de la práctica del Dharma. La palabra *dharma* es una palabra sánscrita que tiene muchas connotaciones. En este caso la estamos usando para referirnos a todo tipo de fenómenos. Un dharma es algo que crea la causa para que ocurra un resultado específico. Entonces podemos hablar de *Dharmas Mundanos* que producen felicidad mundana, o podemos hablar de *Dharmas Sagrados* que producen felicidad genuina. Cuando nos referimos a "practicar el Dharma", nos referimos al cultivo de este último.

El Sagrado Dharma es como un espejo. Refleja nuestra experiencia de tal manera que nos permite desarrollar una idea de cómo está surgiendo esa experiencia. Nos desafía a analizar realmente nuestro comportamiento y hacer algunas preguntas difíciles. Si podemos responder estas preguntas honestamente, entonces es posible aprender de nuestros errores y hacer cambios en nuestras vidas; cambios que finalmente nos llevarán a la verdadera felicidad.

Los Ocho Dharmas Mundanos

Cuando comenzamos a hablar sobre la diferencia entre los dharmas mundanos y los sagrados, es muy fácil desarrollar una actitud de que todo lo mundano es "malo" y todo lo sagrado es "bueno". Esto puede llevarnos a desarrollar una visión muy pesimista y deprimida del diario vivir. El hecho es que vivimos en este mundo, esta es nuestra realidad. Lo que debemos hacer es comprender nuestra relación con esta realidad de una manera saludable y productiva. En lugar de vivir en una fantasía distorsionada, queremos eliminar nuestras ideas falsas y llegar a una perspectiva más realista.

Para hacer esto, analizaremos los dharmas mundanos a través de cuatro pares de fenómenos. Estos *Ocho Dharmas Mundanos* representan cuatro cosas que nos esforzamos por tener y cuatro cosas que tratamos de evitar a toda costa. Como veremos, la aflicción raíz que impulsa estas polaridades diferentes es el apego. Estamos apegados a tener algo o apegados a no tener algo. Cuanto más apego está presente, más sufrimiento experimentamos. Al estudiar estos cuatro temas y reflexionar sobre las implicaciones, podemos comenzar a disminuir ese apego.

Enfoque	Apego	Aversión
1. Recursos	Ganancia	Perdida
2. Sensaciones	Placer	Dolor
3. Influencia (Poder)	Reconocimiento	Ser Ignorado
4. Auto-valia	Halago	Crítica

Tabla 5-1: Los Ocho Dharmas Mundanos.

La Ganancia y La Pérdida

El primer par para considerar está relacionado con nuestra relación con los recursos externos. Ganancia se refiere al impulso de adquirir más riqueza como un medio para experimentar una mayor felicidad. La suposición general aquí es que "más es mejor". Cuanto más dinero tenga, más grande será mi casa, mejor será mi auto, mejor será mi ropa, y de alguna manera todo esto me llevará a aumentar mi felicidad. La pérdida se refiere a lo contrario; Es nuestro miedo profundamente arraigado a estar sin los recursos que creemos que necesitamos. Mientras que la ganancia se manifiesta como un ansia insaciable de cosas, la pérdida es como una corriente subterránea de ansiedad que nos impide disfrutar realmente de las cosas que tenemos.

Cuando una persona tiene mucho apego a la riqueza, sus vidas tienden a girar en torno a ganar dinero y expandir sus posesiones personales. Podemos ver esta actitud muy claramente en el énfasis que nuestras sociedades ponen en la economía y la cultura de consumo.

Ejercicio 5.1 -- Posesiones Materiales

- *En una postura relajada, establece una mente neutral a través de la práctica de la atención plena de la respiración.*

- *Identifica algunas de tus posesiones más preciadas. Elige una y piensa en el momento en que adquiriste ese objeto. ¿Cómo te sentiste entonces? Compara este sentimiento con cómo te sientes ahora en relación con ese objeto. ¿Ha cambiado el sentimiento? ¿Todavía sientes la misma emoción, la misma alegría, la misma sensación de satisfacción?*

- *Ahora considera todo lo que fue necesario para adquirir ese objeto. Piensa en la energía que invertiste en él. Piensa en lo que has tenido que hacer para mantener ese objeto seguro. Piensa en el seguro que contratamos, las reparaciones que hacemos y el esfuerzo general que gastamos para evitar que nuestros objetos cambien.*

- *Ahora piensa en todos los diferentes objetos que has tenido en el transcurso de tu vida. ¿Cuánto duran antes de que sientas que necesitas reemplazarlos? Los que has guardado, imagina cómo se sentiría si se rompieran o alguien los robara.*

- *Obtén una idea de cómo tu relación con las cosas ha cambiado con el tiempo. Compara esos momentos en que las posesiones materiales han sido tu principal prioridad y los momentos en que no lo han sido. ¿Hay alguna diferencia en la calidad de tu experiencia?*

- *Mientras piensas en estas preguntas, pueden surgir diferentes ideas en tu mente. Si lo hacen, entonces pausa tu meditación y simplemente descansa en tu conciencia de la certeza de que así son las cosas.*

El Placer y El Dolor

El segundo par analiza nuestra relación con las experiencias sensoriales. Este es, por mucho, el más inmediato de los cuatro pares. Por un lado, buscamos todo tipo de experiencias que etiquetamos como placenteras, mientras que, por el otro, tratamos de evitar las experiencias de dolor e incomodidad. Para cada persona, los tipos de objetos que provocarán placer o dolor serán diferentes. Es importante recordar esto, ya que tendemos a pensar que los objetos en sí mismos contienen cierta capacidad incorporada para producir la experiencia de placer o dolor. Sin embargo, en realidad, estos dos existen solo en la mente.

Cuando el apego a la experiencia es muy fuerte, a menudo veremos un gran énfasis en diferentes tipos de "búsqueda de emociones". Esto puede venir en forma de una obsesión por ciertos tipos de alimentos o sustancias (como el alcohol o las drogas), el deseo constante de gratificación sexual o la necesidad de experimentar siempre situaciones nuevas y sorprendentes. Debido a que todas estas experiencias son de naturaleza momentánea, lo máximo que pueden ofrecer es la felicidad momentánea.

Ejercicio 5.2 - Experiencias Sensoriales

- *En una postura relajada, establece una mente neutral a través de la práctica de la atención plena de la respiración.*

- *Piensa en una de tus comidas favoritas. Considera las cualidades de la comida que la hacen tu favorita. Trae a la mente la experiencia de comer esta comida. ¿Hay alguna diferencia entre probar realmente la comida y simplemente recordar su sabor? Considera cuánto dura la experiencia de probar la comida antes de que se convierta en un mero recuerdo.*

- *Ahora considera el tiempo que toma preparar tu comida. ¿Qué tan importante es que la comida sepa bien? ¿Cuánto esfuerzo inviertes para que esto suceda? No pienses solo en la preparación inmediata. También considera la energía que se gastó en adquirir los ingredientes correctos y aprender a preparar la comida.*

- *Ahora recuerda todas las pequeñas cosas que hacemos durante el día para evitar la incomodidad. Considera cómo nos rodeamos de cosas hermosas para evitar ver la fealdad, o cómo rociamos fragancias en todas partes para evitar ciertos olores. Piensa en las diferentes formas en que nos protegemos de situaciones dolorosas.*

- *No importa cuánto tratemos de protegernos, inevitablemente encontramos cosas que provocan sentimientos no deseados. Piensa en algunos ejemplos de experiencias recientes que hayas tenido. ¿Cuál fue tu reacción ante estas experiencias? ¿Tuvieron un impacto grande o pequeño en tu mente?*

- *Descansa en cualquier idea que surja.*

El Reconocimiento y Ser Ignorado

Con este tercer par, ahora nos estamos centrando en la calidad de la influencia que tenemos en los demás. Lo que llamamos reconocimiento es el deseo de que otras personas te respeten y piensen bien de ti. Es una preocupación general sobre cómo tus acciones impactan o cambian el comportamiento de los demás. Alguien que reciba una gran cantidad de reconocimiento o fama podrá influir en esas personas de manera más efectiva. Del mismo modo, si alguien es completamente ignorado, sus acciones no tienen poder para influir en nadie.

La presencia de poder o la ausencia de poder también puede ser un objeto de apego. Cuando este apego es fuerte, puede llevar a una necesidad constante de agradar o establecer una posición en la que pueda controlar o manipular a los demás. Podemos ver esta forma de apego muy claramente en el mundo de las celebridades, la política y los negocios.

Ejercicio 5.3 - Influencia

- *En una postura relajada, establece una mente neutral a través de la práctica de la atención plena de la respiración.*

CAPÍTULO 5 COMO PRACTICAR EL DHARMA

- *Considera las diversas personas con las que te sientes conectado en este momento. ¿Cómo caracterizarías la fuerza de tu relación con estas personas? ¿Estás igualmente cerca de cada uno de ellos, o hay algunos a los que estás más cercano que otros? Considera cómo esta cercanía afecta la cantidad de influencia que tienes sobre estas personas.*

- *Considera cómo se desarrolló esta cercanía. ¿En qué punto estas personas dejaron de ser extraños y se convirtieron en amigos o familiares? Piensa en la energía que has invertido en el desarrollo de estas relaciones.*

- *Ahora considera lo importante que es para ti tener a estas personas en tu vida. ¿Qué harías si todos tus amigos te abandonaran? ¿Cómo te haría sentir esto? Considera todas las acciones en las que participas para asegurarse de que esto no suceda.*

- *Repasa tu vida y reflexiona sobre las diferentes personas que han entrado en tu vida en diferentes momentos. Considera la influencia que tuviste en sus vidas en ese momento y compáralo con la influencia que tienes en sus vidas ahora. ¿Qué efecto tienen las relaciones pasadas en tu vida presente?*

- *Descansa en cualquier idea que surja.*

La Alabanza y la Crítica

El último par se centra en el valor percibido de quiénes somos como individuos. Está íntimamente relacionado con nuestra concepción del yo y cómo los demás se relacionan con ese yo. Cuando las personas elogian una cualidad que poseemos o una acción que hemos realizado, sentimos una gran autoestima. Inversamente, cuando alguien critica nuestras cualidades o acciones, sentimos que nuestro yo está de alguna manera disminuido.

Cuando las personas se apegan a su autoestima, tienden a centrarse en complacer a los demás para obtener elogios. No se trata de si pueden ejercer alguna influencia sobre los demás; Es un apego a la experiencia momentánea que surge cuando hacen algo que hace que otros expresen su aprecio o respeto. Es un anhelo por cualquier cosa que refuerce el ego, y una inseguridad igualmente fuerte con todo lo que se ve que ataca ese mismo ego.

Ejercicio 5.4 - Autoestima

- *En una postura relajada, establece una mente neutral a través de la práctica de la atención plena de la respiración.*

- *Considera las diversas cualidades que crees que más te definen como persona.*

- *Recuerda un momento en que alguien te felicitó o te alabó frente a otros. ¿Cómo te hizo sentir esto?*

- *Ahora compara esto con un momento en que alguien te criticó abiertamente. ¿Cómo te hizo sentir eso? ¿Cómo reaccionaste a esta crítica?*

- *Ahora piensa en las diferentes fases de tu vida. Considera cómo reaccionaste a los elogios o las críticas cuando eras niño, luego como adolescente, luego como adulto joven, y así hasta tu edad actual. A medida que tu sentido de identidad evolucionó con el tiempo, ¿qué relación tuvo con la forma en que reaccionaste ante los elogios o las críticas?*

- *Descansa en cualquier idea que surja.*

En resumen, cuando nuestras vidas están impulsadas principalmente por la preocupación por estos dharmas mundanos, estamos constantemente involucrados en un proceso interminable de reorganizar nuestro mundo para cumplir nuestras esperanzas y evitar nuestros miedos. Este tipo de vida puede parecer una lucha constante con todos los que nos rodean, el entorno en sí e incluso nuestro propio sentido de nosotros mismos. Es una vida gastada en ansiedad, preocupación y descontento, especialmente cuando no cumplimos con nuestras propias expectativas.

Sin embargo, comprender estos dharmas mundanos no es sugerir que está mal querer ser admirado por nuestras habilidades o disfrutar del sabor de la buena comida. Tampoco nos equivocamos al no querer sentir el dolor del rechazo. Crear una conciencia de cuán apegados estamos a estos aspectos, nos da la oportunidad de cambiar nuestra perspectiva de cómo los abordamos. Reducir nuestra fijación por su posesión o evitación puede ayudarnos a "soltarnos" y relajarnos un poco. Tener una actitud que reconozca que es bueno tener cosas particulares pero que no siempre son necesarias o aceptar que no siempre tenemos que recibir elogios para saber que hemos hecho un buen trabajo, puede conducir a una mayor tolerancia para las cosas que tenemos y nos ayudan a estar menos tensos sobre lo que no tenemos. En otras palabras, nos enseña a estar más contentos con lo que está surgiendo.

A veces, nuestra percepción de los dharmas mundanos puede ser bastante limitada y, a menudo, nos concentramos demasiado en la única dirección. Como consecuencia, no vemos otras posibilidades. Por ejemplo, podemos estar tan fijos en la idea de que nuestra familia necesita "la casa de sus sueños" para estar felices de que trabajemos muchas horas para ganar el dinero requerido, pero porque ya no tenemos tiempo para pasar con nuestros seres queridos el resultado real es la infelicidad. Con la ganancia también puede venir la pérdida, y podría ser útil preguntarnos ¿cuál es el costo de obtener lo que queremos? Podríamos lograr el reconocimiento, pero el precio que pagamos podría ser nuestra libertad, o podríamos ganar una riqueza inmensa, pero a costa de una gran energía. No tenemos que sacrificar las cosas que nos gustarían ni engañarnos para creer que no nos importa lo que otras personas piensen de nosotros. Si podemos ser más conscientes de cómo estos ocho dharmas conducen nuestra experiencia de vida y examinarlos más profundamente, podemos lograr el equilibrio correcto entre cada par y así experimentar una mayor sensación de ecuanimidad.

Practica del Dharma

Nuestro modo predeterminado es apegarnos a los dharmas mundanos. Esto no es más que un hábito profundamente arraigado. Desafortunadamente, este hábito en particular genera una amplia gama de problemas en nuestras vidas. Por lo tanto, para contrarrestar este hábito, debemos ejercer un esfuerzo considerable. Llamamos al proceso de esfuerzo "practicar el Dharma".

El análisis anterior de los *Ocho Dharmas Mundanos* es un ejemplo de tal práctica. A través del proceso de trabajar a través de cada uno de los diferentes temas, estás haciendo un esfuerzo para desarrollar una visión de esos temas. El resultado de este esfuerzo es que puedes desarrollar cierto grado de realización que funciona para disminuir tu apego a estos ocho tipos de fenómenos.

La práctica ocurre cuando podemos asimilar el conocimiento con una comprensión clara y luego integrar ese conocimiento en nuestra vida. Cuando fallamos en integrar el conocimiento que recibimos, entonces no desarrollamos ningún hábito nuevo. La información permanece a nivel intelectual y no penetra en nuestra experiencia. Esto está bien siempre que no tengamos ningún tipo de problema. Sin embargo, en el momento en que surgen, volvemos a nuestra forma habitual de ver las cosas y seguimos cometiendo los mismos errores una y otra vez. Por lo tanto, simplemente escuchar las enseñanzas sin ponerlas en práctica no tiene ningún beneficio a largo plazo.

El propósito principal de la práctica del Dharma es como un medio de domesticar la mente, para finalmente hacer que la mente sea más útil. Este proceso es muy similar al bronceado de una pieza de cuero. En este momento, nuestras mentes son como un pedazo de piel dura y seca. Se han endurecido por el fuerte énfasis de nuestra cultura en el mundo externo; un énfasis que solidifica cómo existen realmente las cosas, encerrándolas en solo esto o aquello. El enfoque interno limitado que tenemos a menudo está dominado por el ego, la autoestima y todo tipo de apegos sesgados. Todas estas condiciones resecan nuestra mente, como un trozo de piel que queda al sol. Si tuviéramos que doblar esta piel, sería rígida y posiblemente incluso se rompería. Del mismo modo, mientras nuestra mente sea rígida y fija, resistirá cualquier intento de doblarse o adaptarse. Al practicar el Dharma, estamos aprendiendo cómo suavizar la mente, para hacerla más flexible y dócil.

Desarrollar una mente con estas características nos permite estar mejor preparados para hacer frente y enfrentar la amplia gama de situaciones en las que nos encontramos todos los días, como que un compañero de trabajo sea excesivamente crítico con nuestro desempeño. En lugar de reaccionar con ira y palabras duras, o internalizar nuestro dolor (los cuales solo crean más dificultades), tener una mente flexible puede permitirnos ver la situación de manera diferente. Nuestro colega podría estar teniendo un mal día y simplemente está desahogándose, tal vez hay un elemento de verdad en sus palabras o tal vez simplemente sentimos que no vale la pena discutirlo. Dominar nuestra mente a través de la práctica del Dharma nos ayuda a aprender a responder en lugar de reaccionar. Crea un espacio donde podemos ser conscientes de que nuestras acciones tienen consecuencias y, aunque no podamos predecir con precisión los resultados, podemos elegir nuestras respuestas para actuar con mayor sabiduría. También nos permite aceptar más las circunstancias difíciles, simplemente haciendo la vida más fácil.

En general, podemos distinguir entre dos tipos de práctica:

1. **La Práctica Formal:** Se refiere a las muchas prácticas espirituales específicas en las que puedes participar, como recitar oraciones o mantras, postrarte o sentarte en un cojín para meditar. Estos se identifican más claramente como actividades donde el propósito principal es cultivar cualidades espirituales.

2. **La Práctica Informal:** La práctica informal se refiere a todas las otras actividades que no están explícitamente enfocadas en objetivos espirituales. Esto puede incluir todo tipo de actividades mundanas con las que nos involucramos a diario. Estas actividades proporcionan el contexto para integrar los conocimientos generados en la práctica formal en nuestra experiencia.

Ambas formas de práctica son importantes para el proceso de domesticación de la mente. Idealmente, te gustaría tener un tiempo dedicado cada día para participar en la práctica formal y luego usar el resto de tu tiempo para la práctica casual. De esta manera, todo tu día se convierte en una oportunidad para domesticar la mente.

Mencionamos anteriormente la toma de conocimiento y comprensión. Si nos encontramos atrapados en una emoción fuerte y somos capaces de detenernos y examinar cómo está nuestra mente o nos encontramos comprobando nuestra intención y analizando las consecuencias antes de responder a una situación difícil, entonces hemos entendido. Estamos aplicando el conocimiento del Dharma e integrándolo en nuestra vida diaria, yendo más allá de la comprensión del lenguaje para permitir que penetre el significado. De esto se trata la práctica espiritual. Si no es relevante para tu vida individual normal, es poco probable que sea beneficioso.

También podemos ver la práctica del Dharma como una forma de preparar nuestras mentes para el cultivo de una mayor sabiduría y cualidades maravillosas como el amor, la compasión, la alegría y la ecuanimidad. Imagina una parcela de tierra rocosa y estéril solo capaz de cultivar malezas. Con trabajo arduo y disciplina, un agricultor puede quitar las piedras, extraer las malezas y convertir el suelo con materia orgánica para transformarlo en un campo saludable, capaz de producir una cosecha rica, nutritiva y abundante. Sin práctica espiritual, nuestras mentes se parecen a esta tierra infructuosa. Está cubierto de aflicciones, como el apego y la autoestima. Cuando comenzamos a practicar Dharma, estamos trabajando gradualmente para eliminar las "malas hierbas" y transformar nuestra mente en una base fértil a partir de la cual todas las cualidades positivas pueden desarrollarse y crecer.

A medida que comenzamos a domar y preparar nuestra mente, inicialmente puede parecer una tarea considerablemente difícil, como cuando comenzamos a meditar. Volviendo la mente hacia adentro, pudimos ver por primera vez lo caóticos y repetitivos que eran nuestros pensamientos. Del mismo modo, a medida que nos volvemos más conscientes de la naturaleza de los pensamientos que impulsan nuestras acciones, podemos comenzar a darnos cuenta de la influencia que los Ocho Dharmas Mundanos tienen en nuestras vidas. Notando la extensión de nuestros apegos y aversiones a veces puede ser frustrante y podemos sentirnos desanimados por la cantidad de "malezas" que descubrimos. Por esta razón, debemos ser pacientes con nosotros mismos, permitiendo que el proceso se desarrolle con el tiempo. Si no te rindes, puedes mirar hacia atrás en unos años y sorprenderte con los cambios que has experimentado.

Desarrollando La Percepción a través de la Meditación Analítica

Anteriormente, hemos encontrado una serie de ejercicios que te pedían que contemplaras o pensaras sobre temas específicos. Como aprendimos en el capítulo sobre meditación, esta es una forma de práctica conocida como *meditación analítica*. El propósito principal de esta técnica es cultivar una mayor sabiduría. En general, podemos identificar tres niveles de sabiduría:

1. **La Sabiduría de Escuchar:** Representa las ideas que se generan a través del proceso de estudiar las enseñanzas sobre un tema en particular. El resultado de esta forma de sabiduría es que desarrollas una comprensión clara de lo que dicen las enseñanzas. Puedes distinguir los diferentes temas y saber cómo se presentan.

2. **La Sabiduría de Reflexionar:** Esta próxima forma de sabiduría representa las ideas que surgen cuando piensas activamente en las enseñanzas que has recibido y entiendes su significado. A través del proceso de hacer preguntas y aclarar dudas, desarrollas una mayor claridad y certeza en tu comprensión.

3. **La Sabiduría de la Meditación:** Esta última forma de sabiduría está relacionada con las percepciones directas que surgen cuando conviertes tu comprensión en experiencia. Al meditar repetidamente sobre un tema en particular, desarrollas una familiaridad cada vez mayor. Esta familiaridad te permite experimentar estados mentales específicos sin la necesidad de elaboración conceptual.

De estos tres niveles de sabiduría, es solo la sabiduría de la meditación la que es capaz de contrarrestar directamente una concepción errónea profundamente arraigada, ya que solo en este nivel podemos establecer realmente una experiencia de los fenómenos observados. Dicho esto, no debemos ignorar las otras formas de sabiduría, ya que proporcionan las condiciones necesarias para que surja la sabiduría de la meditación. Sin primero estudiar, no hay nada en lo que reflexionar. Sin primero reflexionar, entonces no hay entendimiento que establecer. Sin esa comprensión, no hay base para experimentar el significado.

Por esta razón, una gran parte de nuestra práctica del Dharma es pasar tiempo estudiando y reflexionando sobre diferentes temas que pueden ayudarnos a desarrollar una perspectiva que sea más propicia para la felicidad genuina. Nuestra herramienta principal para hacer esto es la meditación analítica. La siguiente es una breve presentación de un proceso básico que podemos utilizar para aprovechar al máximo esta poderosa técnica.

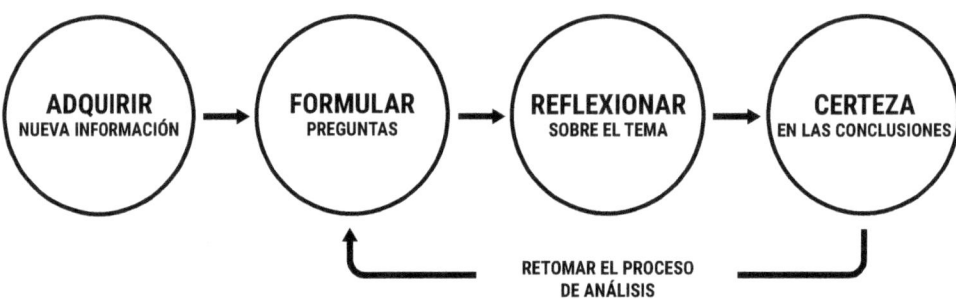

Figura 5-1: El Proceso de Meditación Analítica.

El Proceso de la Meditación Analítica

1. **Adquirir información:** El primer paso antes de participar en la meditación analítica es adquirir información nueva a través del proceso de estudio. Esto puede ser leer un libro o escuchar una enseñanza. Lo principal es darte un poco de material para trabajar.

2. **Formular preguntas:** El siguiente paso es identificar una serie de preguntas que se plantean en relación con la información que acabas de obtener. Puedes analizar el material para identificar las diversas declaraciones que se están haciendo, luego, formular las declaraciones como preguntas para que puedas investigarlas.

3. **Investigar:** Después de llevar tu mente a un estado neutral, dirige tu atención a una de las preguntas. Comienza a explorar cómo esta pregunta se relaciona con tu vida a la luz de las enseñanzas que has recibido. Al pensar en las implicaciones de tus respuestas, es posible que surjan más preguntas. Sigue esas líneas de razonamiento y mira a dónde te llevan.

Continúa de esta manera, explorando el tema desde todos los ángulos que puedas.

4. **Descansa en la conclusión:** Después de pasar un tiempo pensando las cosas, comenzarás a desarrollar una mayor certeza con respecto a la respuesta a tu pregunta original. Cuando esa certeza es fuerte, puedes detener el proceso de análisis y simplemente descansar en la certeza de que "así es como es".

5. **Alternando el Análisis y el descanso:** Cuando esa sensación de certeza se desvanezca, regresa al proceso de investigación, ya sea repitiendo tu análisis o seleccionando una pregunta diferente para trabajar. Cuando experimentes la misma sensación de certeza y convicción, puedes descansar de nuevo como antes. De esta manera, alterna entre análisis y meditación en reposo, profundizando y refinando gradualmente tu comprensión.

Jamgon Kongtrul da algunas pautas útiles sobre cómo alternar entre la meditación analítica y el descanso en su Tesoro del Conocimiento:

Si debido a un análisis intenso la capacidad de descansar se deteriora,
Haz más meditación en reposo y repón la quietud.
Si debido a un descanso prolongado ya no deseas analizar,
Haz meditación analítica para fortalecer la claridad mental.

Por lo tanto, si encuentras que la mente se agita al practicar la meditación analítica, permite que se calme relajando el cuerpo y practicando la meditación de colocación por un tiempo. Por otro lado, si tu meditación de colocación conduce al letargo, puedes aumentar tu claridad mental reanudando tu análisis. Además, cuando te acostumbras al proceso de alternar entre el análisis y el reposo, eventualmente llegas a una etapa en la que se necesita menos análisis para generar certeza. De esta manera, cuando estés comenzando, puedes encontrar que se necesita más meditación analítica, luego, con el tiempo, harás la transición a más meditación de colocación.

Los Cuatro Preceptos de la Renunciación

En el transcurso de los próximos cuatro capítulos, exploraremos cuatro temas específicos que se utilizan para generar la calidad mental de la *renunciación*. Esta cualidad es una base esencial para el compromiso en cualquier tipo de camino espiritual. Por esta razón, vale la pena que pasemos un poco de tiempo tratando de entender lo que queremos decir con este término.

En la forma más básica, la renunciación implica un "rechazo fuerte". Reconocemos que algo es una fuerza destructiva en nuestras vidas y nos alejamos de eso. Esto implica que también hay un giro hacia otra cosa. Entonces, en cierto modo, se puede entender que la renunciación es un cambio de enfoque, un movimiento que se aleja de un enfoque destructivo y se dirige hacia uno constructivo.

Los cuatro temas que estudiaremos se conocen como las *Cuatro Convicciones de la Renunciación*. Están diseñados específicamente para facilitar la transición de una vida impulsada por el apego a los ocho dharmas mundanos, y hacia una vida enfocada en domesticar la mente a través de la práctica del Dharma. Lo hacen ayudándonos a comprender la naturaleza de nuestras condiciones actuales o destacando el potencial que tienen esas condiciones.

Centrarse mucho en los ocho dharmas mundanos puede tener un efecto restrictivo en nuestras mentes. Nos habitúan a una visión extrema que cuenta una historia muy específica sobre lo que es importante y lo que no. Las Cuatro Convicciones nos ayudan a abrir nuestra perspectiva y a comprender mejor. La historia que cuentan es una historia de posibilidades, donde el cambio es realmente posible. Es muy importante recordar esto al principio cuando es muy fácil sentirse abrumado por la apatía y fijo en una manera habitual de pensar.

La renunciación también puede entenderse como una forma de compasión centrada en uno mismo: el deseo de liberarse del sufrimiento. Es este deseo de ser libres lo que nos motiva al principio, y es este deseo que eventualmente extenderemos para abarcar a todos los demás. Si no podemos desear sinceramente estar libres del sufrimiento, entonces es imposible desear sinceramente esto para los demás. Cuando se cultiva con fuerza, esta mente de renunciación puede convertirse en una fuerza poderosa detrás de todo tipo de prácticas espirituales.

CAPÍTULO 5 COMO PRACTICAR EL DHARMA

Tradicionalmente, los cuatro temas se presentan en un orden particular. Comienzan con la *preciosidad de esta vida humana*, avanzan hacia la *impermanencia y la muerte*, seguidos del *sufrimiento de la existencia cíclica* y finalmente la *ley kármica de causa y efecto*. He descubierto que muchas de estas meditaciones suponen una familiaridad previa con la cosmovisión budista, lo cual es comprensible para el público en la antigua India y el Tíbet, pero puede causar que algunos estudiantes occidentales experimenten muchos obstáculos innecesarios. Por esta razón, cuando enseño estos temas a los occidentales, me parece útil cambiar ligeramente el orden para sentar las bases de la visión del mundo y luego comprender las implicaciones de esa visión. La siguiente es una descripción general de este enfoque:

1. **La Ley Kármica de Causa y Efecto:** Comenzamos por desarrollar primero nuestra comprensión de la ley natural de la causalidad mental conocida como *Karma*. Este principio fundamental es clave para comprender cómo se forma la experiencia a través de las acciones del cuerpo, la palabra y la mente. Cuando entendemos este principio con mayor claridad, podemos desarrollar la mente de renunciación que se aleja de participar en acciones no virtuosas y se enfoca más en participar en conductas virtuosas.

2. **La Naturaleza Sufriente De La Existencia Cíclica:** Mediante la comprensión del karma podemos desarrollar un modelo para comprender cómo nuestras acciones producen un ciclo de reencarnación continua. Sobre la base de este modelo, cambiamos nuestra atención a un análisis de la naturaleza insatisfactoria de nuestras experiencias dentro de este proceso. Observamos el espectro completo de experiencias burdas, sutiles y muy sutiles. Esto nos ayuda a cultivar la mente de renunciación que se aleja de la existencia cíclica y se libera del sufrimiento.

3. **La Preciosa Vida Humana:** Con el deseo de estar libres del sufrimiento, ahora necesitamos desarrollar la convicción de que somos capaces de lograr nuestro objetivo. Para hacer esto, contemplamos el sorprendente potencial de las diversas condiciones que están presentes en esta vida humana específica. De esta manera, desarrollamos la mente de

renunciación que se aleja de trabajar solo para el beneficio de esta vida, y en su lugar se mueve hacia el trabajo en beneficio de vidas futuras.

4. **La Muerte e la Impermanencia:** El último tema se centra en ayudarnos a superar la fuerte habituación que tenemos a los ocho dharmas mundanos. Nuestros hábitos existentes actúan como una poderosa fuerza contraria a cualquier tipo de cambio que valga la pena. Por esta razón, necesitamos romper nuestro apego a los dharmas mundanos y desarrollar un sentido de urgencia en nuestra práctica. Hacemos esto meditando en la naturaleza impermanente de la existencia cíclica, particularmente en la impermanencia de nuestras propias vidas. Este tema nos ayuda a desarrollar la mente de renunciación que se aleja de la pereza y la dilación y se vuelve hacia una actitud comprometida con la práctica del Dharma.

Para muchas personas, estos temas pueden ser particularmente desafiantes porque describen una visión del mundo que es significativamente diferente de los modelos materialistas utilizados dentro de la comunidad científica. Por esta razón, es importante mantener una mente abierta sobre todas estas ideas y trabajarlas de manera metódica. Recuerda que cada modelo que el Buda presentó en sus enseñanzas proviene de una gran cantidad de investigaciones contemplativas derivadas de la observación de fenómenos a través de la experiencia directa. Esta investigación ha sido replicada por miles y miles de contemplativos posteriores que corroboraron sus hallazgos. Esto significa que no importa cuán extraña pueda sonar una idea en particular, existe la posibilidad de que también conozcas estos fenómenos personalmente si estás dispuesto a esforzarte por replicar la investigación. Por lo tanto, trata cada idea como una hipótesis de trabajo y explora las implicaciones de tomarlas como verdaderas. Luego, con el tiempo, si sientes que el modelo es convincente, naturalmente puedes optar por explorarlo más a fondo.

Tema	Renunciación a	Enfoque
1. La Ley Kármica de Causa y Efecto	Acciones no virtuosas	Acciones virtuosas
2. La Naturaleza Sufriente De La Existencia Cíclica	Existencia cíclica	Libertad del sufrimiento
3. La Preciosa Vida Humana	Dharmas mundanos	Practicar el Dharma
4. Muerte e Impermanencia	Pereza y dilación	Involucramiento activo

Tabla 5-2: Los Cuatro Preceptos de la Renunciación.

Repaso de los Puntos Claves

- *Hay dos formas de felicidad: la felicidad mundana que se basa en estímulos externos y la felicidad genuina que se basa en la naturaleza intrínseca de nuestras mentes.*

- *Anhelamos la felicidad genuina y, sin embargo, nos enfocamos en la felicidad mundana, lo que lleva a una sensación general de insatisfacción.*

- *Un dharma es cualquier fenómeno que actúa como condición para producir un resultado específico. Hay dharmas mundanos que tienen el potencial de producir felicidad mundana y hay dharmas sagrados que tienen la capacidad de producir felicidad genuina.*

- *Los Ocho Dharmas Mundanos son: apego a ganar con aversión a la pérdida, apego al placer con aversión al dolor, apego al reconocimiento con aversión a ser ignorado y apego a alabar con aversión a la crítica.*

- *La práctica del Dharma es el proceso de hacer el esfuerzo de eliminar la influencia de las aflicciones mentales en la mente. A través de este proceso la mente es domesticada y por lo tanto se vuelve más útil.*

- *Hay dos tipos de práctica: práctica formal y práctica casual. Ambas son necesarias para ayudar a integrar el Dharma en tu vida.*

- *Podemos usar la meditación analítica para desarrollar la sabiduría. Hay tres tipos de sabiduría: la sabiduría del oído, la sabiduría de la reflexión y la sabiduría de la meditación.*

- *Puedes alternar entre la meditación analítica y la meditación de colocación como una forma de agudizar tu mente.*

- *La renunciación reconoce las fallas de una forma determinada de pensar y desea abandonar esas fallas.*

- *Las Cuatro Convicciones de la Renunciación son cuatro temas que analizamos para apartar nuestras mentes de los hábitos destructivos en favor de hábitos más constructivos, como la práctica del Dharma. Ellos son: la ley kármica de causa y efecto, la naturaleza sufriente de la existencia cíclica, la preciosa vida humana y la reflexión sobre la muerte y la impermanencia.*

CAPÍTULO 6

La Ley Kármica de Causa y Efecto

Mira a tu alrededor. Estamos rodeados de objetos, ¿no? Todo tipo de cosas, algunas grandes, otras pequeñas, algunas redondas, otras planas. Algunos se forman naturalmente, mientras que otros fueron hechos por personas o máquinas. ¿De dónde vienen todos estos objetos? ¿Cómo llegaron a estar aquí contigo ahora?

Si nos detenemos y realmente pensamos en ello, veremos que cada uno de estos objetos es el resultado de una secuencia completa de eventos que condujeron a un resultado final de lo que ves ante ti. Por ejemplo, toma una mesa de madera:

En algún lugar había una persona que tuvo la idea de construir una mesa. Sacó un trozo de papel y comenzó a dibujar cómo se vería la mesa. Cuando estuvo satisfecho con su diseño, salió y compró madera y clavos. Luego llevó la madera a su taller y comenzó a cortarla con una sierra. Tallando en la madera, moldeándola para que coincida con los diseños que había dibujado. Una vez que todas las piezas estuvieron completas, usó su martillo y clavos para unir todas las piezas. Después de muchas horas de arduo trabajo, la mesa estaba completa.

Según el budismo, todos los fenómenos dependen de causas y condiciones. Algo no puede venir de la nada, y esto significa que todo debe surgir en dependencia de algo que le ha precedido: una causa. Cada causa conduce a un cierto resultado cuando las condiciones particulares están presentes. Llamamos a este principio la *Ley Natural de la Causalidad*. De esta descripción podemos identificar dos tipos de causas:

1. **La Causa Sustancial:** Esta es la sustancia real de la que surgió el efecto. Es lo que se transforma por las diversas condiciones para producir el

resultado. En nuestro ejemplo de la mesa, la madera es la causa sustancial de la mesa. Para una flor, podríamos decir que la causa sustancial fue una semilla.

2. **La Condiciones de Apoyo:** Se refiere a todas las diferentes circunstancias que deben estar presentes para que se produzca un resultado específico. Con nuestra mesa, las condiciones de apoyo fueron la persona que diseñó la mesa, el papel en el que se dibujó el diseño, las diferentes herramientas que se usaron para darle forma y todos los demás factores contribuyentes que hicieron posible la mesa.

Si bien solo existe una causa importante, puede haber un número casi infinito de condiciones de apoyo. Solo considera todo lo que se necesitó para crear el martillo que se usó para construir la mesa. ¿O de dónde vino el papel que se usó para dibujar el diseño? Sin mencionar todo lo que tenía que ocurrir para que la persona tuviera la idea de crear la mesa en primer lugar. Es esta increíble diversidad de condiciones lo que hace que la causalidad sea un fenómeno bastante complejo de estudiar.

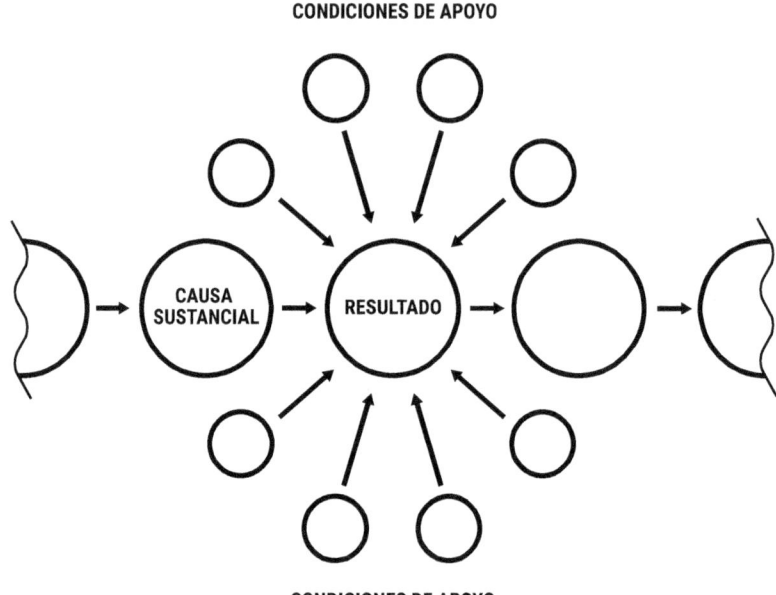

Figura 6-1: Las causas sustanciales y las condiciones de apoyo.

La ciencia moderna nos ha dado una gran comprensión de las causas y condiciones que han llevado a la evolución del mundo físico en los últimos millones de años. Pero este es solo un aspecto de la realidad. Como recordarán de nuestras discusiones en capítulos anteriores, desde la perspectiva budista, la mente no es un fenómeno físico y, sin embargo, también está conformada por causas y condiciones. El modelo que describe esta relación se conoce como la *Ley Kármica de Causa y Efecto*, o simplemente la *Ley del Karma*.

Karma es una palabra sánscrita que literalmente significa "acción". El término se usa para referirse específicamente a los efectos que generan nuestras acciones del cuerpo, la palabra y la mente. Aquí, una acción se identifica como cualquier comportamiento que es impulsado por la intención. Dado que la intención es un factor mental (ver Capítulo Dos), esto significa que todas las acciones se originan en la mente.

Usemos un ejemplo simple para ilustrar este punto:

Empiezas a sentir la sensación de tener sed. Poco a poco, el deseo se acumula por algo que apague la sed. Finalmente, este deseo se vuelve lo suficientemente fuerte como para levantarte e ir a la cocina, tomar un vaso y llenarlo con agua. Tomas varios tragos. La sensación de sed se ha ido.

Si analizamos las causas y efectos kármicos en esta situación, podemos ver que la sensación de sed surge en la mente. Este sentimiento desencadena una aversión a esa sed y con el tiempo, esta aversión crece en fuerza. Eventualmente alcanzamos un umbral donde la aversión es demasiado grande, y sentimos la necesidad de hacer algo. Entonces surge la idea de tomar un vaso de agua. Esta idea desencadena una secuencia de neuronas que se dispara, lo que a su vez desencadena una serie de acciones físicas, como caminar a la cocina, tomar el vaso, llenarlo y beberlo. El agua hidrata nuestro cuerpo, cambiando su química, provocando que se disparen más neuronas y, en nuestra mente, se reduce la sensación de sed. A medida que se disuelve la sensación, la aversión a ese sentimiento también se disuelve.

El efecto que vemos es la mente que está libre del sufrimiento de tener sed. La causa sustancial de ese estado mental es la continuidad del flujo mental, ya que solo la mente puede dar lugar a la mente. Todos los componentes físicos en este escenario actúan como condiciones de apoyo que pueden influir en lo que la mente percibe. Del mismo modo, el efecto de la hidratación en el cuerpo es el resultado de introducir H2O en el sistema. Mientras que la mente actúa como una condición de apoyo para desencadenar esa reacción química, la causa sustancial son las moléculas físicas del agua. Es muy importante recordar mantener separados lo físico y lo no físico. Si bien son capaces de influenciarse entre sí, nunca hay una situación en la que uno se transforme en el otro.

Comprender completamente todas las influencias kármicas que intervienen en un momento particular de experiencia es un ejemplo de un fenómeno muy oculto. Es simplemente demasiado complejo para que la mente de un ser sensible lo entienda. Afortunadamente, a través del poder de su concentración meditativa, el Buda pudo observar una amplia variedad de secuencias causales e identificar una serie de patrones básicos que describen cómo funciona el karma. En este capítulo exploraremos estos patrones para comprender la dinámica de cómo el karma influye en la calidad de nuestra experiencia vivida.

Las Semillas Kármicas y la Corriente Mental

Si bien el ejemplo anterior puede mostrarnos cómo la intención impulsa la transformación en la mente, no nos dice mucho sobre las razones por las que sentimos sed, ni por qué experimentamos aversión a esa sed. Para comprender nuestras reacciones a diferentes fenómenos, debemos observar el proceso de cómo nuestro flujo mental se habitúa.

Cada vez que nos involucramos en una acción particular del cuerpo, la palabra o la mente, estamos reforzando un hábito particular. En nuestro ejemplo, el hábito burdo es calmar la sed con agua. Sin embargo, en un nivel más sutil, podríamos decir que el hábito es responder al sentimiento de sed con aversión. Cada vez que reaccionamos de esta manera, aumentamos la probabilidad de que respondamos de la misma manera en el futuro. Llamamos a esta tendencia habitual una *semilla kármica*.

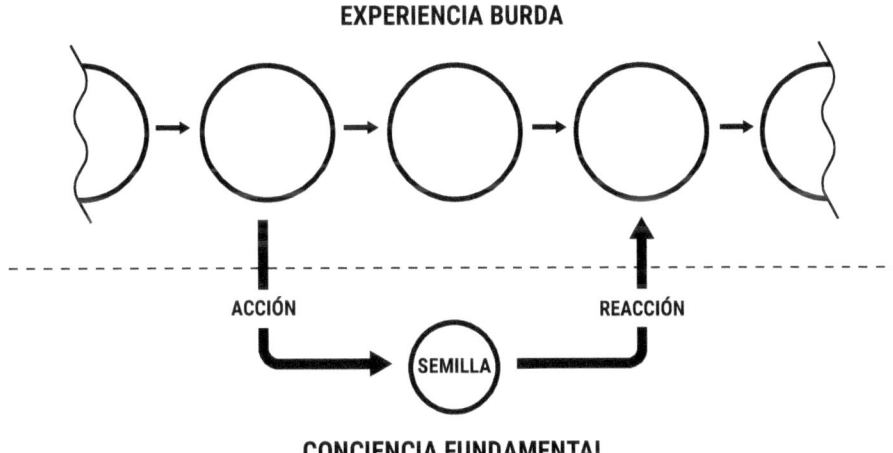

Figura 6-2: Cómo las acciones forman patrones habituales en la mente.

A través de un solo día, estamos involucrados en un proceso constante de acción y reacción. Los fenómenos surgen en la mente, reaccionamos a ellos y se siembran nuevas semillas. Es muy parecido a la forma en que las vías neuronales se fortalecen a medida que se usan repetidamente. La única diferencia es que, como la mente no es física, no hay proceso de atrofia natural. Una vez que se ha sembrado una semilla, permanecerá en la mente hasta el momento en que "madure" en forma de experiencia, o se debilite por la aplicación de una fuerza contraria. Examinaremos ambas transformaciones más adelante.

Por ahora, lo principal a entender es que nuestra mente está almacenando una gran cantidad de hábitos que se perpetúan en cada momento. Estos hábitos se almacenan dentro de la conciencia fundamental (ver Capítulo Uno), y condicionan cómo surgirá nuestra experiencia. Consideremos el siguiente ejemplo:

Muchas personas asumen el desafío de comenzar un nuevo negocio con la aspiración de obtener éxito y ganancias. Al mismo tiempo, todos esperan no perder el dinero de su inversión ni su credibilidad. Y, sin embargo, a pesar de toda su cuidadosa planificación comercial, investigación de mercado y largas horas de trabajo, de alguna manera su negocio fracasa. Hicieron todo bien y, sin embargo, el resultado nunca se manifestó. Al mismo tiempo, otras personas hacen negocios con las mismas aspiraciones, pero solo hacen una fracción de la preparación y el trabajo. A pesar de esto, por alguna razón tienen éxito y logran grandes recompensas. Dos escenarios similares, dos resultados totalmente diferentes.

Si preguntamos por qué uno tuvo éxito y el otro fracasó, podemos identificar una amplia gama de diferentes condiciones de apoyo que podrían haber afectado el resultado. Podemos culpar a la economía, el producto o todo tipo de cosas externas. En el budismo, sugeriríamos que estos factores externos son todas condiciones secundarias. Sí, definitivamente tienen un efecto, pero la causa principal es la maduración de las semillas kármicas.

Para entender esto, considera cómo ambas situaciones involucraron a los seres humanos. Desde una perspectiva kármica, una persona experimentó la alegría del éxito, mientras que la otra experimentó el sufrimiento del fracaso. Estos son los resultados kármicos de los dos escenarios. Esas experiencias surgieron de una secuencia completa de elecciones hechas por cada individuo. Las elecciones que hicieron se basaron en el flujo constante de karma que madura en sus respectivas corrientes mentales. Cómo reaccionaron a las cosas, establecieron la secuencia de eventos, llevándolos al momento presente. Entonces, aunque la calidad del producto puede haber sido una de las razones por las cuales el negocio fracasó, la Ley del Karma nos enseña a reconocer las causas de por qué ese producto en particular se creó de esa manera en particular. Cuando hacemos este tipo de análisis, inevitablemente volvemos a la mente.

Dado que la mente es una continuidad sin fin, es lógico pensar que no todos nuestros hábitos están relacionados con las experiencias que hemos tenido en esta vida. Esto puede ser muy difícil de aceptar para algunas personas, porque significa que nuestra experiencia está siendo moldeada por cosas que ni siquiera podemos recordar. Sin embargo, el hecho de que no podamos recordar el pasado no significa que no podamos ser influenciados por él.

Podemos ver la influencia del karma de vidas pasadas en las cualidades naturales que muestran los niños. Es la maduración de su karma anterior lo que da forma a cómo experimentan el mundo y las diversas decisiones que toman. Es el mismo principio que está en juego cuando un adulto intenta correr en bicicleta. Aunque no hayan montado una bicicleta durante muchos años, pueden activar las semillas que se plantaron previamente y, por lo tanto, volver a aprender rápidamente la habilidad. Este fenómeno se conoce comúnmente como "intuición" o "instinto".

Del mismo modo, si poseemos talentos naturales, aptitudes o habilidades especiales, entonces las semillas kármicas para estos pueden haber sido plantadas hace muchas vidas. Estas habilidades serán una segunda naturaleza para nosotros en comparación con otra persona que puede no haber practicado tales habilidades en sus vidas anteriores. Esta es una explicación simple del prodigio de la infancia: cuando un niño muestra un talento excepcional en un área en particular a una edad muy temprana. Desde una perspectiva kármica, simplemente están recordando lo que ya han hecho sin la necesidad de que se les enseñe. Esto también explica por qué diferentes personas tienen capacidades muy diferentes durante una vida.

En Cuanto al Renacimiento Continuo

Históricamente, muchas tradiciones de sabiduría como el hinduismo, el islam, el jainismo e incluso algunas formas de cristianismo han mantenido la creencia en el renacimiento continuo. Durante más de 2.500 años, muchos practicantes budistas extraordinarios han examinado este concepto ampliamente, con la ayuda de prácticas de meditación poderosas. Han descubierto a través de la experiencia de primera mano que la mente es de hecho una continuidad que está constantemente condicionada por sus propensiones kármicas. Sobre la base de estas experiencias directas, se han escrito muchos cientos de textos budistas, que proporcionan acceso a miles de referencias bíblicas y sistemas de lógica.

Contadas en los *Cuentos de Jataka*, hay muchas historias de las vidas pasadas del Buda. Él habla abiertamente para beneficiar a quienes escuchan sus enseñanzas, especialmente cuando los niños estaban presentes. Para dar un ejemplo:

El Buda una vez recordó que antes de su renacimiento actual como príncipe indio, nació en una familia de brahmanes conocidos por su conducta pura y se convirtió en un gran erudito y maestro. Luego ingresó a un refugio forestal y comenzó una vida como asceta, renunciando a todo deseo de riqueza y ganancia. Fue aquí donde se encontró con una tigresa hambrienta que estaba demacrada por dar a luz y estaba a punto de comerse a sus propios cachorros recién nacidos para sobrevivir. Sin comida a la vista, se sintió conmovido por una compasión inconmensurable y ofreció su cuerpo como comida a la tigresa.

En la tradición budista tibetana vemos evidencia de vidas pasadas con el reconocimiento de *tulkus* (la reconocida reencarnación o emanación de un gurú o ser iluminado) como Su Santidad el 14º Dalai Lama. Son reconocidos por pruebas específicas como el reconocimiento de objetos que pertenecieron a sus predecesores, así como su habilidad innata y a menudo extraordinaria para comprender ciertas enseñanzas budistas. Muchos de ellos también tienen la capacidad de recordar eventos claves de sus vidas pasadas de la misma manera que recordamos cosas que nos sucedieron durante nuestra infancia. Algunos, como la línea de reencarnaciones del Dalai Lama y el Karmapa, también pueden dar indicaciones de las circunstancias de sus futuros nacimientos.

Este fenómeno de recordar vidas pasadas no solo se encuentra en los registros históricos, sino que también se ha observado hoy en la sociedad moderna. Hay miles de personas que afirman recordar sus vidas pasadas, reconociendo a sus familiares y posesiones anteriores, a pesar de nunca haberlos encontrado en su vida actual. Hay relatos de tales personas redescubriendo activos ocultos, objetos valiosos que pertenecen a sus identidades anteriores, así como recordando ciertos incidentes. En algunos casos fue posible confirmar sus recuerdos a través de aquellos que aún vivían.

Aunque puede que no sea un campo de investigación convencional, se han escrito varios libros sobre este tema y la evidencia reunida es ciertamente convincente. El Dr. Ian Stevenson, por ejemplo, ha descrito y justificado más de 2,000 casos de niños que recuerdan sus vidas anteriores, muchos de los cuales se detallan en su libro *"Parapsychology Research on Exceptional Experiences"*.

Al famoso maestro budista indio Bhavaviveka, se le preguntó una vez: "¿Cómo sabemos que alguien ha experimentado la muerte antes de su nacimiento actual?". Su respuesta fue simple:

Porque es posible que algunas personas recuerden sus vidas anteriores.

A medida que avanzamos, es importante tratar de comprender las implicaciones del renacimiento continuo, ya que desempeñarán un papel importante en nuestra capacidad para desarrollar una comprensión más amplia y expansiva de la realidad. Para algunos, la idea parecerá lógica y fácil de digerir. Mientras que otros pueden tener un hábito muy fuerte de pensar en términos de una sola vida, y por lo tanto, esta idea puede ser más desafiante.

Recuerda que cualquiera puede desarrollar las habilidades necesarias para experimentar directamente los recuerdos de vidas pasadas. Es solo una cuestión de si estamos o no dispuestos a hacer el esfuerzo. Mientras tanto, esto no significa que deba aceptar las cosas con fe ciega. Simplemente mantén una mente abierta y usa tu razonamiento para explorar todas las posibilidades. Si puedes hacer esto, puedes encontrar que hay una gran cantidad de beneficios al mantener esta visión.

Las Cuatro Leyes Naturales del Karma

Si tuviéramos que resumir las observaciones hechas por el Buda, podríamos identificar cuatro patrones distintos para ayudarnos a tener una idea de cómo se manifiesta el karma con el tiempo. Si bien hay patrones más sutiles que debemos tener en cuenta, estos cuatro puntos proporcionan un marco básico que podemos usar para integrar una comprensión del karma en nuestras actividades cotidianas.

1. Los resultados son definitivos.

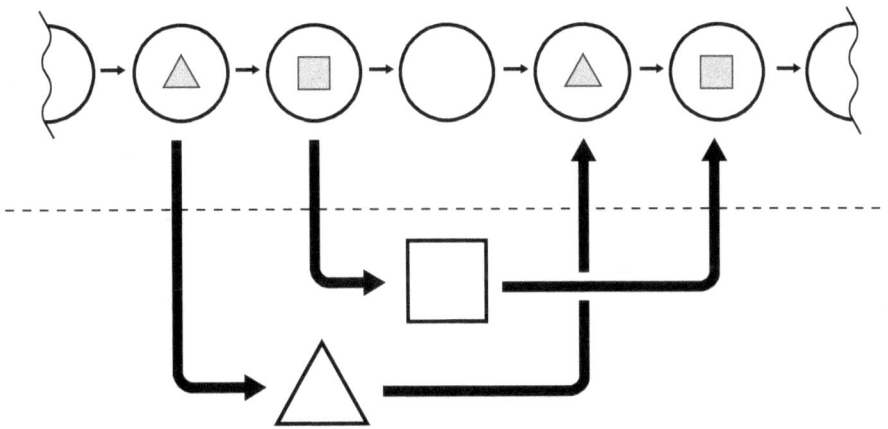

Figura 6-3: Cada causa tiene un resultado de naturaleza similar.

Cuando siembras una semilla de manzana, obtendrás un manzano, no un naranjo. Del mismo modo, las semillas kármicas específicas solo darán lugar a resultados kármicos específicos. Esto significa que, si participas en acciones que están dominadas por estados mentales aflictivos, entonces las semillas kármicas creadas por esas acciones definitivamente generarán la experiencia del sufrimiento. Mientras que las semillas kármicas creadas por mentes virtuosas definitivamente generarán felicidad.

2. Si hay un resultado, debe haber una causa.

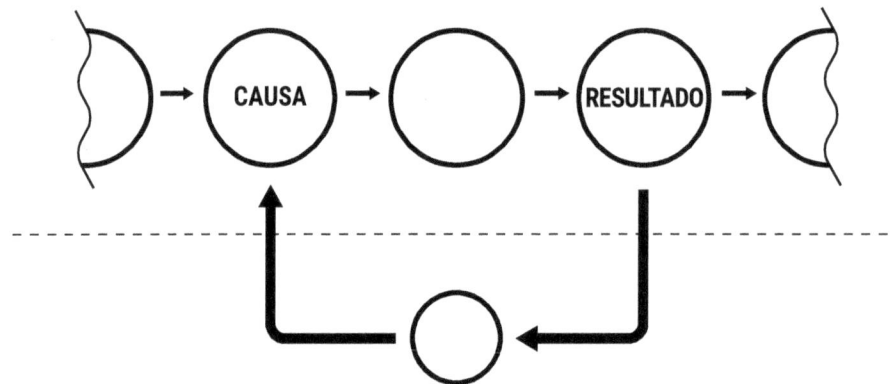

Figura 6-4: Cada resultado tiene una causa correspondiente.

Algo no puede venir de la nada, por lo tanto, es imposible experimentar un resultado si no ha creado primero la causa de esa experiencia. Debemos tener cuidado de no pensar en el karma como una especie de sistema de recompensa y castigo. En el budismo, no hay un ser superior que controle tu conducta y juzgue si te da felicidad o sufrimiento. En cambio, la responsabilidad recae en ti, ya que son tus acciones las que crean las causas de los resultados que experimentas. Pase lo que pase, si lo experimentas, entonces debes haber creado la causa.

En un ejemplo extremo de esto, un hombre saltó del piso ochenta y uno del Centro de Comercio Mundial en la ciudad de Nueva York, el día del 11 de septiembre. Sobrevivió a la caída con solo una pierna rota. Desde una perspectiva budista, esta hazaña aparentemente imposible ocurrió porque esa persona no había creado las causas para morir de esa manera.

3. Si hay una causa, debe haber un resultado.

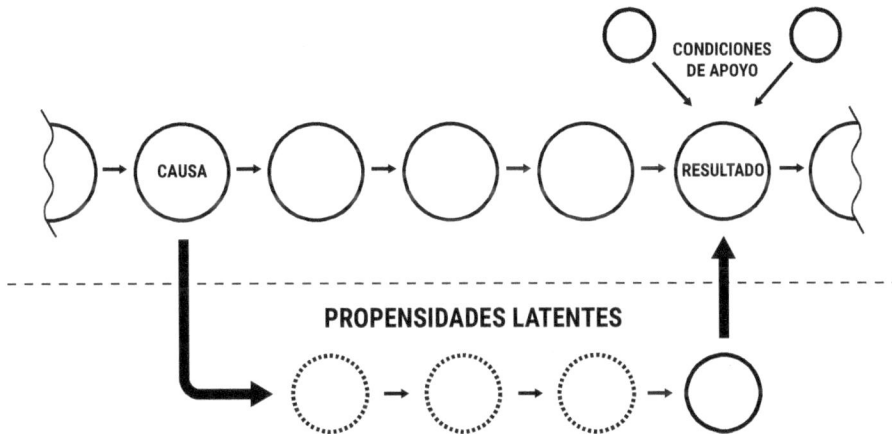

Figura 6-5: Cada causa eventualmente conducirá a un resultado.

Así como el resultado no puede venir de la nada, una causa no desaparecerá simplemente con el tiempo. Como fenómenos no físicos, las propensiones kármicas no se deterioran naturalmente. Esto significa que no importa cuánto tiempo tome, cuando las condiciones se unan, esa semilla madurará como resultado. Hasta ese momento, la propensión permanece latente como un potencial en la corriente mental.

La única manera de evitar experimentar un resultado particular es participar en acciones que apliquen una fuerza contraria al hábito indeseable. El proceso de debilitar ciertas propensiones se conoce como "purificación". Discutiremos esto más adelante en el Segundo Libro de esta serie.

4. El karma se expande.

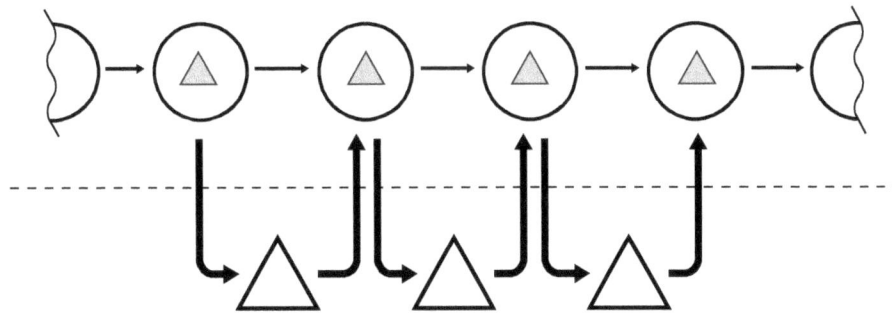

Figura 6-6: Las tendencias habituales se auto-perpetúan.

Cada vez que participamos en acciones del cuerpo, la palabra o la mente, estamos agregando energía a las tendencias habituales existentes. Cuanta más energía agreguemos, más fuertes serán esos hábitos y más capaces de influir en nuestra experiencia. Esto crea un tipo de circuito de retroalimentación donde cada vez más nuestras acciones están siendo influenciadas por estos hábitos dominantes.

Cuando consideramos que no se pierde ninguna acción hasta que madura, entonces es posible que acciones muy pequeñas crezcan con el tiempo. Esto nos lleva a la conclusión de que cada acción importa. No importa cuán insignificante pueda parecer la acción, es posible que dé lugar a una gran cantidad de resultados. Como una pequeña semilla que crece en un árbol majestuoso.

Ejercicio 6.1 - Las Dinámicas del Karma

- *En una postura relajada, establece una mente neutral a través de la práctica de la atención plena de la respiración.*

- *Revisa los eventos del día, moviéndote lentamente a través de cada acción que recuerdes. Intenta incluir todo lo que hiciste, todo lo que dijiste y pensaste. Mira el estado mental detrás de cada una de estas acciones. ¿Caracterizarías tu mente como afligida, virtuosa o neutral en estos momentos? Reconociendo que el karma es definitivo, considera los resultados generales que generarán tus acciones. ¿Creaste las causas de la felicidad? ¿O creaste las causas del sufrimiento?*

- *Ahora piensa en un momento en que experimentaste cierto grado de felicidad. Trae a la mente los detalles de la experiencia, tratando de hacerla lo más vívida posible. ¿De dónde vino esta experiencia? ¿Cuáles fueron algunas de las condiciones que ayudaron a manifestar esa experiencia? Considera tu estado mental en ese momento y cómo contribuyó a la experiencia.*

- *Del mismo modo, considera un momento difícil en tu vida, tal vez un momento de frustración o conflicto. Sin culpar a una cosa u otra, considera las diferentes causas y condiciones que tuvieron que unirse para que surgiera esa experiencia. Mientras que otras personas y cosas pueden haber desencadenado la experiencia, ¿dónde ocurrió el sufrimiento? ¿Cómo estar consciente de la influencia kármica en el evento cambia tu forma de verlo?*

- *Cuando miras hacia atrás en tu vida, ¿con qué frecuencia tu mente se dejó llevar por aflicciones como el apego o la aversión? ¿Cuánto ha sido una montaña rusa? Si cada uno de esos momentos generó propensiones kármicas en tu mente, y esas propensiones no se disolverán naturalmente, ¿cuáles son las implicaciones?*

- *Ahora considera la forma en que tus acciones influyen en los demás. Elige algunos ejemplos de acciones en las que hayas participado durante tu vida y sigue la cadena de eventos que esas acciones desencadenaron. Considera cómo se acumulan pequeñas acciones con el tiempo. ¿Puedes identificar ejemplos de tu vida donde una decisión aparentemente insignificante te haya llevado a una experiencia muy significativa?*

- *Descansa en cualquier idea que se desarrolle.*

Las Maneras de Entender el Karma

Debido a la centralidad que juega el karma en el condicionamiento de nuestra experiencia de momento a momento, la amplia gama de efectos que el karma tiene en nuestras vidas es muy difícil de comprender. Por esta razón, puede ser útil reducir nuestro enfoque hasta cierto punto y trabajar con aspectos específicos de la Ley del Karma de forma aislada. Por esta razón, el budismo proporciona una variedad de métodos diferentes para clasificar el karma. Al estudiar estas diferentes clasificaciones, podemos construir una comprensión más detallada de las diversas influencias en juego, evitando al mismo tiempo ser abrumados por la complejidad del tema.

El Karma Experimentado por Uno Mismo y Otros

Cuando consideramos los tipos de acciones en las que participan las personas, podemos ver que algunas son internas a la mente de un individuo (como los pensamientos y las emociones), mientras que otras se externalizan al mundo físico (como las cosas que hacemos o decimos). Si bien las acciones de la mente son privadas, las acciones del cuerpo y la palabra se comparten y, por lo tanto, tienen la capacidad de influir en algo más que una sola persona. Al observar el alcance de la influencia de nuestras acciones, podemos identificar dos tipos de karma:

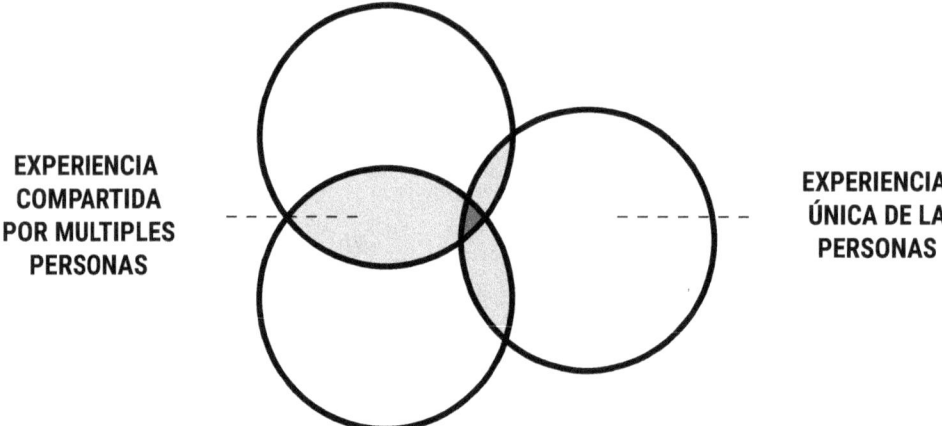

Figura 6-7: Superposición de la experiencia a través de múltiples individuos.

El Karma Colectivo

El karma que se comparte entre múltiples individuos se considera karma colectivo. Esencialmente forma un vínculo o conexión entre las personas, generando cierto grado de similitud de experiencias. Por ejemplo, todos compartimos el karma colectivo para nacer como seres humanos en el planeta Tierra. Esto significa que todos tenemos cuerpos similares, con órganos sensoriales similares, que dan lugar a tipos similares de conciencia. Es esta similitud la que nos permite comunicar nuestras experiencias entre nosotros y poder comprender lo que se dice. Compara esto con los delfines. Si bien comparten el karma colectivo para nacer en la Tierra, no comparten el karma para nacer como humanos. Esto significa que su experiencia es significativamente diferente de la nuestra, lo que hace que sea difícil (pero no imposible) comunicarse con claridad.

El karma colectivo puede funcionar a diferentes magnitudes. Puede ser universal, global o más localizado. Por ejemplo, cuando consideramos la formación de varias tribus y países de todo el mundo, podemos decir que esas personas tienen karma colectivo juntos. Entonces, aunque todos somos humanos, estamos más conectados con los de un país o región en particular. Incluso dentro de un solo país tenemos más karma colectivo con aquellas personas que viven en la misma ciudad o vecindario que nosotros.

Los lazos que nos conectan no son solo geográficos, también podemos estar conectados a través de nuestras creencias y preocupaciones. Solo considera a todos aquellos que practican un tipo particular de tradición de sabiduría. Hay una similitud en cómo ven y entienden el mundo. Esto explica cómo es posible que tantos occidentales hayan desarrollado un interés en el budismo a pesar de que crecieron en países donde el budismo era generalmente desconocido.

El karma colectivo se produce cada vez que interactuamos con otra persona. A través de nuestra experiencia compartida, ambos estamos plantando semillas similares en nuestras corrientes mentales. Cuanto más compartimos nuestra experiencia, más similitud se desarrolla entre las propensiones kármicas almacenadas en nuestras corrientes mentales. Esto entonces hace que reaccionemos de manera similar a diferentes situaciones, lo que lleva a tomar decisiones similares y, por lo tanto, a acciones similares que involucran.

El Karma Individual

Si bien nuestro karma personal puede tener muchas similitudes con el karma de los demás, nunca es exactamente lo mismo. Esto se debe principalmente al hecho de que nuestras acciones físicas y verbales son solo una parte de nuestras actividades. La gran mayoría de nuestro karma se crea a través de los diversos patrones conceptuales de nuestros pensamientos y experiencias subjetivas. Dado que estas reacciones son privadas para un solo individuo, producen un patrón único de propensiones kármicas.

Es por esta razón que los gemelos idénticos que crecen en el mismo entorno pueden exhibir variaciones distintas en sus personalidades o capacidades.

También explica por qué algunas personas pueden experimentar una vida increíblemente larga y próspera, mientras que otras pueden encontrar desgracias y encontrar que sus vidas terminaron prematuramente. Solo considera la gran diversidad de características físicas que surgen de la expresión específica de nuestros genes. Todo esto se considera un ejemplo de karma individual.

Ejercicio 6.2 - La Experiencia Compartida

- *En una postura relajada, establece una mente neutral a través de la práctica de la atención plena de la respiración.*

- *Selecciona un evento específico de tu vida que puedas recordar claramente. Este evento debe involucrar a varias personas. Dedica un tiempo a establecer los detalles de la situación para que todo aparezca vívidamente en la mente.*

- *Ahora considera qué aspectos de tu experiencia crees que habrían sido similares a la experiencia de quienes te rodean. Quizás pienses en los diferentes tipos de conciencia como una forma de identificar diferentes aspectos de la experiencia. Considera cuán fuertes son las similitudes entre las diferentes personas en el evento. Piense no solo en las similitudes generales, sino también en las más específicas. Intenta identificar las diferentes conexiones que existen entre este grupo particular de personas.*

- *Ahora considera qué aspectos de esta experiencia son únicos para ti. Piensa en las variaciones en cosas como creencias, historias personales o respuestas emocionales. Trata de diferenciar claramente entre qué aspectos son colectivos y cuáles son individuales.*

- *Descansa tu mente en cualquier idea que surja.*

CAPÍTULO 6 LA LEY KÁRMICA DE CAUSA Y EFECTO

El Karma Basado en la Intensidad de la Intención

De acuerdo con la discusión del karma en el texto "*The Primary Ground*" por el gran erudito indio Asanga, la intención juega un papel clave en la forma en que se forma una semilla kármica. Dependiendo de la intención involucrada, algunas acciones crean una impresión más fuerte en la mente, mientras que otras son mucho más débiles. Podemos llamar una impresión fuerte "pesada" y una impresión débil "ligera". Debido a la intensidad relativa de un karma pesado, los resultados serán proporcionalmente fuertes. Del mismo modo, cuanto más ligero sea el karma, menos impacto tendrá el resultado.

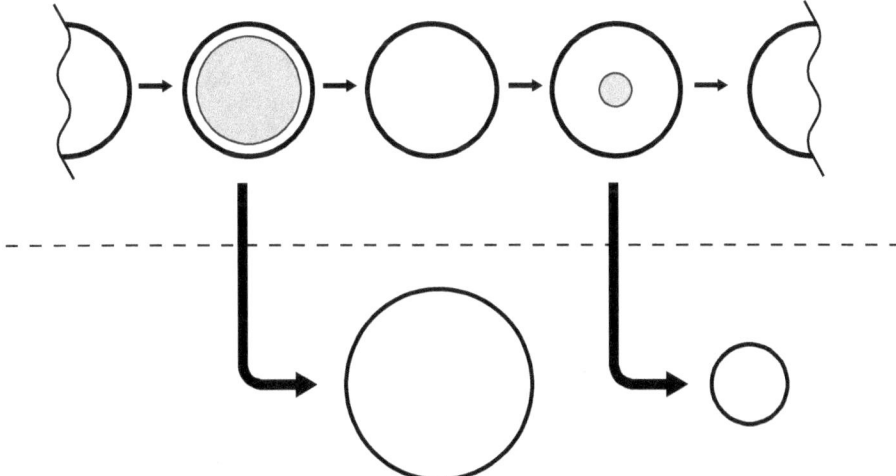

Figura 6-8: La fortaleza de nuestra intención determina la fortaleza de la impresión kármica.

La intención es un factor mental y, como tal, es posible establecer una intención sin llevar a cabo la acción, ya sea física o verbalmente. Cuando esto sucede, podemos decir que la acción está incompleta. Por otro lado, una acción completada es cualquier acción que realmente llevamos a cabo con nuestro cuerpo o palabra. Cuando combinamos estas dos características, se nos presentan cuatro posibilidades de cómo se puede crear karma:

1. El karma con intención débil y no completado.

Una intención débil es algo así como un capricho o una reacción impulsiva a algo. Generalmente no implica mucho pensamiento previo a la acción. Una intención también puede ser débil cuando tenemos muchas dudas sobre si hacer algo o no.

La duda impide que la intención tenga poder real. Si bien tal intención dejará huellas en la mente, es simplemente demasiado débil para causar resultados significativos por sí sola. Mediante la aplicación del arrepentimiento, los efectos de dicho karma ligero pueden eliminarse con relativa facilidad.

2. El karma con intención débil y completado.

Cuando nos involucramos en acciones imprudentes e irreflexivas, generalmente crearemos un resultado kármico más ligero. Esto se debe a que las acciones no llevan consigo la fuerza de una intención claramente definida. Sin embargo, debido a la inmediatez de la acción física o verbal, causará una impresión más fuerte que simplemente tener un pensamiento en la mente.

Los ejemplos de este tipo de karma incluyen acciones realizadas en sueños no lúcidos, acciones realizadas accidentalmente o acciones realizadas en contra de nuestra voluntad. Debido a que la mente no está completamente comprometida con la acción, el resultado kármico generalmente puede remediarse mediante la aplicación de un grado apropiado de arrepentimiento.

3. El Karma con intención fuerte, pero no completado.

Si la intención de actuar es muy fuerte, esto generará una mayor propensión kármica en la mente. Un ejemplo de este tipo de intención sería si una persona estuviera pensando en matar a alguien. Cuanto más tiempo pasara pensando en matar a esa persona, más fuerte sería su intención y más pesada sería la huella en la mente. Pero no importa cuánto tiempo pasaron premeditando el acto, es posible que nunca encuentren la oportunidad de actuar con esa intención. Como el acto nunca se completó, la intensidad kármica no sería tan pesada como podría haber sido.

4. El Karma con intención fuerte y completado.

La forma más pesada de karma se crea mediante la combinación de una fuerte intención que se lleva a cabo hasta su finalización. Si pasamos el tiempo formando una intención muy clara y fuerte, entonces cualquier acción en la que participemos en función de esa intención será extremadamente poderosa. Esto es cierto para todo tipo de acciones, ya sea que resulten en sufrimiento o felicidad.

Ejercicio 6.3 - Tipos de Intenciones

- *En una postura relajada, establece una mente neutral a través de la práctica de la atención plena de la respiración.*

- *Toma un momento para pensar en todos los pensamientos aleatorios que aparecen en tu mente durante el transcurso de un día. Piensa en los tipos de escenarios que tu mente considera. ¿Puedes identificar alguna actitud malsana relacionada con estos pensamientos? Obtén una idea del patrón general de estos pensamientos. Reconociendo que incluso estos pensamientos están dejando huellas en tu mente, desarrolla cierto grado de arrepentimiento de que estos estados mentales afligidos están surgiendo y resuelve estar más consciente de lo que está sucediendo en tu mente.*

- *Ahora considera algunos eventos de tu pasado donde actuaste precipitadamente sin pensar. Quizás perdiste los estribos y dijiste algo que hirió los sentimientos de alguien. Tal vez hiciste algo por accidente que resultó en otra persona lastimada. Sea lo que sea, tráelo a la mente con claridad. Reconoce que sucedió, lamenta que haya sucedido y fortalece tu determinación para estar más consciente de tus acciones en el futuro.*

- *Identifica una ocasión en la que hayas pasado mucho tiempo pensando en hacer algo, pero en realidad nunca lo hiciste. Tal vez quisiste hablar con alguien que te gusta, pero eras demasiado tímido. Tal vez pensaste en regañar a alguien, pero nunca lo hiciste. Si la acción fue constructiva, desarrolla la aspiración de participar en esta acción en el futuro. Si fue destructiva, entonces reconoce que es dañino, lamenta haber pensado en hacerlo y toma la firme decisión de nunca hacerlo.*

- *Finalmente, piensa en un momento en el que desarrollaste una intención realmente fuerte y cumpliste con esa intención. Tal vez te planteaste un desafío y a través del trabajo duro y la determinación pudiste lograr tu objetivo. Quizás tramaste cómo vengarte de alguien que te lastimó y luego llevaste a cabo tus planes. Una vez más, regocíjate en cualquier intención constructiva que hayas desarrollado y lamenta las acciones negativas en las que te hayas involucrado. Haz una fuerte determinación de no repetir estos comportamientos dañinos en el futuro.*

- *Descansa tu mente en cualquier idea que surja.*

Karma Basado en la Magnitud del Resultado

La magnitud del resultado siempre corresponderá a la intensidad de la causa. Entonces, cuanto más poderosa es la causa, más poderosa es la experiencia del resultado. Cuando observamos los tipos de resultados que pueden surgir de diferentes intensidades de karmas, llegamos a tres puntos:

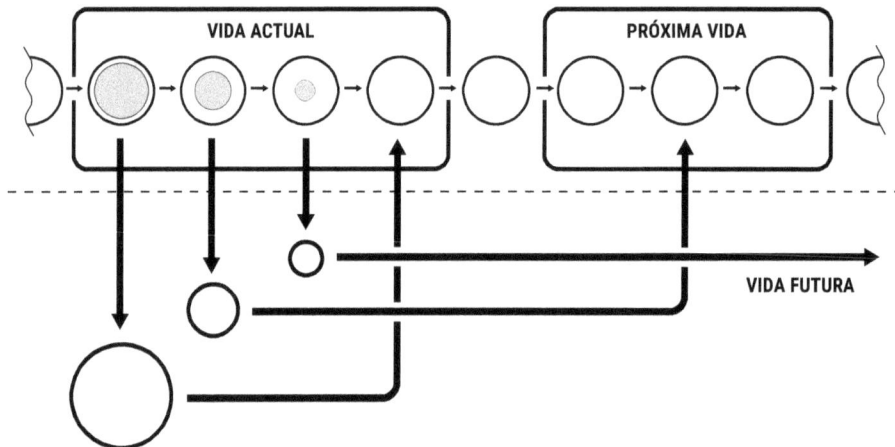

Figura 6-9: El karma más pesado generalmente madura más rápido.

1. El resultado experimentado en la vida actual.

Cuando una intención muy fuerte se combina con una acción dirigida hacia un objeto poderoso, entonces es posible experimentar el resultado de ese karma en esta misma vida. Un objeto poderoso se considera cualquier persona que te haya beneficiado enormemente en esta vida, como un maestro espiritual o aquellos que te han amado incondicionalmente, como tus padres. De todas las personas con las que te encuentras, estas personas son las más influyentes para ti. Por lo tanto, cualquier acción que realices en relación con estas personas tendrá una influencia particularmente fuerte en tu mente. Las personas que están experimentando un gran sufrimiento también pueden considerarse objetos poderosos, ya que pueden actuar como la base para generar intenciones extremadamente poderosas de compasión y altruismo.

2. El resultado kármico que se experimentará en la próxima vida.

Algunas acciones son lo suficientemente poderosas como para dejar huellas muy profundas en la mente. Tan profundo, de hecho, que cuando una persona hace la transición entre esta vida y la próxima, estas huellas dominan su experiencia hasta tal punto, que garantizan determinar la forma que tomará la próxima vida. La fuerza de estas acciones es una combinación de intenciones extremadamente poderosas y destructivas dirigidas hacia objetos muy poderosos. En el budismo, nos referimos a estas acciones como los *Cinco Crímenes Atroces.* Incluyen:

1. Matar a nuestro padre
2. Matar a nuestra madre
3. Matar a un ser altamente realizado
4. Extraer sangre de un ser iluminado
5. Crear un cisma dentro de una comunidad espiritual

Participar en cualquiera de estas acciones tiene serias repercusiones kármicas, ya que todas se basan en lastimarse o separarse de esas influencias que son capaces de guiarnos hacia la felicidad genuina. En lugar de generar la felicidad que buscas, generas exactamente lo contrario: una forma extrema de sufrimiento.

3. El resultado kármico que se experimentará en vidas posteriores.

En su mayor parte, los resultados de las acciones que realizamos en esta vida se experimentarán en vidas futuras. Como el karma no decae, no importa cuánto tiempo tome, eventualmente las condiciones se unirán para que ese karma madure. Es por eso por lo que no debemos suponer que todas nuestras experiencias en esta vida son el resultado de acciones realizadas en esta vida. Si bien las acciones de esta vida ayudan a crear las condiciones para que nuestro karma madure, los karmas reales que están madurando generalmente provienen de vidas pasadas.

Es por eso por lo que algunas personas que son amables y tienen un corazón muy bueno pueden tener que experimentar una vida difícil. Puede que no tengan éxito en sus carreras o sufran enfermedades, pero eso no significa que su amabilidad y mérito no sean poderosos. Puede ser que estén experimentando unas pocas semillas kármicas negativas restantes que maduran de vidas anteriores. El poder del mérito de la persona a menudo les permite experimentar y reducir este karma negativo primero, después de lo cual comienzan a experimentar los resultados de los océanos de karma positivo que han acumulado.

Por otro lado, hay algunas personas que tienen muy poca compasión y que con frecuencia dañan a otros, pero aún así tienen una vida exitosa y felicidad temporal. En este caso, solo quedan unos pocos karmas meritorios de sus vidas anteriores, y al finalizar, debido a sus semillas kármicas negativas acumuladas, seguramente experimentarán sufrimiento.

Ejercicio 6.4 - La Intensidad de las Acciones

- *En una postura relajada, establece una mente neutral a través de la práctica de la atención plena de la respiración.*

- *Recuerda a las personas con las que te sientes más conectado. Ahora considera el efecto que esta persona tiene en ti. Si esa persona te dice algo, ¿tiene más peso que si viniera de otra persona? ¿lo recordarías más que la misma acción con otra persona? Del mismo modo, cuando haces algo en relación con esta persona, ¿lo recordarías más que la misma acción con otra persona? Trate de tener una idea de la importancia que esta persona tiene en tu vida.*

- *Ahora imagina lo que significaría para ti hacer algo para beneficiar a esta persona. ¿Cómo te haría sentir saber que le has dado a esta persona un cierto grado de felicidad o satisfacción?*

- *Considera lo contrario. ¿Cómo te sentirías si le hicieras daño a esta persona? ¿Qué pasaría si hicieras algo que hiciera imposible que permaneciera en tu vida? ¿Imagina el trauma que sentirías si hubieras causado intencionalmente el final de la vida de esta persona?*

- *Ahora mira hacia atrás y compara los tipos de acciones en las que te has involucrado y los tipos de experiencias que has tenido. ¿Puedes*

CAPÍTULO 6 LA LEY KÁRMICA DE CAUSA Y EFECTO

identificar alguna situación en la que, sin importar cuán buenas sean tus intenciones, el único resultado fue tu propio sufrimiento o el de los demás? También piensa en los momentos en que tu mente estaba llena de intenciones destructivas y, sin embargo, todo parecía funcionar para ti. Si bien puedes haberte sentido bien en ese momento, ¿qué tipo de resultado crees que producirán estas acciones?

- *Descansa tu mente en cualquier idea que surja.*

El Karma en el Momento de la Muerte

Durante el transcurso de una vida, experimentaremos un flujo continuo de propensiones kármicas que maduran de acuerdo con las condiciones que surjan. Al mismo tiempo, crearemos nuevas propensiones sobre la base de cómo reaccionamos a ese flujo de experiencia. Afortunadamente para nosotros los seres humanos, tenemos cierto grado de inteligencia que nos permite dar forma a nuestras intenciones a través de las elecciones que hacemos.

Cuando surgen las condiciones para que esta vida termine, experimentaremos una disolución de todos nuestros estados mentales burdos, ya que el cuerpo ya no es capaz de soportar nuestra conciencia. Esto incluye nuestra capacidad de influir en cómo reaccionamos a las cosas. En este momento, nos disolvemos en el flujo natural de nuestra experiencia y somos arrastrados por los innumerables hábitos que hemos formado en esta y en vidas pasadas. Entonces surge la pregunta "¿a dónde me llevarán estos hábitos?" ¿Qué tipo de vida se producirá después de esta? La respuesta dependerá de qué hábitos se activen en el momento de la muerte.

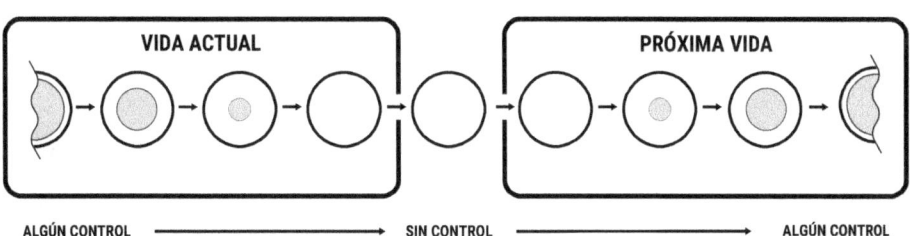

Figura 6-10: Cuando nos acercamos a la muerte, nuestra conciencia se disuelve y los hábitos toman el control.

El Orden de Maduración del Karma

Hasta el punto en que nuestras mentes conceptuales burdas se disuelven, somos capaces de dirigir nuestra conciencia hacia tipos particulares de objetos. Cuanto más nos centramos en un objeto en particular, más fomentamos su capacidad para madurar los karmas relacionados. Cuando estos karmas maduren, determinarán los momentos posteriores de conciencia, que a su vez determinarán la forma de nuestro próximo renacimiento. Si carecemos de conciencia durante este importante proceso, entonces nuestra mente naturalmente se sentirá atraída por los karmas en el siguiente orden:

1. No importa en qué estado mental estemos (sea virtuoso o no virtuoso), si la mente está impulsada por una fuerte intención, entonces el primer karma a madurar será el que corresponda más directamente a esa intención.

2. De lo contrario, si hay múltiples propensiones kármicas que se relacionan con nuestro estado mental, entonces la propensión kármica que se tardó más en producir o a la que estamos más habituados, madurará primero.

3. De lo contrario, el karma más pesado (el que tiene el mayor efecto) se experimentará primero.

4. De lo contrario, el karma creado más recientemente será el primero en madurar.

5. De lo contrario, el karma completado con la motivación más poderosa madurará primero.

6. De lo contrario, el karma dirigido hacia el objeto más poderoso (como se explicó anteriormente) será el que se experimente primero.

7. De lo contrario, el karma que se dedicó con la intención virtuosa más fuerte madurará primero.

8. Si todos los factores anteriores son iguales y si nuestro estado mental en el momento de nuestra muerte no es muy poderoso, el karma que madura primero dependerá de las formas previas de karma que estén más estrechamente relacionadas con el estado mental al momento. de la muerte.

Como podemos ver, este proceso resalta la naturaleza compleja del karma al tiempo que demuestra sus aspectos fluidos y dinámicos. De particular interés aquí es la importancia que juega la *conciencia* y la *intención* al permitirnos influir en el karma que madura primero.

Proyectando y Completando el Karma

En términos generales, cuando pensamos en el karma en relación con cómo da forma a un renacimiento futuro, podemos hablar de dos categorías principales:

Proyectando el Karma

Este es cualquier karma que se ha fortalecido lo suficiente como para madurar en el momento de la muerte con el poder de impulsar la mente a una forma específica o forma de experiencia. Por ejemplo, si nuestra mente está dominada por el odio, la ira o la paranoia en el momento de la muerte, entonces este estado mental hará que maduren ciertos karmas, lo que impulsará a la mente a experimentar sufrimientos y tormentos extremos. Del mismo modo, una mente que está en paz y llena de una motivación altruista para beneficiar a los demás, hará que madure un karma muy diferente, lo que a su vez producirá una experiencia completamente diferente.

Completando el Karma

Mientras que la proyección del karma determina la forma general que tomará la experiencia, completar los karmas completa los detalles específicos de esa experiencia. Toma el ejemplo de tu cuerpo humano actual. El hecho de que eres humano se considera el resultado de tu karma proyectado. La forma, el tamaño, el color y las características de tu cuerpo son un ejemplo del resultado de completar el karma.

Lo importante es reconocer aquí que nuestras vidas pasadas, presentes y futuras son el resultado de la maduración de *múltiples* karmas. Si bien un karma puede haber sido la influencia principal en la forma que toma, innumerables otros karmas también están contribuyendo a tu experiencia específica. Es por eso por lo que vemos una gran diversidad en los tipos de personas en nuestro mundo.

Ejercicio 6.5 - Cuando la Vida Parpadea Ante Tus Ojos

- *En una postura relajada, establece una mente neutral a través de la práctica de la atención plena de la respiración.*

- *Imagina que estás sentado en una cama en un hospital. Puedes sentir que tu cuerpo se debilita y sabe que no le queda mucho para vivir.*

- *Si tuvieras la oportunidad de elegir, ¿cómo te gustaría pasar tus últimos momentos? ¿Qué actitud te gustaría cultivar en ese momento? ¿Qué pensamientos te traerán la mayor paz?*

- *Ahora mira hacia atrás en tu vida y considera los estados de ánimo a los que sientes que estás más acostumbrado. Piense en cómo actúas cuando no estás haciendo ningún esfuerzo particular para controlar tu comportamiento. ¿Sueles estar ansioso o nervioso? ¿A menudo eres de mal genio o gruñón? ¿Cuáles son los rasgos con los que más te identificas?*

- *Luego considera algunos de los principales puntos de inflexión en tu vida. Los eventos que tuvieron un gran impacto en quién eres como persona. Piensa en la influencia que estos eventos han tenido en ti y cómo se desarrolló tu vida.*

- *Trae a la mente los objetivos que has tenido en esta vida. Piensa en toda la energía que has invertido en ellos. Piensa en la forma en que estos objetivos han moldeado tus decisiones.*

- *Considera a las personas que han sido particularmente influyentes en tu vida (por ejemplo, padres o maestros). Considera tus acciones en relación con estas personas. ¿Cómo caracterizarías las relaciones?*

- *Identifica las acciones virtuosas más significativas en las que has participado durante tu vida hasta ahora. ¿Cómo beneficiaron estas acciones a quienes te rodean?*

- *Descansa en cualquier idea que surja.*

El Karma Basado en el Tipo de Resultado

Por el poder de proyectar y completar el karma, cada uno de nosotros adopta una forma particular de existencia. Hay una unión de cuerpo y mente, que forma la base sobre la cual un ser sensible puede experimentar una variedad de fenómenos. Cuando observamos los diferentes tipos de experiencias que genera nuestro karma, podemos identificar los siguientes patrones:

1. El Resultado Kármico Similar a la Causa

Cuando participamos en una acción, podemos estar seguros de que el resultado será de naturaleza similar a la causa que se creó. Por ejemplo, la naturaleza de decir una mentira es el engaño. Por lo tanto, el resultado kármico de la mentira es experimentar que otros intentan engañarte. Del mismo modo, la naturaleza del robo es privar a alguien de experimentar algo. Esto lleva al resultado kármico de no tener lo que necesitas.

Además de la experiencia que es similar a la causa, también existe la experiencia de estar habituado a esa acción en particular. Esto significa que toda propensión kármica es la causa de crear otra propensión kármica de naturaleza similar. Entonces, si robaras, no solo estarías privado de las cosas, sino que también tendrías la costumbre de robar más. De esta manera, nuestro karma no solo da forma a nuestra experiencia, sino que también perpetúa cómo la mente está condicionada.

2. El Efecto Kármico en el Medio Ambiente

Desde la perspectiva budista, los mundos físicos y no físicos se influencian constantemente entre sí. Si bien estamos acostumbrados a pensar que el mundo físico está separado de nosotros, el budismo nos reta a reconocer las formas en que nuestras mentes dan forma a los entornos en los que vivimos. Desde nuestra propia perspectiva, la maduración de nuestro karma cambia la forma en que percibimos nuestro entorno.

Por ejemplo, alguien que ha matado mucho en el pasado, tenderá a experimentar su entorno sin alegría, peligroso y potencialmente mortal. Si han robado mucho, tenderán a percibir su entorno como estéril y sin los recursos que desean. Si constantemente mientes y engañas, experimentarás un ambiente hostil y engañoso, lleno de personas en las que no puedes confiar.

3. El Número Incierto de Resultados Kármicos

A menudo, las personas tienen una visión bastante simplista de causa y efecto, creyendo que una causa conduce a un efecto particular. Este no es necesariamente el caso. Para usar una analogía, dentro de un árbol, existe la posibilidad de que muchas frutas maduren. Del mismo modo, algunos karmas son tan fuertes que tienen la capacidad de producir muchos resultados a lo largo del tiempo. Eventualmente, la energía de esa propensión se disipará, pero hasta que lo haga, aún puede influir en cómo surgen las experiencias.

Este principio también es válido para muchos karmas débiles. A veces, un solo karma no tiene suficiente poder para madurar de manera significativa. Sin embargo, si se combina con otros karmas de naturaleza similar, puede generar un resultado. Por eso es tan importante prestar atención a todas las acciones, ya sean grandes o pequeñas. Cada pequeña cosa se suma al final y puede llegar a marcar una gran diferencia.

Ejercicio 6.6 - La Experiencia del Karma

- *En una postura relajada, establece una mente neutral a través de la práctica de la atención plena de la respiración.*

- *Trae a la mente algunos eventos importantes de tu vida. Piensa tanto en los altibajos que sientes que han marcado el curso de tu experiencia. Para cada evento, considera el karma que estaba madurando en ese momento.*

- *Primero, comienza mirando la experiencia subjetiva del evento. ¿Cómo te sentiste? ¿Cuál era la naturaleza de ese sentimiento? Por ejemplo, tal vez su naturaleza era pérdida, conflicto o armonía. Intenta identificar algunas palabras para describir el patrón general de la experiencia.*

- *Ahora considera los tipos de acciones que comparten ese patrón. Por ejemplo, si experimentaste una gran pérdida, eso se correlaciona con causar una gran pérdida. ¿Qué tipo de acciones pueden crear estas causas?*

- *Cuando hayas identificado algunas causas originales, considera si todavía estás participando en ese tipo de actividades en esta vida. Identifica la fuerza del hábito que tienes en relación con este tipo de acción.*

- *Ahora considera cómo se relaciona con tu entorno en función de esta acción. Digamos que identificaste una propensión a lastimar a otros, ¿qué tipo de estado de ánimo promueve esto? ¿Podrás descansar tranquilo o siempre estarás ansioso y a la defensiva? ¿Cómo cambia tu estado mental tu experiencia del lugar donde vives?*

- *Descansa en cualquier idea que surja.*

Establecer una Base Ética para la Vida

Al estudiar la Ley del Karma, podemos obtener una mayor comprensión de la relación interdependiente entre nuestras acciones y nuestras experiencias. Al comprender la influencia de diferentes tipos de acciones, podemos identificar qué formas de comportamiento son propicias para lograr nuestros objetivos y cuáles no. Esta es la base del sistema de conducta ética desde una perspectiva budista.

Si consideramos los diferentes tipos de acciones que hacemos, podemos hablar de *Tres Puertas:*

1. **El Cuerpo:** Estas son todas las acciones físicas realizadas con nuestro cuerpo en interacción con el mundo externo. Esto puede incluir interactuar con personas o con objetos inanimados.

2. **La Palabra:** Todas las acciones verbales realizadas como comunicación entre dos personas. Para que se considere la palabra, debe haber algún grado de comprensión relacionada con el significado de los sonidos que se generan.

3. **La Mente:** Estos son todos los pensamientos que surgen en la mente sobre la base de la intención. Es decir que la persona debe generar deliberadamente el pensamiento para que se considere una acción.

De estos tres, la mente se considera la más importante ya que es donde se formula la intención de una acción. Si una acción se realiza con una intención que está condicionada por un estado mental afligido, entonces podemos llamar a esa acción *no virtuosa*. Del mismo modo, si la acción se realiza con una intención condicionada por un estado mental virtuoso, entonces será una acción *virtuosa*. En este contexto, la virtud no es una descripción moralista de algún bien o mal universal. En cambio, es simplemente un indicador del grado de distorsión presente en un estado mental. Si la mente está al menos parcialmente de acuerdo con la realidad, la llamamos virtud, mientras que, si no es así, la llamamos no virtud. Todo está siempre en relación con lo cerca que estamos experimentando la realidad *tal como es*. Para obtener más información sobre este tema, consulta la discusión de los factores mentales en el Capítulo Dos.

Al identificar qué acciones del cuerpo, la palabra y la mente corresponden con consecuencias kármicas particulares, creamos para nosotros la oportunidad de proceder en la vida con la conciencia de que somos los únicos responsables de si experimentamos felicidad o sufrimiento. Además, al comprender que las circunstancias desafortunadas que ocurren en nuestras vidas son el resultado de nuestras acciones pasadas, podemos aceptarlas mejor y comprender que la forma en que respondamos a la maduración de ese karma negativo determinará qué tendencias habituales creamos para nosotros. Por lo tanto, podemos cambiar los patrones de nuestro pasado para crear un futuro mejor. La forma en que hacemos esto es a través de la acumulación de méritos.

El mérito desde una perspectiva budista no es hacer buenas obras; en cambio, hacer buenas obras produce mérito. Todas las acciones virtuosas crean propensiones kármicas positivas que tienen la capacidad de producir la experiencia de la felicidad. Nuestra habituación a estas propensiones es a lo que nos referimos como "mérito". Se necesita mucho esfuerzo para construir hábitos positivos. Estamos tan acostumbrados a crear karmas negativos que se acumulan como polvo en una estantería.

Cuando domesticamos nuestras mentes a través de la práctica del Dharma, aumentamos nuestra atención de cómo actuamos y respondemos a la gran variedad de circunstancias en nuestras vidas. Si elegimos actuar de una manera sana y virtuosa, plantamos semillas positivas y generamos una gran cantidad de méritos en nuestros flujos mentales. A medida que crece nuestro mérito, nos involucramos en actos más virtuosos que a su vez plantan más semillas y generan el refuerzo positivo necesario para fortalecer nuestra habituación a la virtud. Cuanto más habituados nos volvamos, más cualidades positivas pueden surgir natural y espontáneamente en nuestras mentes.

Esforzarse por practicar acciones saludables no tiene nada que ver con sentirse culpable o ser rígido en cómo nos comportamos. La atención se centra más en ganar confianza en qué acciones son beneficiosas y cuáles no. Comprender la Ley Kármica de Causa y Efecto puede proporcionar la base para llevar una vida más ética y plena y ayudarnos a darnos cuenta de que las acciones negativas a largo y corto plazo solo conducen a nuestro propio sufrimiento. Con el tiempo y la experiencia, nuestra confianza en esta ley natural del karma crecerá.

Para ayudarnos en este proceso, el Buda identificó un marco muy simple para desarrollar la atención plena de nuestras acciones. Esencialmente, hay diez acciones del cuerpo, la palabra y la mente que deben abandonarse y diez que deben cultivarse.

Abandonando las Diez Acciones No Virtuosas

Este primer conjunto representa aquellas acciones que deben abandonarse. Si bien hay innumerables tipos de acciones no virtuosas, la mayoría son derivados de los siguientes diez:

1. **Matar:** Esto significa quitarle la vida a otro ser sensible. La esencia de este acto es eliminar las condiciones que sostienen la vida. Es la separación forzada de una mente del cuerpo a la que está apegada. Si matas, estás creando las causas para no tener las condiciones que sostienen la vida, lo que significa que experimentarás una gran enfermedad y sufrimiento.

2. **Robar:** Esto significa tomar algo que no te pertenece. La esencia de este acto es privar a alguien de recursos. El efecto del robo es que crea las causas para no tener acceso a recursos tales como alimentos, ropa, vivienda o riqueza. Estás creando las condiciones para nunca tener suficiente y siempre estar buscando más.

3. **Mala Conducta Sexual:** La mala conducta sexual ocurre cuando usas tu sexualidad como un método para infligir daño a otros. Es una violación de un acto muy íntimo que tiene un significado específico entre dos personas. La esencia de este acto es cierto grado de traición, lo que resulta en la destrucción de una relación. Los efectos serán que tus relaciones con los demás serán muy difíciles y tus parejas serán infieles.

4. **Mentira:** Esto significa decir mentiras a propósito con la intención de engañar a otra persona. La esencia de esta acción es el engaño y crea las causas para que no puedas confiar en nadie. La información que recibes a menudo será distorsionada y confusa.

5. **Lenguaje Divisivo:** Esta acción ocurre cada vez que dices algo a propósito que crea divisiones entre las personas. La esencia de este acto es la creación de desarmonía. El resultado de tratar siempre de dividir a las personas es que te resultará muy difícil relacionarte con los demás y estarás rodeado de personas que hablan mal de ti.

6. **Hablar con Crueldad:** Esto significa usar el abuso verbal como un método para lastimar a otras personas. Esto puede incluir lenguaje abusivo obvio o formas más sutiles como el sarcasmo y los comentarios pasivos agresivos. La esencia es desencadenar el sufrimiento mental a través de la comunicación. El efecto es escuchar muchas palabras desagradables que te hacen experimentar sufrimiento.

7. **Parloteo sin Valor:** Esto significa participar en un discurso sin propósito sobre la base de estados mentales aflictivos, como el apego o la aversión. Esto incluye todas las formas de chismes y bromas sin sentido. La esencia de este acto es la falta de sentido y hace que escuches muchas palabras sin sentido que no aportan ningún beneficio a tu vida.

8. **Pensamientos Codiciosos:** Este es el acto de pensar en adquirir un objeto sobre la base de estados mentales aflictivos. Es un acto de deseo sostenido, alimentado generalmente por el apego. La esencia es la insatisfacción y da como resultado una mente que nunca puede contentarse y siempre tiene envidia de las cosas que otras personas tienen.

9. **Albergar Mala Voluntad:** Este es el acto de pensar en dañar a alguien. Es el deseo de que una persona en particular encuentre las causas del sufrimiento. Su esencia es el odio y da como resultado una mente siempre paranoica y desconfiada de los demás, temerosa de ser lastimada.

10. **Sostener Puntos de Vista Incorrectos:** Este es el acto de desarrollar certeza en un pensamiento que no está de acuerdo con la realidad. Su esencia es la confusión y da como resultado una mente que ignora la verdad y, por lo tanto, está confundida acerca de todo.

Cuando relacionamos estas acciones con las tres puertas, podemos ver que las tres primeras están relacionadas con el cuerpo, las siguientes cuatro están relacionadas con la palabra y las últimas tres están relacionadas con la mente. Las acciones del cuerpo y la palabra se enumeran en orden descendente de su intensidad relativa. Mientras que las acciones de la mente se enumeran en orden ascendente de influencia. Al evitar conscientemente cualquiera o todas estas acciones, evitará la creación de un número significativo de karmas negativos y generará una fuerza contraria positiva a sus hábitos kármicos existentes.

Cultivando las Diez Acciones Virtuosas

Abandonar la no virtud es una gran base para debilitar los hábitos negativos, pero eso es solo la mitad de la historia. Para cultivar el mérito, realmente necesitamos comenzar a establecer propensiones kármicas positivas a través del cultivo de la virtud. Las siguientes son diez acciones que pueden ayudarte a lograrlo:

1. **Salvar Vidas:** Esto significa salir activamente de tu camino para salvar la vida de los demás. Es una mente que ve el valor en la vida y crea las condiciones para que otros prolonguen sus vidas tanto como sea posible. Esto incluye ayudar a los seres conscientes a mantenerse fuera de peligro, como una mosca que se golpea contra una ventana tratando de salir. El efecto de esta acción es experimentar una vida larga y saludable.

2. **Generosidad:** Al poner tus recursos a disposición de otros, estás creando las condiciones para satisfacer sus necesidades. Esto crea las causas para que tu también reciba todos los recursos que necesitas.

3. **Disciplina Ética:** Este es el acto de hacer un esfuerzo para evitar la no virtud y hacer un esfuerzo para cultivar la virtud. El resultado de hacer esto es que desarrollarás una apariencia agradable para los demás y tus relaciones serán pacíficas.

4. **Hablando la Verdad:** Al decir siempre la verdad, estás creando las causas para que las personas confíen en ti. Tu discurso será fuerte y lleno de convicción y, por lo tanto, la gente escuchará lo que tienes que decir y valorará tu opinión.

5. **Conciliar Disputas:** Cuando haces el esfuerzo de unir a las personas al superar el conflicto, entonces estás creando las causas para experimentar la armonía en tus propias relaciones.

6. **Hablar Agradable:** Si eres cortés con los demás y hablas agradablemente, verás que este comportamiento será devuelto. La gente naturalmente te hablará amablemente y con respeto.

7. **Discurso Significativo:** Al esforzarte por hablar con intención y propósito, estás creando las causas para experimentar la palabra, lo cual es extremadamente significativo y beneficioso para tu vida. Esto puede venir en forma de enseñanzas espirituales o información valiosa que crea una influencia positiva en tu mente.

8. **Alegría:** Al aprender a alegrarte con las condiciones en las que te encuentras, estás creando las causas para descubrir tu propia riqueza de recursos internos. Cuando hagas esto, verás que no se necesita nada más y experimentarás una increíble tranquilidad.

9. **Cultivando la Buena Voluntad:** Esto significa cultivar el deseo de que otros experimenten la felicidad y se liberen del sufrimiento. Esta actitud te llevará a trabajar en beneficio de los demás y, por lo tanto, resultará en que recibas su bondad y se te tenga en alta estima.

10. **Mantener una Visión Correcta:** Al hacer el esfuerzo de desarrollar una mayor inteligencia y sabiduría, crearás las causas de una mente clara y poderosa. Esta mente te permitirá superar todas las formas de ignorancia y finalmente experimentar una felicidad genuina y duradera.

CAPÍTULO 6 LA LEY KÁRMICA DE CAUSA Y EFECTO

La práctica fundamental de la disciplina ética es mantener la atención plena de estas veinte acciones en todo momento durante el día. Generalmente es más fácil comenzar con las acciones del cuerpo, ya que son las más obvias y fáciles de controlar. Puedes elegir una acción en particular para centrarte o trabajar con todo el conjunto. Por la mañana, recuerda las acciones que deseas evitar y las que deseas cultivar. Luego, durante el día, trata de mantener cierto grado de conciencia de todo lo que estás haciendo. Si notas que estás a punto de cometer una de las acciones no virtuosas, intenta evitarla si es posible. Del mismo modo, si ves la oportunidad de realizar una de las acciones virtuosas, haz el esfuerzo de hacerlo siempre que sea posible. A medida que desarrollas una mayor familiaridad con las acciones, lentamente intenta agregar más acciones de las que tengas en cuenta, hasta que hayas incorporado los veinte puntos en tu comportamiento.

Puerta	No Virtuosas	Virtuosas
Cuerpo	Matar	Salvar Vidas
	Robar	Generosidad
	Mala Conducta Sexual	Disciplina Ética
Palabra	Mentir	Hablando la Verdad
	Lenguaje Divisivo	Conciliar Disputas
	Hablar con Crueldad	Hablar Agradable
	Parloteo sin Valor	Discurso Significativo
Mente	Pensamientos Codiciosos	Alegría
	Albergar Mala Voluntad	Cultivando la Buena Voluntad
	Sostener Puntos de Vista Incorrectos	Sostener Puntos de Vista Incorrectos

Tabla 6-1: Acciones virtuosas y no virtuosas del cuerpo, palabra y mente.

Recuerda que el propósito de la disciplina ética es desarrollar hábitos constructivos. No te castigues si encuentras que tus hábitos negativos existentes te abruman a veces. Ser consciente de tus acciones es un primer paso importante y muy positivo. Si reconoces que el comportamiento en cuestión no es constructivo, simplemente trata de desarrollar el deseo de tener la capacidad de evitarlo en el futuro. De esta manera, debilitas el hábito existente y te das una mejor oportunidad de tener éxito en tu entrenamiento.

Repaso de los Puntos Claves

- Hay dos tipos de causas: una causa sustancial y una condición de apoyo. La causa sustancial es lo que se transforma en el resultado, mientras que las condiciones de apoyo ayudan a hacer posible esa transformación.

- La *Ley del Karma* se enfoca específicamente en describir las relaciones causales entre nuestras acciones y nuestras experiencias. Si bien las acciones pueden generar cambios en el mundo físico, nos interesan principalmente los cambios en la mente.

- Las acciones se realizan sobre la base de las intenciones en la mente y estas intenciones dejan una propensión habitual en la conciencia fundamental que se conoce como una *semilla kármica*.

- Las semillas kármicas maduran en la corriente mental como la experiencia del sufrimiento o la felicidad.

- Las *Cuatro Leyes Naturales del Karma* son que 1) el karma es definitivo, 2) si hay un resultado, debe haber una causa, 3) si hay una causa, debe haber un resultado y 4) el karma se expande.

- Los karmas tienen un alcance basado en la interacción de las personas involucradas en la acción. Esto lleva a una combinación de *karma tanto colectivo como individual.*

- La intensidad del karma se rige por la fuerza de la intención combinada con la realización de una acción.

- La magnitud del resultado se basará en la naturaleza del objeto de una acción y el tipo de acción realizada. Karmas muy poderosos pueden madurar en esta misma vida, mientras que otros definitivamente madurarán dentro de la próxima o posteriores vidas.

- Cuando morimos, el karma que madura en ese momento determinará la forma general de tu experiencia posterior. Esto se conoce como *proyectar karma*. Los karmas que dan forma a los detalles específicos de tu experiencia posterior se conocen como completar el karma.

- Cada karma produce diferentes tipos de resultados: existe la experiencia que es similar a la causa, la tendencia habitual que es similar a la causa y la experiencia de las condiciones ambientales.

- El marco básico para la ética en el budismo gira en torno a desarrollar una mayor atención de las *tres puertas del cuerpo, la palabra y la mente*.

- *La virtud* es cualquier acción motivada por una mente libre de aflicciones, mientras que la *no virtud* es una acción motivada por una mente afligida. El objetivo de la práctica es abandonar las diez acciones no virtuosas y cultivar las diez acciones virtuosas.

La Rueda de la Vida

CAPÍTULO 7

La Naturaleza Sufriente de la Existencia Cíclica

La *Ley del Karma* nos proporciona un modelo detallado de cómo nuestras mentes están condicionadas por nuestras acciones, brindándonos los mecanismos básicos para explicar por qué experimentamos lo que experimentamos. En muchos sentidos, el karma es como el combustible que mantiene el flujo de las apariencias que surgen en nuestras mentes, a la vez que es el motor que perpetúa un tipo particular de relación con esas apariencias.

Cuando consideramos las posibilidades de cómo nuestra mente puede relacionarse con cualquier fenómeno dado, podemos identificar dos relaciones básicas:

1. **La Ignorancia:** Cuando las apariencias se interpretan con base en los conceptos erróneos de una conciencia engañada, entonces se puede considerar que están distorsionadas por la ignorancia.

2. **La Sabiduría:** Cuando las apariencias se interpretan a base de a una clara conciencia de la realidad *tal como es*, entonces podemos decir que surgen de la sabiduría.

Como hemos visto, cualquier cosa que surja de una mente afligida, como la ignorancia, generará directa o indirectamente las causas del sufrimiento. Por lo tanto, para eliminar toda experiencia de sufrimiento, debemos dejar de relacionarnos con el mundo sobre la base de nuestra conciencia engañada.

En este capítulo, exploraremos en detalle la diversidad de resultados producidos por la ignorancia. En particular, estudiaremos la naturaleza de lo que se conoce como la *existencia cíclica* (samsara). La existencia cíclica no es un lugar que visitas, sino un patrón de cómo nos relacionamos con el mundo. Este patrón particular se basa en la ignorancia y, por lo tanto, por su propia naturaleza, es responsable de la generación de una amplia variedad de experiencias insatisfactorias. Al comprender los componentes dinámicos de este sistema, podemos desarrollar estrategias para liberarnos de este ciclo sin fin y así abrir la puerta a experimentar nuestras vidas sobre la base de la sabiduría.

Al reconocer y contemplar la naturaleza del sufrimiento de la existencia cíclica, junto con nuestra firme comprensión de la ley kármica de causa y efecto, comenzamos a ver que es posible realizar cambios en nuestra situación y no tenemos que sufrir de la manera en que lo hacemos. Sobre esta base, desarrollamos la aspiración de buscar un camino que nos pueda sacar de ese sufrimiento. Es esta aspiración la que nos proporciona una poderosa motivación para desarrollar la mente de renunciación y nos da confianza en nuestra capacidad de ser libres.

Cómo el Karma da Lugar a la Existencia Cíclica

El primer paso es identificar las relaciones causales que dan lugar a la existencia cíclica. Esta comprensión más amplia nos permite identificar el potencial creativo que este sistema tiene para producir diferentes tipos de experiencias. También nos proporciona un contexto para luego explorar las diversas manifestaciones dentro de ese sistema.

El método para hacerlo es a través del estudio de los *Doce Vínculos del Surgimiento Dependiente*. Esta enseñanza fue presentada originalmente por el Buda en el *Sutra de los Vástagos de Arroz*:

Debido a que esto existe, tal y tal surgirá. Porque eso ha surgido, tal y tal surge. Por lo tanto, debido a la ignorancia, surgen formaciones kármicas, y debido al surgimiento de estas formaciones, surge la conciencia, y así sucesivamente. Lo mismo es válido para el nombre y la forma, los seis sentidos básicos, contacto, sensación, anhelo, aferramiento, devenir y nacimiento, hasta la vejez, la enfermedad y la muerte. Entonces surgirán la tristeza, la lamentación, la miseria, la infelicidad y la angustia. Así surge esta gran masa de sufrimiento total... Del mismo modo, las formaciones cesarán debido a que la ignorancia haya cesado y así sucesivamente, hasta el punto en que, debido al nacimiento, la vejez y la muerte, la gran masa de el sufrimiento total también cesará. Así se ha enseñado.

En pocas palabras, el cuerpo y la mente que heredamos en esta vida y en las vidas futuras dependen del karma que continuamos creando con nuestro cuerpo, palabra y mente bajo la influencia de la ignorancia. La fuerza del karma, por lo tanto, nos impulsa a renacer una y otra vez en la existencia cíclica, y por esta razón estamos completamente dominados por nuestro condicionamiento.

Los Doce Vínculos del Surgimiento Dependiente

Los doce vínculos se representan tradicionalmente en una imagen conocida como la *Rueda de la Vida*, que muestra gráficamente cómo se produce la existencia cíclica. El círculo externo representa los doce vínculos del surgimiento dependiente, mientras que los círculos internos simbolizan los seis reinos en los que nacen los seres sensibles. El centro representa los tres venenos (apego, aversión e ignorancia) representados por un gallo, una serpiente y un cerdo, que hacen que uno nazca en existencia cíclica una y otra vez. Los primeros siete de los doce vínculos describen el proceso por el cual completar el karma conduce a un resultado específico, mientras que los últimos cinco vínculos muestran cómo se actualiza la proyección del karma.

Tipo	Relación	Vínculo
Proyectar	Causas	1. Ignorancia
		2. Formación Kármica
		3. Conciencia
	Resultados	4. Nombre y Forma
		5. Puertas a los Seis Sentidos
		6. Contacto
		7. Sentimiento
Maduración	Causas	8. Ansia
		9. Agarrar
		10. Existencia
	Resultados	11. Nacimiento
		12. Envejecimiento y Muerte

Tabla 7-1: Divisiones de los Doce Vínculos de la Originación Dependiente.

Los Doce Vínculos son:

1. **La Ignorancia de la Raíz:** El primer vínculo de la ignorancia de la raíz es la base de todos los demás vínculos y está simbolizado en la Rueda de la Vida por *un ciego sosteniendo un palo*. Debido a que no vemos la verdadera naturaleza de las cosas como son, proyectamos permanencia en todos los fenómenos. Estamos bajo la ilusión de que existe un yo verdaderamente independiente, y creemos en puntos de vista falsos, como la idea de que las posesiones materiales pueden brindarnos una felicidad genuina. Es a través de esta confusión que se genera nuestro mundo samsárico. Esta conciencia engañada es la base de todos nuestros pensamientos y emociones. Si bien la ignorancia se considera la raíz, estos vínculos también representan todos los otros estados mentales aflictivos que se derivan de esta ignorancia.

2. **La Formación kármica:** El segundo vínculo del surgimiento dependiente está representado por *un alfarero haciendo tiestos en una rueda*. Debido a nuestra ignorancia, nos involucramos en todo tipo de acciones basadas en la creencia de que el mundo existe en la forma en que lo percibimos. Por ejemplo, cuando nuestra mente está abrumada por el odio, solo ve las cualidades negativas de una persona o cosa. Esta percepción distorsionada nos lleva a arremeter de manera nociva contra ese objeto. Con cada acción en la que nos involucramos, establecemos propensiones kármicas en la conciencia fundamental. El resultado de estas propensiones produce experiencia futura y respuestas habituales. Este acto de crear propensiones kármicas es a lo que se refiere la etiqueta *formación kármica*.

3. **La Conciencia:** Debido a nuestra ignorancia (el primer vínculo) realizamos acciones que plantan semillas kármicas en nuestro continuo mental, creando el potencial para una experiencia futura y para actuar de manera particular (el segundo vínculo). Esta conciencia condicionada conlleva el potencial de proyectar el próximo nacimiento y, por lo tanto, se conoce como la *conciencia impulsora*. Una vez que las condiciones para el renacimiento se han unido, el resultado es llamado *conciencia del*

CAPÍTULO 7 LA NATURALEZA SUFRIENTE DE LA EXISTENCIA CÍCLICA

impulso resultante. Ambos términos se refieren a la misma conciencia fundamental en diferentes etapas de manifestación. Como es la conciencia la que proporciona la continuidad de una vida a la siguiente, se representa como *un mono en un árbol frutal, balanceándose de rama en rama*.

Ejercicio 7.1 - Las Causas de Proyección

- *En una postura relajada, establece una mente neutral a través de la práctica de la atención plena de la respiración.*

- *Trae a la mente un ejemplo donde tu mente estaba dominada por la aversión. Dedica un tiempo a establecer los detalles del evento lo mejor que puedas. Observa cómo tu aversión influyó en tu comportamiento. ¿Qué tipo de pensamientos estaban surgiendo? ¿Qué tipo de palabras estabas diciendo? ¿Qué comportamientos físicos exhibiste? Según tu comprensión del karma, considera los tipos de propensiones kármicas que generaste durante este evento. Piensa en la naturaleza esencial de estas acciones y cómo podrían manifestarse potencialmente en el futuro.*

- *Ahora haz el mismo ejercicio, pero esta vez identifica una situación en la que la principal aflicción fue el apego. Nuevamente, observa lo que sucedía con tus tres puertas (cuerpo, palabra y mente) e identifica los tipos de propensiones que se generaron en tu flujo mental. Reconoce el sufrimiento potencial que estas propensiones podrían crear para ti en el futuro.*

- *Por tercera vez, repite el ejercicio usando una situación donde la ignorancia era la aflicción dominante. Por ejemplo, decir algo hiriente porque no entendiste completamente lo que estaba sucediendo. Considera específicamente cómo los supuestos basados en puntos de vista erróneos pueden llevarte a participar en muchos tipos de actividades equivocadas. Considera los resultados potenciales que pueden producir estas actividades.*

- *Descansa en cualquier idea que surja.*

4. **El Nombre y la forma:** Las semillas kármicas transportadas por nuestro continuo mental proyectan nuestra conciencia hacia un nuevo renacimiento. Para un renacimiento humano, se deben unir tres componentes: una corriente de conciencia, el óvulo de la madre y el esperma del padre. Desde una perspectiva budista, este es el momento en que ocurre la concepción. Es el momento en que una mente (nombre) se une a un cuerpo (forma). Estos dos a menudo se denominan *agregados psico-físicos.* Como veremos a continuación, la unión de un conjunto particular de agregados depende del tipo de karma que los proyectó. La forma y sutileza del cuerpo que se desarrolla, por lo tanto, variará significativamente. En el caso de humanos y animales, el cuerpo es de naturaleza muy sólida y física, mientras que, en el caso de otras entidades no humanas, sus cuerpos son más etéreos o de naturaleza onírica. Incluso hay entidades que existen sin ninguna forma agregada, existiendo como un ser puramente mental. Este enlace está simbolizado por *dos hombres en un bote que cruza el río de la existencia.*

5. **Las Puertas de los Seis Sentidos (también conocidas como las Bases):** Después del momento de la concepción, dependiendo del tipo de ser, los agregados psico-físicos sufrirán un proceso de evolución. En el caso de un ser humano, esto normalmente implicará la formación de seis facultades sensoriales: ojos, oídos, nariz, lengua, sistema nervioso central y cerebro. Estas facultades proporcionan la base sobre la cual pueden surgir formas burdas de conciencia. No todos los seres desarrollarán las seis facultades sensoriales. Por ejemplo, algunos humanos nacen sin la facultad de la vista o el oído. Esto dependerá del karma específico a completar de esa individualidad. Este enlace está representado por *una casa con seis aberturas* (cinco ventanas y una puerta cerradas), que representan los cinco sentidos físicos más el sentido mental.

6. **El Contacto:** Una vez que cada facultad se desarrolla por completo, el ser ahora tiene la capacidad de percibir varios tipos de objetos. Por ejemplo, cuando un feto humano desarrolla un sistema nervioso básico, puede sentir sensaciones táctiles. Del mismo modo, cuando la facultad visual está

completa, puede percibir la oscuridad del útero de la madre. El contacto representa la reunión simultánea de tres aspectos: el objeto, la facultad sensorial y la conciencia. Esta unión proporciona el mecanismo básico de percepción que a su vez es la base de todas nuestras experiencias. Está simbolizado en la rueda de la vida por *dos amantes en un abrazo sexual*.

7. **El Sentimiento:** A partir de esta percepción, la mente establece las apariencias de sujeto y objeto y cuando esto sucede, la mente también crea una relación entre los dos. En su nivel más básico, esta relación se manifiesta como un sentimiento agradable, desagradable o neutral. Esta es la maduración real de una propensión kármica como experiencia. Está simbolizado por *un hombre con una flecha clavada en su ojo*.

Ejercicio 7.2 - Los Resultados Proyectados

- *En una postura relajada, establece una mente neutral a través de la práctica de la atención plena de la respiración.*

- *Trae a la mente todos los diferentes tipos de humanos y animales que conoces en este planeta. Según el budismo, todos estos seres poseen una mente. Si esto es cierto, ¿de qué manera son diferentes?*

- *Considera las muchas formas en que estos seres son concebidos. Luego considera cómo se desarrollan estos diferentes seres antes del nacimiento. Trae a la mente ejemplos de diferentes tipos de seres para ilustrar cada caso.*

- *Ahora piensa en las diferentes facultades sensoriales que todos desarrollamos. Por ejemplo, considera las diferencias en la facultad de olfato de un perro o la facultad de audición de un murciélago. Solo en los humanos, considera cómo las facultades de algunas personas se desarrollan de manera diferente a las facultades de otras.*

- *¿Qué efectos tienen estas diferentes facultades en la forma en que experimentamos nuestro mundo? ¿Cómo sería estar completamente sin uno de tus sentidos? ¿Cómo sería tener los sentidos de un animal como un* *delfín o un águila? ¿Qué diferencia tiene tener el cerebro de una hormiga versus el cerebro de un humano?*

- *Ahora piensa en nuestra capacidad de experimentar diferentes sentimientos. Identifica ejemplos de objetos que desencadenen sentimientos agradables en tu mente. Del mismo modo, aquellos que desencadenan sentimientos desagradables y neutrales. Investiga si los animales también tienen esta capacidad de sentir. Por ejemplo, ¿hay cosas que un perro encuentra agradables o desagradables?*

- *Descansa en lo que surja.*

---

8. **La Ansia (Involucramiento):** Cuando un objeto hace contacto con una facultad sensorial, surge una conciencia. Esta experiencia objetiva trae consigo la experiencia subjetiva de un sentimiento. Sobre la base de este sentimiento, la mente desea separarse de un sentimiento desagradable o desea no separarse de uno agradable, o desarrolla indiferencia en relación con un sentimiento neutral. Es esta relación básica la que impulsa nuestra intención de acercarnos o alejarnos de un objeto. Este vínculo está representado por *un hombre que bebe vino*.

9. **El Agarrar (Adopción):** Sobre la base del deseo, nuestra mente desarrolla una relación definitiva con el objeto al reforzar la reacción inicial con superposiciones conceptuales. Nuestra mente usa conceptos para dar forma a nuestra intención básica: contar una historia para racionalizar la adquisición de un objeto deseable o el rechazo de uno indeseable. En el momento en que la mente hace esto, está estableciendo nuevas propensiones kármicas que refuerzan el hábito existente, creando así las causas para que surja una experiencia similar en el futuro. En términos generales, hay cuatro tipos de aferramientos: aferrarse a los placeres sensoriales, aferrarse a puntos de vista erróneos, aferrarse a los ritos y rituales y aferrarse a un sentido de sí mismo. Este vínculo está simbolizado por *un hombre recogiendo frutas*.

10. **La Existencia (Devenir):** Cuanto más aferramiento surge, más se fortalece un patrón kármico particular. Durante el proceso de la muerte, a medida

que nuestra conciencia burda comienza a disolverse, la mente se traba en una corriente particular de pensamiento. Al aferrarse obsesivamente a estas ideas, refuerza una propensión kármica específica a tal punto que domina completamente la mente. De esta manera, la semilla desarrolla el poder y la capacidad de impulsar la conciencia hacia la próxima vida. Debido a que esta maduración particular del karma es la causa de la próxima vida, está simbolizada por *una mujer embarazada*.

Ejercicio 7.3 - Las Causas de Maduración

- *En una postura relajada, establece una mente neutral a través de la práctica de la atención plena de la respiración.*

- *Trae a tu mente una experiencia que puedas identificar como agradable o desagradable. Establece los detalles del evento en tu mente lo mejor que puedas.*

- *Observa mentalmente tu reacción inicial. Cuando surgió la sensación, ¿qué hiciste? ¿Retrocediste del objeto o te interesaste más en él?*

- *Ahora piensa en la historia que surgió en tu mente justo después del sentimiento inicial. ¿En qué características comenzaste a enfocarte? ¿Cómo tomó forma tu intención? ¿Qué plan se formó en tu mente?*

- *¿Qué tipo de acción resultó de este proceso? ¿Permaneciste puramente mental o tu reacción se hizo tan fuerte que te motivó a decir o hacer algo? Tal vez fue algo sutil como una expresión facial o un sonido. Tal vez fue más complejo como unir palabras para comunicar una idea o comprometerte físicamente con el objeto de alguna manera.*

- *Usa diferentes ejemplos para tener una idea de la forma en que el agarre agrega poder al anhelo y genera acciones.*

- *Descansa con cualquier idea que surja.*

11. **El Nacimiento:** Con la maduración del karma en el momento de la muerte, somos impulsados a nuestra siguiente forma de existencia como un doble que es asesinado por un cañón. Sin ningún sentido de control o elección, experimentamos un renacimiento que adquiere un nuevo conjunto de agregados psico-físicos, condicionados una vez más por las semillas kármicas en nuestra conciencia fundamental. Sobre la base de estos agregados, nuevamente experimentamos la maduración de nuestro karma que nos impulsa a otra vida. Y entonces la rueda gira, un proceso interminable de condicionamiento incontrolado, perpetuando en cada momento de la experiencia. Por esta razón, simbolizamos este vínculo con *una mujer que da a luz*.

12. **El Envejecimiento y la Muerte:** Cuando observamos cuidadosamente nuestras diferentes experiencias dentro de la existencia cíclica, vemos que una vida condicionada por el karma es, por su propia naturaleza, insatisfactoria. Si bien pueden surgir breves momentos de placer de vez en cuando, no duran. La vida siempre está cambiando, dependiendo de una evolución constante de causas y condiciones. En el momento en que nacemos, comenzamos a envejecer. Sobre la base del envejecimiento, experimentamos todo tipo de enfermedades. Sobre la base de la enfermedad, nuestros cuerpos eventualmente pierden su capacidad de mantener la vida, lo que lleva a la muerte. Con la muerte, una vez más experimentamos las causas para impulsarnos a un nuevo nacimiento. Y así el ciclo continuo. Este vínculo final está simbolizado por *un anciano que camina hacia la muerte con un manojo de palos en la espalda*, ya que no importa cuán corta o larga sea nuestra vida, seguimos llevando el peso de las semillas kármicas.

Ejercicio 7.4 - Maduración de los Resultados

- *En una postura relajada, establece una mente neutral a través de la práctica de la atención plena de la respiración.*
- *Considera tu nacimiento. ¿Elegiste nacer? ¿Elegiste a tu madre y a tu padre? ¿Elegiste el momento en que naciste o el lugar? ¿Elegiste tener*

el cuerpo que tienes? ¿Qué control tuviste en este proceso? ¿Cuándo comenzaste a tomar decisiones sobre tu propia vida?

- *¿Qué tipo de experiencias tienes debido a tu cuerpo? ¿Qué diferencias hace tener un cuerpo masculino o un cuerpo femenino? Piensa en la gama completa de experiencias que ocurren en la vida que giran en torno a la forma y el color de nuestros cuerpos.*

- *Ahora considera cómo este cuerpo ha cambiado con el tiempo. Compara tu cuerpo cuando eras un bebé, tu cuerpo como un niño pequeño, tu cuerpo como un adolescente, tu cuerpo como un adulto joven y así sucesivamente hasta tu edad actual. ¿Qué tipo de experiencias surgieron específicas de estas fases particulares de tu vida?*

- *Piensa en la diferencia entre crecimiento y decadencia, salud y enfermedad. En general, ¿está tu cuerpo en un proceso de crecimiento o en un proceso de descomposición? Si está decayendo, ¿cuáles son las consecuencias de este proceso? ¿Cómo va a terminar? ¿En qué punto el cuerpo se ha deteriorado tanto que ya no puede sostener tu vida?*

- *Ahora imagina repetir este ciclo una y otra vez. Imagina tener que experimentar todas estas cosas, lo quieras o no. Desarrolla una sensación de cansancio de este proceso, una especie de aburrimiento con la idea de hacerlo una y otra vez.*

- *Descansa tu conciencia en cualquier idea que surja.*

Cuando caminamos hacia atrás a través de esta secuencia, podemos ver que cada enlace depende del enlace que lo precede. Sin uno, no puedes tener el otro. Esto significa que si no deseamos experimentar el sufrimiento del envejecimiento y la muerte, debemos detener el renacimiento incontrolable. Para hacerlo, debemos eliminar la maduración del karma en el momento de la muerte, lo que significa que debemos detener el aferramiento que lo fortalece. Para reducir el aferramiento debemos reducir el deseo de aceptación o rechazo. El deseo no surgirá sin sentimientos, que no pueden surgir si no hay contacto entre sujeto y objeto. Este contacto no surgirá si no hay facultades sensoriales para detectar objetos. Esas facultades sensoriales no surgirán si no se unen mente y cuerpo. Los agregados no se formarán sin una conciencia condicionada que se base en la presencia de propensiones kármicas dejadas en la mente por nuestras acciones de cuerpo, palabra y mente motivadas por nuestras aflicciones. La raíz de todas las aflicciones es la ignorancia y, por lo tanto, al eliminar la ignorancia, ninguno de los vínculos restantes puede desarrollarse y todo sufrimiento cesará.

Si bien los doce enlaces describen cómo surgen los fenómenos internos y el sufrimiento basados en las aflicciones y el karma, también podemos entender las causas y condiciones que dan lugar a los fenómenos externos aplicando el principio de interdependencia. Podemos observar la tendencia de las cosas físicas a crecer y cambiar con el tiempo, así como una semilla da lugar a un brote, capullos, plantas, brotes, flores y frutos. Cada uno de estos se considera como una causa sustancial para la siguiente entidad; así como la madera es la causa sustancial de una mesa. Contribuyen a este desarrollo seis condiciones: tierra, agua, fuego, aire, espacio y tiempo. La tierra estabiliza, el agua provoca cohesión, el fuego provoca la maduración, el viento expande, el espacio acomoda y el tiempo transforma gradualmente. Las acciones de los seres vivos también contribuyen condiciones, como un carpintero que tiene la intención de construir una mesa o una abeja que poliniza una flor.

Por lo tanto, el surgimiento de todos los fenómenos externos e internos depende de que sus respectivas causas y condiciones se unan de forma apropiada. Cuando estos factores estén completos, surgirán fenómenos, y cuando estas causas y condiciones ya no estén presentes, los fenómenos desaparecerán. Esa es la naturaleza del origen dependiente. Desde el tiempo sin principio no ha habido ningún creador de este ciclo continuo, como el yo, Dios u otros. Es decir, las causas no conciben el pensamiento, "Produciré este efecto", y los efectos no conciben el pensamiento, "Fui producido a partir de eso", y sin embargo, todas surgen con causa y efecto interdependientes. Al darnos cuenta de esto, podemos entender que todas las cosas son meramente una manifestación de interdependencia.

El proceso de los doce vínculos generalmente se describe como que ocurre y se completa a lo largo de tres vidas, aunque también podemos ver que el proceso opera durante dos vidas y en circunstancias excepcionales, durante una vida. Las causas de una vida pasada, la ignorancia y la formación kármica, dan lugar a la conciencia presente. En el presente, los siguientes ocho vínculos reúnen el karma que produce un renacimiento, y llamamos a esto la segunda vida. A

CAPÍTULO 7 LA NATURALEZA SUFRIENTE DE LA EXISTENCIA CÍCLICA

partir de aquí, se nace y, a través de ese apoyo, se experimentará el sufrimiento samsárico de envejecimiento y muerte que llamamos la tercera vida.

Estamos constantemente involucrados en innumerables ciclos de los doce vínculos, y de hecho, dentro de cada acción, todos los doce vínculos están presentes. Cada vez que morimos, completamos un ciclo de vínculos y, sin embargo, en cada momento estamos creando nuevas semillas kármicas para que los vínculos surjan una y otra vez. De esta manera, la existencia cíclica nunca terminará a menos que hagamos algo al respecto.

Comprendiendo la Naturaleza del Sufrimiento

¿Qué nos motivaría a liberarnos de la existencia cíclica? A través de nuestra comprensión de los doce vínculos, podemos ver que todo depende de la ignorancia, pero ¿por qué querríamos eliminarlo? Puede que te guste tu vida tal como es. Además, desarrollar la sabiduría que es capaz de eliminar la ignorancia requerirá mucho esfuerzo y determinación, entonces, ¿por qué molestarse?

Estas son preguntas importantes que debemos hacernos en este punto crítico de nuestro viaje. Si no establecemos nuestra motivación sobre la base de un razonamiento sólido, será muy difícil desarrollar la convicción necesaria para avanzar mucho más en este proceso. Entonces, ¿cómo podemos abordar estas preguntas?

El punto clave para recordar aquí es la necesidad de desarrollar una perspectiva más amplia de nuestra situación. Imagínate que estabas de vacaciones, relajándote en la playa y bebiendo un coco, no es una preocupación en el mundo. Ahora imagínate que esta es la primera vez que tienes la oportunidad de tomarte unas vacaciones en más de quince años. Has estado tan ocupado con el trabajo que simplemente no puedes escaparte. Finalmente, se abrió un fin de semana y tienes tres días para disfrutar. Desafortunadamente, estas vacaciones no durarán y pronto volverás a trabajar, trabajando para quién sabe cuánto tiempo antes de que vuelvas a tener esta oportunidad. Quince años de sangre, sudor y lágrimas, versus tres días de descanso y relajación.

Ahora imagínate que mientras estabas en este descanso, te olvidaste por completo del trabajo. Te pierdes en las vacaciones y comienzas a entretener la fantasía de que así será siempre la vida. Y sin embargo, no importa cuánto creas en tu fantasía, eventualmente la realidad te alcanzará. No hay escapatoria.

En este momento estamos de vacaciones. Es absolutamente cierto que hay muchas cosas maravillosas sobre esta vida. De hecho, somos muy afortunados de poder pasar tiempo con nuestros amigos y familiares y experimentar una increíble variedad de placeres sensoriales. Pero todas estas son experiencias temporales y tarde o temprano pasarán. Y cuando lo hacen, tenemos que preguntarnos si ¿estamos preparados para lo que viene después?

En un esfuerzo por mirar más allá de nuestra situación actual, el budismo enseña que es muy importante comprender las muchas formas que puede tomar el sufrimiento dentro del ciclo de la existencia. Esto no es para negar la existencia de la felicidad mundana, sino simplemente para resaltar los muchos problemas que enfrentamos debido a la forma en que nos relacionamos con la realidad.

El reconocer que hay sufrimiento en nuestras vidas, nos da la oportunidad de dar los primeros pasos para reducirlo, en lugar de dejarnos llevar sin quererlo. Es posible que podamos ver más allá de los niveles burdos de sufrimiento a sus aspectos más sutiles, aumentando nuestra conciencia de nuestra realidad samsárica. Cultivar un entendimiento de que nuestro sufrimiento proviene de las causas y condiciones que creamos, que se basa en nuestras actitudes, pensamientos e ideas, estimula el desarrollo de la atención plena de nuestro cuerpo, palabra y mente. Entonces podemos tener el poder de hacer cambios en la forma en que pensamos y actuamos, trabajando en las emociones aflictivas que causan nuestras propensiones y, por lo tanto, nuestro karma negativo. Es este tipo de contemplación y acción que caracterizan la práctica del Dharma y luego nos movemos lentamente en la dirección correcta para eliminar el sufrimiento por completo.

Junto con una actitud más proactiva hacia nuestras vidas, comprender el sufrimiento también puede ayudarnos a desarrollar nuestras cualidades y emociones positivas. Cuando vemos que sin una idea de las causas principales de nuestro sufrimiento, la mayoría de nosotros, sin saberlo, seguimos exacerbando el ciclo samsárico creando más sufrimiento para nosotros. Esto puede despertar sentimientos de gran empatía y compasión hacia nosotros y hacia los demás, y es posible que no seamos tan rápidos para juzgar o condenar a quienes se portan mal. Al actuar completamente bajo el control de tu karma, no comprendes la causa y el efecto y, por lo tanto, no te das cuenta de las consecuencias de tus acciones. Además, cuando nos damos cuenta de que solo somos un ser entre innumerables seres que también experimentamos sufrimiento y posiblemente mucho más sufrimiento que el nuestro, aumentamos nuestro sentido de humildad y reducimos nuestra autoestima. Irónicamente, al centrarnos en los demás, en realidad nos estamos ayudando a nosotros, ya que no solo estamos menos distraídos por nuestro propio sufrimiento, sino que también creamos la oportunidad de generar mérito y karma positivo.

Los Tres Niveles de Sufrimiento

Cuando se refiere al sufrimiento, el Buda a menudo usa el término "duhkha". Duhkha tiene muchas traducciones que incluyen: "insatisfacción", "estrés" e "incapaz de satisfacer". La connotación es que algunos fenómenos simplemente no pueden darnos lo que queremos. En el contexto budista, lo que queremos es una felicidad genuina y duradera, y lo que obtenemos es un flujo interminable de experiencias insatisfactorias y momentáneas. Sobre la base de esta comprensión más amplia, podemos comenzar a identificar *tres niveles de sufrimiento*:

1. El Sufrimiento del Dolor

De los tres, el sufrimiento del dolor se refiere a la experiencia real del sufrimiento, que comprende todo el dolor físico, mental y emocional. Incluye dolor físico causado por lesiones, enfermedades, calor, frío, hambre y sed. También incluye el sufrimiento del dolor mental causado por la tristeza, la insatisfacción, la confusión, la ansiedad, la soledad, la depresión o la desesperación.

Este es el nivel más grave de sufrimiento que todos pueden identificar fácilmente. A menudo creemos que hay una manera simple de aliviar este nivel burdo de sufrimiento. "Si solo pudiera encontrar un trabajo donde me apreciaran, no me sentiría tan deprimido" o "Si solo pudiera conocer a alguien especial, no estaría tan solo". Desde una perspectiva budista, todas estas son solo soluciones a corto plazo que se centran en las condiciones de apoyo e ignoran las causas sustanciales. Dado que no abordan la causa real de nuestro sufrimiento (propensiones kármicas en nuestra mente), los efectos solo pueden ser temporales.

2. El Sufrimiento del Cambio

Esta próxima forma de sufrimiento se refiere a la naturaleza insatisfactoria de lo que normalmente denominamos "placer" o "felicidad mundana". Un fenómeno compuesto es algo que surge de la unión de causas y condiciones. Todos los fenómenos compuestos tienen la naturaleza de la impermanencia en que, debido a que dependen de las condiciones, están sujetos a cambios. Por lo tanto, ninguna experiencia que dependa de fenómenos compuestos durará. Justo cuando pensamos que las cosas son perfectas, inevitablemente cambiarán, por lo que no se puede confiar en ellas para una felicidad duradera.

Por lo general, tenemos la percepción de que cualquier tipo de felicidad que logremos continuará, sin saber que el sufrimiento del cambio yace latente en nuestro interior. Si nos sentamos en la misma posición durante mucho tiempo, nos duelen las piernas o la espalda, por lo que nos movemos a otra posición. Tarde o temprano, esto también dolerá, por lo que seguimos avanzando para evitar sufrir y encontrar cierto grado de comodidad. Este enfoque reactivo para encontrar la felicidad solo funciona por un corto tiempo en el mejor de los casos. Considera el chocolate como ejemplo. Es lógico pensar que, si el chocolate fuera una verdadera fuente de felicidad, cuanto más chocolate comas, más feliz te sentirás. ¿Pero qué pasa cuando comes demasiado? Eventualmente te enfermas y el chocolate que una vez te hizo feliz se convierte en una condición para que sufras.

Esta categoría de sufrimiento surge de nuestra creencia errónea de que todo es duradero cuando, de hecho, lo contrario es cierto: nada es permanente. Es posible que tengamos algo de felicidad por un momento, un día o un año y luego, de acuerdo con la naturaleza transitoria de todas las cosas, se produce un cambio que trae tristeza y desesperación, y así el ciclo continúa. En lugar de aferrarse a la experiencia del placer, una persona sabia cultivará un sentido de resignación y aceptación, sabiendo que incluso las circunstancias agradables contienen incertidumbre y sufrimiento. Con un apego reducido y una conciencia de que todas las experiencias cambian, cuando inevitablemente ocurren situaciones desafortunadas, estarán menos perturbados sabiendo que esto es simplemente la naturaleza de las cosas.

3. El Sufrimiento Omnipresente

El nivel más fundamental de sufrimiento se conoce como sufrimiento omnipresente. Siempre experimentaremos sufrimiento mientras permanezcamos bajo el control del karma y sigamos naciendo en el ciclo de la existencia. En esta situación, no podemos escapar del dolor del nacimiento, la enfermedad, la vejez y la muerte. Desde tiempos sin principio hemos soportado este proceso, experimentando todo tipo de sufrimiento imaginable. Cada una de nuestras vidas pasadas ha contenido penas y dificultades interminables, ya que esta es la naturaleza misma de la existencia condicionada. Mientras nuestros agregados permanezcan contaminados por las aflicciones y nuestra percepción de un yo se base en el ego y en la autoestima, estaremos inmersos en una existencia que tiene como núcleo el sufrimiento.

Habitualmente pensamos que las causas y condiciones para nuestra comodidad y felicidad son objetos como la riqueza, posición, reputación y relaciones, pero estos objetos solo pueden brindarnos felicidad temporal. Cuando las causas que dan origen a estos objetos y las condiciones que los sostienen ya no están presentes, ocurrirá un cambio y el sufrimiento inevitablemente continuará. El sufrimiento omnipresente está incrustado en nuestra existencia cíclica y la presencia de nuestros agregados físicos y mentales afligidos.

Si miramos lo suficiente, veremos que el sufrimiento y la insatisfacción están presentes en todas las formas de existencia condicionada, ya sea de manera manifiesta o potencial. Incluso si nos sentimos felices y contentos con todos los aspectos de nuestra vida (una familia y pareja amorosa, un buen trabajo y una situación financiera cómoda), podemos encontrar que en realidad estamos vinculados a muchos procesos interdependientes que involucran sufrimiento. La comida que comemos, por ejemplo, puede haber sido matada y traída a nuestras mesas por medios violentos e inhumanos. O la ropa que usamos puede haber sido producida por procesos de fabricación que utilizan una multitud de productos químicos nocivos. Estos ejemplos ilustran cómo todos estamos conectados en una cadena de sufrimiento que afecta a innumerables seres.

El sufrimiento a este nivel no se puede evitar a menos que realmente comprendamos su naturaleza y su origen raíz. Cuando revelamos nuestra verdadera naturaleza, erradicando nuestros cinco agregados afligidos e impuros, ya no estamos bajo el control del karma y las causas y condiciones que dan lugar a la existencia cíclica.

Estos tres niveles de sufrimiento operan de una forma u otra para cada vida que surge dentro del patrón de la existencia cíclica. Dependiendo del karma de los individuos, la mezcla del sufrimiento manifiesto y el sufrimiento del cambio variará. Para algunas personas, sus vidas están llenas de dolor y miseria, mientras que para otros, los placeres mundanos pueden ser más dominantes. Para estos últimos, el sufrimiento que experimentan está más interiorizado a medida que luchan con sus apegos.

Tipo de Sufrimiento	Ejemplos	Causa Primaria
El Dolor	Toda forma de dolor físico y mental o angustia emocional.	Aversión
El Cambio	Toda forma de placer mundano dependiente de causas y condiciones externas.	Apego
El Omnipresente	El acondicionamiento sistémico de la existencia cíclica.	Ignorancia

Tabla 7-2: Los Tres Sufrimientos del Samsara.

El gran maestro indio Chandrakirti comparó la existencia cíclica con un cubo que se sube y baja en un pozo. Así como el cubo está atado por una cuerda, los seres están limitados por las emociones negativas y el karma. Como el movimiento del cubo del pozo es manejado por un operador, también el proceso de la existencia cíclica es manejado por una mente indómita, alimentada por la ignorancia. Del mismo modo que el cubo sube y baja por el pozo una y otra vez, los seres sensibles deambulan incesantemente en el gran pozo de la existencia cíclica, lo que requiere un gran esfuerzo para llegar a situaciones más felices, pero desciende fácilmente al dolor y al sufrimiento. El cubo no determina su propio movimiento, al igual que los factores que dan forma a la vida de una persona son el resultado del karma. Finalmente, así como el cubo choca con las paredes del pozo cuando sube y baja, los seres sensibles son golpeados continuamente por el sufrimiento del dolor, el cambio y estar atrapados en un proceso más allá de su control.

CAPÍTULO 7 LA NATURALEZA SUFRIENTE DE LA EXISTENCIA CÍCLICA

Los Sufrimientos Individuales dentro de los Seis Reinos

Si consideramos el espectro completo de experiencias que son potencialmente posibles dentro del contexto de la existencia cíclica, podemos identificar una serie de patrones generales de cómo se manifiesta una vida individual. Llamamos a estos patrones, *reinos de experiencia*. Cada reino puede caracterizarse por la aflicción mental dominante que da forma a una forma particular de existencia, así como por los tipos de experiencias que tal ser encontraría una vez que renazca en esa forma. En total podemos hablar de *Seis Reinos de Experiencia:*

Categoría	Reino	Causas	Experiencia Dominante
Reinos Inferiores	1. Reinos Infernales	Odio y resentimiento	Dolores y tormentos
	2. Reinos de los Fantasmas Hambrientos	Apego, avaricia y mezquindad	Hambre y sed
	3. Reinos Animales	Ignorancia y estupidez	Miedo y falta de control
Reinos Superiores	4. Reinos Humanos	Deseo	Variable
	5. Reinos de los Semidioses	Celos y competitividad	Agitación constante
	6. Reinos de los Dioses	Orgullo y complacencia.	Todos los placeres mundanos

Tabla 7-3: Los Seis Reinos de Experiencia.

De estos seis, los primeros tres están dominados por diferentes formas de sufrimientos manifiestos y, por lo tanto, se consideran los *tres reinos inferiores*. En contraste, los tres últimos están dominados por diferentes grados de placer mundano y, por lo tanto, se los conoce como los *tres reinos superiores*.

Cada reino existe en un nivel diferente de sutileza al de los otros reinos. Las formas más burdas de existencia son las de los reinos humano y animal. Comparten un grado similar de cualidades físicas, lo que nos permite experimentar directamente seres en estos niveles. Sin embargo, a medida que avanzamos hacia los extremos, los seres se vuelven cada vez más sutiles, lo que nos dificulta el percibirlos. Para la mayoría de las personas, los reinos del infierno, los reinos de los fantasmas hambrientos y todos los reinos de los semidioses y los dioses están más allá de su capacidad de experimentar. Estos reinos solo se pueden experimentar al nacer en ellos o al hacer que la mente sea más sutil a través de la meditación.

Ahora exploraremos cada reino con mayor detalle, incluida su ubicación, los tipos de seres que se encuentran en cada reino, los sufrimientos particulares experimentados y el camino a seguir para evitar o superar estos tipos de sufrimientos. Si bien algunas de sus descripciones pueden ser difíciles de aceptar, siempre debemos recordar la creatividad ilimitada que posee la mente.

Una forma de pensar en esto es preguntarte, ¿qué limitaciones tienen mis sueños? Considera cómo en un mundo de sueños, si puedes imaginarlo, puedes experimentarlo. Un sueño puede ser maravilloso, lleno de todo tipo de placer, o puede ser horrible y lleno de tormentos de todas las descripciones. Solo imagina cómo sería si no pudieras despertar de tu sueño. ¿Qué pasaría si el mundo de los sueños que tu mente creó se convirtiera en tu realidad?

A veces nos obsesionamos tanto con nuestra realidad actual que pensamos que esto es todo lo que hay. Cerramos nuestras mentes a las posibilidades y limitamos nuestra visión a solo una pequeña porción de la realidad. Al aprender sobre estos diferentes reinos, expandimos nuestra realidad exponencialmente para incluir un ancho de banda mucho más amplio de experiencia. Esta visión más amplia nos da una perspectiva de nuestra vida actual y nos ayuda a desarrollar una relación más realista con la vida.

Los Reinos del Infierno

Los seres del infierno son aquellos que han acumulado reservas aparentemente ilimitadas de karma negativo. Sus mentes están tan dominadas por intensas aflicciones mentales de odio, malicia y paranoia que los mundos que crean están igualmente retorcidos y llenos de tormento. Todo en estos entornos de pesadilla está diseñado para provocar un dolor tan abrumador, que lo único que puede hacer un ser nacido en estos reinos es sufrir la agonía hasta que se agote todo su karma negativo. Si bien el sufrimiento puede parecer eterno, eventualmente habrá un final y el ser renacerá en un reino superior de existencia. Si bien hay infinitas formas en que un ser puede torturarse a sí mismo, las Escrituras generalmente hablan de dieciocho niveles diferentes que son representativos de los diferentes tipos de sufrimiento que se experimentan en estos reinos.

Los Ocho Infiernos Calientes

Estos ocho infiernos yacen uno encima del otro como los pisos de un edificio con la forma de infierno "más sutil" en la parte superior y la forma "más densa" debajo. Estos reinos se describen como saturados por un calor abrasador que hace que cada momento se sienta como si estuvieras parado en el sol. Con cada nivel del infierno, aumenta la intensidad del calor y la duración del sufrimiento. En los infiernos inferiores, los seres deben soportar eones tras eones de dolor y miseria constantes. Los infiernos calientes se pueden describir de la siguiente manera:

1. **Infierno Avivador:** Aquí hay innumerables seres que se ven obligados por sus acciones negativas anteriores a luchar, machetear y cortarse mutuamente hasta que todos hayan sufrido una muerte horrible. Una vez que todos han muerto, ¡se grita la palabra "Revive!" e inmediatamente vuelven a la vida, luchando hasta la muerte nuevamente. A diferencia de los otros reinos del infierno donde el dolor y el sufrimiento son continuos, este reino ofrece la misericordia de la muerte rápida.

2. **El Infierno de Línea Negra:** Los habitantes de este infierno se colocan sobre losas de metal y son cortados en pedazos por el metal ardiente. Una vez que han sido disecados, vuelven instantáneamente a una pieza, solo para ser cortados nuevamente por lo que parece una eternidad.

3. **El Infierno que Redondea y Aplasta:** En este infierno, millones de seres son arrojados a vastos morteros hechos de hierro, del tamaño de valles enteros. Monstruosos guardianes del infierno usan enormes martillos para golpear implacablemente a sus víctimas durante eones.

4. **El Infierno de los Aullidos:** Aquí los seres sufren al ser tostados en edificios sin salida con metal al rojo vivo. Gritan y lloran, sintiendo que nunca escaparán cuando su carne se caiga de sus huesos y estallen en llamas.

5. **El Gran Infierno Aullador:** En este nivel del infierno, una gran cantidad de guardianes del infierno empujan a las víctimas a cobertizos de

metal con paredes exteriores e interiores ardiendo en fuego, donde son golpeados con martillos y otras armas.

6. **El Infierno en Llamas:** Innumerables seres sufren en este infierno al ser cocinados en calderos de hierro inimaginablemente enormes, hervidos en metales fundidos. Cada vez que salen a la superficie, los guardianes del infierno los agarran con ganchos de metal y los golpean en la cabeza con martillos, a veces perdiendo el conocimiento. Este raro momento es su idea de felicidad, ya que temporalmente no sienten dolor; de lo contrario, continúan experimentando este inmenso sufrimiento por eones.

7. **El Infierno Intensamente Ardiente:** Los seres en este infierno están atrapados dentro de casas de metal en llamas, donde son atravesados por los talones y el ano con tridentes de hierro candente hasta que las puntas salen por los hombros y la coronilla. Esto continúa por un tiempo inconmensurable.

8. **El Infierno del Ultimo Tormento:** Este se llama el Infierno del Ultimo Tormento porque no se puede encontrar un tormento peor en ningún otro lugar. Es el infierno donde renacen aquellos que han cometido los cinco crímenes atroces con retribución inmediata o aquellos que han roto sus compromisos sagrados con su maestro espiritual. Ninguna otra acción tiene el poder de provocar el renacimiento aquí. En este infierno, los seres son arrojados a un lugar candente de agonía indescriptible. El único sonido de la vida es el llanto ocasional de aquellos atrapados allí por una aparente eternidad.

Los Infiernos Vecinos

Para aquellos que han agotado el karma para nacer en el intenso calor de los infiernos calientes, hay varios infiernos vecinos. Cada uno de estos infiernos representa diferentes pruebas que un ser del infierno debe atravesar para purificar los karmas negativos restantes que los mantienen atados a los reinos del infierno. Incluyen:

1. **La Fosa de las Brasas Ardientes:** Cuando los seres han purgado la mayoría de los efectos de las acciones que los han sumergido en el Infierno del Tormento Final, emergen para ver a lo lejos lo que parece una trinchera sombreada. Saltan con deleite, solo para encontrarse hundiéndose en una enorme fosa de brasas ardientes que les queman la carne y los huesos.

2. **El Pantano de los Cadáveres Putrefactos:** Liberados de la trinchera, ven un río. Después de arder en un fuego con el calor más intenso durante eones, ver el agua los llena de alegría y corren hacia ella. Sin embargo, no hay agua; No hay nada más que cadáveres podridos que emiten un hedor pútrido. Los posibles fugitivos se hunden en este pantano y son devorados por gusanos carnívoros.

3. **La Llanura de las Hojas Afiladas:** Emergiendo del pantano de cadáveres, los seres infernales se extasían al ver una hermosa llanura verde. Cuando entran al prado, las briznas de hierba les cortan los pies como si fueran dagas afiladas.

4. **El Bosque de las Espadas:** Mientras cruzan la llanura, escuchan el sonido de bestias salvajes que los persiguen. A lo lejos se puede ver un bosque y se apresuran hacia él para protegerse. Sin embargo, cuando llegan allí, encuentran que las ramas y los árboles son como armas, cortando sus cuerpos una y otra vez.

5. **La Colina del Árbol de Hierro Salmali:** Para aquellos que han roto sus votos de castidad o se han entregado a la mala conducta sexual, ven a todos sus antiguos amantes llamándolos. Trepan sobre árboles y montañas para llegar a ellos, solo para que sus cuerpos se corten en pedazos. Cuando finalmente llegan a su destino, sus seres queridos desaparecen y los cuervos le sacan los ojos.

6. **El Río Hirviendo:** Finalmente alcanzan un gran río. Por miedo a regresar a los infiernos ardientes, estos seres saltan y tratan de nadar hacia el otro lado. En el momento en que tocan el agua, descubren que está hirviendo y quema completamente la piel de sus huesos. Cuando se acercan a la orilla lejana, los guardianes del infierno aparecen y bloquean su camino, arrojándolos de vuelta al río.

Los Ocho Infiernos Fríos

Los infiernos fríos son paisajes helados y oscuros, devastados por vientos helados y hielo. Los seres nacidos en estos entornos nacen desnudos y solos y, por lo tanto, sufren inimaginablemente. Estos infiernos incluyen:

1. El Infierno de las Ampollas
2. El Infierno de las Ampollas Brotadas
3. El Infierno de los Dientes Apretados
4. El Infierno de las Lamentaciones
5. El Infierno de los Gemidos
6. El Infierno de las Grietas
7. El Infierno de los Estallidos
8. El Infierno de lo Devastador

Estos nombres derivan de las diversas agonías sufridas dentro de ellos. Estos sufrimientos se vuelven cada vez más intensos hasta el infierno de la destrucción, donde el sufrimiento es mayor. En este infierno, la carne de los habitantes se en carne viva, exponiendo incluso los huesos. No importa cuán frío se ponga, el sufrimiento no termina hasta que el karma negativo se haya agotado.

Los Infiernos Efímeros

Los infiernos efímeros existen en todo tipo de lugares y el sufrimiento que conlleva puede incluir casi cualquier cosa que la imaginación pueda conjurar. Por ejemplo, los seres pueden ser aplastados entre rocas, congelados o atrapados dentro de objetos que se usan constantemente, como escobas, puertas y cuerdas. Cualquier tipo concebible de tortura puede ocurrir en estos lugares.

Ejercicio 7.5 - *El Sufrimiento de un Ser Infernal*

- *En una postura relajada, establece una mente neutral a través de la práctica de la atención plena de la respiración.*

- *Imagínate abriendo los ojos para encontrarte en medio de un horrible mundo de pesadilla. Elije una de las descripciones de un reino infernal e imagínate experimentando el tormento extremo de esa situación.*

- *Dedica todo el tiempo que puedas a los detalles de esta experiencia. Comienza con el medio ambiente, pintando una imagen de tu entorno inmediato. Imagina el fuerte calor o el ardor de un viento helado. Imagina el paisaje sombrío y las formas aterradoras de metal retorcido y siluetas infernales. Involucra todos los sentidos, haciendo que la experiencia sea lo más real posible.*

- *Luego evoca a los diferentes seres que son los actores principales en esta escena. Una vez más, hazlo lo más aterrador posible, con todas las cosas que realmente llenarían tu mente de terror.*

- *Luego imagina a estos seres causándote actos indescriptibles de tortura. Piensa no solo en el dolor insoportable, sino también en el tormento mental del miedo y la paranoia que acompaña a cada momento.*

- *Imagina que esta tortura se repite una y otra vez durante incontables eones. Obtén una idea de la corriente aparentemente interminable de dolor y sufrimiento. Hazlo lo más extremo posible, hasta que la sensación de aversión sea simplemente demasiado.*

- *Deja que las imágenes de horror se desvanezcan en tu mente y descansa tu conciencia sobre el intenso deseo de nunca enfrentarte a tal existencia. Desarrolla una fuerte resolución para hacer lo que esté a tu alcance para evitar las causas de tal experiencia, es decir, actos de odio y resentimiento.*

Los Reinos de los Fantasmas Hambrientos

El renacimiento en un reino de los fantasmas hambrientos es el resultado de la extrema auto-adulación, la codicia, el deseo intenso, la avaricia y la falta de generosidad. En general, hay dos categorías de fantasmas hambrientos:

Los Fantasmas Hambrientos que Viven Colectivamente

Estos fantasmas comparten suficiente karma colectivo para experimentar un reino similar de existencia. Se pueden dividir en tres tipos:

1. **Aquellos que Sufren de los Oscurecimientos Externos:** Estos fantasmas están obsesionados con satisfacer su hambre y sed interminables. Su entorno externo es tal que estos antojos nunca se pueden cumplir. Pasan toda su existencia persiguiendo espejismos que prometen comida y bebida, solo para descubrir que son ilusorios. Como consecuencia, pasan toda su vida en un estado de insatisfacción perpetua.

2. **Aquellos que Sufren de los Oscurecimientos Internos:** Estos fantasmas tienen bocas no más grandes que el ojo de una aguja. Si encuentran un bocado de comida lo suficientemente pequeño como para caber en su boca, tiene que pasar por una garganta que no sea más ancha que un solo cabello. Incluso si pudieran comer y beber lo suficiente como para satisfacer su hambre sin fondo, su estómago quema cualquier alimento antes de que tenga tiempo de nutrirlos. De esta manera, la forma misma de sus cuerpos les impide obtener lo que anhelan.

3. **Aquellos que Sufren de los Oscurecimientos Específicos:** Estos fantasmas tienen todo tipo de experiencias diferentes que dan lugar a sufrimientos de variada intensidad. Por ejemplo, algunos tienen muchas criaturas viviendo dentro de sus cuerpos, devorándolos completamente. El tema común en sus sufrimientos es que se les impide cumplir sus deseos: todo es un obstáculo.

Loa Fantasmas Hambrientos que van al Espacio

Estos incluyen todos los diferentes fantasmas, espíritus y deidades mundanas que viven su existencia en el engaño y el terror. Están sujetos a torturas constantes y están plagados, como todos los fantasmas, con percepciones distorsionadas. El calor parece frío y el placer se siente como dolor.

Ejercicio 7.6 - El Sufrimiento de un Fantasma Hambriento

- *En una postura relajada, establece una mente neutral a través de la práctica de la atención plena de la respiración.*

- *Comienza imaginando los ambientes más estériles. Haz que cada aspecto de este paisaje sea lo más inhóspito posible. Aquí no hay nada que brinde consuelo alguno. Es duro y seco.*

- *Ahora imagina que no puedes recordar la última vez que comiste o bebiste algo. Tu cuerpo está completamente desnutrido y débil. Tu piel cuelga de tus huesos y cada centímetro de tu ser duele.*

- *¿Cómo sería tener que buscar siempre comida y bebida? Siempre deseas pero nunca obtienes nada. Imagina la agonía de la situación. Imagina que todos a tu alrededor están experimentando lo mismo. Incluso si encuentras algo para comer, tienes que luchar contra innumerables otros para conservarlo.*

- *Ahora imagina que tu cuerpo real es un obstáculo. Se necesita mucho esfuerzo para obtener algo de comida. E incluso cuando tienes éxito, estás lleno de dolor y la comida no te satisface. Imagínate tratando de comer algo y fallando una y otra vez. ¿Cuán angustiosamente frustrante sería esto?*

- *Permite que la frustración, la desesperanza y la tristeza se acumulen en tu mente. Aférrate a este sentimiento y luego desarrolla un intenso deseo de liberarte de él. Reconoce que esta existencia es el resultado de un intenso apego y avaricia, y toma la decisión de hacer todo lo posible para evitar estos estados mentales dañinos.*

El Reino Animal

Las principales causas del renacimiento en el reino animal son la ignorancia y una intensa preocupación por la búsqueda de los deseos de los animales, como comer, dormir y la satisfacción sexual. Esta fijación provoca un desprecio por el desarrollo de la mente que resulta en "aburrimiento". Hay dos categorías de animales: los que viven en las profundidades de los océanos y los que se encuentran dispersos en diferentes lugares de las tierras.

4. **Los Animales que viven en las profundidades del océano:** Los grandes océanos están llenos de criaturas tan numerosas que no podemos concebir su variedad. Todas estas criaturas experimentan un sufrimiento intenso al ser acechadas, devoradas, atacadas y que sus cuerpos utilizados por otros seres como vivienda. Ignoran su situación y, por lo tanto, continúan viviendo sus días en las profundidades oscuras, ajenos al sufrimiento que padecen.

5. **Los Animales diseminados en diferentes lugares:** Los animales son generalmente tan explotados por los humanos que están destinados a sufrir. A menudo son vistos como objetos en lugar de seres con sentimientos. Hay animales que son cazados, sacrificados, esclavizados, utilizados para la investigación y cautivos. Los animales salvajes son víctimas unos de otros en una batalla por la supervivencia y rara vez se relajan, ya que continuamente temen por su propia seguridad y la de su descendencia. También soportan el sufrimiento del hambre y la sed. Incluso los animales que parecen vivir bien con un dueño amable todavía están sujetos a los caprichos de ese dueño.

Deberíamos reflexionar cuidadosamente sobre los sufrimientos de los animales y esforzarnos por desarrollar nuestra mente en lugar de perseguir ciegamente los deseos animales. También es importante tratar siempre de evitar causar sufrimiento a los animales (incluidos los insectos), meditar profundamente sobre la angustia que soportan y orar por su liberación. Podemos dedicar el mérito de nuestra meditación para liberarlos del sufrimiento.

Ejercicio 7.7 - *Los Sufrimientos de un Animal*

- *En una postura relajada, establece una mente neutral a través de la práctica de la atención plena de la respiración.*

- *Para recordar la amplia gama de animales en este planeta, comienza considerando aquellos animales que viven en el océano. Identifica algunos ejemplos y considera cómo es su experiencia cotidiana. ¿Qué desafíos enfrentan? ¿Cómo responden a esos desafíos? ¿Hay algún momento en el que estos animales pueden descansar? ¿O están constantemente bajo amenaza inminente, teniendo que defenderse de una variedad de depredadores que quieren comerlos?*

- *Ahora considera aquellos animales que viven en tierra firme. Comienza con los animales que viven en la selva. Nuevamente, considera el tipo de vida que llevan. Imagina vivir una vida así. Imagina el miedo y la ansiedad abrumadora que conlleva.*

- *Finalmente, piensa en la vida de esos animales que están controlados por los humanos. Considera la vida de los millones de pollos, cerdos y vacas que criamos para nuestra comida y las cosas horribles que deben vivir. Imagínate en esas mismas situaciones, intenta experimentar cómo sería.*

- *Permite que surja la sensación de no tener control sobre nada, estar sujeto no solo a los caprichos de los demás sino a tus propias respuestas instintivas, sin oportunidad de tomar decisiones. Reconoce las causas de estas experiencias como la ignorancia habitual que no piensa, sino que simplemente sigue cualquier impulso que surge. Desarrolla el fuerte deseo de no caer en este estado estupefacto y, en cambio, de cultivar una mayor inteligencia y sabiduría.*

El Reino Humano

Aunque el renacimiento en los tres reinos inferiores se caracteriza por un sufrimiento intenso, es de esperar que los tres reinos superiores sean felices y agradables; sin embargo, este no es el caso, ya que incluso en estos reinos superiores no se puede encontrar una felicidad duradera real.

Como solo las virtudes pueden proyectar el renacimiento en el reino humano, el más favorecido de todos los reinos, es una ocurrencia preciosa y rara (como veremos más adelante en el capítulo siguiente). A pesar de esto, los humanos experimentan una gran variedad de sufrimientos que incluyen dolor físico y tormento mental. A diferencia de los reinos inferiores, este sufrimiento no siempre se manifiesta, y existen breves momentos de descanso que dan la oportunidad de obtener una perspectiva de nuestra situación. Los tipos de sufrimiento que experimenta un ser humano pueden entenderse de manera general y específica mediante las siguientes categorías:

Las Cuatro Grandes Corrientes del Sufrimiento Humano

Este primer conjunto de sufrimientos está estrechamente relacionado con el ciclo de la vida y representa la naturaleza de nuestra experiencia vivida como humanos. Estos sufrimientos siempre están con nosotros desde el momento en que nacemos hasta el momento en que morimos. Las cuatro grandes corrientes de sufrimiento humano son:

1. **El Sufrimiento del Nacimiento:** Dentro del útero de nuestra madre hay una cantidad considerable de sufrimiento. Cuando nuestra madre se mueve, nos arrojan de un lado a otro. Cuando se acuesta sentimos la presión de su forma. Cuando su estómago está lleno, nos aplasta. Cuando consume alimentos y bebidas frías o calientes, sentimos el dolor del calor ardiente o el frío helado. Si realmente pudiéramos recordar todo este sufrimiento, seguramente nos haría desear no volver a renacer nunca más, sin embargo, no podemos recordarlo debido a nuestra ignorancia y al trauma del parto. Existe el dolor de ser exprimido del cuerpo de nuestra madre y la angustia cuando nos encontramos con el entorno más hostil del mundo exterior. A partir de este momento, ahora tendremos que

enfrentar los sufrimientos de un mundo dominado por nuestros sentidos. En virtud de haber nacido, ahora estamos sujetos a estos sufrimientos, nos guste o no.

2. **El Sufrimiento del Envejecimiento:** Después del nacimiento, tenemos la sensación errónea de que estamos creciendo y aumentando nuestra capacidad, manteniendo la ilusión de que estamos ganando más vida. Sin embargo, la realidad es que nuestra vida se acorta con cada momento que pasa. Mientras nos consumimos viviendo nuestras vidas, olvidamos que estamos envejeciendo. Debido a nuestra falta de atención y sabiduría, no somos conscientes de que estamos corriendo hacia la muerte con cada instante. Incluso el cirujano más hábil no puede hacernos más jóvenes, a pesar de que pueden mejorar nuestra apariencia temporalmente. Eventualmente, la realidad de la vejez se nos presenta junto con un cuerpo enfermo, niveles de energía reducidos y facultades sensoriales fallidas. El envejecimiento es inevitable y no podemos evitarlo sin importar cuánto lo intentemos. A medida que el cuerpo se deteriora, nuestro sufrimiento puede ser considerable, no muy diferente de algunas de las existencias en los reinos inferiores.

3. **El Sufrimiento de la Enfermedad:** A medida que el cuerpo envejece, se vuelve susceptible a los desequilibrios. Llamamos a estos desequilibrios "enfermedad" y pueden atacarnos en cualquier momento. La mayoría de las veces no prestamos mucha atención a nuestra salud. Solo cuando nos enfermamos gravemente, nos sorprende reconocer la naturaleza frágil de nuestra vida. Si bien es posible que podamos evitar algunos síntomas durante algún tiempo, eventualmente la enfermedad nos alcanza. Cuanto más envejecemos, menos nuestro cuerpo es capaz de mantener nuestra vida y más enfermedades surgen.

4. **El Sufrimiento de la Muerte:** Finalmente, nuestro cuerpo se descompone por completo y la enfermedad nos abruma, haciendo que nuestra mente se separe de nuestros cuerpos. Llamamos a este proceso "muerte". Puede ser extremadamente doloroso mirar impotente mientras tu cuerpo se apaga y te empuja incontrolablemente hacia lo desconocido. El miedo

que surge en este momento puede ser realmente aterrador. Para algunos, este proceso ocurrirá en un corto período de tiempo (por ejemplo, en caso de muerte accidental). Sin embargo, para la mayoría, será un proceso prolongado, lleno de muchas formas de sufrimientos físicos y mentales. A medida que se acerca el momento de la muerte, una persona a menudo reflexionará sobre su vida. Pueden sentir una intensa sensación de arrepentimiento y tristeza con respecto a sus acciones. Incluso pueden asustarse cuando piensa en las consecuencias que esas acciones traerán en el futuro. Aquellos que no creen en una vida futura a menudo experimentarán un miedo abrumador a la aniquilación que solo sirve para madurar las propensiones kármicas negativas.

Ejercicio 7.8 - Los Sufrimientos Generales de los Humanos

- *En una postura relajada, establece una mente neutral a través de la práctica de la atención plena de la respiración.*

- *Imagina que estás actualmente en el útero. Dedica un tiempo a pensar en este entorno. ¿Como sería? Ahora imagina la sensación de nacer. ¿Cómo sería tener tu cuerpo atravesando por una pequeña abertura? ¿Qué tan desorientador sería esto? Imagina cómo sería ser empujado a un mundo con todo tipo de imágenes, sonidos y sentimientos desconocidos. Considera cuán confundido estarías con todas estas extrañas experiencias.*

- *Ahora recorre las fases de la vida desde el nacimiento hasta la muerte natural. Considera la experiencia de ser un niño pequeño, con todos los desafíos que enfrenta un niño. Luego considera la experiencia de un adolescente, un adulto joven, un adulto y una persona mayor. Trae a la mente todos los diferentes problemas que enfrentamos en cada etapa de nuestras vidas. Específicamente toma nota de la relación que tenemos con nuestro cuerpo durante cada etapa.*

- *Imagina que estás enfermo. ¿Qué se siente cuando tu cuerpo no funciona correctamente? Considera los diferentes tipos de enfermedades que has experimentado, desde una falta de energía relativamente menor hasta una enfermedad muy grave o potencialmente mortal. Piensa en todas las diferentes enfermedades que podrías enfrentar.*

- *Imagina que estás en tu lecho de muerte, con tu familia y amigos reunidos a tu alrededor. Sabes que vas a morir y no hay nada que puedas hacer al respecto. ¿Qué estado mental tendrías? ¿Qué tipo de cosas te asustarían? ¿Qué te daría consuelo?*

- *Permite que surja una sensación general de insatisfacción al estar sujeto a este tipo de sufrimientos. Descansa tu conciencia en este sentimiento.*

Otros Cuatro Sufrimientos Humanos Naturales

El siguiente conjunto de sufrimientos está relacionado con la naturaleza turbulenta de nuestras vidas y las muchas situaciones problemáticas en las que nos encontramos. Este tipo de sufrimientos constantemente generan dificultades en nuestras vidas y crean las condiciones para que surja la insatisfacción.

1. **El Sufrimiento de Conocer los Enemigos:** Nadie desea encontrarse con enemigos dañinos o personas que están en contra de nosotros. Sin embargo, si fallamos en mantener una buena conducta moral y en cambio dedicamos nuestra atención a adquirir riqueza, fama o estatus, impulsados por una motivación codiciosa, entonces desarrollaremos naturalmente oponentes. Entonces es mucho más difícil tener una mente verdaderamente pacífica. Nuestro sufrimiento a menudo está en proporción directa con nuestra riqueza y estatus, ya que sentimos que tenemos que protegerlos de las personas que están en contra de nosotros. Por lo tanto, debemos reflexionar y meditar sobre la importancia de vivir en paz y esforzarnos por disminuir nuestro apego, especialmente a la riqueza y la fama.

2. **El Sufrimiento de la Separación de los Seres Queridos:** Viviendo en el mundo como lo hacemos, desarrollamos un gran apego a varias personas y, a menudo, también a los animales. Como ningún ser puede vivir

para siempre, en algún momento de nuestras vidas experimentaremos la pérdida de seres queridos de alguna forma, ya sea por separación o muerte. Además, no hay garantía de que siempre estaremos cerca de nuestros seres queridos. Los amigos y familiares que dicen amarnos pueden volverse solidarios o antagónicos en ciertas situaciones. Piense en una pareja que se han separado con malos sentimientos. Una vez ellos estaban profundamente enamorados, ahora se comportan como enemigos mortales. Incluso las relaciones armoniosas terminarán, ya que la muerte es el punto final de separación y definitivamente ocurrirá para cada persona.

3. **El Sufrimiento de No Obtener Lo Que Quieres:** Es la naturaleza humana que todos desean ser felices y tener todo lo que quieren. Este mismo deseo significa que cada vez que nos enfrentamos con obstáculos para satisfacer nuestros deseos, seguramente habrá alguna forma de sufrimiento. Incluso si nuestros deseos se cumplen, a menudo todavía queremos más y, en consecuencia, nunca estamos realmente satisfechos. Por lo tanto, debemos meditar sobre los beneficios de practicar el Dharma y tratar de disminuir nuestra dependencia de las empresas samsáricas, como las descritas por las ocho preocupaciones mundanas, a medida que comenzamos a comprender que no son una fuente confiable de felicidad verdadera y duradera.

4. **El Sufrimiento de Obtener Lo Que No Deseas:** Si bien todos deseamos evitar ciertas cosas desagradables o no deseadas, a lo largo de nuestras vidas seguramente encontraremos situaciones que haríamos casi cualquier cosa para evitar. Este es uno de los sufrimientos más comunes que enfrentamos en la vida. Al no entender que todo lo que experimentamos es el resultado de nuestras acciones pasadas, aunque no queremos sufrir, constantemente creamos las causas del sufrimiento. Del mismo modo, aunque anhelamos la felicidad y la prosperidad, a menudo no cultivamos las causas necesarias para la felicidad.

No debemos dar la buena fortuna por sentada. En cambio, deberíamos apreciar los numerosos aspectos positivos en nuestras vidas, especialmente si hemos nacido en un país rico, con un cuerpo sano y con todas nuestras facultades sensoriales intactas. Estas afortunadas condiciones nos permiten vivir una vida próspera y brindan la increíble oportunidad de estudiar el Dharma. Al mismo tiempo, sin embargo, debemos entender que todo esto es el resultado de causas específicas como la generosidad y la conducta moral virtuosa. Este tipo de información nos ayuda a crear un futuro feliz para nosotros mismos y reconocer por qué surgen circunstancias menos afortunadas y, en consecuencia, podemos comenzar a reducir el nivel de sufrimiento que experimentamos.

El grado en que sufrimos también está determinado por nuestra actitud mental. Si podemos desarrollar formas saludables de pensar, como la paciencia y la flexibilidad, es más probable que tengamos expectativas realistas y aceptemos más las situaciones desafiantes que surjan. Desarrollamos así la sabiduría, que puede ayudarnos a reducir este tipo de sufrimiento.

En resumen, no siempre podemos obtener lo que deseamos o evitar lo que no queremos, ya que esta es la naturaleza del samsara. Por lo tanto, es mejor cambiar nuestra actitud y cultivar tanto mérito y karma positivo como podamos, en lugar de llevar una vida controlada por el anhelo y el deseo.

Ejercicio 7.9 - Los Sufrimientos Específicos de los Humanos

- *En una postura relajada, establece una mente neutral a través de la práctica de la atención plena de la respiración.*

- *Recuerda diferentes eventos en los que te enfrentaste a alguien que te impidió hacer algo. Es posible que hayan creado obstáculos inadvertidamente o que hayan intentado lastimarte intencionalmente de alguna manera. Piensa en cómo estas personas aparecen en tu vida una y otra vez. Piensa en la frustración que surge en relación con estas personas.*

- *Ahora considera el dolor de estar separado de un ser querido. Piensa en tus relaciones pasadas e identifica a todas aquellas personas con las que anteriormente te sentías muy cercano y que ahora ya no son parte de tu vida. Considera todas las diferentes circunstancias que contribuyeron a* que estas relaciones se desmoronaran. Toma nota de todas las personas con las que entras en contacto y la duración de estas relaciones. Obtén una idea del papel que desempeña el apego en el sufrimiento que se experimenta durante la separación.

- *Considera todas las cosas que has deseado en esta vida. Identifica las personas, los lugares y las situaciones que anhelabas y que, sin embargo, no has podido experimentar. ¿Cómo se siente querer algo tanto y no poder cumplir ese deseo?*

- *Ahora considera todas las cosas que no solicitaste, pero que de todos modos tuviste que experimentar. Piensa en los diferentes momentos en que te enfermaste o experimentaste algún tipo de desgracia en tu vida. Piensa en los problemas que encuentras todos los días, las pequeñas cosas que te dificultan la vida. Piensa en los momentos de crisis por los que has pasado y el sufrimiento de no saber qué sucedería.*

- *Permite que surja una sensación general de insatisfacción. Descansa en el deseo de liberarte de estas formas de sufrimiento. Toma la decisión de abandonar los estados mentales de anhelo y deseo que son las causas de este tipo de experiencias.*

El Reino de los Semidioses

Un semidiós es un ser muy poderoso que está completamente dominado por los celos, la insuficiencia y la competitividad. A pesar de que su entorno está lleno de numerosos placeres y riquezas, palidecen en comparación con los reinos de los dioses y esto les da a los semidioses un sinfín de sufrimiento. Su celoso deseo de tener lo que poseen los dioses, los lleva a librar guerras interminables contra los dioses con el deseo de adquirir todo lo que quieren. Pero como los dioses son aún más poderosos, los semidioses siempre son derrotados y, por lo tanto, sus ambiciones nunca se cumplen.

En un reino de lucha constante, no hay oportunidad para descansar. Para evitar nacer aquí, siempre debemos evitar los celos y la envidia. En cambio, trata de desarrollar compasión por los demás reflexionando sobre su situación desde lo más profundo de tu corazón.

Ejercicio 7.10 - Los Sufrimientos de un Semidiós

- *En una postura relajada, establece una mente neutral a través de la práctica de la atención plena de la respiración.*

- *Imagina que naciste en una ciudad al lado de un río. Todo lo que necesitabas estaba disponible para ti: comida, ropa y acompañantes.*

- *Pero imagina que al otro lado del río, había otra ciudad más magnífica. Todo sobre este lugar era más grande y mejor que donde vivías. Cada día te sientas en la orilla del río y miras a las personas que se divierten. Cada día desarrollas tu deseo de tener lo que tienen. Imagina la envidia y el deseo que surgen en tu mente.*

- *Ahora considera lo que harías si esa envidia fuera tan fuerte que no pudieras soportarla más. Y no solo tú, sino que todos en tu ciudad están llenos de un intenso deseo por lo que tiene la ciudad vecina.*

- *Imagina que vas a la guerra, convencido de que la única forma de conseguir lo que quieres es tomarlo. Intenta experimentar el salvajismo y la brutalidad de luchar contra un enemigo que es más grande y más fuerte que tú. Cada vez que atacas, te devuelven el golpe, se burlan de ti y te niegan todo lo que deseas. Imagina el resentimiento y la frustración que surgiría.*

- *Reconoce que esta forma de existencia es el resultado de cultivar la mente de los celos y el deseo. Desarrolla una fuerte resolución de abandonar estos estados mentales destructivos y, en cambio, cultivar una sensación de satisfacción interna con lo que tienes.*

Los Reinos de los Dioses

Dentro del contexto de la cosmovisión budista, el término "dios" se usa para describir una forma de existencia cada vez más sutil que se caracteriza por un inmenso placer y la ausencia de sufrimiento manifiesto. Estos dioses no están iluminados y todavía están atrapados dentro del ciclo de la existencia. Si bien pueden vivir durante períodos de tiempo inimaginablemente largos, todavía están sujetos a causas y condiciones y, por lo tanto, la naturaleza de su existencia es impermanente. Eventualmente, su existencia llegará a su fin y deben renacer en uno de los otros reinos, donde experimentarán nuevamente diferentes grados de sufrimiento y crearán las causas para perpetuar ese sufrimiento.

Cuando hablamos de los reinos de los dioses, podemos establecer tres tipos de reinos que corresponden a tres niveles de sutileza:

1. **El Reino del Deseo:** Estos dioses existen dentro de la dimensión física que comparten los otros cinco reinos de la existencia. Si bien sus cuerpos son más sutiles que un humano o animal, aún pueden interactuar con otros tipos de seres. Sus vidas se caracterizan por un intenso placer y una completa ausencia de sufrimiento manifiesto.

2. **El Reino de la Forma:** Esta es una esfera de experiencia predominantemente mental con un cuerpo muy sutil que se produce a través del poder de la meditación. Dado que este reino solo puede ser experimentado por aquellos en absorción meditativa, no es accesible directamente desde el reino del deseo. Se caracteriza por formas cada vez más sutiles de dicha, no conceptualizada y viveza mental.

3. **El Reino sin Forma:** A través del poder de su concentración mental, el ser es capaz de trascender toda apariencia de forma sutil y permanece en una esfera puramente mental. Permanecen en un maravilloso estado de animación suspendida durante incontables eones, ajenos a todos los demás seres sensibles.

Si bien los dioses no experimentan el sufrimiento del dolor, eventualmente experimentan el sufrimiento del cambio y el sufrimiento omnipresente. Específicamente podemos hablar de los siguientes sufrimientos para cada uno de los tres tipos de dios:

CAPÍTULO 7 LA NATURALEZA SUFRIENTE DE LA EXISTENCIA CÍCLICA

Los Seis Reinos del Dios del Deseo

En total, hay seis niveles distintos de dioses del reino del deseo. Cada nivel es más sutil y poderoso que los que están debajo, creando una especie de jerarquía dentro de las diferentes comunidades de dioses. Para proyectar un renacimiento en uno de estos reinos, debemos haber realizado una gran cantidad de acciones meritorias. Estos dioses tienen vidas increíblemente largas durante las cuales disfrutan de un flujo constante de salud perfecta, comodidad, riqueza y felicidad. Hasta el momento de su muerte, nunca experimentan un sufrimiento grave, mientras que el sufrimiento del cambio y el sufrimiento omnipresente no son del todo evidentes para ellos, y como resultado, tienen pocas razones para practicar el Dharma. Cada momento es agradable para ellos, pero como están ocupados por esta corriente continua de placer, no logran comprender su muerte inminente y, por lo tanto, nunca consideran prepararse para ella. Como tal, un dios puede morir con gran pena y sufrir de una manera similar al sufrimiento de algunos de los reinos del infierno, ya que su muerte es increíblemente duradera y dolorosa. En el momento de la muerte, ven por clarividencia el lugar de su próximo nacimiento, y a menudo son consumidos por el remordimiento cuando se dan cuenta de cómo han malgastado todas sus reservas de karma positivo durante su vida actual, solo para renacer en los reinos inferiores.

Los Diecisiete Niveles del Reino de la Forma

Los reinos de la forma ocupan un estado de existencia más sutil que los reinos del dios del deseo, pero a diferencia de los reinos sin forma, todavía contienen algún elemento de forma, como color, forma, sonido, olor, sabor o sensación táctil. Para nacer en estos diecisiete reinos de la forma, uno necesita más que una simple acumulación de virtudes. El requisito mínimo es haber logrado la meditación shamatha, la estabilización completa de la mente. Esto establece lo que se conoce como karma fijo o inmutable, ya que no se puede cambiar hasta que se agote el resultado. Hay diecisiete reinos de formas diferentes con un nivel máximo y dieciséis niveles de sutileza creciente. Estos dieciséis se agrupan en cuatro niveles distintos que representan cuatro estados mentales diferentes o tipos de absorciones meditativas de concentración de un solo punto conocidas como *jhanas*. Los seres de estos dieciséis reinos de la forma pueden permanecer por eones en la forma particular jhana o absorción meditativa que representa su estado mental.

Tales seres no han escapado del sufrimiento omnipresente, por lo que cuando el karma inmutable que mantiene sus mentes en el estado de shamatha se agota, comienzan a despertar emociones y eventualmente renacen en uno de los otros seis reinos, dependiendo de cuál de sus huellas kármicas surge a continuación.

Hay algunas excepciones a este escenario ya que algunos seres nacen en los reinos de la forma con el propósito de alcanzar ciertas prácticas en el camino hacia la iluminación. La calidad del estado mental de los seres en el reino de la forma es muy propicia para la meditación efectiva y existe la posibilidad de alcanzar la iluminación, sin embargo, la mente de shamatha se puede lograr mientras se está en forma humana, y si se dirige hacia la iluminación, esto es un método mucho más efectivo que ser impulsado kármicamente hacia el renacimiento en forma o reinos sin forma.

Los Cuatro Niveles del Reino Sin Forma

Al igual que con el reino de la forma, el renacimiento en el reino sin forma requiere el logro mínimo de shamatha. También similar al reino de la forma, estos reinos se componen de cuatro niveles que representan diferentes estados mentales o absorciones meditativas; aunque en este caso se les conoce como las jhanas sin forma. Los seres dentro de los reinos sin forma no perciben ningún tipo de sujeto u objeto físico, ni poseen ninguna de las cinco facultades sensoriales. Es por eso que estos reinos se llaman sin forma. Aunque no tienen sentimientos, los seres en los reinos sin forma tienen percepción de algunos de los aspectos más sutiles de la mente.

1. En el primer nivel, los seres son capaces de percibir el espacio.

2. En el segundo nivel, los seres tienen una percepción más sutil, con la capacidad de percibir la mente, pero sin percepción del espacio.

3. En el tercer nivel, los seres solo tienen percepción de la nada y ninguna percepción de la mente.

4. En el cuarto nivel, los seres habitan en un estado mental extremadamente sutil, incluso sin una percepción de la nada.

Todo esto significa que las mentes de los seres en los reinos sin forma son muy insustanciales y, por lo tanto, demasiado débiles para servir como una base adecuada para eliminar las semillas de las aflicciones mentales. Los cuatro tipos de seres dentro de los reinos sin forma han alcanzado un estado mental shamatha, pero no han alcanzado ningún grado de comprensión. Los bodhisattvas, por lo tanto, evitan nacer en los reinos sin forma, ya que son incapaces de alcanzar los estados mentales necesarios para alcanzar la iluminación allí.

Ejercicio 7.11 -- Los sufrimientos de un Dios

- *En una postura relajada, establece una mente neutral a través de la práctica de la atención plena de la respiración.*

- *Imagina que estás viviendo en un opulento palacio de placer. Puedes experimentar lo que quieras, sin aburrimiento ni insatisfacción. A lo largo de toda tu vida, solo tienes que pedir un deseo y cada uno de tus deseos se cumple. Pasa un tiempo imaginando el lujo y la dicha de tal situación.*

- *Ahora imagina que después de miles y miles de años, todas las riquezas, toda la opulencia y todo el placer sensual te son quitados. Donde antes había fragancias agradables, ahora surge el hedor del olor corporal. Donde una vez tu piel brillaba con un resplandor dorado, ahora esa luz comienza a desvanecerse. Donde antes estabas rodeado de hermosas compañeras, ahora estás aislado y solo. Trata de tener una idea de lo que se siente perder todo. Este es el sufrimiento de los dioses del reino del deseo.*

- *Ahora imagina que tomas una poderosa droga que te puso en un maravilloso estupor. Imagina quedarte así durante miles de millones de años. Y luego la droga desaparece y caes, de nuevo en la tierra y la mugre de la existencia cíclica. Este es el sufrimiento de los dioses del reino de la forma.*

- *Ahora imagina que te espacias. Tu mente congelada en una corriente de felicidad aparentemente interminable. Absolutamente ningún movimiento. Y luego, sin notarlo realmente, la corriente se rompe y una vez más debes enfrentar la dureza de la realidad, solo que ahora todo tu virtuoso karma se ha agotado y debes experimentar el intenso sufrimiento de los reinos inferiores. Este es el sufrimiento de los dioses sin forma.*

- *Reconociendo que ninguna de estas formas de existencia son soluciones permanentes para tu sufrimiento, desarrolla el fuerte deseo de evitar quedar atrapado en su atractiva red. Desarrolla la firme resolución de abandonar el orgullo y la complacencia. En su lugar concéntrate en cultivar la virtud que es impulsada por la compasión y la sabiduría.*

Como podemos ver, no importa dónde nazcas dentro de estos seis reinos, siempre habrá alguna forma de sufrimiento. Si naces en los reinos inferiores, el sufrimiento es tan intenso que no tienes oportunidad de cultivar la virtud y, en cambio, solo experimentarás dolor y dificultades. Y, sin embargo, si naces en los reinos superiores, todavía no estás libre de causas y condiciones kármicas, y por lo tanto inevitablemente experimentarás situaciones insatisfactorias.

La siguiente tabla resume la gama completa de posibles tipos de experiencias que podemos crear mientras estamos atrapados en la existencia cíclica.

CAPÍTULO 7 LA NATURALEZA SUFRIENTE DE LA EXISTENCIA CÍCLICA

Tres Reinos	Seis Reinos	Tipo de Existencia
Reino del Deseo	1. Reino del Infierno	Seres del Infierno: 1. Infiernos Calientes 2. Infiernos Fríos 3. Infiernos Vecinos 4. Infiernos Efímeros
	2. Reino de los Fantasmas Hambrientos	Fantasmas Hambrientos: 1. Los que viven juntos 2. Los que viven en el espacio
	3. Reino Animal	Animales: 1. Aquellos en las profundidades del océano 2. Los dispersos en la tierra
	4. Reino Humano	Humanos
	5. Reino de los Semidioses	Semidioses
	6. Reinos de los Dioses	Dioses del Reino del Deseo: 1. Los Cuatro Grandes Reyes 2. Cielo de Treinta y tres 3. No Combate 4. El Cielo Tushita 5. Disfrutando las Emanaciones 6. Controlando las Emanaciones de Otros

Reino de la Forma		Dioses del Reino de la Forma:
		1. Primera Estabilización:
		  i. Brahma
		  ii. Gran Brahma
		  iii. En frente de Brahma
		2. Segunda Estabilización:
		  i. Una Lucecita
		  ii. Luz Brillante
		  iii. Ilimitado
		3. Tercera Estabilización:
		  i. Pequeña Virtud
		  ii. Vasta Virtud
		  iii. Virtud Ilimitada
		4. Cuarta Estabilización:
		  i. Despejado
		  ii. Nacido del Mérito
		  iii. Gran Fruta
		5. Reinos Puros:
		  i. No es Bueno
		  ii. Sin Dolor
		  iii. Excelente Apariencia
		  iv. Gran Percepción
		  v. Debajo de Ninguno

Reino Sin Forma		Dioses del Reino Sin Forma: 1. Esfera Más Allá de la Percepción 2. Esfera de la Nada 3. Esfera de Conciencia Ilimitada 4. Esfera de Espacio Ilimitado

Tabla 7-4: La gama completa de experiencias en la existencia cíclica.

Repaso de Puntos Claves

- La mente puede relacionarse con el mundo a través de la ignorancia o la sabiduría. Si la ignorancia domina, entonces experimentamos la existencia cíclica.

- La existencia cíclica surge debido a la relación interdependiente entre doce vínculos causales: ignorancia, formación kármica, conciencia, nombre y forma, las seis puertas de los sentidos, contacto, sentimiento, anhelo, aferramiento, existencia, nacimiento, envejecimiento y muerte.

- Hay tres niveles de sufrimiento: el sufrimiento del dolor, el sufrimiento del cambio y el sufrimiento omnipresente. El primero es el sufrimiento manifiesto evidente, el segundo surge en relación con nuestro apego al placer y el tercero es el resultado de nacer con agregados condicionados.

- Hay seis reinos de existencia: los reinos del infierno, los reinos de los fantasmas hambrientos, los reinos de los animales, los reinos humanos, los reinos de los semidioses y los reinos de los dioses.

- Cada reino se produce principalmente a partir de una forma de mente afligida: seres infernales por aversión, fantasmas por apego, animales por ignorancia, humanos por deseo, semidioses por celos y dioses por orgullo.

- Hay dieciocho reinos del infierno descritos tradicionalmente: ocho infiernos calientes, los infiernos vecinos, ocho infiernos fríos y los efímeros. Sin embargo, el número real es infinito.

- Los reinos de los fantasmas hambrientos se dividen en función de los tipos de oscurecimiento que enfrentan estos seres: los externos, los oscurecimientos internos y los que sufren oscurecimientos kármicos específicos.

- El reino animal se divide por el lugar donde residen los seres: hay aquellos en el océano y aquellos en tierra. De los que están en tierra, están los que son salvajes y los que están controlados por humanos.

- El reino humano se divide en función de los tipos de sufrimientos que experimentamos: hay cuatro grandes corrientes de sufrimiento (nacimiento, envejecimiento, enfermedad y muerte) y los otros sufrimientos naturales de los humanos.

- El reino de los semidioses se caracteriza por el sufrimiento de nunca estar contento con lo que tienes y siempre querer luchar contra otros y tomar sus cosas.

- Los reinos de los dioses se dividen en tres subreinos: los dioses del reino del deseo, los dioses del reino de la forma y los dioses del reino sin forma. Cada uno de ellos es progresivamente más sutil, con los dioses del reino del deseo teniendo un cierto grado de corporalidad física, siendo los dioses de la forma principalmente mentales con cuerpos energéticos muy sutiles y los dioses sin forma son de naturaleza completamente mental.

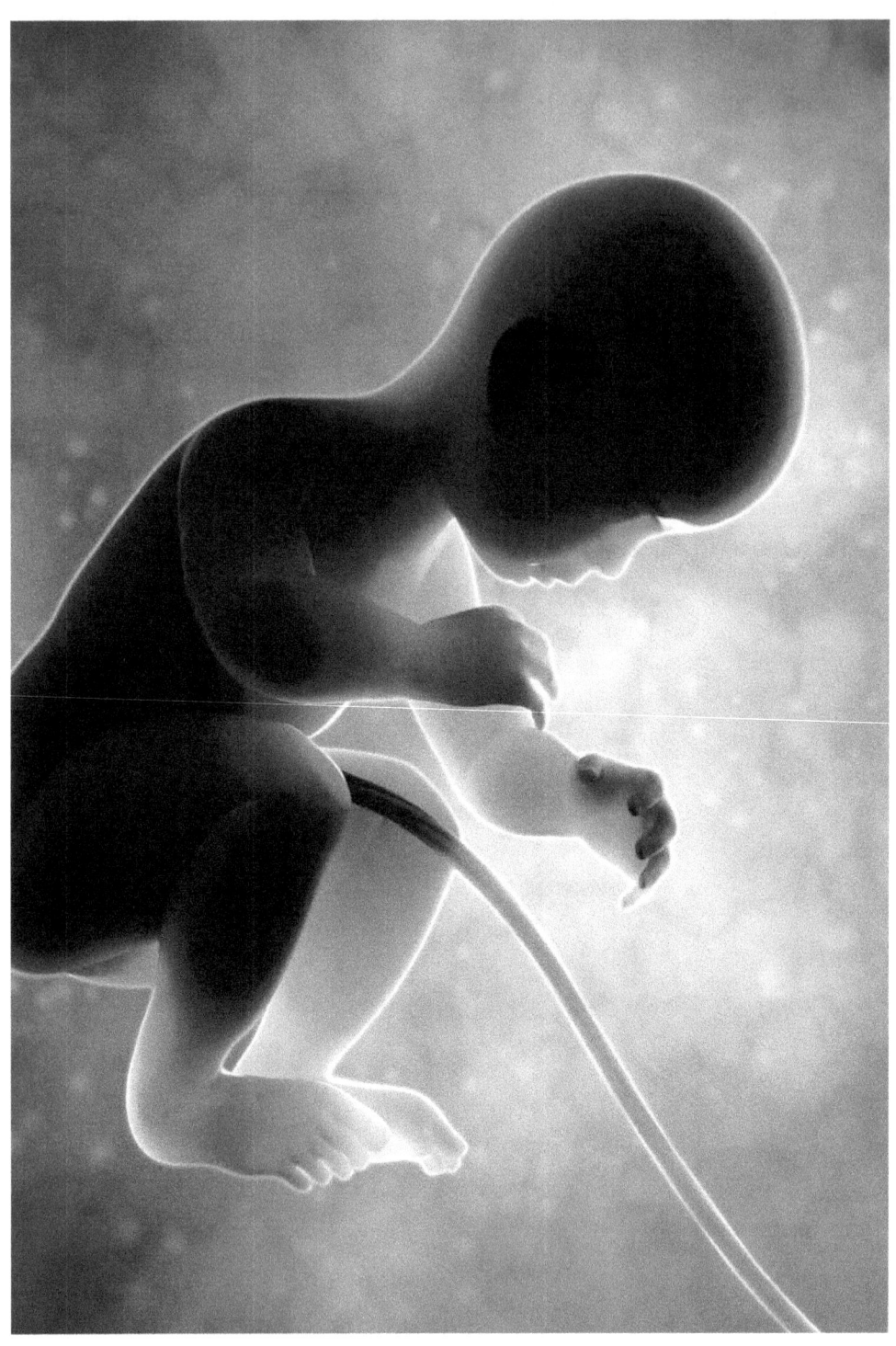

Una vida humana llena de posibilidades.

CAPÍTULO 8

La Preciosa Oportunidad Que Ofrece una Vida Humana

Cuando estudiamos el ciclo de la existencia, desarrollamos una comprensión mucho más amplia de un universo que funciona en muchas dimensiones diferentes. Es un universo repleto de vida de todas las formas y tamaños, donde los seres humanos son solo una posibilidad entre muchas. Habiendo trazado el rango completo de este espectro de potencial, ahora podemos centrarnos en la situación específica en la que nos encontramos en este momento.

De los seis reinos de existencia, actualmente habitamos el más moderado de los seis; el reino humano. Este reino es único en el sentido de que no está dominado por el sufrimiento ni el placer extremos. Generalmente es una especie de término medio, donde es posible experimentar una amplia gama de sentimientos agradables, desagradables y neutrales, sin estar completamente abrumado y saturado por estas experiencias. Estos sentimientos van y vienen de una manera notablemente transitoria que permite a quienes prestan atención reflexionar sobre su naturaleza. En dicho entorno, es posible desarrollar ideas sobre los fenómenos y, al hacerlo, desarrollar una mayor inteligencia y sabiduría. Esto es algo (como veremos a continuación) que es extremadamente improbable en cualquiera de los otros reinos.

Es esta capacidad de desarrollar activamente nuestras mentes lo que hace del reino humano una forma de existencia tan importante en el contexto de la práctica del Dharma. Cuando comenzamos a mirar honestamente sus características, vemos que tenemos todo lo que necesitamos para lograr todo lo que siempre quisimos. Esto es posible porque ahora mismo, en este mismo momento, tenemos la capacidad de elegir. Podemos elegir crear las causas del sufrimiento o crear las causas de la felicidad. Depende de cada uno de nosotros, cómo es que pasamos nuestro tiempo.

Las siguientes enseñanzas están diseñadas para ayudarnos a desarrollar una visión de dos aspectos clave de nuestra vida humana:

1. La *oportunidad* increíblemente *preciosa* que esta vida nos presenta
2. La increíble *rareza* de haber encontrado tal oportunidad

Cuando combina estas dos cualidades, ayudan a desarrollar un sentido de aprecio por su situación actual que actúa como un fuerte motivador para practicar el Dharma. En lugar de desperdiciar esta oportunidad, puede optar por aprovechar al máximo cada segundo y, por lo tanto, convertir una existencia humana regular en lo que se conoce como una *vida humana preciosa*. Es esta preciosa vida humana la plataforma perfecta para lograr realizaciones espirituales.

Las Características de una Preciosa Vida Humana

Comenzaremos por distinguir claramente lo que hace que una preciosa vida humana sea distinta de todas las demás formas de existencia. Tradicionalmente podemos hacer esto a través del estudio de ocho características de las que estamos libres y diez características de las que estamos dotados. Estos dieciocho puntos resaltan las condiciones de apoyo que, cuando se usan con habilidad, pueden conducir a una felicidad genuina y duradera.

Simplemente nacer como un ser humano no garantiza automáticamente que tengamos una *preciosa* vida humana. Si hacemos que esta vida sea preciosa o no dependerá de las elecciones que hagamos. Desafortunadamente, muchos seres humanos viven imprudentemente, creando karma negativo y causando sufrimiento para ellos y para los demás, lo que inevitablemente conduce a un mayor sufrimiento en el futuro. A medida que leemos las siguientes características, es importante contemplar y analizar si realmente las poseemos y, si no las tenemos, debemos considerar cómo hacer para reunir las condiciones faltantes.

Las Ocho Libertades

Podemos comenzar analizando primero la ausencia de ocho situaciones que hacen imposible practicar el Dharma. Estas condiciones se conocen como "libertades" porque mientras estén ausentes, tenemos la libertad de participar en la práctica espiritual. Las primeras cuatro condiciones están relacionadas con los estados no humanos que no ofrecen oportunidad para practicar:

1. **Nacer en un reino infernal:** Como hemos visto, los seres infernales son atormentados incesantemente por el calor o el frío intenso y por varios métodos insoportables de tortura. Esta corriente incesante de dolor y sufrimiento significa que un ser infernal no tiene absolutamente ninguna oportunidad de practicar el Dharma. Soportando los resultados de su karma negativo, simplemente están demasiado abrumados por su agonía como para poder desarrollar una intención positiva.

2. **Nacer como un fantasma hambriento:** Como los seres del infierno, los fantasmas hambrientos tampoco tienen la oportunidad de practicar el Dharma debido al incesante tormento del hambre y la sed que deben soportar. Están tan consumidos por el anhelo de sustento, que sus mentes no conciben practicar ni siquiera por un segundo.

3. **Nacer como un animal:** La mente de un animal reacciona constantemente al empuje y al tirón de sus tendencias habituales. Tal mente no toma decisiones, reacciona en un nivel instintivo. Esta es una señal de su ignorancia profundamente arraigada que los ciega al significado de las enseñanzas y esta incapacidad para comprender las enseñanzas, significa que no tienen la oportunidad de practicar el Dharma.

4. **Nacer como un dios longevo:** Los dioses viven una vida de lujo y placer extremos, por lo tanto, tienen muy pocos incentivos para cuestionar la naturaleza de su realidad. Esto los ciega a las desventajas de la existencia cíclica y les impide buscar el Dharma. Aquellos que se pierden en los estados superiores de absorción tienen mentes tan sutiles que no tienen la capacidad de reflexionar sobre sus condiciones y, en consecuencia, desperdician una aparente eternidad agotando todas sus propensiones positivas, hasta que finalmente caen en los reinos inferiores.

Ejercicio 8.1: Libre Para Tener la Oportunidad de Practicar

- *En una postura relajada, establece una mente neutral a través de la práctica de la atención plena de la respiración.*

- *Recuerda un evento en el que sentiste un dolor considerable o donde experimentaste algún tipo de dificultad intensa. Ahora amplifica ese sentimiento por mil para desarrollar un sentido de la intensidad experimentada por los seres del infierno. ¿Qué tipo de pensamientos tendrías en tal situación? ¿Qué tan perturbada estaría tu mente? ¿Te imaginas sentarte a meditar en una situación así?*

- *Ahora piensa en una época en la que estuviste sin comer durante un tiempo. ¿Cómo afectó el hambre tu estado mental y tu ánimo? Imagina pasar dos o tres días sin comida. ¿Cómo se deterioraría tu mente en tal situación? Ten en cuenta que los fantasmas hambrientos pueden pasar cientos de años sin encontrar un bocado para comer o una gota de agua para beber. ¿Cómo podrían practicar el Dharma?*

- *Trata de recordar un momento en que te sentiste lleno de miedo o ansiedad. Estabas tan preocupado por algo que sucedió que hiciste todo lo posible para evitarlo. Ahora imagina vivir toda tu vida en este estado. Imagina que el peligro es muy real y bajar la guardia por un momento significa que puedes morir. Piensa en el estado mental de tal ser. ¿Tiene el espacio necesario para practicar?*

- *Ahora piensa en esos momentos de tu vida en que todo iba bien. Estuviste en una excelente relación, tenías todo el dinero que necesitabas y estabas rodeado de gente maravillosa. Todo era perfecto. ¿Te gustaría cambiar tu vida? Imagina este estado de perfección multiplicado por mil, un flujo constante de placer y satisfacción. ¿Qué te motivaría a hacer el esfuerzo de practicar?*

- *Al contemplar cada uno de estos puntos, reconoce que estás libre de este tipo de existencia. Por supuesto, experimentas altibajos, pero hay muchos espacios intermedios. Permite que se acumule una sensación de alivio en tu mente. Descansa en esta sensación.*

Las siguientes cuatro condiciones están relacionadas con diferentes formas de seres humanos que no tienen los apoyos necesarios para practicar el Dharma:

1. **Nacer en una época en la que no existen enseñanzas:** Según el budismo, el universo pasa por ciclos de oscuridad creciente y períodos de luz creciente. La luz aquí se refiere a la presencia de las enseñanzas que dependen de la apariencia de un maestro (es decir, un ser iluminado). Durante los períodos en que no surge un maestro, no hay enseñanzas para practicar, por lo tanto, estos se consideran eones oscuros.

2. **Nacer en regiones remotas:** Incluso si las enseñanzas existen en nuestro mundo, podemos nacer en regiones remotas donde no están presentes y no hay una comunidad del Dharma para alentar o inspirar. En tal lugar hay muy pocas posibilidades de practicar el Dharma. A menudo, los valores y costumbres locales serán excesivamente mundanos por naturaleza, lo que dificultará que una persona encuentre la oportunidad de aprender sobre la idea de buscar la felicidad genuina.

3. **Nacer sin la capacidad mental para comprender las enseñanzas:** Incluso si nacemos en una región donde existe el Dharma, es posible que no tengamos la capacidad mental que nos permite comprender el significado detrás de las enseñanzas. Nuestro intelecto puede estar severamente limitado o podemos tener impedimentos sensoriales que nos impiden acceder a las enseñanzas por completo. Si bien esta condición normalmente no es insuperable, agrega una capa adicional de obstáculos que deben superarse.

4. **Sosteniendo puntos de vista erróneos:** Incluso si somos capaces de comprender las enseñanzas, es posible que hayamos desarrollado creencias erróneas que nos impidan practicar el Dharma. Estas creencias pueden haberse transmitido a través de nuestros padres o de la sociedad en la que vivimos. Independientemente de cómo fueron adquiridos, sirven para limitar nuestra receptividad, limitando el rango de nuestro potencial.

Ejercicio 8.2: Libre Para Tener la Capacidad para Practicar

- *En una postura relajada, establece una mente neutral a través de la práctica de la atención plena de la respiración.*

- *Considera a todos los grandes sabios del pasado. Imagina cómo sería este mundo si ninguno de ellos hubiese existido. Piensa en todas las enseñanzas que nunca se habrían impartido, y en toda la sabiduría que nunca se habría compartido. Imagina un mundo sin Dharma. ¿Cómo podrías practicar algo que ni siquiera existía?*

- *Ahora imagina que vives en una isla, completamente aislada del resto del mundo. Incluso si las enseñanzas existieran, no podrías conocerlas. ¿Cómo practicas algo que nunca has encontrado? ¿Cómo aprendemos acerca de algo si no hay nadie que nos enseñe?*

- *Luego considera lo que sería no poder ver la palabra escrita de las enseñanzas o escuchar los sonidos de las palabras si fueran dichas. ¿Qué pasaría si no pudieras entender lo que esas palabras decían? Si el significado estuviera tan oculto para ti, ¿qué beneficio podrías sacar de ello? Imagina vivir en una cultura carente del apoyo para ayudarte a superar estos obstáculos.*

- *¿Qué pasaría si vivieras en una cultura que no valora el desarrollo espiritual? ¿Qué tipo de creencias actúan como barreras para practicar el Dharma? Piensa en las diferentes formas en que nuestras creencias pueden perjudicarnos de participar en comportamientos constructivos.*

- *Controla tu propia vida para ver si alguna de estas situaciones está presente. Si está libre de los cuatro, permite que esa sensación de alivio surja nuevamente y descansa en la sensación de libertad y posibilidades.*

CAPÍTULO 8 LA PRECIOSA OPORTUNIDAD QUE OFRECE UNA VIDA HUMANA

Las Diez Ventajas

Habiendo establecido las condiciones que no están presentes en tu vida, ahora podemos ver las condiciones que sí lo están. Con las diez ventajas presentes en nuestra vida, tenemos todo lo que se necesita para practicar el Dharma. A través de la práctica del Dharma, podemos generar las causas de la felicidad genuina en nuestras vidas y, en última instancia, estar libres de todas las formas de sufrimiento. Por lo tanto, si descubrimos que tenemos los diez puntos, es una gran causa para alegrarnos. Si descubrimos que nos falta uno o más, es importante hacer todo lo posible para cambiar la situación. Estos diez puntos se agrupan en dos conjuntos:

Las Cinco Ventajas Individuales

Este primer conjunto se centra en tus propias condiciones kármicas personales que te proporcionan la base para participar en la práctica del Dharma. Las cinco ventajas individuales son:

1. **Nacer como humano:** Como hemos visto, de todas las diferentes formas de existencia, nacer como humano es la única forma que proporciona el equilibrio correcto de moderación que conduce a la contemplación espiritual.

2. **Nacer en un lugar espiritualmente central:** Tradicionalmente, un lugar "central" se describe como cualquier lugar donde se hayan establecido las enseñanzas completas del Buda (especialmente el código monástico). Si ampliamos esto a otras tradiciones de sabiduría, podríamos decir que un lugar central es cualquier lugar con acceso a auténticas enseñanzas espirituales (ya sean budistas o no). Durante muchos años, se consideró al Tíbet como un país fronterizo que carecía de enseñanzas espirituales. No fue hasta el reinado de varios reyes influyentes que el budismo se estableció en el país y el Tíbet se transformó en una tierra central.

3. **Tener las facultades intactas:** Los impedimentos cognitivos y sensoriales impiden la práctica del Dharma. Esto incluye a aquellos que no tienen la buena fortuna de poder ver representaciones del Buda para inspirar su

devoción, o leer o escuchar las preciosas y excelentes enseñanzas. Como sería más difícil participar en el estudio y la reflexión, se considera una ventaja tener todas las facultades intactas.

4. **Vivir sin un estilo de vida conflictivo:** Sumergirse en una actividad no virtuosa que contradice el Dharma puede considerarse un estilo de vida conflictivo. Esto incluye cometer acciones kármicas pesadas, como romper votos esenciales, abandonar el Dharma, cometer los cinco crímenes atroces o estar involucrado en un medio de vida donde no se pueden evitar las acciones negativas. Aunque es posible que no nazcamos en ese estilo de vida, podríamos caer fácilmente en uno más adelante en la vida.

5. **Tener fe en el Dharma:** Finalmente, es esencial tener fe en una fuente auténtica de Dharma (como las enseñanzas del Buda). Sin fe, no tenemos inclinación a practicar. Si a través de la contemplación, el análisis y la meditación desarrollamos una fe debidamente razonada en las enseñanzas, sin duda somos un recipiente apropiado para el verdadero Dharma. Esta es la mayor de las cinco ventajas individuales.

Ejercicio 8.3 - Tu Capacidad Personal

- *En una postura relajada, establece una mente neutral a través de la práctica de la atención plena de la respiración.*

- *Primero, reconoce que de hecho has nacido humano. Tienes un cuerpo y una mente humana. Considera las características de ser humano y cómo son particularmente útiles. En particular, focaliza en el beneficio de tener la capacidad de distinguir entre acciones constructivas y destructivas.*

- *Ahora considera tu ubicación física. ¿Cuáles son las características del lugar donde vives? ¿Tienes acceso a las enseñanzas espirituales, ya sea a través de libros o de una comunidad local que puedes visitar? ¿Hay información disponible para ti? Si es así, vives en una tierra central. Considera los beneficios de vivir en un lugar así.*

- *Luego piensa en la calidad de tus facultades mentales y sensoriales. ¿Eres capaz de experimentar completamente todos los aspectos de las enseñanzas? ¿De qué maneras puedes interactuar con ellos?*

- *Considera tu sustento personal. ¿Es propicio para la práctica espiritual? ¿Puedes participar en tus actividades diarias sin necesidad de cometer acciones negativas? ¿Qué tipo de mentes promueve tu rutina personal? Piensa en los tipos de hábitos que refuerza tu estilo de vida. Si hay influencias negativas, ¿puedes cambiar algo?*

- *¿Ves valor en la práctica espiritual? ¿Puedes ver el beneficio que viene de entrenar tu mente? ¿Estás interesado en desarrollar tu capacidad personal para el amor, la compasión y la sabiduría? ¿Qué tan importante es la espiritualidad en tu vida?*

- *Después de reflexionar cuidadosamente sobre si estas condiciones existen en tu vida, reconoce que tienes todo lo que necesitas para participar en la práctica espiritual. Desarrolla una mente alegre que celebre esta situación actual. Descansa tu conciencia en este sentimiento.*

Las Cinco Ventajas Circunstanciales

El segundo conjunto, analiza el karma colectivo del momento y lugar particular en el que has nacido, destacando lo que hace que este entorno sea tan adecuado para la práctica. Las cinco ventajas circunstanciales son:

1. **Un ser iluminado ha aparecido en el mundo:** Si miramos hacia atrás en nuestra historia, podemos ver que vivimos en una época en que muchos seres iluminados han aparecido en nuestro mundo. Estos seres estaban dotados de una sabiduría extraordinaria y poseían la capacidad de enseñarnos.

2. **Este ser ha dado enseñanzas:** Aunque un ser iluminado haya aparecido en nuestro mundo, no hay garantía de que tengamos el karma para recibir las enseñanzas de ellos. Afortunadamente, sin embargo, en la época de los grandes sabios como el Buda o Jesús, hubo quienes les pidieron que

enseñaran. Debido a estas enseñanzas, tenemos la increíble oportunidad de ponerlas en práctica.

3. **Esas enseñanzas permanecen en este mundo:** Vivimos en un momento en que las cinco degeneraciones están aumentando: nuestras vidas son más cortas (en términos de cosmología budista), nuestras creencias y emociones se deterioran, los tiempos se vuelven cada vez más difíciles y los seres son más difíciles de ayudar. . A pesar de todo esto, las enseñanzas continúan persistiendo en forma de transmisión textual y realizaciones en las mentes de los practicantes. Esto significa que aunque no hayamos existido en la época del Buda, aún podemos acceder a su sabiduría.

4. **Hay reconocimiento y aceptación cultural de las enseñanzas:** Esto significa que no solo las enseñanzas que tenemos hoy en día, sino que también son aceptadas en muchas partes del mundo como auténticas y valiosas. En la gran mayoría de los lugares, hay suficientes libertades religiosas y gubernamentales que permiten a las personas practicar las enseñanzas y apoyarse mutuamente en forma de comunidades espirituales.

5. **Te has encontrado con un maestro espiritual:** Si bien podemos tener la suerte de vivir en un lugar donde las enseñanzas son accesibles, también debemos reconocer nuestra gran fortuna al haber encontrado estas enseñanzas en la forma de un maestro espiritual vivo. A través de tal maestro, se nos da la guía que necesitamos para comprender completamente las enseñanzas y actualizarlas en nuestros flujos mentales.

Ejercicio 8.4 -- Tu Oportunidad Actual

- *En una postura relajada, establece una mente neutral a través de la práctica de la atención plena de la respiración.*

- *Trae a tu mente las muchas tradiciones de sabiduría que existen actualmente en este mundo. Considera el increíble beneficio que miles de millones de personas han recibido a través de la práctica de estas tradiciones. Reconoce que ninguno de estos beneficios podría haber sido posible sin que el fundador original de esas tradiciones naciera en este mundo. Permite que surja una sensación de alegría de que estos seres realmente han aparecido en esta tierra.*

- *Ahora considera lo que hubiera pasado si esos grandes sabios nunca hubieran compartido su sabiduría con otros. Si no nos hubieran dado sus enseñanzas, entonces nunca podríamos haber recibido el beneficio. Da lugar a una sensación de profunda gratitud a aquellos seres que fueron movidos por la compasión a compartir su sabiduría con nosotros.*

- *Considera las formas en que esas enseñanzas han llegado a estar con nosotros en este momento. Piensa en todos los grandes adeptos y santos que valoraron estas enseñanzas y dedicaron sus vidas a actualizarlas en sus mentes. Desarrolla un sentido de gran aprecio por los increíbles esfuerzos que hicieron para preservar esta sabiduría.*

- *Piensa en las actitudes hacia la espiritualidad que existen dentro de su sociedad particular. Considera las libertades que disfrutas en relación con la práctica del Dharma. Imagina cómo sería vivir en un lugar donde no tienes esa libertad. Genera una actitud de gratitud por la tolerancia y el apoyo que recibes de tu comunidad o sociedad.*

- *Trae a tu mente a los diversos maestros que has encontrado durante su vida. Considera el impacto que estas personas han tenido en ti. Reconoce cómo te han ayudado a trabajar con tu mente y a crecer como persona. Cultiva tu sentido de gratitud por tener a estas personas en tu vida.*

- *Reflexiona sobre la increíble oportunidad que te presentan estas condiciones. Genera una intensa sensación de alegría por haber reconocido esta preciosa oportunidad. Descansa en este sentimiento.*

Grupo	Categoría	Características
Ocho Libertades	Libertad de Estados No Humanos	1. Nacer en un reino infernal.
		2. Nacer como un fantasma hambriento.
		3. Nacer como un animal.
		4. Nacer como un dios longevo.
	Libertad como Humano	5. Nacer en una época en la que no existen enseñanzas.
		6. Nacer en regiones remotas.
		7. Nacer sin la capacidad mental para comprender las enseñanzas.
		8. Sosteniendo puntos de vista erróneos.
Diez Ventajas	Ventajas Individuales	1. Nacer como humano.
		2. Nacer en un lugar espiritualmente central.
		3. Tener las facultades intactas.
		4. Vivir sin un estilo de vida conflictivo.
		5. Tener fe en el Dharma.
	Ventajas Circunstanciales	6. Un ser iluminado ha aparecido en el mundo.
		7. Este ser ha dado enseñanzas.
		8. Esas enseñanzas permanecen en este mundo.
		9. Hay reconocimiento y aceptación cultural de las enseñanzas.
		10. Te has encontrado con un maestro espiritual.

Tabla 8-1: Las características de una preciosa vida humana.

La Rareza de Alcanzar esta Preciosa Vida Humana

Una vez que hemos identificado las condiciones específicas que están presentes en nuestras vidas, debemos reconocer cuán increíblemente raras son en realidad. Solo entonces podemos desarrollar un sentido de la preciosidad de su potencial. Podemos hacer esto a través de las siguientes contemplaciones:

Las Causas para Alcanzar una Preciosa Vida Humana

Para tener una idea de lo increíblemente difícil que es nacer con un precioso renacimiento humano, primero debemos considerar las causas y condiciones específicas que se requieren para producirlo:

1. **La Conducta Ética:** La causa principal para lograr un precioso nacimiento humano es haber participado en una buena conducta ética anteriormente. Esto significa haber mantenido al menos una forma de voto o precepto durante un período de tiempo sin romperlo. En el budismo podemos hablar de mantener los ocho preceptos de abstenerse de: dañar a los seres vivos, robar, conducta sexual inapropiada, mentir, tomar substancias que nublan la mente, tomar comidas inoportunas, bailar y cantar, y adornarse o usar asientos altos. La forma más básica de conducta ética es mantener las *Diez Acciones Virtuosas* (como se describió anteriormente en el Capítulo Seis).

2. **Mucho Mérito:** Debes haber realizado océanos de acciones meritorias en el pasado. Estos pueden incluir actos de generosidad, disciplina o paciencia.

3. **La Aspiración Fuerte:** El mérito por sí solo no es suficiente para alcanzar una preciosa vida humana. Las causas secundarias también deben ser creadas, como tener una aspiración constante de lograr esa vida y la dedicación de cualquier acción meritoria para renacer como humano.

Sin estos tres factores es imposible obtener una preciosa vida humana.

Ejercicio 8.5 -- La Dificultad de Crear las Causas

- *En una postura relajada, establece una mente neutral a través de la práctica de la atención plena de la respiración.*

- *¿Cuál es la diferencia entre simplemente actuar de manera ética y hacer un voto para actuar de manera ética? ¿Qué esfuerzo se requiere para mantener tal voto? ¿Qué votos tienes? ¿Qué tan común es que las personas tengan tales votos?*

- *¿A qué tipo de acciones estás habituado? ¿Es más fácil participar en una acción no virtuosa o una acción virtuosa? ¿Por qué crees que se necesita tanto esfuerzo para hacer algo virtuoso? ¿Nuestra sociedad fomenta la* *virtud o la no virtud? ¿Cómo influye este sesgo en tu capacidad para practicar?*

- *¿Qué tan fuerte es tu convicción en la existencia de vidas futuras? ¿Puedes reconocer el valor de obtener un precioso nacimiento humano? Reconociendo su importancia, ¿cuánto tiempo pasas creando las causas de tal nacimiento? ¿Cuánto esfuerzo se necesitaría para reforzar constantemente esta aspiración y dirigir tu vida hacia este logro?*

- *Ten en cuenta que ahora mismo has alcanzado un precioso renacimiento humano. Este hecho significa que en una vida anterior ejerciste un esfuerzo increíble para generar las causas de esta situación actual. Tu yo anterior vivió su vida de acuerdo con un código de conducta ética. Pasaba todo su tiempo acumulando méritos al participar en acciones virtuosas. También tuvo fuertes aspiraciones y dedicó toda su energía a este objetivo. ¿Cómo te sentirías si arrojas todo ese esfuerzo por la ventana y desperdicias esta vida?*

- *Desarrolla una fuerte resolución para no dejar que esta vida se te escape de las manos. Descansa tu conciencia en este sentimiento.*

Ejemplos que Ilustran la Rareza de Lograr una Preciosa Vida Humana

Hay varios ejemplos encontrados en los discursos del Buda que se usan tradicionalmente para ilustrar la increíble dificultad de lograr un precioso nacimiento humano:

1. El Ejemplo de la Tortuga Ciega

Imagina que hay un pedazo de madera con un agujero flotando en la superficie de un gran océano. Este pedazo de madera está al capricho de las olas, y está al vaivén, sin quedarse nunca en el mismo lugar en ningún momento. Al mismo tiempo, en las profundidades de este vasto océano, vive una tortuga ciega. Debido a su escasa acumulación de méritos, la tortuga solo puede elevarse a la superficie del océano una vez cada cien años.

CAPÍTULO 8 LA PRECIOSA OPORTUNIDAD QUE OFRECE UNA VIDA HUMANA

La posibilidad de que esta tortuga ciega salga a la superficie en el lugar exacto de esta pieza de madera para que pueda pasar la cabeza por el agujero es prácticamente imposible. Si la tortuga no fuera ciega y realmente pudiera buscar el trozo de madera, la situación sería bastante diferente. Pero tal como está, una maduración increíble de karma afortunado sería necesaria para que esto suceda naturalmente.

El vasto océano representa las formas de existencia aparentemente infinitas que surgen sobre la base de la ignorancia. La tortuga representa a cualquier ser que esté atrapado en este ciclo de existencia. Las profundidades del océano representan el tiempo que pasa este ser en los reinos inferiores, mientras que la oportunidad de viajar a la superficie representa el tiempo relativo que se pasa en los reinos superiores. El pedazo de madera representa la posibilidad de encontrar una preciosa vida humana.

2. El Ejemplo de las Semillas de Mostaza

Considera también la siguiente ilustración. Imagina un tazón capaz de contener un número infinito de semillas de mostaza, con cientos de variedades diferentes. Dentro de este recipiente hay una semilla solitaria que representa la escasez de un precioso nacimiento humano. Piensa en las probabilidades de seleccionar aleatoriamente esta semilla individual del tazón mientras miras en la dirección opuesta.

A lo que apuntan estos dos ejemplos es a la culminación de una increíble cantidad de karma positivo que madura exactamente de la manera correcta para generar un precioso renacimiento humano. Reconociendo esto, ¿qué tan tontos seríamos para no aprovecharlo?

Comparando el Número de Seres en los Seis Reinos

Otra forma de tener una idea de la extrema rareza de esta vida humana es mirar la cantidad de humanos que hay en comparación con todos los otros reinos. Si en realidad nos detenemos a reflexionar sobre el gran volumen de seres en los seis reinos, nos daremos cuenta de que el número es inmenso. Como hemos visto, cada uno de estos reinos es generado por estados mentales específicos.

Por lo tanto, el número de seres nacidos en estos reinos será directamente proporcional a la comunidad de esos estados mentales.

En general, la virtud da lugar a los tres reinos superiores de los humanos, semidioses y dioses, mientras que la no virtud da lugar a los tres reinos inferiores de los animales, los fantasmas hambrientos y los seres del infierno. Si consideramos si la virtud o la no virtud son más comunes, veremos que la gran mayoría de los seres está muy habituada a la no virtud. Esto significa que esta gran mayoría de los seres están creando las causas para nacer en los reinos inferiores. El ejemplo clásico dado es que el número de seres en los reinos inferiores se compara con toda la arena en el fondo del océano, mientras que el número de seres en los reinos superiores es como el polvo que cabe en la punta de una uña.

Para tener una idea de esto, compara la cantidad de humanos con la cantidad de animales. ¿De qué hay más? En este planeta hay algo así como 7 mil millones de seres humanos. ¿Cuántas hormigas hay? ¿Cuántas aves? ¿Cuántos peces? ¿Cuántos microorganismos diminutos hay flotando en el mar? Muy rápidamente podemos ver que muchos más seres tuvieron el karma para nacer como animales y luego tuvieron el karma para nacer como humanos. Y esto solo está considerando un planeta en un sistema solar de una galaxia. Es difícil incluso imaginar la gran cantidad de seres que viven en otros planetas y en otras galaxias.

Entonces podemos considerar a todos esos seres que ni siquiera podemos ver en este momento. Se dice que cada pieza de espacio está habitada por algún tipo de ser. Según las enseñanzas budistas, los fantasmas hambrientos superan ampliamente a los animales, mientras que los seres del infierno superan ampliamente a los fantasmas hambrientos. Entonces, a medida que ampliamos nuestra perspectiva, el porcentaje de seres nacidos en un reino humano se vuelve extremadamente pequeño y raro.

Lograr un nacimiento como habitante de un reino superior ya es bastante difícil, pero aún más raro es una vida humana preciosa repleta de todas las buenas condiciones necesarias para alcanzar la libertad del samsara. Esto significa que nacemos en un lugar y un momento en que se comprende el Dharma y tenemos la oportunidad de practicar las enseñanzas de una manera auténtica. Si alguna de estas condiciones está incompleta, entonces no es posible considerar tu vida humana como algo precioso, independientemente de cuán extensas sean tus destrezas, habilidades y conocimientos.

Ya hemos considerado cuántos humanos hay en este planeta en comparación con otras formas de vida, desde la forma más simple hasta la más avanzada. Ahora trate de contemplar la pequeña cantidad de humanos que tienen la suerte de nacer en lugares donde se comprende y practica el Dharma. Te darás cuenta de que hay muy pocos humanos que incluso se puede considerar que poseen una preciosa vida humana.

El Gran Beneficio de Alcanzar esta Preciosa Vida Humana

Las ocho libertades y las diez ventajas nos ayudan a identificar la singularidad de nuestra situación actual, mientras que al estudiar la rareza de la situación, reconocemos que estas condiciones no ocurren todo el tiempo. Entonces surge la pregunta: "¿Qué debo hacer con esta preciosa oportunidad?" Según el budismo, hay tres formas significativas en que esta vida se puede utilizar para brindarte a ti y a quienes te rodean una mayor paz y felicidad:

1. **La Bondad Definitiva del Renacimiento Superior:** Lo primero que puedes hacer es usar esta vida para crear las causas de un renacimiento superior, libre del intenso sufrimiento de los reinos inferiores. Si bien podrías aspirar a lograr el renacimiento en un reino de Dios, desde una perspectiva budista, vale la pena crear las condiciones para otro nacimiento humano precioso en el que puedas continuar tu práctica espiritual. De esta manera, puedes pasar de una vida a otra, evolucionando tu capacidad y eventualmente desarrollando todas las buenas cualidades.

2. **La Liberación del Sufrimiento:** Para aquellos con un desencanto particularmente fuerte con el ciclo de la existencia, pueden usar esta vida para desarrollar la sabiduría de la realidad que actúa como un antídoto contra la ignorancia. Al eliminar la ignorancia, puedes romper la cadena de los doce eslabones y, por lo tanto, detener el proceso de renacimiento condicionado incontrolado. Al hacerlo, logras un estado de felicidad

genuina y duradera que está libre de sufrimiento. Este estado se conoce comúnmente como *nirvana*.

3. **La Iluminación Completa:** Y finalmente, para aquellos que no están satisfechos con solo lograr su propio bienestar, sino que están decididos a brindar beneficios a todos los seres sensibles, esta vida se puede usar para lograr el mayor de todos los logros; Iluminación total y completa. Al hacerlo, no solo eliminas los oscurecimientos burdos que causan tu propio sufrimiento, sino que también eliminas los oscurecimientos sutiles, lo que te permite manifestarte en un número infinito de formas, para beneficiar a los demás.

Cuál de estas motivaciones eliges, depende de dónde te encuentres ahora en tu desarrollo espiritual. Es útil tener en cuenta que al trabajar para lograr un objetivo más elevado, automáticamente obtienes los beneficios de buscar los objetivos más bajos. De esta manera, si eliges dedicar tu vida a lograr la iluminación, también lograrás la liberación personal y la bondad definitiva. Lo principal a recordar es tratar de mirar más allá de nuestra vida inmediata y desarrollar una visión más amplia de nuestra situación. Si solo trabajamos para el beneficio de esta vida, entonces no podemos crear ninguna causa para la felicidad genuina, lo que significa que cuando muramos, perderemos todo lo que hemos trabajado tan duro para adquirir.

Ejercicio 8.6 -- Una Cuestión de Prioridades

- *En una postura relajada, establece una mente neutral a través de la práctica de la atención plena de la respiración.*

- *Recuerda las diversas actividades que realizas durante el día. Identifica tus hábitos dominantes. ¿Cuánta energía gastas en estas acciones?*

- *Ahora considera los tipos de resultados que producen estas actividades. ¿Están estos resultados enfocados en esta vida presente o están enfocados en vidas futuras? ¿Cuánto tiempo gastas en actividades espirituales*

CAPÍTULO 8 LA PRECIOSA OPORTUNIDAD QUE OFRECE UNA VIDA HUMANA

versus actividades mundanas? Obtén una idea del equilibrio de cómo gastas tu tiempo.

- *Ahora piensa en cómo podrías estar usando tu tiempo. ¿Hay algún hábito que no le brinda beneficios duraderos a tu vida? ¿Hay algún hábito que contribuye activamente a tu sufrimiento (ahora o en el futuro)? ¿Qué puedes hacer para reducir la energía que le das a estas actividades?*

- *Piensa en los beneficios que podrías lograr si cambiaras tus prioridades aunque fuera un poco. ¿Qué efecto tendría en tu vida y en las personas que te rodean? ¿Qué efecto tendría en tus vidas futuras?*

- *Identifica algunos cambios simples que podrías introducir en tu vida para dar mayor prioridad a tu desarrollo espiritual.*

Los Obstáculos para Practicar el Dharma

Apreciando tus circunstancias actuales y el deseo de aprovechar al máximo esta oportunidad, tienes todo lo que necesitas para practicar Dharma. Dicho esto, permanece alerta al hecho de que estas condiciones pueden deteriorarse en cualquier momento. Los siguientes son dos conjuntos de condiciones que pueden actuar como obstáculos para tu práctica. Deben evitarse tanto como sea posible, ya que tienen la capacidad de destruir tu determinación y reforzar los malos hábitos que alimentan la existencia cíclica.

Las Ocho Circunstancias Temporales

También conocido como las ocho circunstancias Invasivas, este tema fue enseñado por primera vez por el gran maestro tibetano Rigdzin Jigme Lingpa. Sus enseñanzas originales se han ampliado y hoy en día se presentan de la siguiente manera:

1. Las personas en quienes los cinco venenos (ignorancia, apego, aversión, orgullo y celos) son demasiado fuertes, no pueden practicar el Dharma puro. Incluso si tienen el deseo o el interés de hacerlo, estas aflicciones

mentales son demasiado dominantes en sus mentes. Por lo tanto, debemos hacer lo que podamos para eliminar estos estados mentales afligidos.

2. Las personas con intelecto limitado, a pesar de que tienen la oportunidad de practicar el Dharma, no pueden hacerlo correctamente porque no pueden comprender el significado más profundo de las enseñanzas. Por lo tanto, debemos hacer un gran esfuerzo para agudizar nuestra mente a través del estudio, la reflexión y la meditación.

3. Los estudiantes que son discípulos de maestros que son "falsos amigos espirituales", son guiados hacia opiniones y acciones distorsionadas que conducen a caminos equivocados. Como no aprenden el Dharma puro, no pueden progresar en su práctica. Por lo tanto, debemos investigar cuidadosamente a nuestros maestros espirituales para asegurarnos de que el Dharma que enseñan sea auténtico.

4. Las personas satisfechas con ellos mismos o perezosas nunca pueden aprender y practicar el Dharma auténticamente porque carecen de la perseverancia para realizar el estudio requerido. Estas personas siempre postergarán, pensando: "Lo haré más tarde". Sin embargo, el más tarde nunca llega. Por lo tanto, haz un gran esfuerzo para aplicar los antídotos a la pereza.

5. Debido a la magnitud de los obstáculos acumulados durante muchas vidas, a algunas personas les resultará muy difícil desarrollar las cualidades correctas para practicar el Dharma. Se sienten abrumados por una carga de karma negativo y se desilusionan por su falta de progreso. No perciben que todo es el resultado de sus propias acciones. Por lo tanto, haz un esfuerzo para purificar el karma negativo tanto como sea posible.

6. Aquellos esclavizados por actividades mundanas o que tienen compromisos inquebrantables que sirven como obstáculos para el camino budista, han perdido su libertad de practicar el Dharma, incluso si desean hacerlo. Por lo tanto, medita en las fallas de la existencia cíclica y desarrolla la fortaleza mental de la renunciación.

7. Algunas personas estudian el Dharma debido al miedo o para tratar de escapar de su situación actual. Incluso pueden vivir como monjes en un monasterio y pueden aparecer como buenos practicantes, pero en verdad no pueden progresar ya que sus intenciones no son genuinas. Por lo tanto, desarrolla la atención plena de tu verdadera intención y trabaja duro para elegir una motivación significativa para esta vida.

8. Algunas personas tienen la apariencia externa de ser un practicante del Dharma, pero sus mentes están más interesadas en preocupaciones mundanas como el prestigio y el poder. Están demasiado lejos del camino para comprometerse realmente con el Dharma. Por lo tanto, medita extensamente sobre los *Ocho Dharmas Mundanos* y las *Cuatro Convicciones de Renunciación*.

Las Ocho Actitudes Inadecuadas

También se le conocen como las ocho propensiones incompatibles que te alejan del Dharma. Incluyen:

1. Algunas personas están tan consumidas y preocupadas por su riqueza, su familia, sus posesiones y su vida empresarial que no tienen la oportunidad de practicar el Dharma. Es posible que estas personas deseen practicar, pero se mantienen cautivos por sus compromisos mundanos. Por lo tanto, establece prioridades significativas en tu vida.

2. Algunas personas tienen personalidades tan arrogantes y egoístas que carecen de la humildad para considerar mejorar. Incluso si tienen la suerte de conocer al maestro y la comunidad espiritual más maravillosos, no cambiarán para mejorar. Por lo tanto, desarrolla una mente abierta y receptiva para aprender de los demás.

3. No importa cuán a menudo y cuán bien se le enseñe a una persona sobre las fallas del samsara y el increíble sufrimiento de los reinos inferiores, aún pueden carecer de una verdadera comprensión. No tienen la determinación de liberarse participando en la práctica del Dharma. Por

lo tanto, estudia y contempla continuamente las *Cuatro Convicciones de Renunciación*.

4. Las personas que no tienen fe en el maestro y las enseñanzas no tienen la llave para abrir la puerta del Dharma. Por lo tanto, dedica tiempo a contemplar tu potencial y a desarrollar fe en la capacidad del Dharma para ayudarte a alcanzar ese potencial.

5. Algunas personas realmente disfrutan de actuar de manera no virtuosa con su cuerpo, palabra y mente. Al no poder controlar sus pensamientos, palabras y acciones, no pueden practicar el Dharma ya que se han alejado de él. Por lo tanto, siempre esta consciente de tus acciones y de los efectos que tendrán en ti y en los demás.

6. Otras personas son tan apáticas acerca del valor de cultivar la virtud o la importancia de las enseñanzas que nunca pueden practicar el Dharma. Se asemejan a un perro al que se le ofrece hierba para comer; ellos simplemente nunca estarán interesados. Por lo tanto, centra tus estudios en comprender la *Ley Kármica de Causa y Efecto*.

7. Cualquiera que haya entrado en la práctica budista y luego rompa los votos de conducta moral, sin una intención genuina de repararlos, renacerá en los reinos inferiores. Entonces no habrá oportunidad de practicar el Dharma. Por lo tanto, independientemente de las pautas éticas que decidas integrar en tu vida, asegúrate de protegerlas en todo momento.

8. Cualquier practicante espiritual avanzado que rompa sus compromisos sagrados con su maestro o con sus hermanos y hermanas espirituales, y que no tenga remordimiento genuino dentro de un cierto período de tiempo, provocará no solo su caída sino también de otros en la comunidad espiritual. Por lo tanto, toma en serio tus compromisos espirituales y esfuérzate por mantenerlos puros.

Aprovechando al Máximo esta Oportunidad

Ahora, en este momento, has sido bendecido al encontrar auténticas enseñanzas del Dharma. Lo que haces a continuación es solo tu elección. Si te alejas de esta oportunidad, estás desperdiciando tu vida humana y poniéndote en desventaja al no cultivar virtudes y seguir un camino espiritual. Por lo tanto, decide sabiamente, porque ser despertado a la preciosidad de nuestras vidas y luego darle la espalda a esta oportunidad es una gran desgracia.

Como dijo el gran santo Milarepa:

Bien usado, este cuerpo es nuestra balsa hacia la libertad,
mal usado, este cuerpo nos ancla al samsara,
Este cuerpo hace un llamado tanto al bien como al mal.

Ahora es el momento de hacer un esfuerzo sincero para vivir una vida significativa siguiendo un camino espiritual, y dedicar nuestro mérito a alcanzar futuros renacimientos a través de los cuales podamos beneficiarnos nosotros y a los demás a través de la práctica genuina del Dharma.

Como dice en el Camino del Bodhisattva:

Así, habiendo encontrado la libertad de una vida humana,
Si ahora no puedo entrenarme en la virtud,
¿Qué mayor disparate podría haber?
¿Cómo podría traicionarme a mí mismo?

Repaso de los Puntos Claves

- Hay dos cualidades que debemos reconocer acerca de nuestra situación actual: que nos presenta una oportunidad preciosa y que esta oportunidad es extremadamente rara.

- Hay dieciocho condiciones que definen un precioso renacimiento humano: ocho libertades y diez ventajas. Las libertades describen la ausencia de ciertos obstáculos que impiden la práctica, mientras que las ventajas describen las condiciones que respaldan nuestra práctica.

- Las ocho libertades se dividen en dos conjuntos de cuatro: los cuatro estados no humanos que carecen de tiempo libre debido a las experiencias extremas de placer o dolor, y las cuatro condiciones humanas que impiden directamente que uno se involucre completamente con la práctica del Dharma.

- Las diez ventajas también se dividen en dos conjuntos de cinco: las cinco ventajas individuales describen características específicas que una persona puede poseer que las hacen particularmente adecuadas para practicar Dharma, y las cinco ventajas circunstanciales que se relacionan con las características de nacer en un momento y lugar en particular.

- El aprecio por la rareza de esta preciosa vida se desarrolla al contemplar las causas que se requieren para generar tal vida, varios ejemplos que ilustran la rareza de lograr tal vida y un análisis del número relativo de seres para establecer la improbabilidad de alcanzar esta vida.

- Para reconocer el potencial que tenemos, contemplamos los beneficios que se pueden lograr sobre la base de esta vida, a saber: un renacimiento superior, la liberación de la existencia cíclica y la iluminación completa.

- Existen varios obstáculos que pueden surgir para debilitar la capacidad de practicar. Hay ocho circunstancias temporales que deben evitarse y ocho actitudes inadecuadas que deben abandonarse.

CAPÍTULO 9

Reflexionando Sobre la Muerte e Impermanencia

Practicar el Dharma a menudo nos obliga a ir en contra del flujo de nuestras propias tendencias habituales y las prioridades generalmente aceptadas de las sociedades en las que vivimos. Al reconocer el precioso potencial que ofrece esta vida, obtenemos una nueva perspectiva sobre lo que es importante, pero esto no siempre está de acuerdo con la opinión común.

En muchos países, vas a la escuela, obtienes un trabajo, te enamoras, tienes una familia, trabajas, te jubilas y mueres. Ese es el patrón que se repite una y otra vez en todo el mundo. Si bien no hay nada intrínsecamente malo con este patrón, como hemos visto anteriormente, es una perspectiva limitada y una que solo tiene en cuenta esta vida presente.

Entonces, cuando comenzamos a enfocar nuestra mente hacia el Dharma, entramos en un proceso de reconciliación entre esta visión mundana, que ha estado con nosotros desde que éramos pequeños y una visión espiritual, que estamos desarrollando actualmente. Al principio puede parecer una tira y jala entre los dos, ya que nuestros hábitos se reafirman una y otra vez continua y repetidamente. Más a menudo que no, nuestros hábitos ganan. Comenzamos a poner excusas como no tener suficiente tiempo o estar rodeado de demasiadas distracciones. Nos decimos que en este momento es demasiado difícil, pero tan pronto como tal y tal o esto y eso esté completo, practicaremos. Comenzamos a crear para nosotros todo tipo de condiciones y requisitos que consideramos necesarios para que podamos practicar. Cada vez que hacemos esto, empujamos la práctica hacia el futuro.

El Dharma puede ser increíblemente transformador en tu vida, pero no te servirá de nada si lo confinas a un mundo de fantasía que puede suceder o no.

Necesitamos traerlo a este momento presente para que realmente podamos beneficiarnos de él. Para hacer esto, necesitamos un sentido de urgencia que contrarreste nuestra tendencia a postergar, una fortaleza mental que nos permite nadar contra la corriente. Esta fortaleza viene al meditar sobre el tema de la muerte y la impermanencia.

Ya sea que lo sepamos o no, la mayoría de nosotros operamos bajo el supuesto de que todavía queda tiempo para hacer las cosas que queremos hacer. Nuestra cultura se ha vuelto bastante buena para ayudarnos a planificar nuestras vidas de diferentes maneras. Todos estos planes suponen que estarás presente para experimentarlos. Es esta suposición la que necesitamos analizar. Sobre la base de esta suposición, a menudo posponemos lo que es más importante para nosotros, a favor de participar en alguna acción temporal que puede o no conducir a los resultados que deseamos. Hacemos esto tanto, que podemos pasar toda nuestra vida en una especie de patrón de espera, siempre trabajando hacia un resultado, pero en realidad nunca lo experimentamos. De esta manera, nuestra vida literalmente puede destellar ante nuestros ojos y antes de darnos cuenta, acabamos de desperdiciar este precioso renacimiento humano.

Para algunos, la idea de pensar en la muerte es algo aterrador e innecesario. La cultura occidental tiende a tener mucho miedo relacionado con este tema. Esto probablemente esté más relacionado con el dominio de un punto de vista más bien nihilista que considera la muerte como lo mismo que la aniquilación. Para estas personas, es el final de todo y, por lo tanto, debe evitarse a toda costa. Nuestra cultura refuerza estas ideas al promover el valor de permanecer joven y bella. Intentan esconder la muerte detrás de una pared de ladrillos con la esperanza de que simplemente desaparezca.

Desde la perspectiva budista, no hay ningún beneficio en adoptar esta opinión. Al comprender el karma y la existencia cíclica, nos damos cuenta de que la muerte no es un fin, sino simplemente una transición. En lugar de algo a lo que temer, en realidad está lleno de un gran potencial y puede usarse de maneras extraordinarias para desarrollarnos espiritualmente. Al reflexionar sobre la naturaleza de la muerte y la impermanencia, podemos disminuir nuestro apego a las cosas de esta vida y, por lo tanto, cultivar un enfoque más realista y pragmático de cómo vivimos nuestras vidas. Sin embargo, lo más importante es que la muerte nos recuerda que la vida es corta y que no podemos permitirnos perder ni un segundo en actividades triviales. Por esta razón, aviva el fuego de nuestra determinación y nos impulsa hacia adelante, dándonos la fuerza necesaria para superar cualquier obstáculo que enfrentemos.

La Impermanencia Burda y Sutil

La naturaleza de nuestra realidad externa es que es impermanente: cambia constantemente de un momento a otro. No hay nada en esta realidad que no cambie. Esto se debe a que todo lo que experimentamos a este nivel es un *fenómeno condicionado*. Es decir, surge en dependencia de la unión de causas y condiciones.

1. **La Impermanencia Burda:** En un nivel muy obvio, podemos ver cómo surgen los fenómenos, que permanecen por un tiempo y luego cesan. Por ejemplo, nacemos, envejecemos y luego morimos. Del mismo modo, una semilla se convierte en un brote, que se convierte en un árbol, que produce fruta, que finalmente se descompone y se disuelve en la tierra. A menudo, este proceso se desarrolla durante largos períodos de tiempo y no lo notamos hasta que comparamos el estado actual de un fenómeno con uno anterior. Piensa en comparar cómo te ves ahora con cómo te veías de niño. Este obvio proceso de cambio se conoce como *impermanencia burda*.

2. **La Impermanencia Sutil:** Sin embargo, en un nivel más profundo, podemos hablar de *impermanencia sutil* que se relaciona con el mecanismo básico que impulsa las formas más obvias de cambio. El cambio no ocurre abruptamente. No pasamos de ser jóvenes a ser viejos en un abrir y cerrar de ojos. No funciona así. En cambio, evolucionamos en un flujo constante de incrementos muy pequeños al nivel de un microsegundo. Con cada momento que surge, lleva consigo las causas de su propio cese. Debido a que solo existe por un momento, crea la oportunidad para que surja otro momento en su lugar. Sin embargo, ese nuevo momento está establecido por un conjunto de condiciones ligeramente diferente, que conduce a variaciones extremadamente sutiles en los fenómenos resultantes.

A simple vista, todo parece estar igual, mientras que en un nivel muy sutil todo ha cambiado. Con el tiempo, estos pequeños cambios se acumulan hasta que ahora hay un cambio notable en el nivel obvio. Como normalmente solo percibimos los cambios obvios, desarrollamos la creencia de que los fenómenos persisten en el tiempo. Les atribuimos un sentido de permanencia en el que podemos identificar claramente un objeto como el "mismo" objeto que el encontrado anteriormente. Esto es una ilusión. Si bien podemos etiquetarlos conceptualmente como parte de este continuo de cambios, nada de un momento anterior persiste en el momento presente. Pueden ser similares, pero no son lo mismo.

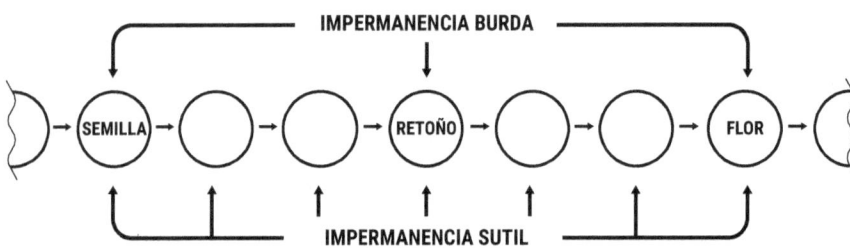

Figura 9-1: La impermanencia burda y sutil a través del tiempo.

Un buen ejemplo de cómo funciona esto es pensar en un río. Cuando nos encontramos con este río podemos ver pasar el agua. Si fijamos nuestra mirada en una porción particular del río, podemos ver que el agua que pasa por esa sección cambia constantemente. Nunca hay un momento en que el río se congele. Si volvemos al día siguiente, podemos estar seguros de que el agua de esa misma sección del río será completamente diferente del agua del día anterior. El río sigue fluyendo en una corriente constante de cambio. Si bien podemos etiquetar esta colección de cambios como "río", sin embargo, no hay nada fijo o estable a la cual haga referencia esa etiqueta.

La impermanencia sutil solo es directamente perceptible por aquellos que han alcanzado un alto grado de realización contemplativa. A través de la práctica de la meditación de colocación, se hace posible enfocar la mente a tal grado, que es capaz de captar el flujo sutil del cambio momentáneo. Tal realización le da al practicante una visión directa de la naturaleza de su realidad y puede conducir a un cambio significativo en la forma en que esa persona se relaciona con el mundo externo. Para aquellos de nosotros que no hemos alcanzado tales niveles de realización, necesitamos confiar en un conocimiento indirecto de este fenómeno a través de conceptos.

Siete Contemplaciones sobre la Impermanencia Burda

Incluso si nos resulta difícil entender directamente la impermanencia sutil, una comprensión de la impermanencia burda es extremadamente útil para reducir el apego a los fenómenos mundanos, como las posesiones materiales, las relaciones y el estatus. Aferrarse a estos aspectos como fuentes duraderas de felicidad solo resultará en sufrimiento e insatisfacción. Por lo tanto, es importante investigar y analizar cuidadosamente el nivel burdo de impermanencia y reflexionar sobre cómo impacta en nuestras vidas y en el mundo en el que vivimos. Según el glorioso linaje *Nyingthig* del budismo tibetano, hay siete contemplaciones sobre la impermanencia burda. Ahora exploraremos cada una de ellas en detalle.

1. La Evolución del Mundo Externo

El lugar más fácil para notar el flujo constante de impermanencia es observar la evolución del mundo natural. En la naturaleza, podemos ver los ciclos del tiempo que se desarrollan en todo tipo de fenómenos, como las cuatro estaciones, el flujo y reflujo de las mareas oceánicas y los cambiantes patrones climáticos que dan forma a nuestra experiencia cotidiana. Todo esto está sucediendo debido al movimiento de este planeta en relación con los otros planetas en este sistema solar, que a su vez se está moviendo en relación con los planetas en otros sistemas solares, que se mueven en relación con los planetas en otras galaxias. Todo se mueve y cambia en una danza cósmica.

Entonces, ¿cómo toma forma este vasto universo? Dependerá de a quién le preguntes. Para algunos, este universo fue creado por un ser omnipotente. Otros creen que surgió de la nada. Si preguntamos a los científicos, hay diferentes opiniones, pero la mayoría cree en la teoría de que comenzó con una singularidad de materia súper condensada que explotó en una rápida expansión, conocida como el "big bang". Desde una perspectiva budista, esta teoría no es incorrecta, simplemente es incompleta. Lo que no puede identificar es por qué esta singularidad ocurrió en primer lugar.

Basado en la comprensión de la influencia mutua entre la realidad mental y física, el budismo postula que el universo comenzó a partir de las propensiones kármicas colectivas de los seres sensibles que habitaban en ese espacio. Si bien no había una base física para los seres burdos, como los humanos o los animales, todavía existían seres puramente mentales como forma y los dioses del reino sin forma. Fue su karma el que catalizó la condensación de energía que eventualmente condujo a la gran explosión.

En las primeras fases del cosmos, los diversos elementos comenzaron a manifestarse. Esto creó las condiciones para que los seres sensibles nacieran en formas cada vez más burdas. Por lo tanto, los primeros humanos fueron el resultado espontáneo de la maduración de los seres en los reinos de los dioses. Por supuesto, estos humanos tenían poca similitud con nosotros. Eran mucho más puros con cuerpos sutiles hechos de energía.

Una vez que tomaron los cuerpos, comenzaron a reaccionar a las sensaciones que surgieron en sus mentes. Inicialmente, estos humanos no eran posesivos, compartían entre sí todo lo que tenían. Con solo mirarse era suficiente para obtener una completa satisfacción sexual. Pero con el tiempo, su sentido de deseo y anhelo creció, lo que llevó a que su visión de la realidad se volviera más sólida y gruesa. Posteriormente, ahora requerirían más esfuerzo para experimentar la satisfacción. Donde antes una mirada era suficiente, ahora necesitaban ver una sonrisa y luego experimentar el contacto físico.

Cuanto más crecía su deseo, su mundo se volvía más denso. Las estrellas comenzaron a formarse y surgieron planetas en órbita. Cuanto más sólidos eran sus cuerpos, más individualizados se sentían. Las personas desarrollaron un sentido de posesión hacia diferentes tipos de objetos. Comenzaron a participar en acciones negativas para adquirir estos objetos. Sobre esta base, surgió la falta de armonía en sus comunidades. Para evitar conflictos, establecieron reglas sociales y eligieron líderes para hacerlas cumplir. Las personas que desobedecieron estas reglas fueron castigadas.

A medida que las diversas aflicciones se hicieron más fuertes, los seres sensibles comenzaron a tomar nuevas formas. Al principio solo había unos pocos animales, pero finalmente ese número aumentó. Cada uno de ellos alimentado por la ignorancia, el apego y la aversión. Estos estados mentales dieron lugar a seres que nacen en los reinos de los fantasmas hambrientos y del infierno. De esta manera, surgieron los seis reinos.

CAPÍTULO 9 REFLEXIONANDO SOBRE LA MUERTE E IMPERMANENCIA

En algún momento, las mentes de los seres humanos se habían degenerado a tal grado que adoptaron una forma muy similar a la de los animales que los rodeaban. Lo que llamamos la evolución del hombre es en realidad la maduración progresiva del karma humano a lo largo de miles de años. Si bien puede parecer externamente como si hubiéramos mejorado significativamente de nuestro antepasado neandertal, en comparación con la pureza de nuestra forma de existencia anterior, hemos degenerado considerablemente.

Este proceso de evolución representa un período de degeneración. Cuando se ve desde la perspectiva de los ciclos cósmicos, es solo una parte de un proceso continuo de creación y destrucción. A medida que este universo actual se degenere aún más, eventualmente comenzará a desintegrarse. Este proceso comienza cuando muchos seres comienzan a alcanzar etapas avanzadas de absorción meditativa. Esto los llevará a renacer en la forma y en los reinos sin forma. Para aquellos cuyo karma negativo es demasiado fuerte, un número creciente comenzará a renacer en otros sistemas solares, vaciando efectivamente este reino físico en particular. Sin el karma colectivo que lo perpetúe, la atmósfera de este mundo colapsará y el sol se expandirá, consumiendo efectivamente al mundo en una supernova ardiente.

La primera ola de expansión del sol quemará todos los árboles y bosques frutales. La segunda ola evaporará todas las corrientes, arroyos y estanques, mientras que la tercera y cuarta ola secarán todos los ríos y los grandes lagos. Durante la quinta fase, todos los vastos océanos se evaporarán progresivamente en diversos grados. El agua de mar que queda se reducirá a un área tan pequeña que ni siquiera se puede llenar una huella. Para cuando hayan ocurrido las seis olas de la expansión del sol, toda la tierra y sus montañas cubiertas de nieve habrán estallado en llamas. Con la séptima expansión, incluso la esencia más sutil de la tierra será envuelta por las llamas, junto con cada rastro restante del mundo físico.

Con la destrucción del reino físico burdo, la energía del fuego continuará expandiéndose y consumiendo incluso los reinos más sutiles: primero los fantasmas hambrientos, luego los seres del infierno y finalmente los diversos niveles de dioses. En esta etapa, todo lo que quedará son aquellos que han trascendido el reino del deseo y se han refugiado en la forma y los reinos sin forma.

La causa de la destrucción del reino de la forma es la incapacidad de estos seres para mantener un estado mental sutil, así como el abandono de la investigación y el análisis por parte de los seres hasta el reino de la primera forma. Como este estado se caracteriza por una energía similar al fuego, son susceptibles de destrucción por el fuego en siete oleadas de destrucción. Entonces se formarán nubes de tormenta en el reino de los dioses del segundo reino y caerá una intensa lluvia torrencial. Al igual que la sal que se disuelve en agua, todo hasta el reino de los dioses del reino de la segunda forma se desintegrará. Nuevamente, esto es causado por la incapacidad de mantener un estado mental sutil y por no abandonar la alegría y el *éxtasis mundano* de los seres del reino de la segunda forma. Como este estado mental tiene una energía similar al agua, no se salva de la destrucción del agua.

Después de siete devastaciones por el agua, se levantará un viento omnipresente desde la base del universo. Al igual que el polvo esparcido por el viento, todo hasta el reino de los dioses del reino de la tercera forma será arrasado. Esto ocurre como resultado de una falta de sutileza en la estabilización meditativa y el no abandono de la ecuanimidad por parte de los seres del tercer reino de la forma. Este estado meditativo se caracteriza por la energía similar al viento y, por lo tanto, estos seres son susceptibles a la destrucción por el viento.

Al final de este proceso, todo lo que queda es el espacio y los seres del reino sin forma. Permanecerán en su estabilización mental extremadamente sutil hasta el punto en que se agote su karma, lo que desencadena todo el proceso para comenzar de nuevo. De esta manera, los seres sensibles están constantemente impulsando el cambio tanto a nivel individual como colectivo.

Ejercicio 9.1 -- La Impermanencia del Medio Ambiente

- *En una postura relajada, establece una mente neutral a través de la práctica de la atención plena de la respiración.*

- *Centrándote en el mundo natural que te rodea, identifica los diferentes patrones de cambio que ocurren en el transcurso de un año. Por ejemplo, considera las señales que te indican cada una de las diferentes estaciones.*

¿Son consistentes estas señales en todo el mundo o se experimentan de diferentes maneras? ¿Qué impulsa estos cambios estacionales? Considera tanto las causas físicas como las causas kármicas para esta variación en la experiencia.

- *Ahora considera la variación en los paisajes de este planeta. Piensa en los diferentes hábitats y en cómo son capaces de soportar una forma de vida diferente. Piensa en la relación entre un ser y el entorno en el que habita. ¿Cómo se influyen entre sí? Cuando un ser está en armonía con su entorno, ¿cuál es el resultado? Del mismo modo, ¿qué sucede cuando un ser está en desarmonía?*

- *Amplía tu alcance para considerar las formas en que nuestro medio ambiente está influenciado por los cuerpos planetarios que lo rodean. Por ejemplo, ¿qué efecto ejerce la Luna sobre la Tierra? ¿Qué señales tenemos para indicar este efecto? Considera cómo ha cambiado el Sol a lo largo de los años. Piensa en la evolución de una estrella y lo que eso significa para la vida en este planeta.*

- *Trata de tener una idea de la increíble interconexión de causas y condiciones que están impulsando la evolución constante de este mundo. Reconoce tu naturaleza impermanente y descansa en esta certeza.*

2. La Impermanencia de los Seres Mundanos

Desde el cielo más alto de Akanistha hasta el infierno más bajo, ningún ser humano puede escapar de la muerte. Como dice la *Carta de Consolación*:

En la tierra o en todos los cielos, ¿
Ha habido un ser que no morirá?
¿Tal vez, incluso escuchaste que esto sucedía?
¿Quizás imaginado que podría?

En todos los reinos, nadie ha encontrado un ser que nació y no murió. La muerte es una certeza, y vivimos en un momento en que la duración de la vida es bastante impredecible. No sabemos cómo moriremos, qué día ni a qué hora, ni sabemos a dónde iremos después de que hayamos muerto. La muerte ocurre entre la inhalación y la exhalación de nuestra respiración y puede ocurrir en cualquier momento. Como se dice en *La Colección de Refranes Deliberados*:

¿Quién puede estar seguro de que vivirá hasta mañana?
El momento de estar listo es ahora,
para los mensajeros del Señor de la muerte;
¿Son tus amigos?

Nagarjuna también dice:

La vida parpadea en el viento de mil males,
más frágil que una burbuja en una corriente.
En el sueño, cada respiración va y viene; ¡
Qué asombroso que nos despertemos con la vida!

Aunque sabemos que algún día vamos a morir, generalmente no hablamos de eso y rara vez reflexionamos sobre ello. Continuamente planeamos y nos preocupamos por nuestro futuro y actuamos como si fuéramos a vivir por siempre. Trabajamos incansablemente para lograr una vida más feliz hasta que de repente la realidad de la muerte nos confronte. En este momento, nada puede ayudarnos: el poder, la riqueza, la inteligencia, la belleza o la salud no serán de ninguna utilidad. Cuando nuestra fuerza de vida kármica ha expirado, el ejército más poderoso del mundo no puede protegernos, ni el Buda de la Medicina ni ningún dios retrasarían nuestra muerte incluso si aparecieran en persona. Una vez que ocurre la muerte, nuestra piel comienza a desvanecerse, nuestros ojos se vuelven vidriosos, nuestra cabeza y extremidades se debilitan, y bajo el control de nuestro karma, somos arrastrados rápidamente hacia nuestro próximo renacimiento.

3. La Impermanencia de los Grandes Gobernantes

Hay dioses y rishis que pueden vivir tanto tiempo como un eón, pero eventualmente ellos también deben experimentar la muerte. Incluso aquellos que gobiernan sobre los seres, como Brahma, Indra, Vishnu, Ishvara y otros grandes dioses, no están más allá del karma y del alcance de la muerte. A lo largo de la historia ha habido muchos emperadores poderosos y gobernantes influyentes como Julio César, Alejandro Magno, Genghis Khan y Napoleón. Lograron grandes cosas, lograron una inmensa fama e increíble riqueza material, pero finalmente sucumbieron a la muerte al igual que todos los demás seres y no pudieron llevarse ninguno de sus logros o poderes mundanos.

La historia del Tíbet es un ejemplo perfecto de impermanencia. El Tíbet lleva un pasado colorido que abarca miles de años, especialmente desde la época del rey Nyatri Tsenpo, a quien se considera la emanación de un gran Bodhisattva. Reinaron cuarenta y cuatro reyes, abarcando varias dinastías, todas con diferentes políticas. Hubo momentos durante los cuales el Tíbet gobernó sobre muchos países vecinos como China, Mongolia y algunas partes de India y Birmania, pero fieles a la naturaleza del cambio inevitable y la impermanencia, estos tiempos gloriosos ahora son solo un recuerdo y el pueblo tibetano está luchando actualmente. con la pérdida de libertad política e incluso su propia identidad cultural. La antigua gloria del Tíbet parece un sueño para la mayoría de los tibetanos, ya que su situación ahora está completamente invertida. Este patrón se ha repetido innumerables veces a lo largo de la historia mundial.

Contemplar tales asuntos puede ayudarnos a comprender la inutilidad de aferrarse a cualquier cosa con la idea de que sea permanente o inmutable. Cuanto mayor sea nuestro apego a los aspectos mundanos, como las posesiones materiales, las relaciones y el estado, más experimentaremos dolor y pérdida dolorosa.

4. La Impermanencia de los Seres Iluminados

Todo lo que queda de los exaltados seres santos de las grandes tradiciones espirituales del mundo, como Jesucristo, Abraham, Mahoma y Krishna, son sus historias. En el presente eón, cuatro Budas ya han aparecido, cada uno con su propio gran número de discípulos Shravakas y Arhat; seres que han logrado la liberación de la existencia cíclica. Hoy en día todo lo que tenemos es lo que queda de las enseñanzas del Buda más actual: el Buda Shakyamuni.

En India, estas palabras de Buda Shakyamuni fueron compiladas por quinientos Arhats. Desde este tiempo ha habido muchos grandes practicantes como los Dos Supremos (Nagarjuna y Asanga), los Seis Ornamentos, los Ochenta Mahasiddhas y muchos otros. Dominaron todos los elementos de los caminos y todos los niveles posibles de logro, logrando clarividencia ilimitada y poderes milagrosos. Ahora, sin embargo, todo lo que queda de ellos son las historias de cómo vivieron. En el Tíbet también hubo muchos practicantes excepcionales, como el gran Padmasambhava y el Mahasiddha Panchen Dawa Gonpo, quienes alcanzaron cualidades iluminadas extraordinarias y poderes milagrosos. Todos los linajes budistas tibetanos florecieron y la Rueda del Dharma de Kalachakra fue girada para madurar y liberar seres.

En todo el mundo ha habido muchos seres que alcanzaron poderes milagrosos, pero al final todos eligieron demostrar que todo es impermanente y hoy solo tenemos sus historias para recordarnos sus logros. Si todo lo que queda de seres tan grandes son las historias de cómo vivieron, ¿cómo podemos, arrastrados por el viento de nuestras acciones negativas, esperar alcanzar una libertad duradera? Teniendo esto en cuenta, deberíamos contemplar nuevamente nuestra propia naturaleza impermanente.

Ejercicio 9.2 - La Impermanencia de los Seres Sensibles

- *En una postura relajada, establece una mente neutral a través de la práctica de la atención plena de la respiración.*

- *Recuerda a cualquiera que hayas conocido que haya fallecido durante tu vida. Ahora considera a todos los que han muerto que no conocías. Reflexiona sobre la gran cantidad de personas que mueren cada día.*

- *Luego amplía tu alcance para incluir a todos los animales. Considera a aquellos que mueren por causas naturales, que son asesinados por otros o que pierden su vida accidentalmente.*

- *Piensa en la historia e identifica a las personas más famosas que puedas imaginar. ¿Donde están ahora? ¿Conoces a alguien que haya escapado de la muerte? Considera aquellos que tenían un gran poder político o aquellos que eran ricos. ¿Alguno de ellos pudo evitar morir?*

- *Piensa en todos los grandes sabios del mundo. ¿Qué queda de ellos hoy? Considera a todos los santos que vinieron después de ellos. ¿Alguno de ellos ha sobrevivido?*

- *Reconociendo que todos los seres sensibles morirán en algún momento, descansa tu conciencia en esta certeza.*

5. Otros Ejemplos de Impermanencia

Las cuatro estaciones son una lección continua de impermanencia, como lo es el ascenso y la caída de gobiernos y líderes. El proceso de envejecimiento también nos proporciona evidencia constante del paso del tiempo. De todos los miembros de nuestra familia que vivían hace cien años, cumpliendo todos sus compromisos con el trabajo y la vida familiar, ¿quién permanece ahora? Todas nuestras relaciones humanas están sujetas a cambios. Los amantes van y vienen; los viejos amigos se alejan con los años y se forjan nuevas amistades. Incluso si estamos felizmente casados y parece que estaremos juntos para siempre, eventualmente una persona morirá y, por lo tanto, todavía estamos a merced de la impermanencia. Por lo tanto, nada está garantizado.

En cien años, ¿quién quedará de todas las llamadas personas famosas de nuestro tiempo? Puede parecer que estas personas tienen todo lo que las masas codician. Las personas desean ser como ellos y poseer lo que poseen, sin embargo, en cien años estas personas ciertamente habrán muerto y ¿dónde estarán entonces? Quizás si cometieron muchas acciones negativas, podrían estar deambulando por los reinos del infierno, o si tuvieran un gran apego a las posesiones mundanas, podrían ser relegados a vivir como un pájaro haciendo nidos debajo de los aleros de la casa de un hombre rico.

Para comprender la vasta muestra de impermanencia más profundamente, solo necesitamos contemplar los ciclos de ascensión y descenso, o el flujo y reflujo de la vida a lo largo de milenios. En el pasado distante, durante el comienzo de este eón, según la perspectiva budista, los humanos dependían completamente de la luz de su propia naturaleza intrínseca. No se requirieron cuerpos celestes externos, como el sol o la luna, para otorgar luz y calor a estos seres. Podrían moverse a voluntad a través del tiempo y el espacio y eran seis veces más altos que los humanos promedio de hoy.

Estos seres prosperaron en un ambiente de paz, compasión y satisfacción y vivieron como los dioses mismos, nutriéndose de la ambrosía celestial. Fiel a la naturaleza de la impermanencia, la falta de armonía finalmente se arraigó entre estos humanos y fueron víctimas de los errores de juicio y otras emociones negativas. Poco a poco se deterioraron en los seres humanos defectuosos de hoy.

En las doctrinas budistas se dice que este ciclo de degeneración continuará, con el Dharma que dejará de existir después de varios miles de años, y muchos humanos morirán en tiempos de guerra y epidemias de enfermedades. En ese momento, los humanos restantes tendrán solo tres pies de altura y una vida útil de solo diez años. Luego aparecerá una emanación del Buda Maitreya, guiando a los sobrevivientes lejos de comportamientos que no conducen a la iluminación. Debido a la bendición y guía del Buda Maitreya, los humanos comenzarán a resucitarse a sí mismos como personas. Incrementarán gradualmente su vida útil nuevamente de diez años a veinte años y en adelante hasta que llegue a ochenta mil años. El Señor Maitreya aparecerá entonces en la carne, manifestándose como un Buda y girando la Rueda del Dharma.

Cuando se hayan producido dieciocho de estos ciclos de crecimiento y descenso, el Buda de la Aspiración Infinita aparecerá y vivirá tanto como la combinación de todos los otros mil Budas de este Buen Eón. Finalmente, incluso este eón terminará en destrucción. Nada, por lo tanto, está más allá del alcance de la impermanencia.

6. La Muerte

Contemplar los puntos anteriores te ayudará a desarrollar una comprensión general de la omnipresencia de la impermanencia en todos los aspectos de nuestras vidas. Sin embargo, la mayoría de las personas aún se aferran firmemente a la idea de que de alguna manera serán la excepción a la regla. Nos levantamos por la mañana, esperando sobrevivir el día. Hacemos amplios planes para el futuro, esperando estar cerca para disfrutarlos. Para superar este aferramiento profundamente arraigado a nuestra propia permanencia, necesitamos meditar específicamente sobre la realidad de nuestra propia muerte.

La Certeza de la Muerte

Hay muy poco que sea cierto en la vida, excepto la muerte. Nada en absoluto, ya sea animado o inanimado, puede escapar al hecho de que todo lo que surge eventualmente cesará. No hay nada en todo el universo que pueda llamarse una entidad verdaderamente permanente. Todo cambia.

Este precioso cuerpo que alimentamos, vestimos y cuidamos, también se caerá y se quedará atrás en el momento de la muerte. Es solo la mente la que viajará a través de las etapas intermedias después de la muerte. No hay compañeros en este momento ya que todas nuestras relaciones se habrán dejado de lado. Nuestro único refugio serán las propensiones acumuladas que hemos recogido a través de nuestras intenciones altruistas o egocéntricas. Estas son las únicas cosas que viajan con nosotros donde quiera que vayamos.

Nuestras vidas están llenas de un sinfín de altibajos, donde ninguna situación es inmune a los estragos del tiempo. Hay tanto que está más allá de nuestro control. Por lo tanto, anímate a aflojar tu apego y, en su lugar, cultiva la bondad amorosa y otras buenas cualidades. Esto naturalmente atraerá tu atención hacia el Dharma. Si aspiramos genuinamente a la iluminación, debemos meditar sobre la verdadera naturaleza de la impermanencia para que nuestra devoción por lograr lo mundano pueda transformarse en devoción hacia nuestros maestros y las enseñanzas que nos liberarán.

Con la certeza de que la muerte mira por encima de nuestro hombro, debemos aprovechar todas las oportunidades para cumplir con nuestro propósito más elevado mientras todavía tenemos esta vida humana rara y preciosa. Es muy posible que en la vejez ya no tengamos las facultades que nos dan la capacidad y el deseo de liberación. ¡Por lo tanto, no postergues! Todo está sujeto a cambios, por lo que debemos considerar las consecuencias de retrasar nuestro compromiso con un camino que nos conducirá al beneficio final para nosotros y para los demás. ¡Ahora es tu oportunidad de practicar el Dharma y descubrir tu sagrada verdad!

Ejercicio 9.3 - Nada Dura para Siempre

- *En una postura relajada, establece una mente neutral a través de la práctica de la atención plena de la respiración.*

- *Mirando hacia atrás en el tiempo, identifica a las personas cercanas a ti en las diferentes etapas de tu vida. ¿Cuántos de ellos todavía están presentes? Piensa en amigos de la infancia, compañeros de trabajo y*

- *relaciones románticas. Revisa cómo cada una de estas relaciones ha cambiado con el tiempo.*

- *Ahora considera a la persona que eras en las diferentes etapas de tu vida. Piensa en las cosas que te interesaban en esos momentos. ¿Cómo han evolucionado tus gustos y disgustos con el tiempo? ¿Qué actividades disfrutabas anteriormente que ahora ya no te interesan? Si comparas la persona que eras entonces, con la persona que eres ahora, ¿qué tan similar eres?*

- *Piensa en los cambios en tu cuerpo. Recuerda cómo te veías y te sentías en las diferentes etapas. ¿Cómo eres físicamente diferente? ¿Qué parte de tus cuerpos anteriores todavía existen en este cuerpo actual?*

- *¿Qué te hace diferente de otras personas? ¿Puedes pensar en alguna buena razón por la que no morirás? Reconociendo que eres tan impermanente como ellos, descansa en la certeza de que tarde o temprano tu vida va a terminar.*

La Incertidumbre de la Hora de la Muerte

Habiendo nacido, es seguro que moriremos y cada momento después del nacimiento nos estamos acercando a la muerte. Nunca estamos seguros del momento o lugar en que ocurrirá la muerte ni sabremos la causa. Hay pocas cosas en este mundo que favorecen la vida y muchas que la amenazan. Como señala el maestro Aryadeva,

Las causas de muerte son numerosas;
Las causas de la vida son pocas,
e incluso pueden convertirse en causas de muerte.

Hay innumerables circunstancias que pueden conducir a nuestra muerte, como accidentes automovilísticos, ataques cardíacos, incendios o inundaciones. Incluso las cosas que normalmente nos benefician, como la comida o la medicina, pueden matarnos. Podemos ahogarnos con los alimentos que consumimos o podríamos experimentar una reacción alérgica a un medicamento en particular que nos hace dejar de respirar. Del mismo modo, el deseo de fama, riqueza y honor puede conducir a disputas o incluso guerras que podrían causar la muerte de muchas personas.

Nunca estamos seguros de si alguna de estas causas de muerte podría caer sobre nosotros. Algunos mueren en el útero de su madre o al nacer, mientras que otros nacen en la pobreza y mueren jóvenes sin poder obtener la asistencia médica que necesitan. Muchas personas mueren repentinamente mientras comen, hablan, trabajan o viajan, mientras que otras sufren un proceso largo y doloroso, muriendo viejas y decrépitas. Algunos incluso se quitan la vida, desesperados por las circunstancias de su vida. Dada esta gran incertidumbre, no hay absolutamente ninguna garantía de que la muerte no nos golpee de repente. Es totalmente posible que mañana podamos despertarnos en el cuerpo de un fantasma hambriento o un animal. La muerte es impredecible y puede llegar en cualquier momento.

Ejercicio 9.4 -- Vivir Cada Día como si fuera Tu Último

- *En una postura relajada, establece una mente neutral a través de la práctica de la atención plena de la respiración.*

- *Como cada vida es proyectada por un solo karma, todos tenemos una esperanza de vida máxima. Tarde o temprano, la energía que sustenta esta vida se agotará. Esto significa que cada segundo, nos estamos acercando un segundo más a nuestra muerte. Considera el tiempo que lleva realizar las diversas actividades en tu rutina diaria. A medida que realizas estas acciones, te acercas mucho más a la muerte. Como una flecha disparada desde un arco, el final se acerca rápidamente. Obtén una idea de la marcha incontrolable del tiempo.*

- *Ahora considera las muchas formas en que las personas mueren. ¿Cuánto daño necesita soportar el cuerpo antes de que deje de funcionar? ¿Qué tipo de cosas pueden causar este daño? Piensa en las muchas cosas que te rodean y cómo podrían convertirse en condiciones para tu muerte.*

- *Considera las cosas en las que confiamos para proteger nuestros cuerpos. ¿Se puede usar alguna de estas cosas para matarnos? Por ejemplo, la comida normalmente es necesaria para sostener el cuerpo, pero si queda atrapada en nuestra tráquea, podemos morir ahogados. Identifica una serie de otros ejemplos.*

- *Ahora, ¿qué garantías tenemos de que no moriremos en las próximas veinticuatro horas? ¿Sabes lo que va a pasar en el futuro? Si estás rodeado de cosas que tienen el potencial de matarte, ¿qué te hace estar tan seguro de que no lo harán? Considera a todas las personas que murieron inesperadamente debido a accidentes u otros eventos imprevistos.*

- *Reconociendo que la muerte es inminente y que puede suceder en cualquier momento, desarrolla la resolución de no perder un solo segundo del precioso tiempo que te queda. Descansa tu conciencia en esta conclusión.*

7. El Reconocimiento Constante de la Impermanencia

La séptima y última contemplación sobre la impermanencia burda considera el beneficio de meditar de manera puntual sobre la muerte en cualquier momento y en cualquier circunstancia. Ya sea que estemos acostados en la cama, yendo a trabajar o disfrutando de un café con nuestros amigos, nunca podemos estar seguros de que no moriremos en ese momento. Mantener un reconocimiento de la posibilidad constante de nuestra muerte es ser como los Kadampa Geshes que estaban conscientes de la muerte en todo momento. Por la noche, volteaban sus cuencos y dejaban al descubierto las brasas de sus fuegos, sabiendo que al día siguiente, no habría necesidad de encender un fuego o preparar una comida.

Centrarse en la incertidumbre del momento de la muerte puede darnos una sensación de urgencia en nuestra práctica del Dharma auténtico. Puede impulsarnos a contemplar la fugacidad de las actividades mundanas y la impermanencia de nuestro cuerpo y mente, lo que aumenta nuestra conciencia de la preciosidad de cada momento.

Estimulados por el pensamiento de la impermanencia, podemos tratar de ver cada situación que encontramos con humildad, gratitud y percepción pura. Esto nos ayudará a desarrollar una concentración profunda, alimentando nuestra atención y conciencia, que incluso pueden estar presentes durante el sueño, evitando las pesadillas causadas por la ignorancia.

Recuerda que incluso los seres queridos, amigos y familiares son impermanentes, por lo que en un lugar solitario despiertan el deseo de liberación. El nombre y la fama son impermanentes, así que siempre toma una posición humilde. El habla no es permanente, así que inspírate para recitar oraciones y mantras. Las ideas y los pensamientos son impermanentes, como lo son la fe y el deseo de liberación, así que trabaja para desarrollar una buena naturaleza y resuelve tus compromisos.

A veces las personas se sienten orgullosas de sus experiencias en la meditación, pero estas también son impermanentes. Practica diligentemente hasta que todo se disuelva en la verdadera naturaleza de la realidad. En ese momento, el ciclo de muerte y renacimiento cesará y entonces estaremos completamente preparados para la muerte. De hecho, incluso lo veremos como una oportunidad increíble para la liberación. Medita de manera puntual sobre la muerte y la impermanencia hasta llegar a esta etapa y se superará todo temor a la muerte.

Como cantaba el gran santo tibetano Milarepa:

Temiendo la muerte fui a las montañas
Meditando intensamente sobre la incertidumbre del momento de la muerte,
Y descubriendo la fortaleza de la naturaleza inmortal e inmutable de la mente,
¡Ahora he ido más allá de todo miedo a morir!

Para un seguidor del Buddha-Dharma, de todos los temas de meditación, el enfoque en la impermanencia es lo más esencial. Como dijo el Señor Buda:

Meditar persistentemente en la impermanencia
es hacer ofrendas a todos los Budas.
Meditar persistentemente en la impermanencia
es ser rescatado del sufrimiento por todos los Budas.
Meditar persistentemente en la impermanencia
es ser guiado por todos los Budas.
Meditar persistentemente en la impermanencia
es ser bendecido por todos los Budas.

Padampa Sangye explica cómo esta contemplación es esencial en cada etapa del camino espiritual:

Al principio, estar completamente convencido
de la impermanencia te hace retomar el Dharma;
En el medio agita tu diligencia;
Al final te lleva al radiante Dharmakaya.

Hay mucho que ganar en nuestras vidas mundanas al contemplar profundamente la impermanencia y tomar en serio su mensaje. También es importante darse cuenta de que sin una convicción sincera en la naturaleza impermanente de todas las cosas, no penetraremos en el verdadero significado del Dharma, ya que la meditación sobre la impermanencia es la puerta que abre el camino a toda práctica del Dharma.

Deberíamos ser como Geshe Kharak Gomchung, quien fue a meditar en las montañas de Jomo Kharak en la provincia de Tsang:

Frente a su cueva había un arbusto de espinas que seguía atrapando su ropa. Al principio Geshe Gomchung se preguntó si debería reducirlo. Pensó para sí mismo: "Pero después de todo, puedo morir dentro de esta cueva. Realmente no puedo decir si alguna vez volveré a salir con vida. Es más importante continuar con mi práctica." Cuando salió, tuvo el mismo problema con las espinas. Esta vez, sin embargo, consideró: "No estoy seguro de si alguna vez volveré a entrar" Y así continuó durante muchos años hasta que se convirtió en un maestro consumado. Cuando salió de la cueva por última vez, el arbusto aún no estaba cortado.

Ejercicio 9.5 - Empacando Tus Maletas

- *En una postura relajada, establece una mente neutral a través de la práctica de la atención plena de la respiración.*

- *Imagina que estás en tu lecho de muerte. Mientras te preparas para el momento final de tu vida, considera la naturaleza de esta transición. Comienza preguntándote, ¿qué pasará con tus posesiones físicas? ¿Puedes llevarte alguno? ¿Qué beneficio obtendrás de ellos después de que estés muerto? ¿Cómo podría el apego a estos elementos afectar tu próximo renacimiento?*

- *Ahora considera lo que sucederá con tus relaciones. ¿Puede alguno de tus familiares o amigos acompañarte en este viaje? Nuevamente, ¿qué efectos tendría en tu mente tu apego a estas relaciones?*

- *Ahora piensa en el fundamento de tu conciencia. Piensa en todas las diferentes propensiones kármicas que has creado en esta y en vidas pasadas sin principio. ¿Estas propensiones desaparecerán después de la muerte? Si crees que lo harán, ¿qué las haría desaparecer? Si no, ¿cómo afectarán tu mente después de la muerte?*

- *Reconoce que lo único que continúa después de la muerte es el flujo mental y tu condicionamiento kármico. Lo más importante que hacer con esta vida es asegurarnos de generar la mayor propensión positiva posible. Por esta razón, desarrolla la resolución de no ceder ante la pereza y practicar el Dharma tanto como sea posible. Descansa tu conciencia en esta resolución.*

REPASO DE LOS PUNTOS CLAVES

- Reflexionar sobre la muerte y la impermanencia es la mejor manera de contrarrestar la pereza y aportar urgencia a nuestra práctica.

- Hay dos formas de impermanencia: burda y sutil. La impermanencia burda incluye los cambios obvios que son visibles para nuestros sentidos, mientras que la impermanencia sutil se refiere a la corriente continua de cambio que ocurre momento a momento.

- El mundo externo está impregnado de impermanencia, alimentado por la interacción mutua de las mentes de los seres sensibles y los entornos físicos que habitan. El universo es de naturaleza cíclica, evoluciona en un proceso interminable de crecimiento y decadencia.

- La muerte es una parte natural de todos los fenómenos condicionados. Dado que la forma de un ser sensible está condicionada por su karma, entonces también eventualmente morirá. Todos los que nazcan en este mundo, eventualmente morirán. No importa cuán poderoso o famoso seas. Incluso los seres iluminados manifiestan la muerte.

- Hay dos realizaciones que necesitas desarrollar con respecto a tu propia mortalidad. En primer lugar, definitivamente vas a morir y, en segundo lugar, no tienes idea de cuándo ocurrirá esa muerte.

- Al recordarte constantemente a ti mismo acerca de la muerte, puedes estar seguro de no perder tu tiempo con asuntos triviales. Esto mantendrá tu mente enfocada en el Dharma.

TERCERA PARTE

Desarrollando la Fe en un Sendero

Un monje solitario caminando en el bosque.

CAPÍTULO 10

Eligiendo un Sendero Espiritual

Las *Cuatro Convicciones de la Renunciación* están específicamente diseñadas para ayudar a dirigir nuestras mentes hacia la práctica del Dharma. Destacan las características de nuestra situación actual y nos muestran las formas en que nuestras mentes perpetúan nuestro sufrimiento. A base de esto, podemos ver que tenemos opciones y no tenemos que seguir ciegamente nuestros modos habituales de pensamiento. En cambio, las cuatro convicciones nos muestran que tenemos una opción. Podemos elegir continuar como somos o podemos elegir cambiar. Depende completamente de nosotros.

Decidir emprender un viaje espiritual es un gran primer paso. Puede actuar como una especie de brújula, orientando tu mente y guiándote hacia tu objetivo. Lamentablemente, no es suficiente conocer la dirección que deseas tomar. Eventualmente, debes comenzar a dar pasos reales y aquí es donde un sendero espiritual es vital.

Como hemos visto, hay muchos tipos diferentes de dharmas. Algunos pueden ayudarte a lograr un mayor éxito en esta vida; otros pueden brindarte una mayor armonía en tus relaciones; o pueden reducir los estados mentales aflictivos; o tal vez pueden cortar con la ignorancia y otros pueden revelar tu verdadera naturaleza. Aunque podemos saber que queremos practicar el Dharma, no siempre está claro qué dharmas practicar y en qué orden.

Para eliminar esta incertidumbre, necesitamos confiar en los mapas que nos han dejado los grandes sabios de nuestro mundo. Estos mapas encapsulan la sabiduría eterna en caminos específicamente definidos que cada uno podemos usar para ayudarnos a hacer la transición de una vida llena de insatisfacción a una vida llena de felicidad genuina. Son las claves para actualizar una transformación significativa en nuestras vidas.

Tipos de Senderos

Si este es el caso, entonces debemos preguntarnos: «¿Son todos los senderos son iguales?» La respuesta es no. Dado que cada sendero ha surgido de la unión de causas y condiciones específicas, entonces la forma que han tomado es necesariamente diferente. Las siguientes son solo algunas maneras en que podemos distinguir entre senderos.

Los Senderos Basados en el Alcance

El alcance de un sendero se refiere a los resultados potenciales que es capaz de producir; Puedes considerarlo como su capacidad máxima. Algunos senderos son por naturaleza, más limitados que otros debido a los tipos de fenómenos en los que se centran. Al considerar el alcance, podemos identificar dos amplias categorías de senderos:

1. **Los Senderos Mundanos:** Un sendero mundano es uno que se enfoca en la aplicación de la sabiduría convencional para producir resultados que transformen el nivel burdo de experiencia. Un ejemplo de tal sendero es un título universitario de cuatro años. Cuando comienzas ese sendero, te falta cierto conocimiento. Al final, habrás desarrollado el conocimiento y las habilidades que te permitirán funcionar como profesional en el campo que hayas estudiado. Si bien este tipo de sendero no es capaz de brindarte una felicidad genuina duradera, es capaz de ayudarte a crear las condiciones para la felicidad mundana temporal. Desafortunadamente, debido a que este conocimiento es de naturaleza superficial, solo es beneficioso durante esta vida y se perderá en gran medida durante el proceso de disolución entre esta vida y la próxima.

2. **Los Senderos Espirituales:** Un sendero espiritual es uno que se enfoca en desarrollar la sabiduría en relación con la naturaleza de la realidad. A través de esta sabiduría, podemos purificar la mente y así crear las condiciones para que surja la experiencia de la felicidad genuina. El grado

en que la mente se purifica dependerá del camino que se utilice. Debido a que estos senderos funcionan al acercar al practicante a la realidad *tal como es*, entonces son capaces de producir un grado más profundo de transformación que un sendero mundano. Los cambios que generan son generalmente de naturaleza más a largo plazo, teniendo en cuenta la continuación de la experiencia después del momento de la muerte.

Dado que nuestro objetivo aquí es experimentar una felicidad genuina, a partir de este momento me centraré en los senderos espirituales. Dicho esto, ten en cuenta que los senderos mundanos pueden ser muy útiles para crear las condiciones para apoyar tu práctica de un camino espiritual y, por lo tanto, no se deben ignorar por completo. En cambio, simplemente debemos reconocer sus limitaciones y centrar nuestra atención en aquellos senderos que son capaces de proporcionar los resultados que finalmente estamos buscando.

Los Senderos Basados en la Motivación

Dentro de la categoría de senderos espirituales, podemos distinguir varios tipos basados en las diferentes motivaciones que tienen los practicantes. Estas motivaciones actúan para limitar aún más el potencial que tiene un sendero para producir ciertos resultados dentro de la mente de un individuo. En términos generales, podemos identificar tres tipos de motivaciones:

1. **Aspirando a mejorar las condiciones de la próxima vida:** Esta motivación se centra en la vida que sigue inmediatamente después de la muerte. Los caminos basados en esta motivación tienden a enfatizar la participación en actividades virtuosas que crearán las causas para renacer en un reino celestial.

2. **Aspirando a eliminar las causas del propio sufrimiento:** Esta motivación busca alcanzar lo que se conoce como liberación de la existencia cíclica. Los senderos diseñados en torno a esta motivación generalmente enfatizarán el cultivo de una sabiduría que elimina las causas del sufrimiento. Diferentes senderos definirán lo que significa la liberación, lo que conducirá a más variaciones en los métodos utilizados para lograr ese estado.

3. **Aspirando a eliminar las causas de nuestro sufrimiento y el de los otros:** Esta motivación final no solo busca poner fin al propio sufrimiento, sino también a poner fin al sufrimiento de todos en la existencia cíclica. Este tipo de aspiración altruista es extremadamente raro y del mismo modo el número de senderos que lo promueven también es raro. Se basa en una comprensión profunda de la naturaleza interdependiente de nuestra realidad y se alimenta de la compasión por los seres sensibles. Este tipo de senderos pueden considerarse conducentes hacia la iluminación.

Desde la perspectiva budista, la primera motivación es la más limitada, mientras que la tercera es la más expansiva. Afortunadamente, las motivaciones no son fijas y, por lo tanto, pueden cambiar con el tiempo. Si bien un practicante solo puede llegar tan lejos con una forma particular de pensar, aún puede desarrollar las bases que le permitirán adoptar más tarde una motivación más amplia que a su vez le dará la oportunidad de actualizar su potencial. De esta manera, podemos encontrar que, durante el curso de nuestras vidas, podríamos comprometernos con múltiples senderos que satisfagan nuestras necesidades específicas de acuerdo con el lugar donde nos encontramos actualmente en nuestro desarrollo espiritual.

Alcance	Motivaciones	Ejemplos
Mundano	Beneficio para esta vida	• Títulos universitarios • Aprendizaje profesional
Espiritual	Beneficio para la próxima vida Liberación Personal Iluminación	• Sistemas de creencias extrínsecas (como el hinduismo, el judaísmo, el cristianismo y el islam) • Sistemas de creencias intrínsecas (como el jainismo, el budismo, el taoísmo)

Tabla 10-1: Motivación de los diferentes senderos.

Los Senderos Basados en la Autenticidad

Si bien el alcance limita el potencial máximo de un sendero y la motivación limita el potencial de un practicante individual, no indican si el sendero realmente tiene la capacidad de realizar ese potencial. El objetivo de confiar en un sendero espiritual es ayudarnos a producir sabiduría de manera más eficiente. Si el sendero no es capaz de hacer esto, entonces no hay razón para seguirlo. Si, por lo tanto, analizamos la eficacia de una sendero, podemos identificar dos categorías:

1. **Los Senderos Auténticos:** Un sendero auténtico es cualquier cuerpo de conocimiento que ha surgido de la sabiduría y se basa en métodos que han demostrado cultivar esa sabiduría. Es auténtico porque tiene la capacidad legítima de producir los resultados que dice poder producir.

2. **Los Senderos Corruptos:** Un sendero corrupto es un cuerpo de conocimiento que ha surgido de la ignorancia o ha sido distorsionado por esta y, por lo tanto, solo es capaz de generar más ignorancia. Estos senderos pueden haber comenzado originalmente como caminos auténticos, pero con el tiempo, se desarrollaron interpretaciones erróneas que sirvieron para distorsionar las enseñanzas y, por lo tanto, limitar su potencial.

Juzgar si un sendero es auténtico puede ser bastante difícil. Por lo tanto, es importante utilizar nuestra comprensión de la percepción válida para ayudarnos a evaluar la autenticidad de un sendero. Como recordaremos del Capítulo Dos, hay tres formas en que podemos saber algo:

1. **Fe en la Autoridad:** Normalmente comenzamos nuestro viaje espiritual confiando en la autoridad de otras personas (como amigos, familiares o la sociedad en general) para ayudar a sugerir diferentes senderos que podríamos seguir. Si bien esto puede ser suficiente para presentarnos un sendero, eventualmente necesitamos desarrollar nuestros propios criterios sobre cómo evaluar su autenticidad.

2. **Razonamiento Lógico:** Inicialmente podemos hacer esto estudiando las enseñanzas del sendero que estamos considerando seguir. Es importante en esta etapa ser lo más curioso posible para probar las cualidades de ese sendero. Al cuestionar activamente lo que se dice, podemos desarrollar una mayor claridad con respecto a si realmente es capaz de producir los resultados deseados. Si el sendero es auténtico, entonces resistirá el análisis ya que se basa en una sabiduría que concuerda con cómo las cosas realmente existen.

3. **Experiencia Directa:** Sobre la base de tu análisis conceptual del sendero, es posible que hayas desarrollado suficiente confianza para al menos intentarlo. Es posible que no estés totalmente convencido, pero al

menos puedes reconocer el potencial para recibir beneficios. Al poner en práctica los métodos del sendero, comienzas a experimentar realmente las enseñanzas y, sobre la base de esa experiencia, puedes establecer si las enseñanzas son auténticas o no.

Ejercicio 10.1: Identificación de los Senderos Espirituales Auténticos

- *En una postura relajada, establece una mente neutral a través de la práctica de la atención plena de la respiración.*

- *Comienza por distinguir primero entre senderos mundanos y espirituales. Piensa en algunos ejemplos de conocimientos o habilidades que te resulten útiles en esta vida. Ahora considera las diferentes formas en que las personas pueden adquirir este conocimiento o aprender estas habilidades. Estos son caminos mundanos.*

- *Asimismo, considera el tipo de conocimiento que se necesita para trascender el sufrimiento. ¿Qué senderos se te ocurren para hacer esto? ¿Cómo los distingues de los senderos mundanos? ¿Qué cualidades tienen que no tiene un sendero mundano? Estos son senderos espirituales.*

- *Ahora considera algunos de los senderos espirituales que conoces. ¿Cuál es la motivación dominante detrás de estos senderos? ¿Qué pretenden hacer los practicantes de estos senderos? ¿Qué tipo de resultado pueden esperar lograr? Elije una serie de ejemplos y observa si puedes combinarlos con al menos uno de los tres tipos de motivación. ¿Puedes pensar en diferentes motivaciones que los practicantes pueden tener dentro de un solo camino? Identifica ejemplos.*

- *Usando los senderos espirituales que ya has identificado, considera las formas en que pueden ser auténticas o corruptas. Trata de distinguir entre el mensaje esencial del sendero y las formas distorsionadas en que se puede entender ese sendero. Reconoce los diferentes efectos que producen estas distorsiones.*

Después de haber desarrollado nuestra capacidad para identificar si un sendero es auténtico o no, ahora te enfrentas a un nuevo desafío. De los senderos espirituales auténticos disponibles que existen en este mundo, ¿cuál se adaptará mejor a tus necesidades específicas? Para responder a esta pregunta, necesitarás aprender cómo evaluar una amplia gama de creencias para identificar la idoneidad general de un sendero determinado.

Este proceso dependerá de tu capacidad para reconocer los beneficios que una diversidad de creencias puede ofrecerte. Al evaluar múltiples perspectivas, puedes desarrollar un panorama muy amplio de tus opciones. Luego puedes comparar estas opciones y obtener información sobre cómo funcionan estos diferentes enfoques y dónde ponen su énfasis.

Al hacer esto, algunas ideas realmente te saltan a la vista. Puede descubrir que tu interés se despierta y se siente atraído por saber más. Esta es una buena señal que puede indicar que tienes un karma existente con un sendero en particular. Basado en la fuerza de tu conexión intuitiva, puedes desarrollar un grado significativo de convicción acerca de querer participar más en este sendero.

Al participar en dicho análisis, tu elección del sendero se basará en una combinación de fe intuitiva y razonada que aportará mayor fuerza y determinación a tu práctica. Sin esa fe, puede resultarle difícil comprometerte realmente con una tradición. Esto conducirá a una especie de enfoque de mezclar y combinar en el que saltas de un sendero a otro, sin progresar realmente mucho en ninguna dirección. Este tipo de enfoque también puede aumentar el potencial de distorsiones que se infiltran en tu práctica, lo que puede reducir la eficacia general de los senderos que está siguiendo.

Estableciendo una Filosofía Rimé

En tibetano, usamos el término «rimé» para describir una mente «libre de prejuicios». Es una actitud particular que ayuda a las personas a trabajar con la diversidad para apoyar su propio desarrollo personal, al mismo tiempo que promueve una mayor armonía con aquellos que tienen puntos de vista diferentes. Podemos llamar a esta actitud la *Filosofía Rimé*.

Cuando comenzamos un viaje espiritual, tener una filosofía Rimé puede proporcionarnos una base para elegir un sendero. Luego, a medida que comienzas a avanzar en ese sendero, puede ayudarte a superar obstáculos al mostrarte formas alternativas de pensar sobre una situación dada. Y finalmente, cuando alcanzas etapas más avanzadas, te proporciona una mayor flexibilidad mental que puede usarse para adaptarse a una amplia variedad de situaciones y, por lo tanto, te ayuda a brindar un mayor beneficio a quienes te rodean. De esta manera, la filosofía Rimé es útil al principio, a la mitad y al final.

Podemos dividir esta actitud en cuatro cualidades distintas que se desarrollan en un proceso de etapas a lo largo del tiempo. A medida que fortaleces una cualidad, naturalmente creas las condiciones para que surja la siguiente cualidad. De esta manera, podemos pensar en la filosofía de Rimé como una flor que comienza como una semilla y finalmente florece en una hermosa muestra de color.

La Tolerancia

La primera cualidad que necesitamos desarrollar es la tolerancia, construida sobre la base del respeto mutuo. Una mente que carece de este tipo de tolerancia es abiertamente antagónica hacia las personas que tienen puntos de vista diferentes. Es una mente que se apega muy fuertemente a sus creencias y se siente amenazada por la mera presencia de otros puntos de vista. Necesitamos aflojar este control para poder comunicarnos de manera significativa.

Desarrollar tolerancia hacia un punto de vista se basa en desarrollar respeto por una persona. El respeto significa poder conectarte con una persona de tal manera que, incluso si no estamos de acuerdo con sus puntos de vista, aún podemos valorar su derecho a mantener esos puntos de vista. La clave para desarrollar este tipo de tolerancia es separar la validez de una idea, de la validez de la persona que la posee. Detrás de cada idea hay una motivación formada por esperanzas y miedos. Si somos capaces de identificar esta motivación subyacente, veremos el deseo de encontrar la felicidad y estar libres del sufrimiento. En definitiva, todos queremos lo mismo; solo tenemos diferentes formas de hacerlo. El respeto mutuo puede crecer al comprender esta motivación básica común que nos une como personas. Si te conectas con esa motivación básica, entonces estableces una base de trabajo para que ocurra el diálogo.

Ejercicio 10.2 - Una Base de Respeto

- *En una postura relajada, establece una mente neutral a través de la práctica de la atención plena de la respiración.*

- *Dedica un tiempo a pensar en puntos de vista con los que no estás de acuerdo. Trae la idea a la mente y observe cualquier aversión que surja. Si encuentras que la aversión es demasiado fuerte para trabajarla, busca otros ejemplos.*

- *Cuando haya encontrado un tema, imagina una situación en la que podrías encontrarte con una persona que tiene esa opinión. Imagina que esta persona comienza a contarte lo que cree.*

- *Independientemente de cuál sea tu reacción inicial, tómate un momento para dar un paso atrás y considerar lo que esta persona está diciendo. Considera por qué podrían tener esa opinión. Incluso si sabes que está mal, ¿qué razones podrían llevar a alguien a creer de esta manera? Sigue investigando su motivación, preguntándote ¿por qué, por qué, por qué? Intenta reducir la motivación a su forma más esencial.*

- *Ahora considera, ¿es esta una motivación que podrías tener? ¿Es algo con lo que te puedes identificar? Piensa en ejemplos de tu propia vida en los que actuaste con una motivación similar.*

- *Habiendo conectado con esta motivación más profunda, ¿puedes detectar un cambio en cómo percibes a esta persona? Si percibes a la persona de manera diferente, ¿cambia la forma en que te relacionas con la visión misma?*

- *Descansa en cualquier idea que surja.*

La Receptividad

La tolerancia hace posible establecer una conexión básica con otra persona. Sobre la base de esa conexión, puede comenzar a abrirse a la posibilidad de comunicación. Todas las formas de comunicación implican la transmisión y la recepción de ideas. En este punto, nuestro enfoque principal es adquirir nueva información y, por lo tanto, necesitamos cultivar una mayor calidad de receptividad.

La idea básica detrás de la receptividad es crear espacio en la mente para nuevas ideas. Mientras nuestra mente esté llena, será incapaz de adquirir algo nuevo y, por lo tanto, no podremos aprender nada. Afortunadamente, la mente es de naturaleza infinita y, por lo tanto, tiene la capacidad de acomodarse tanto como queramos. Es solo debido a nuestra comprensión que limitamos efectivamente esa capacidad. Lo encajonamos y lo solidificamos, lo que nos dificulta el crecimiento.

Para contrarrestar esta tendencia de encerrarnos, necesitamos cultivar una mente de humildad y de no aferramiento. La humildad contrarresta el orgullo que nos dice que lo sabemos todo. Esto puede desarrollarse contemplando la singularidad de las condiciones que dan lugar a una situación particular. Cuando somos capaces de reconocer el potencial de aprendizaje proporcionado por tal situación, se hace mucho más fácil abrirnos a lo que se está comunicando.

Mientras tanto, adoptar una mente libre de aferramiento es un antídoto directo a una perspectiva estrecha y fija. Esta mente generalmente se puede desarrollar formalmente a través de la meditación consciente o informalmente a través de la atención plena del momento presente. De cualquier manera, la esencia de esta práctica es adoptar la capacidad de simplemente observar lo que está sucediendo sin dejarse llevar por juicios excesivos u otros pensamientos discursivos.

Ejercicio 10.3 - Apertura a Otros

- *En una postura relajada, establece una mente neutral a través de la práctica de la atención plena de la respiración.*

- *Comienza por identificar a una persona que tenga puntos de vista diferentes a los tuyos. Puede ser cualquiera con quien la idea de hablar crea un cierto grado de aversión. Imagina que esta persona se te acerca en la calle y comienza una conversación. Observa cómo te sentirías. ¿Puedes detectar alguna barrera entre ustedes? ¿Alguna resistencia a escuchar? Trata de tener una idea de esta mentalidad cerrada.*

- *Ahora trae a tu conciencia del momento presente al escenario. Cuando te encuentres con esta persona, concéntrate en lo que está sucediendo en el aquí y ahora. Suelta la historia que tienes con esta persona y simplemente observa lo que se dice en este momento. Del mismo modo, deja de lado cualquier expectativa sobre hacia dónde puede conducir esta conversación. Mantente en el presente, comprometido y consciente de lo que está sucediendo. ¿Cómo cambia esto la forma en que experimentas el escenario?*

- *Ahora considera lo que te está apareciendo. Aquí hay una persona. Una persona que tiene esperanzas y sueños únicos. Una persona que tiene experiencias únicas. Esta persona es única. No hay nadie más que tenga la perspectiva exacta de la vida que tiene esta persona, y en este momento, esta persona está aquí, hablando contigo. ¿De qué manera este encuentro podría enseñarte algo? Piensa en el potencial, no solo en términos de información objetiva, sino también en términos de quién eres como persona y cómo reaccionas ante diferentes cosas. Vuelve a recorrer el escenario e imagina diferentes formas en que realmente podrías aprovechar al máximo esta situación.*

- *Descansa en cualquier idea que surja.*

La Curiosidad

A medida que comienzas a abrirte cada vez más a las lecciones que la vida tiene para ofrecerte, naturalmente se verá influenciado por la información que recibas. Cuando se introducen nuevas ideas en la mente, pasan por un proceso de integración en el que la mente intenta conciliar lo que significa esta nueva información en relación con las ideas existentes.

En este punto tienes una opción. Puedes optar por ignorar la nueva información, en cuyo caso no quedará mejor que cuando comenzó, o puedes elegir buscar activamente comprender las implicaciones de esta nueva información, lo que te llevará a una mente más sólida e integrada. Si eliges este último, deberás desarrollar la calidad de la curiosidad.

La curiosidad es una mente inquisitiva que desea comprender. En cierto modo, podemos decir que la curiosidad es una reacción a la incertidumbre. Cuando una mente así ve dos ideas en conflicto, desea conciliar la incertidumbre sobre qué idea tiene más sentido. Esto lleva a la formulación de preguntas y cuando hacemos preguntas, obtenemos respuestas. La nueva información que proporcionan estas respuestas nos ayuda a llenar los huecos en nuestra comprensión, lo que lleva a la eliminación de la incertidumbre.

Para cultivar una mente así, necesitamos alimentar nuestra sed de comprensión. Necesitamos contrarrestar la mente pasiva que complacientemente solo absorbe las cosas. Esto se puede hacer participando en cada oportunidad como si fuera la pieza que falta en un gran rompecabezas. Desarrollamos alegría en el proceso mismo de resolver las cosas y nos deleitamos con los desafíos que la vida nos presenta. De esta manera, todo se vuelve fascinante porque todo tiene la capacidad de enseñarnos algo. Esta es la mente curiosa.

Ejercicio 10.4 - La Maravilla de la Vida

- *En una postura relajada, establece una mente neutral a través de la práctica de la atención plena de la respiración.*

- *Imagina que te embarcas en una gran aventura en busca de un tesoro increíble. No tiene idea de con quién se encontrará o qué ocurrirá en el camino. Permite que surja la anticipación en tu mente, la emoción de no saber lo que sucederá.*

- *Ahora imagina realizar las diversas actividades de tu día. Elije un escenario para trabajar. Por ejemplo, jugar con tu hijo o conducir al trabajo. Imagina que hay pistas ocultas dentro de esta experiencia. Pistas que te señalarán hacia el tesoro. Como un niño pequeño en una búsqueda de huevos de pascua, ten un interés intenso en lo que está sucediendo. Mira cada detalle, sumergiéndote en la experiencia en tantos niveles como sea posible.*

- *Ahora comienza a pensar en los diferentes patrones que observas. Como un gran rompecabezas, comienza a juntar las piezas. Observa qué tipo de imagen emerge. ¿Qué te dice esta imagen sobre la naturaleza de la situación?*

- *Reflexiona sobre las implicaciones de tus observaciones. ¿Qué tipo de preguntas surgen? Imagina que cada pregunta es una migaja de pan, que te lleva cada vez más cerca del tesoro. ¿Cómo podrías encontrar respuestas a estas preguntas?*

- *Alimenta tu deseo de descubrir el misterio, seguir las migajas de pan y revelar el tesoro. Descansa tu conciencia en este deseo.*

La Flexibilidad

Las tres cualidades anteriores de tolerancia, receptividad y curiosidad se combinan para formar una poderosa fuerza motriz para la adquisición de información. Una persona que ha cultivado todas estas cualidades será muy parecida a una esponja. Se esforzarán tanto como puedan siempre que puedan, y debido a que se comprometen activamente a aclarar su comprensión, la calidad de su punto de vista será muy fuerte y amplia.

Tener tal punto de vista le brinda al practicante una oportunidad única. Cuanto más aprendas sobre diversos enfoques para problemas similares, más flexibilidad mental podrás exhibir. Puedes comenzar a ver cómo las diferentes ideas son más adecuadas para diferentes condiciones. Entonces, cuando surgen esas condiciones, puedes responder de tal forma que seas capaz de optimizar el beneficio para ti y los demás.

Este tipo de flexibilidad surge de una conciencia que percibe claramente lo que está sucediendo en un momento dado. La conciencia que discierne puede cultivarse exponiendo la mente a una amplia variedad de circunstancias y luego mirando esas circunstancias desde muchos ángulos. Hacerlo reduce el aferramiento a la realidad como una sola forma y promueve una mente maleable que puede adaptarse muy fácilmente a la variación.

Ejercicio 10.5 - Perspectivas Cambiantes

- *En una postura relajada, establece una mente neutral a través de la práctica de la atención plena de la respiración.*

- *Recuerda algunos eventos diferentes de tu historia reciente en los que interactuaste con otra persona. Selecciona un evento y establece los detalles del escenario en tu mente. Haciéndolo lo más vívido posible.*

- *Ensaya el escenario desde diferentes perspectivas. Primero recrea tu propia experiencia del evento. Trata de tener una idea de cómo reaccionaste, tanto los pensamientos que surgieron en tu mente como los sentimientos subjetivos.*

CAPÍTULO 10 ELIGIENDO UN SENDERO ESPIRITUAL

- *Ahora sal de tu perspectiva y observa el evento desde la perspectiva de una tercera persona (como una mosca en la pared). Ensaya la secuencia nuevamente. Mira cómo reaccionan ambas personas. ¿Qué acciones hacen? ¿Cómo se relacionan las diferentes acciones?*

- *Ahora toma la perspectiva de la otra persona. Trate de tener una idea de los estados mentales que habrían motivado las diferentes acciones que observaste anteriormente.*

- *Según tus observaciones de este evento, considera lo que podrías haber hecho para optimizar la interacción. ¿Hubo alguna manera diferente de decir lo que dijiste? ¿Hubo acciones que podrías haber evitado? ¿Hubo otras acciones que hubieran sido útiles? Utiliza la mayor cantidad de conocimiento posible para aprovechar al máximo las oportunidades que este evento te ha presentado.*

- *Repite este último paso tantas veces como sea posible, pensando en las diferentes formas en que este escenario podría haberse desarrollado de manera beneficiosa. Siempre hay opciones. Explora el potencial de la situación.*

Desarrollar una actitud imparcial no significa que tengamos que pensar que todos los caminos son iguales, ya que esto simplemente no es cierto. Cada uno tiene su propio sabor y fortalezas y, por lo tanto, lo que estamos tratando de hacer es desarrollar una mayor conciencia de lo que esta diversidad ofrece. Nuestro objetivo es distinguir claramente entre sus diferencias, respetando cada una como un medio hábil para guiar a los diferentes seres sensibles hacia una mayor felicidad.

Podemos pensar en estos caminos como si fueran medicina. En este momento, estamos enfermos de muchas enfermedades como la ignorancia, el apego y la aversión. Necesitamos ayuda y por eso recurrimos a los grandes maestros de este mundo que son como médicos. Estos médicos analizan nuestras afecciones específicas y nos recetan un conjunto de remedios diseñados para aliviar nuestro sufrimiento. Reconocen nuestra singularidad como individuos y nos enseñan de acuerdo con nuestras necesidades.

De manera similar, cuando un médico se presenta con dos pacientes que presentan síntomas diferentes, ella le da a cada uno un medicamento que se adapta a sus necesidades. Por ejemplo, ella no le dará medicamentos para el dolor de cabeza a una persona que sufre de malestar estomacal. Tampoco considera que la medicina para el dolor de cabeza sea la mejor medicina y que todas las demás medicinas sean inútiles. En cambio, ve que cada una tiene sus beneficios y, en las circunstancias correctas, todos los medicamentos pueden ser útiles. Este es el tipo de actitud que necesitamos desarrollar en relación con nuestro camino espiritual.

El sesgo que estamos tratando de evitar es el sesgo que se ajusta firmemente a la propia opinión como superior a todas las demás visiones. Este tipo de actitud solo sirve para alimentar nuestro orgullo y para ponernos en conflicto con otras personas. En lugar de ver diferentes puntos de vista como opuestos, podemos verlos dentro del contexto de un ecosistema dinámico de creencias que nos ayuda a adaptarnos mejor a nuestras circunstancias únicas.

De esta manera, es posible cultivar un mayor respeto por los sistemas de creencias de otras personas y al mismo tiempo desarrollar una fe profunda nuestro camino espiritual. Puedes ver que no son contradictorias. Si bien utilizamos un camino como el núcleo de nuestra práctica, podemos integrar hábilmente ideas de otras tradiciones para ayudarnos a desarrollar una comprensión más completa y sólida de la realidad. Esto no solo nos estimula a pensar más profundamente sobre nuestro enfoque favorito, sino que también nos ayuda a conectarnos con los demás y comprender cómo ven el mundo. Esta conexión es vital considerando el hecho de que no vivimos aislados. Para bien o para mal, todos compartimos el karma colectivo para nacer en el mismo mundo y, por lo tanto, nos interesa encontrar formas significativas y armoniosas de relacionarnos. Desarrollar las cualidades presentadas anteriormente es una forma maravillosa de hacerlo.

Ejercicio 10.6 - Los Sistemas de Creencias del Mundo

- *En una postura relajada, establece una mente neutral a través de la práctica de la atención plena de la respiración.*

- *Dedica un tiempo a leer detenidamente sobre un sistema de creencias (que no sea el budismo). Comienza estudiando el contexto histórico en el que evolucionó ese sistema de creencias. ¿Cuáles fueron los principales eventos que influyeron en el desarrollo del sistema? Piensa en las diversas influencias geográficas y políticas que también influyeron en el lugar donde se puso énfasis dentro del sistema.*

- *Ahora observa las creencias centrales que definen la visión del sistema que estás estudiando. ¿Cómo se estructuran estas creencias? ¿Qué tipo de temas exploran? ¿Por qué es importante conocer estos fenómenos particulares al sistema?*

- *Según tu punto de vista, investiga los diversos métodos que se utilizan dentro de este sistema. Considera los tipos de cualidades que producen estas prácticas en el profesional. ¿Qué tipo de transformación se está desarrollando?*

- *Finalmente, analiza la diversidad interna dentro del sistema, buscando las diferentes formas en que se interpretan las creencias centrales o las prácticas comunes. ¿De qué manera se dividen los practicantes? Intenta entender la motivación detrás de estas divisiones. ¿Qué beneficio proviene de estos modos alternativos de interactuar con el sistema?*

- *Según lo que hayas leído, considera los temas principales que consideras que caracterizan el sistema. ¿Qué tan importantes son estos temas para ti? ¿Qué tipo de conexión sientes con ellos?*

La Importancia de Confiar en un Linaje Auténtico

A medida que comenzamos a ampliar nuestra comprensión de los caminos que conforman nuestro paisaje espiritual, estaremos expuestos a una amplia diversidad de ideas y métodos. Es posible que sientas la tentación de comenzar a recopilar prácticas basadas en lo que sea más «atractivo» para ti. Esto conducirá a una especie de sistema de creencias personalizado que toma prestado un poco de aquí y de allá. Recomendaría contra este enfoque por las siguientes razones.

En primer lugar, elegir una práctica simplemente en función de lo que te gusta es una buena manera de nunca desafiarte a cambiar. Terminas practicando solo aquellas cosas que refuerzan tu estado mental actual y, por lo tanto, tu comprensión tiende a permanecer en un nivel bastante superficial. Recuerda que practicar Dharma se trata de domesticar la mente y eso significa que tenemos que enfrentar nuestros malos hábitos y aprender a trabajar con ellos. Sí, a veces será incómodo, pero esa incomodidad es una prueba de que el medicamento está funcionando.

En segundo lugar, en la sociedad occidental hay un fuerte énfasis en el individualismo. Estamos profundamente acostumbrados a creer que sabemos lo que es mejor para nosotros. Esto lleva a la creencia de que nuestro juicio siempre es «correcto». Ahora en el contexto del desarrollo espiritual, este tipo de visión crea problemas. Nos dedicamos a la práctica espiritual para ayudarnos a superar nuestra forma neurótica de relacionarnos con el mundo, y sin embargo confiamos en nuestra mente neurótica más de lo que confiamos en la sabiduría de los grandes sabios que nos precedieron. Esta corriente ininterrumpida de sabiduría se conoce como *linaje*. Cuando elegimos nuestro propio enfoque «personalizado», estamos ignorando el linaje y confiando en nuestro propio estado mental confuso. Sería como un paciente que decide mezclar alcohol con sus analgésicos, en contra de las instrucciones que le dio el médico. Los resultados de hacerlo solo pueden conducir al sufrimiento.

En tercer lugar, todos queremos ganancias y no queremos pérdidas. La sabiduría que se ha incrustado en los diversos sistemas de creencias de este mundo se ha desarrollado durante miles de años para ser los métodos más efectivos para lograr una profunda transformación espiritual y para evitar las muchas trampas. El conjunto combinado de conocimientos que representan es realmente notable. Si elegimos ignorar esta sabiduría colectiva, entonces esencialmente estamos intentando reinventar la rueda. Si bien no hay nada que te impida hacerlo, es una enorme pérdida de tiempo. Y el tiempo es algo que ninguno de nosotros tiene para perder. Esta vida es increíblemente preciosa, pero también es increíblemente frágil. Como un relámpago, pronto terminará. Por lo tanto, debemos utilizar todas las herramientas que podamos para ayudarnos a progresar en el camino lo más rápido posible.

Confiar en un linaje auténtico es el mejor método para hacerlo. Debido a que la estructura del camino se ha establecido previamente, podemos eliminar las conjeturas de la ecuación. Podemos enfocarnos en poner en práctica las enseñanzas y continuar con la tarea de domar nuestras mentes. Otros han recorrido este camino antes que nosotros, por lo que podemos confiar en su sabiduría para ayudarnos a encontrar los métodos más efectivos para superar los diferentes obstáculos que estamos seguros de enfrentar. También podemos identificar más claramente las áreas de nuestras mentes que necesitan más trabajo. En lugar de simplemente mantener las cosas como están, podemos sumergirnos con valentía en el lodo y comenzar el proceso de curación.

Estableciendo un Contexto para el Sendero del Kalachakra

El sendero que estamos explorando en esta serie de libros es el *Sendero del Kalachakra* de acuerdo con la tradición *Jonang-Shambhala* del *budismo tibetano*. Este linaje extraordinario ha proporcionado orientación a los practicantes espirituales durante más de 2500 años y ha sido responsable de producir un flujo constante de seres altamente realizados.

En los Libros dos y tres de esta serie exploraremos este linaje en detalle, observando la filosofía y las prácticas únicas que pueden llevar al practicante al estado de iluminación. Sin embargo, antes de hacerlo, es necesario tener una idea del contexto de este camino dentro del gran esquema de las tradiciones de sabiduría del mundo.

Por esta razón, en los siguientes capítulos, daré una introducción general al budismo, seguida de presentaciones específicas de los tres estilos principales de práctica budista. Al observar el budismo desde estas diferentes perspectivas, desarrollaremos una comprensión más amplia y sólida de dónde encaja realmente el Kalachakra.

Repaso de los Puntos Claves

- Un sendero es una secuencia de prácticas que pueden usarse para desarrollar cualidades deseables.

- Hay dos tipos de senderos basados en su alcance: senderos mundanos que se centran en adquirir conocimientos y habilidades que son capaces de apoyar la felicidad mundana; y senderos espirituales que proporcionan conocimiento y habilidades para cultivar la felicidad genuina.

- Los senderos espirituales pueden dividirse en grupos según la motivación de sus practicantes: hay quienes aspiran a mejorar las condiciones de su próxima vida, aquellos que aspiran a eliminar las causas de su propio sufrimiento y aquellos que aspiran a eliminar las causas de sufrimiento de ellos y de los demás.

- Los senderos espirituales se consideran auténticos si son consistentemente capaces de producir los efectos que dicen ser capaces de producir. Un sendero puede corromperse cuando los conceptos erróneos distorsionan las enseñanzas de tal manera que les impide producir los resultados deseados.

- Solo podemos juzgar la autenticidad de un sendero espiritual a través de percepciones válidas. Primero confiamos en autoridades confiables para ayudarnos a identificar posibles senderos, luego, a través del estudio, desarrollamos una mayor confianza en la capacidad del sendero y, finalmente, después de poner en práctica las enseñanzas, podemos ver si el sendero realmente produce los resultados que estamos buscando.

- Elegir un sendero espiritual se trata de encontrar el enfoque para practicar el que mejor se adapte a tus condiciones específicas. Esto requiere desarrollar una comprensión amplia de cuáles son tus opciones y luego desarrollar criterios para tomar una decisión.

- La filosofía de Rimé es una actitud específica que podemos desarrollar para facilitar el trabajo con una diversidad de puntos de vista. Consiste en el cultivo de cuatro cualidades: tolerancia, receptividad, curiosidad y flexibilidad.

- Desarrollar una visión imparcial se trata de poder distinguir claramente entre las características de las diferentes visiones y comprender cómo cada una puede ser beneficiosa para tipos específicos de personas.

- Es importante que desarrollemos fe en un linaje auténtico para desarrollar de manera más efectiva las cualidades que necesitamos para cumplir con nuestros objetivos temporales y finales.

La Estupa Mahabodhi construida en el lugar donde el Buda se iluminó en Bodhgaya, India.

CAPÍTULO 11

Introducción al Budismo

El término "budismo" es de alguna manera un nombre inapropiado ya que tiende a posicionar la tradición como un sistema puramente religioso. Como ya hemos visto, el Buda dio muchos tipos diferentes de enseñanzas en función de las necesidades de sus alumnos. Es cierto que algunas de esas enseñanzas pueden considerarse de naturaleza religiosa, ya que se centran en los actos de devoción o fe. Pero como también vimos en la primera parte de este libro, otras enseñanzas se centran en desarrollar una ciencia sólida de la mente, proporcionando una psicología y metodología detalladas para la investigación contemplativa. Aún otras enseñanzas son de naturaleza más filosófica, haciendo un uso extensivo de la lógica y la epistemología. Entonces, aunque podemos decir que el budismo tiene aspectos religiosos, no podemos decir que sea una religión per se en el sentido judeocristiano de la palabra.

Una forma más precisa de referirse a las enseñanzas y prácticas propuestas por el Buda es usar el término "Buda-Dharma". Literalmente hablando, esto significa "las enseñanzas del Buda". De esta manera, podemos hablar de el Dharma Cristiano cuando nos referimos a las enseñanzas de Jesús, el Dharma Musulmán cuando nos referimos a las enseñanzas de Mahoma y así sucesivamente. Dicho esto, dado que el mundo occidental está tan acostumbrado a usar el sufijo "ismo" para describir las tradiciones de sabiduría, en aras de la simplicidad, continuaremos usando el término *budismo*. Solo recuerda que lo estamos usando como sinónimo del término más preciso del Buda-Dharma.

En tibetano, un seguidor del Buda-Dharma es conocido como un "nangpa" que significa *iniciado*. En este contexto, nos estamos refiriendo al hecho de que la persona se ha vuelto hacia adentro en su búsqueda de una mayor felicidad. En lugar de buscar la felicidad en los fenómenos temporales del mundo externo, reconocen que la felicidad genuina surge dentro del mundo interno de la mente.

Por esta razón, hacen que sea una prioridad en sus vidas estudiar y practicar el Buda-Dharma para domar sus mentes.

A lo largo de este libro, hemos estado confiando en algunos de los aspectos más universales de las enseñanzas del Buda para obtener una mayor comprensión de cómo funciona nuestra mente y cómo entrenarla puede llevar a una vida con mayor significado y propósito. Si bien ya hemos explorado una cantidad considerable de la cosmovisión budista, lo hemos hecho desde la perspectiva general de una persona ajena a la observación. Este enfoque nos ha permitido obtener el mayor beneficio de las técnicas sin requerir que adoptemos ningún sistema particular de creencias.

Sin embargo, en el futuro, podemos encontrar que nuestra relación con estas enseñanzas comienza a cambiar. A medida que continuamos aprendiendo más sobre la forma en que el Buda entendió la realidad, podemos comenzar a identificarnos más fuertemente con este material. En lugar de simplemente conectarnos con estas ideas en un nivel puramente intelectual, nuestras mentes pueden inspirarse tanto que ahora buscamos activamente formas de comprometernos con estas enseñanzas de una manera más profunda.

Los siguientes capítulos te proporcionarán una descripción detallada de la amplia gama de enseñanzas que pueden considerarse de origen budista. Esta información está destinada a brindarte una comprensión contextual de cómo las diferentes enseñanzas encajan y se relacionan entre sí. Como verán, hay una gran cantidad de diversidad dentro de las enseñanzas del Buda, lo que proporciona a un practicante budista muchas opciones sobre cómo realmente se involucran con la práctica. Al comprender el panorama general, estarás mejor equipado para determinar si deseas hacer del budismo tu camino espiritual principal.

La Vida del Buda

El budismo en la forma que reconocemos comienza con la historia de su fundador; El Buda histórico de este afortunado eón, Buda Shakyamuni. El hecho mismo de que tengamos enseñanzas budistas en este mundo, en este momento, solo es posible gracias a la aparición de este gran maestro. Siguiendo sus pasos, tenemos una rara oportunidad de hacer que nuestra vida humana sea verdaderamente significativa.

CAPÍTULO 11 INTRODUCCIÓN AL BUDISMO

Figura 11-1: Eventos importantes de la vida del Buda Shakyamuni.

Si bien existe un debate entre los historiadores sobre las fechas exactas en que ocurrieron los eventos, la mayoría de la gente acepta que el Buda histórico nació hace aproximadamente tres mil años en un jardín llamado Parque Lumbini (en lo que ahora se consideraría parte de Nepal). Su madre, la reina Maha Maya, viajaba de camino a Koliya (su hogar ancestral) para dar a luz a su hijo. Se detuvo brevemente para descansar en un hermoso parque y allí, debajo de los árboles de sala, parió. El día fue muy auspicioso, marcado por una luna llena.

Lleno de alegría, el padre del Buda, el rey Shuddhodhana celebró el nacimiento de su hijo con una ceremonia de nombramiento de acuerdo con la costumbre. Varios sabios que asistieron a la ceremonia examinaron al niño y descubrieron que su cuerpo estaba adornado con una serie de marcas muy auspiciosas. Uno en particular lo reconoció como un niño muy especial y predijo que, si se convertía en gobernante, sería el mejor de todos los reyes. Del mismo modo, si eligiera un sendero religioso, lograría el logro final y se convertiría en un Buda (uno despierto). El niño recibió el nombre de Siddhartha, que significa "el que ha cumplido sus deseos".

El joven príncipe comenzó su educación a una edad muy temprana y rápidamente mostró una gran aptitud en cada materia que estudió, aprendiendo a un ritmo mucho más rápido en comparación con sus compañeros de la escuela. No importa cuál fuera la competencia, el Príncipe Siddhartha siempre fue el mejor, el más rápido, el más fuerte y el más inteligente. También era el más sabio, lo que le valió un gran respeto por parte de sus maestros y su corazón increíblemente amable y su naturaleza afectuosa significaron que era muy querido por todos los que lo conocían.

Cuando Siddhartha comenzó a mostrar sus muchos talentos, el Rey comenzó a temer la profecía hecha por los sabios. Le habían advertido que, si el príncipe encontraba sufrimiento, seguramente lo conmoverían a tomar un camino religioso. Temiendo la pérdida de su único heredero al trono, el Rey resolvió proteger al joven príncipe de toda forma de experiencia desagradable. Él construyó varios palacios diseñados específicamente para evitar que Siddhartha encontrara el sufrimiento en cualquier forma. Pero a pesar de su estilo de vida extravagante y lujoso, el príncipe estaba notablemente insatisfecho.

Para alegrar la disposición de su hijo, el Rey arregló para que se casara. Le presentó una selección de las chicas más bellas, procedentes de todo el país. Entre ellos estaba una joven llamada Yashodhara. Siddhartha estaba tan conmovido por su belleza que le dio un regalo de compromiso y pronto se casaron.

Finalmente, los muros del palacio que rodeaban a Siddhartha comenzaron a sentirse como una prisión para él y le rogó a su padre que le permitiera visitar las aldeas vecinas. Su padre dudaba, pero finalmente estuvo de acuerdo. Cuando el príncipe salió del palacio, fue golpeado por la imagen de un hombre mayor. Nunca había visto los efectos de la vejez y se sorprendió al escuchar que todos envejecen. Al regresar al palacio, Siddhartha se deprimió por la inevitabilidad del envejecimiento.

Una vez más, el príncipe solicitó abandonar el palacio y su padre, sabiendo que era inútil resistirse, cedió. Esta vez, cuando el Príncipe Siddhartha viajó por la ciudad, vio a un hombre devastado por la enfermedad. No podía creer que tal sufrimiento fuera posible y que nadie pudiera escapar de él. Al pensar en este hombre, Siddhartha regresó al palacio y se sintió aún más abatido.

El Rey pudo ver que su hijo estaba cambiando, pero no pudo rechazar su pedido de ir más allá de los muros del palacio una vez más. Mientras el Príncipe caminaba por las calles del pueblo, se encontró con una procesión fúnebre en la que un grupo de hombres llevó un cadáver a los campos de cremación. Al despertar su curiosidad, el Príncipe observó cómo el cuerpo se quemaba, pero no podía entender por qué la gente estaba haciendo esto y por qué el cuerpo no se movía. Dirigiéndose a su asistente para una explicación, se enteró de la realidad de la muerte. Angustiado, el Príncipe regresó al palacio y comenzó a contemplar lo que había visto. Como resultado, un gran deseo surgió dentro de él para encontrar una manera de detener este sufrimiento.

En su cuarta excursión fuera del palacio, el Príncipe Siddhartha viajaba a un parque cuando vio a un hombre vestido con una túnica sentado al costado de la carretera. Este hombre parecía muy feliz y Siddhartha preguntó quién era. El asistente del Príncipe explicó que era un renunciante espiritual que había dedicado su vida a explorar cómo lograr la paz y la libertad del sufrimiento. El Príncipe inmediatamente supo que esto era lo que quería hacer con su vida y se dio cuenta de que mientras permaneciera en el palacio real, rodeado de todo lo que necesitaba, nunca tendría las condiciones para cumplir este objetivo espiritual. De esto surgió la resolución de abandonar todo lo que su vida protegida le brindó, así como la fuerte intención de encontrar las respuestas que buscaba y compartirlas con todos los que pudiera.

Poco después, eligió apartarse de su vida real, huyendo del palacio a caballo en plena noche. Con una determinación intensa, dejó a su amada esposa, a su hijo recién nacido y a todos sus otros amigos y familiares. Renunció a su título real y los privilegios que lo acompañaban, incluidas todas sus propiedades lujosas. Eligió enfocar su mente de manera puntual en la tarea de lograr la liberación. Se afeitó la cabeza y se puso unos trapos andrajosos como ropa, abrazó la vida de un asceta errante. Pronto se hizo conocido en toda la tierra como el *Shakyamuni*, que significa "Sabio del Clan Shakya".

Con su mente enfocada en lograr liberarse del sufrimiento, Siddhartha buscó a los maestros de meditación más respetados de la tierra: Alara Kalama y Uddaka Ramaputta. Bajo su guía, progresó rápidamente a lo largo del camino, igualando sus realizaciones y alcanzando etapas avanzadas de equilibrio meditativo. Y, sin embargo, no importa cuán absorta se volviera su mente, todavía estaba insatisfecho.

Siddhartha luego decidió que se dedicaría a la práctica del ascetismo extremo y la auto mortificación. Junto con otros cinco practicantes ascéticos, practicó intensamente durante seis años a lo largo de las orillas del Nairanjana, comiendo solo un puñado de alimentos cada día. Cuando su cuerpo se consumió, Siddhartha comprendió que este camino que había elegido era un error. Reconoció que la mente y el cuerpo formaban una realidad única que no podía separarse y, por lo tanto, abusar del cuerpo solo servía para dañar la mente.

En un momento de agotamiento total, la hija de un joven brahmán llamado Sujata le ofreció un plato de atole de leche de arroz dulce con miel. Al comer, el cuerpo de Siddhartha revivió y su tez adquirió un brillo dorado. Inmediatamente notó que la calidad de su meditación mejoró, teniendo una mayor claridad y volviéndose más pacífico. Creyendo que Siddhartha se había corrompido, los cinco ascetas lo abandonaron y se separaron.

CAPÍTULO 11 INTRODUCCIÓN AL BUDISMO

A la edad de treinta y cinco años, el Príncipe Siddhartha viajó a Bodhgaya en el norte de India y se sentó debajo del árbol Bodhi, prometiendo permanecer allí hasta que alcanzó la iluminación total. Fue allí donde se enfrentó a todas las fuerzas de la negatividad en la mente, permaneciendo ileso e inmóvil por su terror y seducción. Con la tierra como testigo, conquistó todos sus demonios.

Al amanecer de la mañana siguiente, Siddhartha superó los oscurecimientos cognitivos más sutiles y alcanzó la iluminación completa. Al superar la ignorancia de la verdadera naturaleza de la realidad, sintió que había sido liberado de una prisión que lo había confinado durante miles de vidas. La ola interminable de pensamientos engañosos que apoyaban su ignorancia, oscureciendo su mente al igual que la luna y las estrellas escondidas detrás de las nubes, se había disuelto y derrotado. Vio directamente la interdependencia de todas las cosas en el universo y cómo los seres sufrían sin cesar al dividir falsamente la realidad en sujeto y objeto. Esta visión equivocada conduce al apego, la aversión e innumerables acciones dañinas que solo crearon más y más sufrimiento. También vio el potencial para la iluminación en cada ser vivo. A partir de este momento fue conocido como el Buda, el Despierto.

Para demostrar la profundidad y la preciosidad de su realización, el Buda decidió inicialmente no enseñar hasta siete semanas después, cuando los grandes dioses Brahma e Indra le pidieron que girara la Rueda del Dharma, poniendo en marcha un nuevo ciclo de enseñanzas.

Muchos días después, el Buda se encontró con sus cinco amigos ascetas en Deer Park en Varanasi. A pesar de su renuencia inicial a saludarlo después de su abandono del camino ascético, su aspecto radiante los sorprendió y se convirtieron en sus primeros seguidores. El Buda giró la Primera Rueda del Dharma al enseñar las *Cuatro Nobles Verdades* y cada uno de sus seguidores, bajo su guía, alcanzó el estado de *Arhat* en tres meses. También se dice que multitudes de seres "invisibles" asistieron a estas enseñanzas y se beneficiaron inmensamente. Así, por primera vez, las preciosas Tres Joyas: el Buda (maestro), el Dharma (enseñanza) y la Sangha (comunidad) fueron conocidas en este mundo.

Hasta su fallecimiento, el Buda realizó cuarenta y cinco retiros de verano y giró la Rueda del Dharma innumerables veces, exponiendo enseñanzas de significados definitivos y provisionales, de acuerdo con las necesidades y disposiciones de sus seguidores. Sus enseñanzas fueron dadas a sus principales discípulos Shariputra y Maudgalyayana, junto con una gran asamblea de monjes, monjas, practicantes laicos, bodhisattvas y seres no humanos. Sus enseñanzas siempre demostraron impermanencia e inspiraron la verdadera renunciación entre sus seguidores.

Como un monje honorable, Shakyamuni enseñó en lugares accesibles como Rajagriha, La montaña del Pico del Buitre y Vaishali en el norte de la India, y a través de sus habilidades milagrosas, enseñó en otros reinos para seres no humanos como dioses, nagas y espíritus. También apareció en diferentes formas puras para madurar discípulos más avanzados a lo largo de su camino espiritual. Por ejemplo, emanó como la deidad Kalachakra para enseñar al Rey Suchandra y un gran séquito en Amaravati, en el sur de la India.

A la edad de ochenta años, en la ciudad de Kushinagar, el Buda se acostó sobre su lado derecho entre un par de árboles de sala y dio su enseñanza final en su forma física. Luego pasó al parinirvana.

Desde una perspectiva, podemos hablar del Buda como un hombre soltero que en el curso de su vida completó su entrenamiento y alcanzó la iluminación, sin embargo, esta es solo una interpretación de la historia del Buda. Desde otra perspectiva, Siddhartha ya era un Buda completamente iluminado que ahora se manifestaba como un ser humano, descendiendo al reino humano desde el reino puro de Tushita. La persona que conocemos como el Buda histórico Shakyamuni se manifestó para enseñarnos el Dharma y mostrarnos cómo superar las emociones aflictivas y los oscurecimientos ocultos. Sin embargo, en realidad, Buda no tiene envejecimiento, enfermedad, muerte ni renacimiento kármico. Él simplemente vino de manera onírica para enseñar un Dharma onírico en un mundo onírico. Todos tenemos esta realidad; Es nuestra naturaleza iluminada. Hasta que descubramos esta verdad sagrada, Buda se manifiesta espontáneamente para nosotros de varias maneras, tanto en formas ordinarias como milagrosas.

CAPÍTULO 11 INTRODUCCIÓN AL BUDISMO

Los Tres Giros de la Rueda del Dharma

Cuando consideramos todas las enseñanzas que el Buda dio durante su vida, es posible identificar una serie de temas recurrentes. El Buda enseñaría estos temas en función de las capacidades de sus alumnos particulares, ya que reconoció que no todos estaban preparados para la profundidad de ciertas ideas. Entonces, en lugar de confundirlos innecesariamente, decidió proporcionarles las enseñanzas que mejor despejarían los oscurecimientos en sus mentes, lo que les impidió experimentar la verdad.

Cuando consideramos las enseñanzas de esta manera, podemos organizarlas en tres etapas progresivas que representan cómo un solo practicante elimina los oscurecimientos burdos y luego cada vez más sutiles que finalmente conducen a la realización de su propia naturaleza prístina. Estas etapas se conocen como los *Tres Giros de la Rueda del Dharma*. Recuerda que esta es una secuencia temática y no cronológica. Por ejemplo, en el período que siguió directamente a su iluminación, el Buda dio muchas enseñanzas a discípulos humanos y no humanos avanzados, de las ruedas del Dharma segunda y tercera. Del mismo modo, una de las enseñanzas más famosas de la Primera Rueda del Dharma se dio en su lecho de muerte. Lo que es más importante saber es el tema en el que se enfoca cada rueda y la forma en que estas enseñanzas ayudan a los estudiantes a eliminar los oscurecimientos. Los Tres Giros son los siguientes:

1. **El Primer Giro de la Rueda del Dharma** gira en torno al tema de causa y efecto, particularmente en relación con cómo surge el sufrimiento y cómo se logra la liberación. La enseñanza más fundamental en este ciclo se conoce como la enseñanza sobre las *Cuatro Nobles Verdades* tal como se expuso en Sarnath, India. Al desarrollar una comprensión de causa y efecto, el practicante puede abandonar las causas del sufrimiento y cultivar las causas de la felicidad genuina. Esto orienta nuestra mente al Dharma y ayuda a acumular méritos para que podamos penetrar más profundamente en la naturaleza de nuestra experiencia.

2. **El Segundo Giro de la Rueda del Dharma** se centra en el tema del vacío. Estas enseñanzas están más estrechamente ligadas a los *Sutras*

de la Perfección de la Sabiduría, que se enseñaron a una gran cantidad de bodhisattvas en la Montaña Pico del Buitre en Rajagriha. En estas enseñanzas, el Buda analiza cómo los fenómenos que percibimos están vacíos de la existencia inherente que proyectamos sobre ellos. Él muestra muy claramente cómo nuestra ignorancia de esta verdadera naturaleza de los fenómenos es la raíz de todo nuestro sufrimiento y, por lo tanto, a través de la meditación sobre el vacío, es posible aclarar este concepto erróneo.

3. **El Tercer Giro de la Rueda del Dharma** presenta las enseñanzas definitivas sobre el tema más profundo: nuestra naturaleza búdica innata. Estas enseñanzas fueron impartidas en raras ocasiones en una variedad de lugares a lo largo de la vida del Buda. Describen con gran detalle las innumerables cualidades sublimes de la mente iluminada, que están presentes en todos nosotros. Es esta mente la que, cuando se separa de los oscurecimientos temporales, es capaz de manifestarse como un Buda completamente iluminado. En esta etapa, no hay más oscurecimientos para eliminar.

Las Categorías de los Vehículos Budistas

Un vehículo es un dispositivo que transporta a alguien de un lugar a otro. Por ejemplo, una bicicleta, un automóvil y un avión son ejemplos de vehículos. Si bien su función básica es la misma, son diferentes en que pueden lograr el mismo resultado de diferentes maneras.

Supongamos que deseas viajar a una ciudad cercana. Podrías ir en tu bicicleta, pero tomaría mucho tiempo. Sería más rápido tomar un automóvil. Si la ciudad a la que quisieras ir estuviera al otro lado del país, un automóvil tomaría mucho tiempo. En cambio, si tomas un avión puedes llegar allí en un día.

La rapidez con que progresamos en nuestro viaje espiritual y qué tan lejos llegamos realmente en ese tiempo dependerá del vehículo que elijamos. El vehículo adecuado para nosotros dependerá de nuestra motivación personal y madurez espiritual. Cualquiera puede utilizar una bicicleta y cruzar la ciudad. Sin embargo, para conducir un automóvil, debe desarrollar un conjunto de habilidades en particular antes de ponerse al volante. Del mismo modo, con un avión, puede viajar mucho más rápido, pero si no está preparado adecuadamente, podría estrellarse y quemarse fácilmente.

Cuando consideramos la amplia gama de enseñanzas que dio el Buda, podemos ver que estaba presentando diferentes tipos de vehículos para diferentes tipos de practicantes. Podía ver que todos venimos a esta vida con diferentes tendencias kármicas y, por lo tanto, algunos están listos para una bicicleta, mientras que otros están listos para un avión.

Dicho esto, solo porque estamos actualmente en una etapa de nuestro desarrollo espiritual, no significa que siempre estaremos así. Con el tiempo, a medida que nos familiarizamos con un vehículo, podemos encontrar que ahora estamos listos para pasar a otro. De esta manera, los vehículos representan un camino progresivo que nos ayuda a enfocarnos en una etapa particular de nuestro viaje espiritual.

Las siguientes secciones describen diferentes formas en que podemos dividir las enseñanzas para ayudar a distinguir el énfasis que se cultiva en un momento dado. No pienses en estas categorías tanto como una jerarquía entre vehículos, sino que piensa en ellas como diferentes partes del mismo pastel. La porción que elijas dependerá de la que te parezca más apetitosa.

Los Vehículos Basados en la Propagación

El Buda dio los tres giros a las enseñanzas durante un lapso de cincuenta años más o menos. No todas estas enseñanzas se propagaron inmediatamente al público. A la población general le tomó tiempo madurar lo suficiente espiritualmente como para poder comprender las enseñanzas más profundas. Esto condujo a una revelación gradual de las enseñanzas en dos vehículos principales:

1. **El Vehículo Fundacional (Hinayana):** Las enseñanzas del primer giro fueron fácilmente accesibles para todos y, por lo tanto, se enseñaron públicamente desde la época de Buda. Estas enseñanzas formaron los cimientos de toda práctica budista y tendieron a enfatizar el código de conducta monástico (vinaya) como el método más efectivo para lograr la liberación personal de la existencia cíclica.

2. **El Gran Vehículo (Mahayana):** Las enseñanzas del Segundo y Tercer giro se enseñaron en privado principalmente a un número limitado de estudiantes avanzados. Esto significaba que no se propagaron ampliamente hasta muchos siglos después de la muerte del Buda. Estas enseñanzas se hicieron muy populares dentro de las comunidades laicas, ya que tendían a enfatizar el ideal del compromiso social altruista y el logro de la iluminación por el bien de todos los seres sensibles. De esta manera, el budismo creció hasta integrarse completamente con todos los niveles de la sociedad india.

Los términos Hinayana (que significa literalmente vehículo "menor") y Mahayana (que significa vehículo "mayor") se utilizan para indicar el alcance del vehículo. Debido a que las enseñanzas hinayana se enfocan en la liberación personal y el mahayana se enfoca en la iluminación por el bien de los demás, podemos decir que el mahayana tiene un mayor alcance. Esto no significa que la calidad de las enseñanzas en uno versus el otro sea más superior, simplemente que uno tiene un enfoque más limitado.

La siguiente tabla resume cómo se pueden dividir las enseñanzas:

Tradición	Giro de la Rueda	Énfasis Principal
Hinayana	Primer Giro	Causa y Efecto
Mahayana	Segundo Giro	Vacío
	Tercer Giro	Naturaleza Búdica

Tabla 11-1: Vehículos de acuerdo a su propagación

Los Vehículos Basados en su Enfoque

Para sus discípulos más avanzados, el Buda se manifestó en una amplia variedad de formas puras para transmitir las enseñanzas esotéricas que describen cómo usar hábilmente la propia Naturaleza Búdica como base para progresar rápidamente en el camino. Estos métodos extraordinariamente poderosos se transmitieron en estricto secreto de maestro a discípulo durante muchas generaciones.

Colectivamente, estas enseñanzas se conocieron como los *Tantras Budistas*, mientras que las enseñanzas exotéricas públicas se conocieron como los *Sutras Budistas*. Ambos grupos de enseñanzas tienen la misma capacidad de llevar a un practicante a la iluminación. En lo que difieren es en la eficacia del enfoque que utilizan para producir el resultado deseado de la Budeidad. Si dividimos las enseñanzas entre sutra y tantra, llegamos a los siguientes vehículos:

1. **Los Vehículos Causales (Sutrayana):** Estos vehículos se basan principalmente en las enseñanzas del sutra. Enfatizan las prácticas desde la perspectiva de un ser sensible. En este enfoque, se considera que un ser sensible es de naturaleza impura, dominado por su propia mente afligida. Para que tal ser logre la iluminación, primero es necesario abandonar todos los estados mentales negativos, y al mismo tiempo cultivar todas las cualidades positivas. El ser sensible desarrolla lentamente su mente hasta que ha alcanzado el estado de la budeidad. Este proceso generalmente toma más de tres incontables eones para lograrlo.

2. **Los Vehículos Resultantes (Tantrayana):** Estos vehículos se basan principalmente en las enseñanzas tántricas. Trabajan desde la premisa de que nuestra naturaleza fundamental es la naturaleza búdica. Esta naturaleza es primordialmente pura y, por lo tanto, no hay nada que deba hacerse. En lugar de trabajar para desarrollar cualidades, el objetivo es eliminar los oscurecimientos que impiden que nuestra naturaleza pura se manifieste naturalmente. En este enfoque, el practicante reconoce la naturaleza iluminada de su experiencia actual y puede usar hábilmente esas mismas experiencias como apoyo para su práctica. Debido a que están trabajando con el resultado (Naturaleza Búdica) en el momento presente, estos vehículos se denominan *resultantes*. A través de estos métodos, es posible que un practicante logre la iluminación en una sola vida.

En función de dónde se coloca la mayor cantidad de énfasis, podemos resumir estos vehículos y su relación con los tres giros de la siguiente manera:

Vehículo	Giro de la Rueda	Énfasis Principal
Causal	Primer Giro	Causa y Efecto
	Segundo Giro	Vacío
Resultante	Tercer Giro	Naturaleza Búdica

Tabla 11-2: Vehículos de acuerdo a su acercamiento

Los Vehículos Basados en el Énfasis

Basado en las categorías anteriores, podemos ver que, si bien el Hinayana se basa completamente en las enseñanzas del sutra, el Mahayana incluye aspectos tanto del sutra como del tantra. Esto ha llevado al desarrollo de tres estilos distintos de práctica que se propagaron durante diferentes períodos de tiempo y regiones geográficas:

1. **El Vehículo Fundacional (Hinayana):** Las enseñanzas del Hinayana fueron las primeras enseñanzas del Buda y están asociadas principalmente con el estilo de práctica budista que se sigue hoy en Tailandia, Sri Lanka, Camboya, Myanmar y Laos. Este estilo de práctica se conoce más comúnmente como *Budismo Theravada*, llamado así por la única escuela sobreviviente que mantiene esta forma de práctica. Siguen las enseñanzas tal como se registran en el Canon Pali, la primera colección registrada de escrituras del Primer Giro.

2. **El Gran Vehículo (Mahayana):** Las enseñanzas comunes del Mahayana evolucionaron más gradual y generalmente están asociadas con los estilos de práctica budista seguidos en el Tíbet, China, Corea, Japón y Vietnam. Siguen el Canon sánscrito y se adhieren principalmente al sistema de estudio y práctica graduados establecido en la Universidad de Nalanda, en el centro de la India. A menudo conocida como la *Tradición Nalanda*, es este sistema el que se sigue de cerca en las escuelas tibetanas de budismo. Algunas de las otras tradiciones que evolucionaron en países como China y Japón (especialmente el budismo Chan y Zen) se enfocan menos en el estudio y más en la práctica de la meditación guiada, diseñada para vaciar la mente de todos los conceptos.

3. **El Vehículo Vajra (Vajrayana):** Las enseñanzas Vajrayana se encuentran casi exclusivamente en el Tíbet y se acepta generalmente que han surgido de las enseñanzas poco comunes del budismo Mahayana. También es conocido como el *Vehículo del Rayo*, ya que se considera el camino más rápido para despertar. El Vajrayana ofrece innumerables métodos hábiles, como visualizaciones, mantras y técnicas para canalizar las

energías internas del cuerpo, para permitir que el practicante se conecte directamente con su Naturaleza Búdica. Para eliminar los obstáculos a la iluminación, el Vajrayana se enfoca en ver, conocer y erradicar cualquier problema o limitación mental mientras que el Sutrayana se enfoca en el cultivo de buenas cualidades. Como el Vajrayana puede ser un camino difícil, no se recomienda para todos los estudiantes budistas.

Aunque el Mahayana y el Vajrayana ponen mayor énfasis en la segunda y tercera rueda del Dharma, no son contradictorias con las enseñanzas que se encuentran en el budismo Theravada, que se centra en el primer giro. Las enseñanzas Theravada son fundamentales para la práctica budista y, por lo tanto, es esencial tener una base sólida en este sistema para practicar con éxito el Dharma budista Mahayana. Las tradiciones budistas tibetanas, por ejemplo, estudian el Theravada Vinaya exhaustivamente, ya que demuestra el código moral requerido en las comunidades monásticas. Del mismo modo, las enseñanzas del Vajrayana dependen en gran medida de las enseñanzas del Mahayana. Sin establecer el fundamento de una motivación y visión Mahayana, es imposible lograr el resultado de la iluminación a través de la práctica del Vajrayana.

Enseñanzas	Tradición	Énfasis	Practicado en
Sutra	Vehículo Fundacional	Primer Giro	Sri Lanka, Myanmar, Tailandia, Camboya y Laos
	Gran Vehículo	Segundo Giro	China, Corea, Japón y Vietnam
Tantra	Vehículo Vajra	Tercer Giro	Tíbet, Mongolia y la Región del Himalaya

Tabla 11-3: Vehículos de acuerdo a su énfasis

El Fundamento, el Sendero y el Resultado

Al analizar diferentes vehículos, puede ser útil usar un marco simple para enfocar nuestro análisis y proporcionarnos una base para la comparación. Todos los vehículos se pueden entender en relación con tres aspectos:

1. **El Fundamento:** La base de cualquier vehículo es la visión utilizada para describir la naturaleza de la realidad. Es a través de este punto de vista que un profesional puede identificar qué aspectos de su realidad no son satisfactorios y cómo puede trabajar con esta realidad para producir

un resultado deseable. Es conocido como el *fundamento* porque todas las prácticas se basan en esta comprensión y es esta realidad con la que trabajamos a través del camino.

2. **El Sendero:** Una vez que hayas identificado un problema, puedes comenzar a implementar estrategias para cambiar la situación. El *sendero* representa todos los métodos que proporciona el vehículo con el fin de transformar la experiencia del practicante en el fundamento. Los caminos generalmente están diseñados para ser de naturaleza gradual, como una escalera, donde cada paso nos acerca al resultado deseado. Las dos formas principales de hacerlo son a través de las diferentes prácticas de meditación y conducta.

3. **El Resultado:** Al comprometernos con un camino, se producen una variedad de *resultados* específicos. Cada vehículo está diseñado para llevarte a un cierto punto. Una vez que hayas alcanzado el máximo resultado que puede ofrecer un vehículo, debes cambiar a otro vehículo para ir más allá. De esta manera, podemos hablar de que algunos vehículos son relativamente "más elevados" que otros, en la medida en que pueden guiarte a una experiencia más profunda de la realidad. El resultado final del uso de estos vehículos es la iluminación total.

Para ilustrar estos principios, ahora veremos el fundamento, el sendero y el resultado que se tiene en común en todas las formas de budismo. Estos temas forman la comprensión más fundamental de las enseñanzas del Buda y se ampliarán en los próximos capítulos.

El Fundamento: Los Cuatro Sellos

Los Cuatro Sellos son la esencia misma de la visión budista. Ningún ser ha alcanzado o alcanzará la iluminación sin comprenderlos y, por lo tanto, si realmente nos damos cuenta de ellos, no podemos fallar en el camino budista. Los Cuatro Sellos se llaman así porque siempre y cuando un documento tenga un sello, se puede confiar en que sea auténtico. Del mismo modo, para que una vista sea verdaderamente budista, debe contener estos sellos. Si los comprendemos correctamente, podemos saber qué hace que el Dharma budista sea único, y podemos reconocer claramente la diferencia entre la visión budista y todas las demás filosofías, sistemas de creencias o religiones.

Al examinar cada uno de estos sellos, puedes notar que has encontrado algunos de los temas en capítulos anteriores. Esta es una característica común en el Dharma budista. A menudo, un solo tema se analizará desde múltiples ángulos para desarrollar una comprensión más completa de los fenómenos. Por lo tanto, esto no es repetición en aras de la repetición. En cambio, es un medio hábil para ayudarnos a progresar en el camino. Cuanto más reflexionemos sobre estos temas, más evolucionará nuestra visión. A medida que cambia su punto de vista, se te proporciona una nueva perspectiva para comprender la realidad. Esto fomenta una mayor contemplación que finalmente conduce a la posibilidad de que surja una mayor sabiduría.

1. *Todos los Fenómenos Compuestos son Impermanentes*

Todo lo que existe y que la mente puede conocer puede percibirse como compuesto. Esto significa que, aunque algo puede parecer sólido y real por sí mismo, en realidad está formado por muchas partes y depende de las causas y condiciones para su existencia. Todos estos fenómenos compuestos están, por lo tanto, sujetos a cambio e impermanencia.

Por ejemplo, una mesa de madera depende de las piezas de madera de las que está hecha y de los árboles que proporcionan la madera. Cada árbol depende de una semilla, así como del suelo, el agua y la luz solar que lo ayudan a crecer. Sin ninguna de estas condiciones, no existiría. Cuando consideramos cómo se talan y transforman esos árboles en tablas, y luego son transportados y ensamblados por personas en una fábrica, podemos ver cómo la cadena de interdependencia incluye muchos otros factores de apoyo. Podemos pensar en todo lo que se necesita para fabricar los camiones que transportan la madera. O todas las condiciones que crearon las personas que trabajan en la fábrica. La fabricación de la tabla depende de todos estos factores, y si una de estas causas estuviera ausente, no podría haber una tabla.

Debido a que todas las cosas existentes dependen de causas y condiciones para poder existir, y debido a que estas causas y condiciones no duran para siempre, todo lo que llega a existir, naturalmente debe declinar y perecer y, por lo tanto, es impermanente. Si bien la tabla puede ser un ejemplo obvio de un fenómeno impermanente, también podemos ver ejemplos más sutiles de impermanencia en fenómenos tales como nuestros rasgos de personalidad, pensamientos o emociones.

¿Sabes dónde estarás dentro de diez años? ¿Seguirás viviendo en la misma casa o seguirás usando la misma ropa? Piénsalo. Hace diez años, podrías haber tenido diferentes ideas o puntos de vista en comparación con ahora. Tal vez estabas lleno de juventud y vigor, pero ahora puedes estar empezando a envejecer y desarrollar arrugas. Si alguna vez tenías veinte años y ahora tienes entre treinta y cuarenta años, ¿qué tipo de diferencias puedes observar en tu cuerpo? Estos son ejemplos de impermanencia de nivel obvio o burdo, que todos pueden observar fácilmente.

En el nivel sutil de impermanencia, todos los fenómenos compuestos se encuentran en un estado de transición constante, con cada cambio que ocurre en un intervalo de tiempo muy pequeño. Las enseñanzas del Buda hablan de 160 momentos que pasan en el tiempo que lleva chasquear los dedos. Esto significa que todo lo que percibimos está cambiando muchas veces cada segundo. Si las cosas no cambiaran en un intervalo tan pequeño, ¿cómo podrían cambiar en un segundo, un minuto, una hora o incluso un año entero? Es este aspecto del cambio constante el que explica cómo todo envejece, decae y desaparece.

Sin embargo, normalmente no podemos ver que un objeto como la palma de nuestra mano sea mayormente diferente hoy que ayer. Esto se debe a que por el momento solo podemos percibir fenómenos burdos. Si vamos a un río, aunque sabemos que cambia en el momento en que lo vemos, hemos desarrollado el hábito de pensar que es el mismo río que vimos el año pasado. Creemos que tenemos la misma mano, los mismos padres y el mismo "todo", pero en realidad siempre está cambiando. Los científicos están llegando a una visión similar ya que los avances en la tecnología han permitido observar cosas en una escala muy pequeña. Los seres altamente realizados que han desarrollado sus mentes a través de la práctica de la meditación, en realidad son capaces de percibir directamente los fenómenos que cambian continuamente de un momento a otro.

Ejercicio 11.1 - La Inestabilidad de Causas y Condiciones

- *En una postura relajada, establece una mente neutral a través de la práctica de la atención plena de la respiración.*

- *Elige un fenómeno que te gustaría analizar. Tómate un momento para reflexionar sobre las características de este fenómeno. Intenta ser lo más minucioso posible.*

- *Ahora considera las causas y condiciones que tuvieron que unirse para que este fenómeno surgiera en el estado que puedes observar en este momento. Primero identifica la causa sustancial del fenómeno y luego considera las diferentes condiciones de apoyo que influyeron en la evolución del fenómeno a lo largo del tiempo.*

- *Reflexiona sobre cómo cambiaría este fenómeno si alguna de esas condiciones fuera diferente. ¿Sería el fenómeno exactamente igual, similar o se volvería totalmente inexistente? Elige una serie de condiciones y juega con todos los resultados posibles.*

- *Ahora piensa en las condiciones que mantienen este fenómeno en el estado que estás observando en este momento. Considera las influencias cambiantes que están causando que este fenómeno decaiga con el tiempo. ¿El fenómeno durará mucho? ¿O se disolverá en un proceso relativamente rápido?*

- *Piensa en diferentes maneras en que podrías cambiar las condiciones para prolongar o catalizar la transformación del fenómeno. Por ejemplo, ¿qué pasaría si agregaras calor al fenómeno? ¿Qué tal frío?*

- *Repite este proceso de análisis con múltiples tipos de fenómenos. Si surge una certeza con respecto a la naturaleza impermanente de los fenómenos compuestos, simplemente descansa en esa certeza.*

2. Todos los Fenómenos Condicionados son Insatisfactorios

Cualquier fenómeno que experimentamos a través del lente distorsionado de nuestras aflicciones mentales será, por su naturaleza, insatisfactorio, es decir, su naturaleza es el sufrimiento. Esta verdad sigue muy de cerca a la realidad de que cualquier cosa que no sea permanente es inestable por naturaleza. Cuando algo es inestable, crea incertidumbre en nuestras mentes. Esto conduce inevitablemente a la ansiedad, la insatisfacción y el sufrimiento de diferentes grados. Debido a que todas las causas y condiciones que dieron lugar a un fenómeno particular están más allá de nuestra capacidad actual de conocimiento, cada fenómeno representa un grado significativo de incertidumbre para nosotros. Esta incertidumbre generalizada significa que siempre existe la posibilidad de que un fenómeno actúe como una condición para que surja el sufrimiento en nuestra mente. Esto también se conoce como sufrimiento omnipresente.

Por ejemplo, imagina que eras dueño de un automóvil costoso y esperabas que permaneciera siempre impecable. Estarías ignorando la naturaleza incierta (o insatisfactoria) del automóvil. Inevitablemente, el auto se rayará, el metal se corroerá o el motor se desgastará. No importa cuánto anheles que permanezca como está, la realidad es que el automóvil no tiene esa capacidad. Esta experiencia de insatisfacción se conoce como el sufrimiento del cambio.

Del mismo modo, cuando hacemos el esfuerzo de sonreírle a alguien, a menudo tenemos la expectativa de que nos devolverá la sonrisa. Pero si no lo hacen, podemos experimentar un nivel de desánimo. Cuánto desánimo sentimos, se relaciona con cuánto esperábamos una sonrisa a cambio. Entonces, en general, podríamos decir que sentimos más o menos angustia mental dependiendo de qué tan fuertes quisiéramos un resultado en particular. Esto se conoce como el sufrimiento del dolor.

El término sufrimiento se usa ampliamente para describir esta idea, pero estos ejemplos muestran que su significado completo no solo abarca sufrimiento grave como dolor intenso, depresión o enfermedad, sino más bien un "grado de insatisfacción" más general que describe la naturaleza de la vida misma. Es mejor decir "la vida es insatisfactoria" que proclamar "la naturaleza de la vida es sufrimiento", ya que malinterpreta el término "sufrimiento" y puede llevar a pensar que los budistas están siendo demasiado pesimistas.

Sin embargo, esta visión es errónea, ya que los budistas se esfuerzan por no ser pesimistas ni optimistas, sino por ver la realidad tal como es más claramente. Las enseñanzas budistas pueden considerarse "realistas" ya que nos muestran la naturaleza interdependiente de nuestra experiencia. A través de ellos, podemos ver que nuestro presente es el resultado de nuestro pasado y que nuestro futuro será el resultado de nuestro presente. Aunque contemplar la naturaleza de esta realidad puede dar lugar a un intenso sentimiento de tristeza, ya que vemos todo el sufrimiento y la inutilidad de las muchas cosas en este mundo, también conduce a una gratitud y un aprecio incontrolados por las muchas maravillas que el mundo ofrece; así como por la preciosa oportunidad que tenemos de mejorar nuestra situación y ayudar a otros a hacer lo mismo. De esta manera, los budistas no piensan que la vida sea siempre injusta, sino que la ven llena de posibilidades.

Puedes cuestionar la idea de que "la vida es insatisfactoria". Para las personas que han experimentado dolor y tormento en sus vidas, es un concepto que no es difícil de entender, pero para otros, que sienten que tienen una gran vida, es mucho menos obvio. Dado que es cierto que esas personas están experimentando grados de felicidad, necesitarán mirar más profundamente para comprender que las cosas son impredecibles y temporales y, por lo tanto, no son tan atractivas como podrían pensar.

La mejor manera de analizar esto es investigar nuestra vida cotidiana, observando cómo perseguimos continuamente la felicidad. Mire de cerca tus acciones para ver qué te motiva. ¿Por qué cambias constantemente de una actividad a la siguiente? ¿Por qué no podemos quedarnos quietos? Algo sobre este momento presente es insatisfactorio, algo no está del todo bien. A pesar de nuestro constante cambio de esfuerzo para encontrar la felicidad en lo que estamos haciendo, eventualmente terminamos insatisfechos de una forma u otra. Esta inquietud es la naturaleza misma de la insatisfacción.

Cualesquiera que sean las acciones que hagamos, no importa cuán realistas o poco realistas sean, y no importa cuán sabias o tontas sean nuestras intenciones, nuestro propósito final es siempre la felicidad. El problema es que la mayoría de las formas en que buscamos la felicidad dependen de algo externo, algo fuera de nosotros mismos. Nunca podemos estar completamente satisfechos o encontrar una felicidad estable y duradera cuando esa felicidad depende de fenómenos inestables.

Afortunadamente, el Buda no se detuvo simplemente en identificar el problema. Luego nos dio un sendero que nos proporciona métodos para aliviar el sufrimiento y, en última instancia, liberarnos de él por completo. Si bien todo es insatisfactorio por naturaleza, este estado de cosas, como todas las cosas, está sujeto a cambios y, por lo tanto, existe una posibilidad real de que podamos hacer algo al respecto.

Ejercicio 11.2 - La Experiencia de Nunca Estar Satisfecho

- *En una postura relajada, establece una mente neutral a través de la práctica de la atención plena de la respiración.*

- *Elige un día de tu pasado reciente para analizar. Comienza desde el principio y avanza lentamente. Esboza una serie de actividades clave en las que participaste durante este tiempo.*

- *Ahora regresa a cada una de estas actividades y considera por qué las estabas haciendo. Primero piensa en lo que querías lograr con la actividad. Luego piensa por qué querías lograr este resultado en primer lugar. ¿Qué faltaba o falta en el momento presente que te hizo querer cambiar algo?*

- *Por ejemplo, si la actividad consistía en preparar una comida, la condición insatisfactoria era sufrir hambre. Como no te gustaba esta sensación, querías comer porque sabías que esto reduciría tu hambre.*

- *Continúa en cada momento de tu día. Pregúntate por qué eligió detener una actividad en particular. ¿En qué punto la actividad misma se volvió insatisfactoria? Nuevamente, ¿qué te motivó a cambiar tu enfoque?*

- *Continúe analizando diferentes experiencias que puedas recordar de tu vida. Cuando comience a surgir una certeza con respecto a la naturaleza inquieta de tu vida, descansa tu conciencia en este sentimiento.*

3. Todos los Fenómenos Carecen de Existencia Verdadera

En los dos sellos anteriores, vimos cómo todos los fenómenos condicionados son impermanentes y, por lo tanto, inciertos. Esta incertidumbre conduce a una inevitable experiencia de insatisfacción a medida que buscamos una felicidad duradera y genuina. Ahora tenemos que mirar más profundamente esta situación y preguntarnos por qué estos fenómenos son impermanentes en primer lugar y por qué experimentamos tanto sufrimiento en relación con esta realidad.

La respuesta es porque nos aferramos a esta realidad impermanente como si fuera permanente. Entonces vemos estos fenómenos como fuentes inherentemente existentes de felicidad genuina. Ambas son ideas falsas o distorsiones que nos llevan a formar una amplia gama de falsas expectativas de la realidad que no se pueden cumplir.

De todos los fenómenos que percibimos de esta manera, el concepto erróneo más poderoso es la percepción de un yo singular, sustancial e inherentemente existente. Es este yo el que usamos como punto de referencia para comprender todo acerca de nuestra experiencia y, por esta razón, si malinterpretamos cómo existe realmente nuestro yo, ese malentendido se proyectará en todo lo demás.

El primer aspecto de este concepto erróneo es la creencia de que los fenómenos son de naturaleza singular. Cuando miramos una mesa con objetos sobre ella, podemos identificar esos diversos objetos individuales, como un libro, un tarro de bolígrafos o un jarrón de flores; cada cosa existe separada de las demás. Del mismo modo, cuando nos miramos a nosotros mismos, vemos a una sola persona. Es una cosa, que es diferente de otras cosas. Estás aquí, mientras que otras personas están allá.

Cuando investigamos esta noción, podemos ver que es falsa. Si bien podemos pensar que somos una cosa, en realidad estamos hechos de muchas cosas. Como vimos en capítulos anteriores, tenemos un cuerpo y una mente. El cuerpo se puede dividir en una cabeza, un torso, brazos y piernas. La mente puede dividirse en ocho formas de conciencia y cincuenta y un factores mentales. También se pueden dividir en los cinco agregados: forma, percepción, sentimiento, formaciones mentales y conciencia. Sin embargo, no importa cómo dividimos las cosas, el punto principal es que no somos de naturaleza singular. Esta colección de fenómenos que experimentamos es simplemente la base para que la etiquetemos como "uno mismo".

El siguiente aspecto de nuestro concepto erróneo es la creencia de que somos sustancialmente la misma persona con el tiempo. Cuando nos levantamos por la mañana tenemos la sensación de que somos la misma persona que fuimos cuando nos fuimos a dormir la noche anterior. Hay una sensación de continuidad, un hilo que une todas estas experiencias.

Nuevamente, si investigamos esta creencia, encontramos que cada momento surge y se disuelve en el mismo instante, cada momento dando lugar a un momento similar pero diferente. Lo que etiquetamos como un fenómeno "permanente" es simplemente una serie de momentos similares que no podemos diferenciar de manera sustancial. Por esta razón, cuando miramos solo superficialmente a la persona de hoy y a la persona de ayer, la mayoría de los aspectos parecen similares. Sin embargo, en un nivel mucho más sutil, no podemos encontrar nada que sea exactamente igual.

Finalmente, el tercer aspecto de nuestro concepto erróneo es nuestra creencia de que este yo que percibimos existe inherentemente desde su propio lado. Esta idea fusiona la calidad percibida de un fenómeno con el fenómeno mismo, consolidándose así en una entidad auto-existente. Cuando vemos una copa, creemos que la naturaleza de este objeto es una copa: tiene una forma inherente de copa. Del mismo modo, una flor es inherentemente una flor, un elefante es inherentemente un elefante y una persona es inherentemente una persona.

Cuando realmente buscamos esta naturaleza inherente, no podemos encontrarla. Por ejemplo, considera una mesa. Vemos la mesa y pensamos: "Esta es definitivamente una mesa". Pero ¿dónde está la mesa que estamos percibiendo? La mesa está compuesta de partes, por lo que es lógico pensar que la mesa debe ser igual a las partes o estar separada de ellas. Podemos comenzar mirando primero cada parte e intentando encontrar cualquier cosa que podamos identificar como una mesa dentro de esas partes. Cuando miramos las patas, no encontramos una mesa, encontramos patas. Del mismo modo, cuando miramos el marco no encontramos una mesa, encontramos un marco. Cuando miramos la parte superior, no encontramos una mesa, encontramos una parte superior. No importa dónde miremos en las partes, no hay nada que podamos identificar claramente como una mesa. Entonces, si las partes no son la mesa, entonces la mesa debe existir por separado de estas partes.

Para probar esto, simplemente comienza a restar partes del objeto hasta que deje de ser identificable como el objeto. Comienza con una de las patas de la mesa. Si bien una mesa de tres patas es bastante inestable, sigue siendo una mesa. Cuando quitamos otra pierna, un lado se cae y ahora parece una mesa rota. Debido a que no se encuentra plano, ya no es capaz de cumplir la función de una mesa que es soportar cosas. Quita la parte superior y ahora nos queda algo que solo insinúa una mesa. Retira las dos patas finales y la apariencia de una mesa desaparece por completo. Este proceso nos muestra que la "mesa" que estamos tan seguros existe inherentemente, es simplemente una etiqueta que proyectamos en una colección de objetos o, en otras palabras, en un tipo específico de apariencia que surge en la mente. La mesa que hemos estado buscando no existe en el objeto, solo existe en la mente dependiendo de las causas y condiciones. Llamamos a esta mera ausencia de existencia inherente, el "vacío" del objeto. Todos los fenómenos tienen esta cualidad y, por lo tanto, podemos decir que el vacío es su naturaleza.

En la superficie, estas ideas pueden parecer bastante lógicas y, por lo tanto, es posible que no experimentes la gran profundidad que describen, ya que cuando realmente nos damos cuenta del vacío, tiene un efecto dramático en cómo percibes el mundo de tus experiencias. Todo se convertirá en un sueño en la naturaleza y la noción de realidad "verdadera" se disolverá posteriormente. A medida que se eliminen los oscuros conceptos erróneos, nuestra verdad sagrada surgirá, sin verse afectada por la corriente interminable de proyecciones, como las profundidades del océano que no son perturbadas por las olas en la superficie. Cuando realmente comprendamos el vacío, ya no estaremos bajo el control de nuestros estados mentales afligidos y, por lo tanto, nos liberaremos de crear karma. Cuando detenemos el karma, detenemos la existencia cíclica y todas las experiencias insatisfactorias que esto engendra.

Ejercicio 11.3 - Buscando un Yo

- *En una postura relajada, establece una mente neutral a través de la práctica de la atención plena de la respiración.*

- *Comienza por establecer primero la forma en que percibes la realidad. Esta persona que está sentada aquí meditando, ¿es una o son muchas? ¿Te sientes como varias personas? ¿O te sientes como una persona soltera, separada de todo lo que te rodea?*

- *Ahora considera a esta persona con el tiempo. ¿Te sientes como la misma persona que se despertó esta mañana? ¿Eres la misma persona de hace una semana? No te preocupes por analizar en este momento, solo ten una idea de cómo se siente.*

- *Ahora considera tus cualidades. ¿Qué te hace? ¿Tienes la sensación de que hay algo en ti que es único de todos los demás? ¿Algo que te hace diferente? ¿Hay rasgos específicos que sientes que te definen como persona? Trae estas cualidades a la mente y observa cómo te aparece el yo.*

- *Después de haber desarrollado una fuerte experiencia del yo, ahora comenzarás a buscar dónde existe este yo. Cuando piensas en un yo, ¿a qué te refieres? Piensa en todo lo que este yo tiene. Por ejemplo, tu yo tiene cuerpo y mente. El yo que estamos buscando solo puede existir de dos maneras: es parte del cuerpo o de la mente, o está separado de estos. No hay otras opciones.*

- *Comienza a buscar el yo en tu cuerpo, seleccionando diferentes partes para examinar. Plantea la pregunta: "¿Esto es parte de mí?" Si respondes que sí, investiga este fenómeno y considera si también está compuesto de partes. Si es así, repasa cada parte e intenta encontrar cuál eres tu. Sigue haciendo esto hasta que ya no puedas dividir el fenómeno o simplemente no puedas encontrar nada que pueda decir que eres tu.*

- *A medida que comiences a eliminar lugares potenciales para encontrar el ser, puedes comenzar a sentir dudas sobre si este ser existe. Cuanto más investigas, más fuerte puede surgir este sentimiento. Cuando lo hagas, simplemente descansa en este sentimiento mientras dure.*

- *Ahora busca el yo como algo separado de todas estas partes. Imagina dividir tu cuerpo en todas sus partes. Revisa cada pieza, aislándola y colocándola a un lado en pequeños montones. A medida que eliminas las piezas de tu cuerpo, sigue preguntándote: "¿Todavía soy yo?" Explora cuánto tiempo toma antes de dejar de sentir que hay suficiente para identificarte realmente. Una vez que desarmes completamente el cuerpo, también revisa las diferentes partes de tu mente, buscando algo que sea independiente y separado de todas estas cosas.*

- *En algún momento de este proceso, es posible que tengas la experiencia del yo simplemente desapareciendo. No hay nada a lo que agarrarse. No tengas miedo de este sentimiento, es natural. Solo descansa en la mera ausencia del yo.*

4. El Nirvana es Paz Total más Allá de Todos los Extremos

Cuando investigamos cómo normalmente experimentamos las cosas, podemos ver que estamos proyectando un nivel de existencia en la realidad, congelándolo en esta forma o aquella. Esto se conoce como la *visión de lo eterno*. Es desde este punto de vista que concebimos un Dios creador eterno o la idea de un alma inmutable.

Sin embargo, cuando comenzamos a mirar de cerca nuestra experiencia, comenzamos a ver cómo se equivocan nuestras percepciones. Muchas de las suposiciones que hacemos resultan ser falsas y comienzan a disolverse bajo el peso de nuestro análisis. Las cosas dejan de sentirse tan sólidas y se vuelven más oníricas en su naturaleza. Desafortunadamente, a medida que el fondo se cae de nuestro mundo, tendemos a oscilar demasiado en la otra dirección, asumiendo la creencia de que nada existe. Esta es la *visión del nihilismo*. Asume falsamente que la existencia es inherentemente existente o es totalmente inexistente.

El Buda descubrió que la única forma de lograr una verdadera sensación de paz es encontrar una visión equilibrada que vaya más allá de estos dos extremos. Cuando abandonas la visión de lo eterno, eliminas la base para aferrarte y, por lo tanto, abres tu mente a todas las posibilidades. Cuando abandonas la visión del nihilismo, reconoces la capacidad de que surjan fenómenos en todo tipo de manifestaciones, lo que permite una expresión creativa infinita.

Permanecer en este estado, más allá de los dos extremos, se conoce como *nirvana*, el estado supremo de la paz suprema. No es algo que creas, más bien, es el estado natural, no fabricado que encontramos cuando eliminamos todo lo que es artificial u oculto. La forma en que lo hacemos es mediante la realización directa de la naturaleza vacía de nosotros mismos y, por lo tanto, eliminamos la ignorancia que alimenta otros estados mentales afligidos.

Ejercicio 11.4 - Encontrar un Sendero Intermedio

- *En una postura relajada, establece una mente neutral a través de la práctica de la atención plena de la respiración.*

- *Comienza por identificar primero la visión lo eterno en su vida. Identifica los tipos de fenómenos que encuentras a diario. Recorre diferentes escenarios de tu pasado reciente y desarrolla tu historia personal. Cuantos más detalles experimentes, más se solidificará tu realidad. Esto se manifestará en un sentido de certeza de que estas cosas en realidad sucedieron y definitivamente existen, en sí mismas. Esto es aferrarse a las cosas como eternas.*

- *Ahora aplica el mismo proceso para investigar el ser (consulta el ejercicio 11.3) a un fenómeno en tu vida. Elige un amigo o familiar, o tal vez una posesión. Algo que confiadamente sientes que existe en la forma en que te parece.*

- *Mientras analizas, observa cómo cambia tu confianza. Cuando no puedas encontrar ninguna persona u objeto inherentemente existente,*

¿cómo te hace sentir? Cuando tengas éxito en establecer que no existe, descansa en esa certeza. Esto es aferrarse a las cosas como inexistentes.

- *Ahora considera cuando analizamos, ¿qué desaparece realmente? Por ejemplo, si analizamos una taza, ¿la apariencia se desvanece por completo o nuestro concepto de que esa apariencia es una taza desaparece? ¿Nos queda absolutamente nada o hay algo?*

- *Investiga si es posible tener una experiencia sin proyectar etiquetas. ¿Son necesarias? ¿Puedes experimentar una apariencia sin necesidad de definirla? Cuando le pones una etiqueta a algo, ¿es necesario creer que el objeto es realmente lo que has etiquetado?*

- *Cuando analizas, eliminas las ideas falsas. Luego observa cómo surge la experiencia de este nuevo punto de vista. Es posible que los fenómenos comiencen a adquirir la cualidad de un sueño. Descansa tu conciencia en este sentimiento.*

El Sendero: Los Tres Entrenamientos Superiores

Según nuestra comprensión de los cuatro sellos, surge una metodología. Podemos ver que mientras nos relacionemos con el mundo a través de la ignorancia, todo será impermanente e incierto, lo que nos llevará a experimentar una amplia gama de sufrimiento. La causa raíz de esta forma de existencia es la ignorancia que se aferra a los fenómenos como una identidad inherente. Por lo tanto, al erradicar esta ignorancia, podemos permanecer en un estado libre de sufrimiento. Dentro de este contexto, entonces, el camino es el método para erradicar esta ignorancia raíz.

Si bien desarrollar una comprensión conceptual de la naturaleza de la realidad es un paso en la dirección correcta, porque es conceptual, todavía está operando desde un nivel burdo de conciencia. Para lograr un efecto irreversible duradero, necesitamos trascender este nivel conceptual y experimentar la realidad del vacío a través de la percepción directa. Para hacer esto, todas las prácticas budistas se pueden resumir en los *Tres Adiestramientos Superiores:*

1. **La Disciplina Ética (shila):** Como hemos visto, las mentes aflictivas actúan para distorsionar y perturbar la mente. Mientras estemos dominados por los tres venenos de la aversión, el apego y la ignorancia, no podremos enfocar nuestras mentes lo suficiente como para ver niveles de existencia más sutiles. Por lo tanto, el Buda enseñó una amplia gama de conductas éticas en forma de varios niveles de votos. Los practicantes comienzan primero restringiendo las acciones de su cuerpo y discurso, lo que les da la oportunidad necesaria para concentrarse en sus mentes. Luego, trabajando con sus mentes, pueden reducir la influencia de las aflicciones y, por lo tanto, crear las condiciones para que las prácticas contemplativas sean más efectivas.

2. **La Concentración (samadhi):** El vacío es un ejemplo de un fenómeno oculto. Es bastante sutil y, por lo tanto, para observarlo directamente, necesitamos calmar completamente la mente burda y enfocar nuestra atención de una manera muy precisa. Es por eso por lo que la práctica de la meditación es tan importante en el budismo. Solo a través del desarrollo de la atención a través de la meditación se puede establecer la mente que en realidad es capaz de observar el vacío de los fenómenos.

3. **La Sabiduría (prajña):** Habiendo reunido todas las condiciones necesarias para observar realmente el vacío, los practicantes ahora deben familiarizarse con este fenómeno. Nuestra ignorancia es bastante generalizada y estamos profundamente acostumbrados a aferrarnos a todo lo que se nos aparece. Incluso si podemos experimentar un breve momento de vacío directamente, la fuerza de nuestro hábito nos hará volver a comprender. Por esta razón, necesitamos descansar repetidamente nuestra mente en el vacío. Cada vez que lo hacemos, debilitamos la fuerza del samsara y fortalecemos nuestra capacidad de permanecer en el nirvana. Eventualmente, los patrones destructivos de apego se erradican por completo y ya no experimentamos estados mentales afligidos. Sin aflicciones, finalmente podemos permanecer en nuestra propia naturaleza, libres de todo sufrimiento.

Los primeros dos adiestramientos a menudo se denominan *método* o medios hábiles. Proporcionan todas las prácticas que crean las condiciones para que un practicante encuentre la naturaleza de su mente. Son de naturaleza temporal, simplemente un medio para un fin. El propósito real de practicarlos es desarrollar la *sabiduría* del tercer adiestramiento. Podemos pensar en ellas como dos alas de un pájaro.

Un pájaro no puede volar sin ambas alas, del mismo modo que un practicante no puede avanzar a lo largo del camino sin método y sabiduría. Si solo practicara métodos, podría lograr algunos resultados temporales maravillosos, pero no experimentaría ninguna transformación profundamente enraizada. Del mismo modo, si solo practicas la sabiduría, solo podrás penetrar hasta el nivel de tus oscurecimientos actuales. Esto significa que el tipo de sabiduría que desarrolles solo será de naturaleza superficial. Por esta razón, siempre necesitamos equilibrar los dos tanto como sea posible. Cuando se hace correctamente, el método respalda la sabiduría y la sabiduría apoya al método, lo que nos permite ir progresivamente más profundamente hasta alcanzar nuestro objetivo.

El Resultado: Las Dos Acumulaciones

Samsara es una forma de interpretar la realidad basada en la ignorancia. El camino nos proporciona una forma de cultivar la sabiduría y, por lo tanto, eliminar esa ignorancia y todos los estados mentales afligidos que se derivan de ella. Durante este proceso, el practicante realiza una amplia variedad de acciones que conducen a una variedad igualmente amplia de resultados. Cuando consideramos la naturaleza de estos resultados, podemos hablar de dos tipos principales:

1. **El Mérito:** Hasta que pueda darse cuenta directamente del vacío, su mente se mezclará con la comprensión y la ignorancia, por lo tanto, cualquier acción en la que participes generará karma y, por lo tanto, condicionará tu existencia. Pero si estas acciones están motivadas por una intención virtuosa, naturalmente darán lugar a la felicidad en lugar del sufrimiento. Esto es crucial para crear las condiciones necesarias que

sean más propicias para progresar en el camino (como lograr un precioso renacimiento humano).

2. **La Sabiduría:** A través de la acumulación de méritos, podemos establecer una disposición tranquila, confianza, mayor conciencia y muchos otros estados mentales positivos que luego pueden usarse para generar ideas cada vez más profundas. La más profunda de las cuales es la experiencia directa de nuestra sagrada verdad cuando nos damos cuenta del vacío por primera vez. Cualquier acción que se realice desde la perspectiva de esta sabiduría actuará como una causa para el cese de nuestros patrones habituales. Estos cambios eventualmente conducirán a una libertad duradera y estable de todas las formas de condicionamiento kármico.

El resultado final que producen estas dos acumulaciones variará según el vehículo que se esté practicando. Para el practicante del Vehículo Fundacional, el resultado es la completa liberación del sufrimiento. Para el practicante del Gran Vehículo, estas acumulaciones producen el estado omnisciente de iluminación completa. Examinaremos más de cerca estos resultados en sus respectivos capítulos.

CAPÍTULO 11 INTRODUCCIÓN AL BUDISMO

Repaso de los Puntos Claves

- El Dharma del Buda es un término más preciso para referirse a lo que comúnmente se conoce como "budismo". Se refiere a la colección de enseñanzas que dio el Buda.

- El Buda histórico nació y creció como el Príncipe Siddhartha. Renunció a su vida real y se convirtió en el asceta errante conocido como Shakyamuni. A través del entrenamiento intensivo de meditación, pudo obtener una idea de la naturaleza de la realidad y así liberarse de las causas del sufrimiento.

- A lo largo de su vida, el Buda enseñó una amplia variedad de enseñanzas que se pueden agrupar en tres temas progresivos. En el primer giro, enseñó principalmente sobre la ley kármica de causa y efecto. En el segundo giro, expuso las enseñanzas sobre el vacío. Mientras que en el tercer giro, presentó las características profundas de la naturaleza búdica.

- Estas enseñanzas se pueden dividir en una variedad de vehículos que facilitan una forma particular de transformación basada en el desarrollo espiritual actual del practicante.

- Cuando se divide en función de cuándo se propagaron las enseñanzas, podemos identificar el Vehículo Fundacional (Hinayana) y el Gran Vehículo (Mahayana).

- Cuando se divide en función de su enfoque, podemos hablar de dos: Vehículos causales que se basan en los discursos públicos del Buda (sutra); y vehículos resultantes que se basaron en las enseñanzas esotéricas dadas a discípulos específicos en privado (tantra).

- Con base en qué giro de la rueda se enfatizó, podemos identificar tres: Hinayana que se enfoca en el primer giro, Mahayana que se enfoca principalmente en las enseñanzas de sutra del segundo giro y Vajrayana que se enfoca principalmente en las enseñanzas de sutra del tercer giro y las varias enseñanzas esotéricas del tantra.

- Al analizar los vehículos, es útil considerar el marco triple de fundamento, sendero y resultado. El fundamento representa la visión que explica cómo existe la realidad. El sendero identifica los métodos que se pueden usar para transformar ese fundamento. Y el resultado identifica qué se puede esperar al haber completado el sendero.

- El fundamento básico de toda práctica budista se conoce como los *Cuatro Sellos*: todos los fenómenos compuestos son impermanentes, todos los fenómenos condicionados son insatisfactorios, todos los fenómenos carecen de existencia verdadera y el nirvana es una paz total más allá de los extremos.

- El sendero central utilizado por los practicantes budistas se basa en los *Tres Adiestramientos Superiores*: disciplina ética, concentración y sabiduría.

- Los resultados de participar en este camino son las *Dos Acumulaciones* de mérito y sabiduría. Estas acumulaciones producirán resultados diferentes según el vehículo que se esté practicando.

CAPÍTULO 12

El Vehículo Fundacional

La primera enseñanza que dio el Buda después de su iluminación fue sobre el tema de las Cuatro Nobles Verdades. Dio esta enseñanza en Deer Park a los cinco practicantes ascéticos que previamente habían sido sus compañeros. Se dice que, al escuchar esta enseñanza, cada uno alcanzó el estado de un Arhat (uno que es digno), liberándose completamente de los lazos de la existencia cíclica. Durante el resto de su vida, el Buda dio innumerables enseñanzas abundaron sobre los temas presentados en esta enseñanza esencial.

Después de que el Buda pasó al parinirvana, los ancianos de la comunidad monástica se reunieron para recopilar las enseñanzas, cada uno recitando los diversos sutras que había escuchado personalmente del Buda. En ese momento, la tradición se transmitía oralmente, lo que significaba que cada año más o menos se reunirían para recitar la colección completa de enseñanzas para asegurarse de que permanecieran auténticas.

De la base de estas enseñanzas, surgieron varias escuelas de budismo. Las divisiones fueron principalmente con respecto a cómo se interpretaba la disciplina monástica (vinaya). El Buda había prohibido varias actividades basadas en lo que era más beneficioso para la comunidad monástica y los laicos de apoyo. Antes de fallecer, le dijo a su asistente Ananda que algunos de los votos eran fundamentales, mientras que otros eran provisionales y podrían cancelarse si el contexto social cambiara. Desafortunadamente, no especificó cuál era cuál y esta confusión eventualmente condujo a la introducción de diferentes puntos de vista, lo que resultó en la formación de las diferentes escuelas.

Unos cientos de años después, bajo el patrocinio del gran rey indio Ashoka, las escrituras budistas se habían convertido en lo que ahora se conoce como las *Tres Cestas*:

1. **La Disciplina Monástica (vinaya):** Esta colección de textos establece el código de conducta utilizado dentro de las comunidades monásticas budistas (sangha). Mientras que los discípulos originales del Buda deambularon por la tierra como nómadas espirituales, la vinaya finalmente creció para favorecer un estilo de vida más sedentario con la fundación de instituciones monásticas fijas. Como tal, esta colección incluye comentarios extensos que describen diferentes aspectos del comportamiento social diseñados para promover una mayor armonía no solo dentro del monasterio sino también en relación con la comunidad laica.

2. **Los Discursos del Buda (sutra):** Esta colección incluye más de 10,000 enseñanzas públicas impartidas por el Buda durante su vida, así como una serie de discursos impartidos por sus discípulos cercanos en el período posterior a su fallecimiento. Todas estas escrituras se agrupan según la longitud o el tema. Cubren una amplia gama de temas para trabajar con la mente en la eliminación del sufrimiento.

3. **Las Enseñanzas Superiores (abhidharma):** Esta colección de comentarios de muchos de los discípulos cercanos del Buda constituye la base de la ciencia de la mente del Buda. Presenta una amplia gama de tratados que describen en detalle cómo funcionan los procesos físicos y mentales. Como tal, esta colección es la base principal sobre la cual se presenta la doctrina filosófica del Buda.

Estas tres colecciones de enseñanzas se escribieron primero en el idioma Pali en la isla de Sri Lanka, al sur de la India. La tradición seguida allí era conocida como Theravada. Es esta tradición la que se extendió hacia el este en partes de Myanmar, Tailandia, Camboya y Laos.

La tradición Theravada puede caracterizarse por su enfoque pragmático y sensato hacia la práctica. Ponen mucho énfasis en la disciplina ética y son conocidos por sus comunidades monásticas extremadamente austeras. La renunciación a la vida mundana es un tema central y se alienta a los practicantes a dedicar su tiempo a retiros prolongados donde puedan practicar la meditación.

Figura 12-1: Propagación del budismo Theravada

Los Vehículos Fundacionales

Dentro de la categoría general del Hinayana, hay dos vehículos: el *Vehículo del Oyente* y el *Vehículo del Realizador Solitario*. La tradición Theravada es un ejemplo de lo primero. Ambos vehículos se centran en ayudar al practicante a lograr la liberación del samsara. Esto se hace principalmente mediante el establecimiento de la realización del desinterés a través de la unión meditativa de shamatha y vipashyana. El siguiente es un resumen de estos dos vehículos:

El Vehículo Del Oyente (shravakayana)

El vehículo Shravaka también se conoce como el Vehículo del Oyente, ya que implica escuchar las enseñanzas fundamentales del Buda sobre el sufrimiento de la existencia samsárica y el potencial para liberarse de este ciclo. Al poner en práctica el camino que el Buda enseñó para superar esta experiencia de sufrimiento, los practicantes están motivados por la renuncia genuina y la desilusión con las actividades mundanas, como las representadas por los *Ocho Dharmas Mundanos*. La devoción a este camino generalmente implica adoptar la vida simple y contenida de un monje o una monja, siguiendo los pasos de la *Sangha* ordenada por el Buda.

Aquellos en este camino toman los preceptos del *Vinaya* y practican el *Noble Óctuple Sendero*. Se adhieren a una vida de disciplina estricta con un enfoque completo en enseñanzas como las *Cuatro Nobles Verdades* y las *Cuatro Aplicaciones de la Atención plena*. Esto crea las condiciones ideales para desarrollar una concentración perfecta en un solo punto (shamatha) y la sabiduría necesaria para eliminar las aflicciones que son la fuente del sufrimiento. Al realizar el desinterés individual y superar todas las aflicciones emocionales, alcanzan el estado de *Shravaka Arhat*. Los practicantes más diligentes pueden alcanzar el estado de un Shravaka Arhat en tres vidas, lo que significa que los discípulos de Arhat del Buda habían estado conectados a estas enseñanzas en vidas anteriores.

Este camino Theravada es adecuado para aquellos practicantes que realmente desean liberarse de la existencia samsárica lo más rápido posible. Para tales personas, el Buda se negó a explorar ciertas preguntas, como el origen del universo, ya que tal especulación distrae del camino y no aborda la verdad del sufrimiento. Por ejemplo, si una flecha cae en tu ojo, es mejor sacarla de inmediato en lugar de hacer muchas preguntas sobre quién la lanzó y cómo llegó allí. En lugar de perderse en las elaboraciones conceptuales, el Buda enseñó a sus alumnos a atravesar la naturaleza esencial utilizando la experiencia personal.

El Vehículo del Realizador Solitario (pratyekabuddhayana)

Este vehículo se conoce como el Vehículo del Realizador Solitario porque los practicantes de este camino dependen completamente de las propensiones habituales acumuladas en vidas anteriores. Esto les permite desarrollar realizaciones en un nivel puramente instintivo, sin necesidad de que escuchen las enseñanzas en su vida actual. Tales practicantes solo aparecen durante los períodos en que no existen enseñanzas del Buda.

Los practicantes en este camino comienzan examinando las convenciones de la vida mundana, investigando profundamente la cuestión del sufrimiento y sus orígenes. Desarrollan la sabiduría mediante el análisis, dotado de las virtudes y aspiraciones cultivadas durante vidas anteriores. Utilizando métodos como visitar cementerios para contemplar la naturaleza de la muerte y la impermanencia, llevan una vida de soledad y renuncia. Poco a poco descubren los *Doce Enlaces de Originación Dependiente* que gobiernan la operación del samsara, reconociendo los enlaces desde la ignorancia hasta la muerte y en orden inverso de la muerte a la ignorancia. De esta manera se dan cuenta de la secuencia del surgimiento y la eliminación del samsara, rastreando el sufrimiento hasta su origen en la ignorancia de la verdadera naturaleza de la realidad y la falsa construcción de un yo verdaderamente existente. Como resultado de una práctica excepcional, finalmente alcanzan el estado de un *Pratyeka Arhat* que generalmente toma cien eones, donde un eón es el período durante el cual existe la vida entre la formación y la destrucción de un sistema universal.

Tanto los Shravaka como los Pratyeka Arhats han logrado el nirvana, el fruto final de acuerdo con la tradición Theravada. Los logros mundanos como el abandono temporal de las afliccciones se pueden lograr a través de la meditación shamatha cuando logramos el estado mental de la forma y las absorciones sin forma (las jhanas), pero las propensiones a las afliccciones aún permanecen latentes. Shravaka y Pratyeka Arhats van más allá de estos logros y realizan el altruismo, por lo que todas las afliccciones se superan y se alcanza la paz duradera del nirvana. Debido a que un Pratyeka Arhat acumula tanto mérito en el transcurso de miles de millones de vidas, es capaz de darse cuenta no solo del altruismo de la persona, sino también de la realización parcial del altruismo del mundo fenoménico.

Ahora examinaremos en detalle las enseñanzas fundamentales del Buda establecidas por el Primer Giro de la Rueda del Dharma y presentadas dentro del camino Theravada.

El Fundamento: Las Cuatro Nobles Verdades

Las enseñanzas fundamentales de las Cuatro Nobles Verdades (catvāryāryasatyāni en sánscrito) también se conocen como las Cuatro Verdades Arya, o las Cuatro Verdades de los Seres Arya. Arya (sánscrito) se puede traducir como "noble", "puro" y "no ordinario" y el término "ser arya" se usa con frecuencia en el budismo para designar a un héroe espiritual o guerrero, un ser que tiene una comprensión directa de los Cuatro Nobles Verdades.

Al proporcionar los fundamentos para todos los practicantes, las Cuatro Nobles Verdades pueden compararse con la huella de un elefante, ya que todas las enseñanzas del budismo están encapsuladas en ellas. Según el giro de la Primera Rueda del Dharma, cuando el Buda enseñó las Cuatro Nobles Verdades, exclamó:

> *Esta es la noble verdad del sufrimiento.*
> *Esta es la noble verdad de la causa del sufrimiento.*
> *Esta es la noble verdad del cese del sufrimiento.*
> *Esta es la noble verdad del camino que conduce al cese del sufrimiento.*

Cada una de estas verdades se puede examinar y contemplar con mayor detalle dividiéndolas en cuatro características específicas, lo que nos da un total de dieciséis aspectos diferentes. Un practicante de Shravaka meditará sobre estos dieciséis temas en secuencia, para establecer su punto de vista a través de la experiencia directa.

La Verdad Del Sufrimiento

La Primera Noble Verdad explica la naturaleza de dukkha: la palabra pali para sufrimiento y se traduce en "insatisfacción", "incapaz de satisfacer" y "estrés". El sufrimiento es el principal defecto del samsara y caracteriza nuestras experiencias dentro de esta existencia cíclica. Permea todo nuestro universo sin excepción y es lo que debemos reconocer. Hacemos esto mediante la comprensión de los siguientes cuatro aspectos:

La Impermanencia

Contrariamente a nuestra percepción mundana, todos los fenómenos compuestos son impermanentes. Esto no se refiere simplemente a fenómenos obvios impermanentes como el envejecimiento y la muerte. Cualquier fenómeno compuesto, como los cinco agregados que conforman el cuerpo y la mente, son naturalmente impermanentes. Al no requerir causas secundarias, se someten intrínsecamente a cambios constantes. Este nivel sutil de impermanencia es un aspecto del sufrimiento (el sufrimiento del cambio) que los seres Arya perciben directamente. Deberíamos tratar de desarrollar una comprensión intelectual de la impermanencia y contemplar su significado más profundo hasta que también podamos percibirla directamente.

El Sufrimiento

Nadie quiere sufrir, sin embargo, debido a nuestra ignorancia, estamos inmersos en un ciclo de sufrimiento y no sabemos cómo escapar. Un ser Arya puede ver los cinco agregados contaminados como fenómenos que están sujetos a un sufrimiento omnipresente, que es la base del sufrimiento del cambio y el dolor. Como cada fenómeno compuesto se ensambla a partir de causas y condiciones, su propia naturaleza es impermanente y, por lo tanto, poco confiable. Debido a esto, tiene la característica de sufrir independientemente de cómo aparezca.

Mientras nuestros cinco agregados permanezcan impuros y contaminados por oscurecimientos negativos, no podemos escapar del sufrimiento de la incertidumbre. Los seres arios se dan cuenta directamente de la naturaleza del sufrimiento y su origen y, por lo tanto, pueden liberarse de este sufrimiento. Al centrarnos en esta realidad y recordarnos la naturaleza fundamental del sufrimiento, podemos aprender lentamente a dejar de aferrarnos a los fenómenos y lograr gradualmente la liberación de la existencia cíclica.

El Vacío

Todos los seres en el samsara perciben los fenómenos como verdaderamente existentes. En realidad, nada existe realmente, sin embargo, atribuimos la existencia a los objetos, formando conceptos y creyendo que son reales. Un objeto verdaderamente existente tendría que ser una entidad separada sin ser etiquetado en función de sus partes. Por lo tanto, todos los fenómenos son interdependientes y simplemente se les atribuye la existencia real. Los seres samsáricos perciben incorrectamente los fenómenos como independientes y verdaderamente existentes, y esta es la causa de su sufrimiento. Sin embargo, la verdadera realidad es que todo está vacío de existencia de manera sustancial, que es la visión budista del vacío. Esto no significa que las cosas no existan, sino que las cosas no existen tal como las percibimos. Este aspecto del sufrimiento solo es percibido directamente por los seres Arya.

El Altruismo

Todo ser samsárico se percibe a sí mismo como el verdadero poseedor de cinco agregados. Sin embargo, en realidad, así como los fenómenos externos no tienen existencia inherente, un poseedor o yo tampoco existe realmente. Para que un yo realmente exista, tendría que estar contenido o independiente de los cinco agregados: forma, sentimiento, percepción, formación mental y conciencia. Examinándolo encontramos que este no es el caso. No podemos encontrar nuestro "yo" separado de los agregados ni en ninguno de los agregados, sino que nuestro "yo" depende de todos ellos. Un Arya ha erradicado el hábito adquirido de autopercepción, realizando directamente el altruismo y ya no percibe al yo como existente de forma independiente. Sin embargo, todavía tienen una autopercepción innata que ha estado con nosotros desde tiempos sin principio, operando sin depender de creencias o razonamientos defectuosos.

La Verdad del Origen

La Segunda Noble Verdad incorpora el karma, abordando el origen de dukkha y las razones por las que sufrimos. Los budistas creen que la causa raíz de nuestra insatisfacción proviene de los tres venenos (ignorancia, apego y aversión), que son la base de todos nuestros estados mentales aflictivos. Son estos estados mentales los que debemos abandonar. Los cuatro aspectos de esta verdad son:

El Origen

Mientras haya aflicciones, el samsara siempre surgirá. Esto no sucede al azar, es cierto. El origen de todas estas aflicciones es la ignorancia y la adhesión a los conceptos imputados como si fueran reales. Estos crean un fuerte sentido del yo que forma la base de las propensiones kármicas. El anhelo y el aferramiento dejan una huella que se proyecta al próximo renacimiento samsárico a través de las propensiones kármicas que se almacenan en el continuo mental. Por lo tanto, uno nace de nuevo sin control dentro de los tres tipos de reinos: ya sea en el reino del deseo, el reino de la forma o el reino sin forma. Este es el aspecto de la originación que solo se realiza directamente por los seres Arya. Centrarse en el origen nos permite desarrollar una mente de renuncia.

El renacimiento de los seres Arya no se ve afectado por la proyección de estas aflicciones. Ya sea que tengan o no propensiones kármicas, dado que sus mentes no están condicionadas por el deseo y el aferramiento, no proyectarán un futuro renacimiento en el samsara.

La Causa

Las causas profundas del samsara son las aflicciones de la ignorancia, el anhelo y la aversión, y no hay una sola cosa que no surja sin involucrar estas causas. La existencia samsárica surge como resultado de acciones virtuosas y no virtuosas, pero incluso las acciones virtuosas samsáricas están contaminadas por estas aflicciones raíz. Por lo tanto, la felicidad que experimentamos en el samsara todavía está contaminada. Sin embargo, las acciones virtuosas de los seres Arya no están contaminadas porque están libres de la percepción de un yo verdaderamente existente. Esta realización evita que surjan más aflicciones.

La Condición

Las aflicciones del deseo y el aferramiento no solo son las causas principales de nuestro renacimiento en el samsara, sino que también funcionan como condiciones secundarias para nuestra experiencia. Esto significa que nuestras aflicciones causan la plantación de semillas kármicas o propensiones en nuestra corriente mental, pero también proporcionan las condiciones de apoyo para que esas semillas maduren. Por ejemplo, si un hombre roba algo, el robo es la principal causa de que vaya a la cárcel, pero el robo también actúa como una condición secundaria que hace que su familia sufra mientras cumple su condena. Del mismo modo, las virtudes y no virtudes en las que nos involucramos ahora siempre actúan como condiciones contribuyentes para la maduración de ciertas propensiones kármicas, así como el fertilizante y la lluvia actúan como condiciones para que crezcan las plantas. Es importante saber que también tenemos la oportunidad de cambiar qué propensiones maduran al practicar Dharma.

Los seres Arya han abandonado el apego al darse cuenta de que no hay un yo con el que apegarse. Esta aflicción, por lo tanto, no puede actuar como causa de un ciclo incontrolado de renacimiento o como una condición secundaria. Comprender completamente el papel de las condiciones nos muestra cómo podemos controlar gradualmente todas las condiciones circundantes en nuestra vida, para no apoyar la maduración de las propensiones kármicas.

La Producción

El karma contaminado virtuoso o no virtuoso no necesariamente se proyecta en un solo resultado. Una acción kármica fuerte puede resultar en muchas experiencias y renacimientos dentro de los seis reinos, todo sin elección. Como sabemos, el karma por su propia naturaleza también tiene el potencial de aumentar.

Una acción pequeña o única no siempre conduce a un resultado pequeño o único y en realidad puede incurrir en grandes consecuencias kármicas. Por ejemplo, matar a los padres o romper los compromisos tántricos puede proyectar a una persona al reino del infierno durante muchos eones. Cada cosa natural crece o aumenta con el tiempo y otras condiciones, como una semilla que se convierte en un brote, luego en un tallo y luego en un árbol. Del mismo modo, los resultados de las causas samsáricas continúan aumentando. Centrarse en la producción contrarresta la visión de que las cosas evolucionan o se transforman por sí mismas, ya que todo depende de muchas causas y condiciones diferentes.

Estos cuatro aspectos del origen del sufrimiento muestran cómo cualquier acción o emoción proveniente del ego es impura y siempre conduce al sufrimiento, ya sea directa o indirectamente. Con base en este reconocimiento, debemos entender que las causas profundas del sufrimiento son las aflicciones mentales, que no son permanentes y pueden eliminarse con cierto grado de esfuerzo.

La Verdad de la Cesación

El cese de dukkha es la Tercera Noble Verdad e indica que nuestro sufrimiento puede terminar transformando nuestra ignorancia y estados mentales aflictivos. Esto es lo que debe lograrse. Para comprender la naturaleza de la cesación se contemplan los siguientes cuatro aspectos:

La Cesación

Sin el cese no hay un logro estable y duradero. Necesitamos lograr el cese del sufrimiento que implica la eliminación de la ignorancia fundamental que se aferra a la falsa idea de un yo verdaderamente existente. Cuando finalmente erradicamos esta contaminación, logramos el cese del sufrimiento, y esto incluye la eliminación de todas las aflicciones mentales, como el apego y la aversión, que ya no pueden repetirse. Este es el logro incomparable del nirvana, un estado en el que entran los seres Arya. Tener convicción en la verdad de la cesación reduce gradualmente nuestra dependencia de conceptos e imputaciones y, finalmente, nos permite eliminar todas las impurezas de la mente, confiando en que es posible la completa libertad de cesación.

La Paz

La cesación es un estado eterno de incomparable paz absoluta. Esta es la verdadera libertad del nirvana. La ignorancia y el ego están completamente ausentes, por lo que podemos morar en nuestra propia naturaleza primordial verdadera, que todos tenemos, pero aún no hemos descubierto. Un ser Arya tiene como objetivo no solo revelar este estado sino también actualizarlo y habituarse. Centrarse en el abandono de los pensamientos discursivos y los tres venenos de la ignorancia, el apego y la aversión, nos lleva a esta paz suprema, completamente libre de todo sufrimiento.

La Excelencia

El logro de la cesación es excelente y absolutamente incomparable porque estamos separados para siempre de las emociones perturbadoras. No hay nada superior que desear o alcanzar que esta verdadera liberación. Centrarse en la excelencia nos estimula con entusiasmo para lograr el cese al eliminar todos los rastros de estados mentales y sufrimientos aflictivos. También contrarresta la opinión de que se puede alcanzar el nirvana solo a través de la meditación shamatha. Si bien shamatha es un logro notable, no debe verse como el resultado, sino como una herramienta para obtener una visión directa de la verdadera naturaleza de la realidad: la comprensión de que no existe un "yo".

El Surgimiento

Alcanzar el nirvana significa que hemos logrado el resultado de la renuncia completa, por lo que hemos dejado de lado lo que nos une a la ignorancia y estamos libres tanto del sufrimiento como de las causas del sufrimiento. Cuando se ha renunciado a todas las preocupaciones mundanas, incluidos los aspectos positivos y negativos del samsara, salimos de su ciclo incontrolable e inevitable de renacimiento, envejecimiento y muerte.

Cuando percibimos la ineficacia de las preocupaciones mundanas, como el elogio, la ganancia, el estatus y el placer para brindarnos una felicidad verdaderamente duradera, surge naturalmente la renuncia. Nos damos cuenta de que debemos entender cómo practicar el sendero del Buda que no depende de ningún logro mundano o recursos materiales. Para "salir" del samsara, experimentar la cesación del sufrimiento y entrar en la paz natural del nirvana, la renuncia es el factor clave.

La Verdad del Sendero

La Cuarta Noble Verdad nos indica que hay un camino que, si se cultiva, conducirá a este cese de dukkha y esto es lo que debemos practicar. Temas como la preciosidad del nacimiento humano, la contemplación de la muerte y la impermanencia, y el valor de la liberación son ejemplos de prácticas dentro de este camino. Cualquier práctica dentro de la tradición budista puede conectarse con estas Cuatro Nobles Verdades y, aunque algunas enseñanzas y prácticas funcionan a un nivel básico, otras son más complejas. No importa qué forma adopten estas prácticas, ya que todas están enraizadas en el mismo marco, no hay posibilidad de que puedan ser contradictorias. Los cuatro aspectos del sendero son:

El Sendero

El Sagrado Dharma es la única forma verdadera de alcanzar el nirvana. Dharma significa entrenar nuestra mente de acuerdo con las enseñanzas del Buda, que se convierte en el camino para liberarnos de la existencia condicionada ordinaria. Esta es la única forma en que podemos descubrir la libertad total de la iluminación.

Los seres Arya han descubierto esta verdad, y al seguir este sendero auténtico con la visión centrada en el altruismo, continúan profundizando su comprensión a medida que viajan hacia el nirvana y la liberación. Este entendimiento contrarresta específicamente los conceptos erróneos:

1. Que no hay sendero a seguir
2. Que existe un ser o alma sólida
3. Que alguien más puede liberarnos.

El Razonamiento

El desarrollo de este camino a través del entrenamiento de la mente y el cultivo de la actitud correcta con el objetivo de alcanzar el nirvana es el aspecto del razonamiento como el medio apropiado. Con conciencia discriminativa y análisis lógico invencible con respecto a la verdad del sufrimiento y sus orígenes; se entiende que no hay otra manera o sendero alternativo que conduzca a este objetivo. Practicar este camino requiere disciplina moral, concentración meditativa y compasión unidas con la sabiduría. A través de esto podemos lograr la eliminación temporal y permanente del sufrimiento y sus causas. Centrarse en el razonamiento nos da la convicción de que el camino hacia el nirvana es ciertamente alcanzable.

El Logro

El logro más valioso es la capacidad de practicar el camino del verdadero Buda-Dharma. Esta es la única forma de adiestrar nuestra mente y, a través de este, existe una garantía absoluta de que lograremos nuestro objetivo de liberación. El elemento más significativo del sendero es comprender la necesidad de abandonar los oscurecimientos aflictivos y los puntos de vista erróneos, como los representados por lo eterno y el nihilismo: la creencia en un creador eterno o de que la vida no tiene un propósito o un significado. Centrarse en el logro de la libertad de las impurezas y la correcta realización no conceptual más allá de estos dos puntos de vista extremos, nos ayuda a darnos cuenta de que hay un sendero correcto y preciso a seguir. Esto contrarresta la creencia de que existe otro sendero que conducirá a la verdadera liberación.

La Libertad Total

El objetivo de la práctica budista es lograr la libertad total de la existencia samsárica. Para lograr esto, necesitamos erradicar la ignorancia fundamental y todas sus propensiones, evitando que las aflicciones u oscurecimientos se repitan. Esta es la libertad total. Comprender esta idea se opone a la idea de que podemos encontrar la libertad dentro de la mente dualista (con un sujeto y un objeto). Este aspecto de la verdad del camino es percibido directamente solo por los seres Arya.

La Secuencia de las Cuatro Nobles Verdades

Como hemos visto, el Vehículo Fundacional adopta un enfoque muy pragmático. El Buda aborda directamente la esencia del problema, como un hábil cirujano que se concentra en un tejido canceroso. El orden en que el Buda enseñó estas cuatro verdades es, por lo tanto, también significativo.

Cuando miramos estos cuatro como un conjunto, podemos ver que hay dos pares de relaciones causales. Existe el origen del sufrimiento, que es la causa del resultado del sufrimiento. Luego está el camino que es la causa del resultado del cese del sufrimiento. El primer conjunto describe el samsara, mientras que el segundo conjunto se centra en el nirvana. Entonces, ¿por qué el Buda no les enseñó de acuerdo con su secuencia lógica?

La respuesta está en el enfoque del Buda en la práctica. Si nuestra intención era desarrollar una comprensión puramente intelectual de estas cuatro verdades, entonces podría ser útil mirarlas en orden de causa y efecto, sin embargo, no estamos buscando simplemente entender la información. Estamos buscando ser libres del sufrimiento. El Buda lo reconoció y enseñó de acuerdo con las necesidades de sus alumnos.

Comenzó presentando la Verdad del sufrimiento, porque este es el mundo en el que vivimos, es nuestra experiencia inmediata. Si no reconocemos la naturaleza insatisfactoria de esta existencia, entonces no tendremos motivación para buscar un cambio. Él siguió esto con la Verdad del Origen, porque a menos que comprendamos la naturaleza de nuestra enfermedad, no reconoceremos el potencial para que cambiemos la situación. Esto es seguido por la Verdad de la Cesación porque actualmente ni siquiera podemos imaginar un mundo que esté libre de sufrimiento. Al presentarnos la naturaleza del nirvana, el Buda nos muestra que la felicidad genuina es posible, dándonos una meta significativa a la que aspirar. Finalmente, presenta la Verdad del Sendero, porque este es el método para lograr ese objetivo. De esta manera, el Buda guía hábilmente al practicante lejos del samsara y hacia el nirvana.

Experiencia	Noble Verdad	Relación	Aspectos
Samsara	Sufrimiento	Efecto	• Impermanencia • Sufrimiento • Vacío • Altruismo
	Origen	Causa	• Origen • Causa • Condición • Producción
Nirvana	Cesación	Efecto	• Cesación • Paz • Excelencia • Surgimiento
	Sendero	Causa	• Sendero • Razonamiento • Logro • Libertad Total

Tabla 12-1: Las Cuatro Nobles Verdades

El Sendero — El Noble Óctuple Sendero

Después de haber desarrollado una visión fundamentada a través de las Cuatro Nobles Verdades, los practicantes del Theravada luego confían en el *Noble Óctuple Sendero* como su método principal para adiestrar sus mentes. Este sendero proporciona ocho aspectos únicos para actualizar cada uno de los Tres Adiestramientos Superiores de disciplina ética, concentración y sabiduría, que finalmente conducen al resultado de la liberación personal.

Aquí se hace hincapié en las técnicas prácticas para ayudar a cultivar la sabiduría y la compasión mediante el desarrollo de una mente que sea más consciente de sus pensamientos y acciones. Es solo a través de la unificación de las acciones de nuestro cuerpo, palabra y mente que podemos esperar liberarnos del apego y el engaño.

Adiestramiento Superior	Sendero Óctuple
Sabiduría	1. Visión Correcta
	2. Intención Correcta
Conducta Ética	3. Palabra Correcta
	4. Acción Correcta
	5. Medios de Subsistencia Adecuados
Concentración	6. Esfuerzo Correcto
	7. Atención Plena Correcta
	8. Concentración Correcta

Tabla 12-2: El Noble Óctuple Sendero en relación con los Tres Adiestramientos Superiores

Tradicionalmente, el Óctuple Sendero se presenta secuencialmente para resaltar algunas de las diferentes relaciones que tiene cada adiestramiento. Sin embargo, no debemos aferrarnos demasiado a esta secuencia ya que todos estos adiestramientos son de naturaleza interdependiente. Por esta razón, deben practicarse simultáneamente para proporcionar un apoyo adecuado para lograr estados mentales cada vez más profundos. Puede ser útil pensar en ellos como ocho hebras de hilo que se retuercen para formar una sola cuerda lo suficientemente fuerte como para tirarlo hacia arriba. Estos ocho adiestramientos son los siguientes:

1. La Visión Correcta

La visión correcta también se puede llamar "perspectiva correcta" o "perspectiva correcta". Se considera el precursor de todo el camino, ya que proporciona la guía para todos los demás aspectos, lo que nos permite comprender el punto de partida y el destino. Tener la visión correcta es ver las cosas como realmente son, tal como lo realizan las Cuatro Nobles Verdades. La visión correcta se puede clasificar en:

1. **La Visión Conceptual Correcta:** Una visión que describe la comprensión intelectual de aspectos como la ley de causa y efecto y la naturaleza impermanente y vacía de todas las cosas. Forma la base para lograr una visión experiencial correcta.

2. **La Visión Correcta Experimental:** Esta es una visión que se ha establecido a través de la fuerza de la percepción directa.

Nuestra opinión, ya sea expresada o no, gobierna nuestras actitudes, elecciones y objetivos y, por lo tanto, crea el marco dentro del cual respondemos a nuestro mundo. Tener una visión equivocada lleva a acciones que resultan en sufrimiento, mientras que mantener la visión correcta promueve acciones que resultan en la libertad del sufrimiento.

2. La Intención Correcta

La intención correcta es la energía mental que controla nuestras acciones y también puede denominarse "pensamiento correcto" o "aspiración correcta". Es el segundo aspecto en el sendero entre la visión y el discurso correctos, ya que nuestra intención forma el vínculo crucial entre nuestra perspectiva cognitiva y el compromiso activo con el mundo. Una comprensión de la visión correcta ayudará a distinguir entre la intención correcta e incorrecta, sin embargo, tener la "intención correcta" puede no siempre producir lo que parecen ser resultados agradables. Es a partir de nuestros pensamientos que desarrollamos nuestros objetivos e ideales para que se conviertan en los precursores de nuestras acciones. Esto nos lleva al siguiente factor de la palabra correcta.

3. La Palabra Correcta

Las palabras son muy poderosas. Tienen la capacidad de hacer amigos y enemigos, comenzar guerras o crear paz. Por lo tanto, la palabra correcta es el primer factor que se relaciona con la conducta. Buda aclaró que la palabra correcta consiste en:

1. Abstenerse de hablar en falso, como decir mentiras deliberadas
2. Abstenerse de calumnias o expresiones maliciosas
3. Abstenerse de palabras duras, y
4. Abstenerse de charla ociosa, como los chismes

También hay tres aspectos a considerar con cada acción:

1. **La Intención:** Esto se relaciona con la Intención Correcta. Aquí debemos considerar el impacto de nuestras palabras. ¿Cuál es nuestra motivación para hablar con los demás? ¿Será útil o perjudicial para ellos?
2. **La Habilidad:** Junto con la capacidad de hablar es nuestra capacidad de escuchar o elegir permanecer en silencio. Saber qué forma debe tomar nuestra palabra en relación con el contexto de nuestra situación es la aplicación de la sabiduría de la Visión Correcta.
3. **El Resultado / la Respuesta:** El tercer aspecto que debe considerarse es el resultado. Esto se puede clasificar en resultados a corto y largo plazo. Necesitamos desarrollar conciencia de las consecuencias de nuestras acciones y, por lo tanto, elegir participar solo en aquellas acciones que nos beneficiarán a nosotros o a los demás.

Si podemos asegurarnos de que los tres aspectos están siendo influenciados por la sabiduría, entonces podemos tener una gran confianza en que nuestra palabra es correcta.

4. La Acción Correcta

El cuarto factor en el camino es la acción correcta que se refiere a las acciones corporales que están en armonía con los otros aspectos del camino. La acción correcta incluye acciones de acuerdo con principios morales y actos virtuosos. La acción en sí misma puede ser externa, por ejemplo, hechos obvios del cuerpo, o internos, como la transformación espiritual, que es una acción de la mente. En esencia, la acción correcta se refiere a los preceptos de:

1. No matar o dañar a otros seres sensibles
2. Abstenerse de tomar lo que no se da
3. Abstenerse de conducta sexual inapropiada

Este tipo de acciones perjudiciales conducen a estados mentales poco sólidos y crean sufrimiento, alejándonos de la liberación.

5. Los Medios de Subsistencia Adecuados

Sustento Correcto significa que debemos ganarnos la vida de manera legal y pacífica. Esta capacitación está diseñada específicamente para ayudarnos a desarrollar una mayor armonía en nuestro contexto social a fin de proporcionar las condiciones necesarias para una mente pacífica y domesticada. Como una extensión de la acción correcta, especifica que debemos evitar cuatro medios de vida que causen daño a otros seres (ya sea directa o indirectamente):

1. Trafico de armas
2. Trata con seres vivos (como la prostitución o la trata de esclavos)
3. Manejo de animales para matanza
4. Manejo de tóxicos y venenos (como drogas y alcohol)

Sustento Correcto también se refiere a evitar cualquier ocupación que viole la Acción Correcta y la Palabra Correcta.

6. El Esfuerzo Correcto

Los tres factores anteriores se refieren a la conducta externa de la vida, mientras que los tres siguientes se ocupan de adiestrar la mente. Este proceso comienza con el Esfuerzo Correcto, que es un requisito previo para todos los otros adiestramientos. Sin esfuerzo, no podemos lograr nada. Dado que el mismo tipo de energía mental alimenta tanto los estados mentales negativos como los virtuosos, debemos tratar de lograr lo que se conoce como los *Cuatro Grandes Esfuerzos*:

1. Prevenir el surgimiento de pensamientos nocivos
2. Abandona los pensamientos insanos una vez que hayan surgido
3. Despierta pensamientos sanos
4. Sostén pensamientos sanos que hayan surgido

Podemos alimentar estos cuatro tipos de actividades desarrollando convicción en sus beneficios y alegría cuando nos involucramos con éxito en ellas.

7. La Atención Plena Correcta

En pocas palabras, la atención plena correcta es la conciencia, la capacidad mental de ver claramente las cosas como son. Es la capacidad de mirar la propia mente y ver a dónde va y qué está haciendo, sin dejarnos llevar por pensamientos intrusos. Nuestras mentes comunes a menudo corren tras los objetos de los sentidos, mientras que la mente de la Atención Correcta proporciona un ancla para la percepción clara al permitirnos observar y controlar activamente a dónde van nuestros pensamientos. Podemos hacer esto entrenando nuestra mente para tener en cuenta cuatro campos de experiencia diferentes:

1. Atención plena del cuerpo.
2. Atención plena de los sentimientos.
3. Atención plena de los estados mentales.
4. Atención plena de los fenómenos.

8. La Concentración Correcta

El aspecto final del Noble Óctuple Sendero es la Concentración Correcta y se define como la unificación saludable o la unidireccionalidad de la mente. El método budista para cultivar la concentración es la meditación: descansar la mente en un solo objeto, sin distracciones. Esta práctica se puede aplicar naturalmente a situaciones cotidianas. Con el tiempo, la mente puede convertirse en una herramienta poderosa, inmóvil y recogida; capaz de transformar el conocimiento en sabiduría. En combinación con la Atención Correcta, la Concentración Correcta eventualmente nos llevará a la experiencia directa de los dieciséis aspectos de las Cuatro Nobles Verdades.

El Resultado—La Liberación Personal

A medida que un practicante de Theravada se involucra con el Óctuple Sendero, pasará por una serie de etapas principales de logro. En total, hay cinco etapas que marcan la progresión de un ser sensible desde la existencia samsárica hasta el logro del nirvana. Llamamos a estas etapas los *Cinco Senderos del Logro*:

1. **El Sendero de la Acumulación:** Los practicantes de Theravada viven un estilo de vida muy remoto y simple, evitando involucrarse en actividades mundanas.Son independientes y requieren lo mínimo para sobrevivir. Practican una autodisciplina estricta de acuerdo con la enseñanza de las Tres Cestas y son conscientes de cada acción del cuerpo y la mente, como cuando caminan, se sientan, se paran o duermen (conocidas como las cuatro posturas).

   Para ilustrar esto, al caminar, un monje Theravada será consciente de cada instante a medida que el cuerpo se mueve. Dará un paso muy lento seguido de otro con conciencia de cada movimiento, momento a momento. Cuando el pie abandona el suelo y cuando se coloca frente al otro para dar un paso, permanece completamente consciente.Los practicantes de Theravada aspiran a vivir con tanta atención en cada acción durante toda su vida.Este entrenamiento es fundamental y aunque la mayoría de nosotros no podamos mantener un grado tan alto de conciencia, ciertamente podemos beneficiarnos de traer un mayor grado de atención plena a nuestra vida diaria.Incluso si es simplemente mientras hacemos una taza de té.

   Como resultado de su conducta impecable, atención plena dedicada y práctica diligente de Dharma, el practicante de Theravada reúne grandes cantidades de mérito que es necesario para crear las condiciones para la progresión en el camino.

Por esta razón, esta etapa se conoce como el *Sendero de la Acumulación*.

2. **El Sendero de la Preparación:** Con un comportamiento ético impecable y una atención continua como base, el practicante de Theravada desarrolla la concentración en un solo punto a través de la práctica de la meditación. Esta concentración es la base para lograr varios niveles de logro, incluida la mente de Shamatha y las Cuatro Formas Jhanas. En algún momento comienzan a entrenarse en sabiduría o percepción al enfocarse en las Cuatro Aplicaciones de la Atención Plena (cuerpo, sentimientos, estados mentales y fenómenos). En este contexto, la atención plena de los fenómenos incluye meditar sobre los cinco agregados, los seis órganos sensoriales, los cinco obstáculos (deseos sensoriales, mala voluntad, letargo, inquietud y duda), los doce vínculos del origen dependiente y, lo más importante, las Cuatro Nobles Verdades.

   Dado que estas meditaciones preparan la mente del practicante para darse cuenta directamente de la naturaleza del altruismo, esta etapa se llama el *Sendero de Preparación*. Resulta en la unión de shamatha y vipashyana.

3. **El Sendero de la Percepción:** A medida que se desarrolla la realización directa de los dieciséis aspectos de las Cuatro Nobles Verdades, y se alcanza la percepción directa del altruismo, el practicante se convierte en un ser Arya. Esto marca la entrada en la siguiente etapa conocida como el *Sendero de la Percepción*.

4. **El Sendero de la Habituación:** El Noble Óctuple Sendero ahora se puede practicar puramente, ya que sin una referencia a un "yo", las acciones del cuerpo, la palabra y la mente ya no están contaminadas. Las percepciones y realizaciones experimentadas anteriormente en el Camino de la Preparación ahora se purifican completamente a través del poder de la realización del desinterés por parte del practicante. Este proceso habitualmente acostumbra al practicante a esta realización, por lo tanto, esta etapa se conoce como el Sendero de la Habituación.

5. **El Sendero del No Más Aprendizaje:** Una vez que se logra este sendero, no hay nada más que alcanzar, por lo que se conoce como el Sendero del No Más Aprendizaje.

Los Cuatro Niveles de los Seres Arya

Las enseñanzas hinayana hablan de cuatro niveles de seres Arya que definen cuándo se abandonan ciertas aflicciones. Cada uno de estos cuatro niveles tiene una etapa de acceso y fructificación, por lo tanto, hay ocho etapas en total. Estas ocho etapas pueden expandirse aún más en veinte categorías de practicantes que luego pueden subdividirse aún más.

Tradicionalmente se estudian alrededor de ochenta tipos de miembros de la Sangha (cuatro grupos de veinte) en un texto conocido como *La Doctrina de los Veinte Miembros de la Sangha*. Este es un texto extremadamente complicado que lleva mucho tiempo a los monjes estudiarlo a fondo y, por lo tanto, no profundizaremos más.

Por simplicidad, por lo tanto, nos enfocaremos en las siguientes ocho etapas que trazan un mapa de cómo un practicante Theravada progresa a lo largo de los cinco caminos:

1. **El que se aproxima a la Corriente:** Es un practicante que ha entrado en el Sendero de la Acumulación al alcanzar primero una mente que comprende el sendero hacia la liberación y tiene como objetivo eliminar las aflicciones adquiridas basadas en conceptos asociados con el deseo, la forma y los reinos sin forma. Continúa hasta el final del Sendero de Preparación.

2. **La Fructificación de la entrada a la corriente:** Este practicante ha eliminado todas las aflicciones adquiridas basadas en conceptos. Se da cuenta directamente del altruismo por primera vez y, por lo tanto, ha entrado en el Sendero de la Percepción. Según el Canon Pali, ha eliminado tres de los diez grilletes. Grilletes en este contexto se refiere a un vínculo mental que encadena a los seres sensibles al samsara. Los tres grilletes que se eliminan en esta etapa son: la visión de un yo verdaderamente existente, ya sea idéntico o en relación con los cinco agregados (conocido como

visión de identidad), la duda sobre las Tres Joyas y la validez del sendero budista, y la creencia de que las prácticas externas como los rituales y el ascetismo pueden conducir a la liberación. En general, tienen como máximo siete nacimientos más entre humanos o dioses.

3. **El que se aproxima a retornar una vez más:** Este es un practicante que ha entrado en el Sendero de la habituación. Su objetivo es eliminar los primeros seis de los nueve tipos de aflicciones innatas asociadas con el reino del deseo.

4. **La fructificación de retornar una vez más:** Según los textos tibetanos, Fruition Once-Returns ha eliminado seis de los nueve tipos de estados mentales innatos del reino del deseo. Alcanzarán el Arhatado después de solo una vida más, por lo tanto, se les llama "una vez que regresan". Según Theravada, el apego, la aversión y la ignorancia se debilitan, pero no se abandonan las nuevas cadenas en esta etapa.

5. **El que se aproxima al no retorno:** Este practicante tiene como objetivo eliminar los últimos tres de los nueve tipos de emociones perturbadoras que surgen espontáneamente asociadas con el deseo sensorial.

6. **Fructificación del no retorno:** Este practicante ha eliminado las últimas tres de las nueve aflicciones innatas del reino del deseo. Se les conoce como "no retornantes" porque alcanzarán el Arhatado en esta vida sin volver nunca más a un renacimiento samsárico. En términos de grilletes, el deseo sensual y la mala voluntad se eliminan en esta etapa.

7. **El que se aproxima al Arhatado:** Este practicante tiene como objetivo eliminar los nueve tipos de aflicciones innatas asociadas con cada uno de los dos niveles superiores de existencia samsárica, la forma y los reinos sin forma.

8. **Fructificación del Arhatado:** Este practicante ha eliminado los nueve tipos de aflicciones asociadas con los reinos de la forma y la no forma. Habiendo eliminado todas las tendencias aflictivas basadas en la mente que se aferra a sí misma, alcanzan la meta de Shravaka o el Arhatado Pratyeka. Esto también se conoce como el sendero del no más aprendizaje.

En esta etapa, han eliminado los cinco grilletes superiores: deseo de existencia en la forma o reinos sin forma, vanidad, inquietud e ignorancia.

Algunos practicantes budistas eligen practicar un sendero que emplea shamatha y los estados de Jhana altamente concentrados para enfocarse específicamente en vencer (dominar) ciertas aflicciones, lo que se conoce como el sendero mundano. Una vez logrado esto, son imperturbables y viven en paz. Posteriormente, para alcanzar el estado de un ser Arya, dirigen sus mentes a las Cuatro Nobles Verdades que les permiten superar por completo las sutiles manchas de la ignorancia.

El sendero mundano también es practicado por los no budistas, que alcanzan shamatha con diversas formas y absorciones sin forma. Sin embargo, esto no conduce a la realización de un Arhat. Aquellos que se enfocan en el sendero mundano pueden erradicar muchos de los defectos del reino del deseo y las aflicciones disminuyen con la excepción de las sutiles manchas de ignorancia. Al comparar los estados mentales del reino del deseo con los estados mentales pacíficos de los reinos superiores, el practicante despierta el desencanto con la existencia en el reino del deseo y se esfuerza por alcanzar estados mentales superiores. Esto reduce las aflicciones a un nivel en el que ya no crean perturbaciones en la mente. El sendero trascendental, por el contrario, está acompañado por la realización de las Cuatro Nobles Verdades.

La siguiente tabla ofrece una presentación simplificada de las cuatro etapas principales del sendero Theravada junto con los grilletes o las aflicciones eliminadas en las diversas etapas. Cabe señalar que la primera de las cuatro etapas de fructificación representada en la tabla comienza en el nivel del sendero de la comprensión. En este punto, se ha recorrido el sendero de la acumulación y el sendero de la preparación y se ha llevado a cabo la transformación de un ser ordinario a un ser Arya.

Sendero	Etapa	Grillete	Nacimientos Restantes
1. Acumulación 2. Preparación	El que se Aproxima a la Corriente	Ninguno	Continúa teniendo renacimientos incontrolados en el samsara
3. Percepción	1. La Fructificación de la entrada a la corriente	1. Visión de Identidad 2. Dudas 3. Malentendido de reglas y observancias Todas las aflicciones adquiridas	A lo sumo siete nacimientos más entre humanos y dioses
4. Habituación	2. El que se Aproxima a retornar una vez más	Debilita el deseo, el odio y la ilusión. Seis de las nueve aflicciones innatas del reino del deseo.	Un nacimiento más en el reino del deseo.
	3. La aproximación y la fructificación del no retorno	4. Deseo sensual 5. Mala voluntad Tres aflicciones innatas finales del reino del deseo	Renacimiento espontaneo en el reino de la forma
5. No más Aprendizaje	4. La aproximación y fructificación del estado de Arhat	6. Deseo de existencia en el reino de la forma 7. Deseo de existencia en el reino de la no forma 8. Arrogancia 9. Inquietud 10. Ignorancia Nueve adicciones innatas de los reinos de la forma y no forma	No más renacimientos condicionados en el samsara.

Tabla 12-3: Progreso a través de Las Cuatro Etapas del Sendero Theravada.

Repaso de los Puntos Claves

- El Vehículo Fundacional desarrollado a partir de las enseñanzas públicas impartidas por el Buda. Enfatizan la disciplina ética y la práctica de la meditación para lograr la liberación personal. Este vehículo se practica principalmente en las tradiciones Theravada del sudeste asiático (Sri Lanka, Birmania, Tailandia, Camboya y Laos).

- Las enseñanzas Theravada se compilan en el Canon Pali. Esta colección se divide en tres secciones conocidas como las Tres Cestas: código de conducta monástica (vinaya), discursos del Buda (sutra) y las enseñanzas superiores (abhidharma).

- Hay dos vehículos relacionados con este estilo de práctica: el Vehículo de el Oyente (shravakayana) y el Vehículo del Realizador Solitario (pratyekabuddhayana).

- La base del Vehículo Fundacional son las Cuatro Nobles Verdades.

- Esta enseñanza presenta el armazón sobre el cual se construye todo el pensamiento budista. Estos son: la Verdad del Sufrimiento, la Verdad del Origen del Sufrimiento, la Verdad del Cese del Sufrimiento y la Verdad del Sendero que lleva a este Cese.

- El sendero de este vehículo es el Noble Óctuple Sendero, que proporciona ocho formas de entrenamiento que conducen a un practicante a lograr la liberación personal. Estas son: Visión correcta, Intención correcta, Discurso correcto, Acción correcta, Medios de vida correctos, Esfuerzo correcto, Atención plena y Concentración correcta.

- El resultado de este vehículo son los Cinco Senderos del Logro: el sendero de la acumulación, el sendero de la preparación, el sendero de la percepción, el sendero de la habituación y el sendero de no más aprendizaje.

- A lo largo de este camino, hay cuatro tipos de seres arya que se pueden identificar: quienes ingresan a la corriente, los que alguna vez regresaron, los que no regresaron y los arhats. Si cada uno de estos se considera desde la perspectiva de aspirar a alcanzar un estado y realmente alcanzar el estado, entonces podemos hablar de ocho etapas en total.

El Bodhisattva Maitreya, un guerrero espiritual del Mahayana.

CAPÍTULO 13

El Gran Vehículo

Cuando el Buda enseñó, pudo transmitir sus enseñanzas de tal manera, que todos los que estaban presentes, podrían comprender diferentes cosas basadas en su propia capacidad personal. Esta característica única de las enseñanzas del Buda significaba que surgirían múltiples versiones basadas en una sola enseñanza dependiendo de quién la hubiera escuchado. El Vehículo Fundacional presentado en el capítulo anterior fue una de esas interpretaciones, representando una perspectiva particular con respecto a lo que se enseñó.

El Gran Vehículo (Mahayana) es el resultado de otra interpretación que surgió de los seres altamente realizados que también asistieron a las enseñanzas del Buda. En la cima del Pico del Buitre, a las afueras de Rajagriha (en el noreste de la India actual), el Buda inició el Segundo Giro de la Rueda del Dharma al proponer el Sutra de la perfección de la sabiduría. Durante este tiempo, el Buda estuvo rodeado por cientos de miles de seres realizados que aparecieron desde las diez direcciones. Diferentes estudiantes escucharon la misma enseñanza de diferentes maneras, lo que condujo a ocho versiones de este sutra, que van desde 300 hasta 100,000 líneas.

En otras ocasiones, el Buda enseñó sobre el tema de la Naturaleza Búdica en lugares como Shravasti, Kushinagar y también en muchos planos de existencia no humanos. Estas enseñanzas fueron dadas solo a los seres altamente realizados porque describieron un nivel de realidad que era simplemente demasiado profundo para que los seres ordinarios lo entendieran.

Muchos años después de que el Buda había pasado al parinirvana, estos seres se reunieron en el sur de la India para recopilar las enseñanzas que habían recibido. Liderados por los grandes bodhisattvas (guerreros espirituales) Maitreya, Manjushri y Vajrapani, establecieron los Sutras Mahayana, que detallaban las enseñanzas sobre cómo desarrollar la mente de la iluminación (bodhicitta), los adiestramientos de un bodhisattva y, más ampliamente, las enseñanzas profundas sobre el vacío de la existencia inherente.

Sobre la base de dos consejos posteriores, se formaron dos linajes. El Bodhisattva Manjushri celebró un concilio para aclarar aún más las enseñanzas y hacer que la doctrina fuera más concisa a través de un mayor énfasis en el tema del vacío. El linaje que surgió de este concilio se conocía como el Linaje de la Visión Profunda y fue sostenido por el gran maestro indio Nagarjuna. Más tarde fue ampliado por maestros como Chandrakirti y Shantideva.

Mientras tanto, el Bodhisattva Maitreya también celebró un concilio, eligiendo enfatizar las enseñanzas del Tercer Giro y específicamente el tema de la Naturaleza Búdica. Este linaje se conoció como el Linaje de la Gran Actividad y fue mantenido principalmente por Asanga; Más tarde fue ampliado por maestros como Vasubandhu y Chandragomin.

La tradición Mahayana que surgió sobre la base de estos dos linajes ganó gran popularidad en el norte de la India. Sus enseñanzas finalmente se compilaron en sánscrito y se extendieron por toda la tierra, avanzando hacia el norte a través de Cachemira y luego hacia el este a China a través de la Ruta de la Seda. En China, surgieron varias escuelas, cada una centrada en diferentes partes de los sutras Mahayana. Muchas de estas escuelas luego se extendieron a partes de Corea, Japón y Vietnam.

Las enseñanzas Mahayana se caracterizaron por su gran énfasis en el cultivo del deseo altruista de lograr la iluminación para el beneficio de todos los seres sensibles. Esta motivación única conocida como bodhicitta, la distinguía del Vehículo Fundacional donde el objetivo de cada practicante era lograr su propia liberación del samsara. Sobre la base de esta visión más expansiva y abarcadora, los practicantes del Mahayana buscaron activamente un compromiso con un estilo de vida que les permitiera trabajar directamente para beneficiar a los demás. Esta característica hizo al Mahayana considerablemente más atractivo para una creciente comunidad de practicantes laicos que buscaban alternativas de la renunciación a la vida de un monje budista.

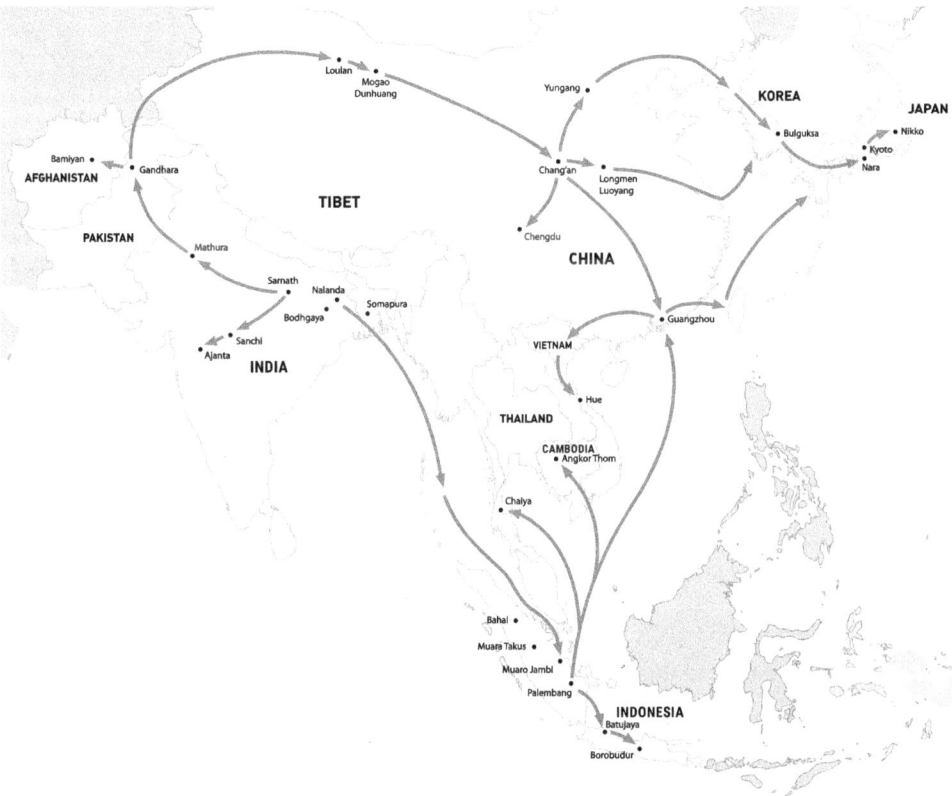

Figura 13-1: Propagación del Budismo Mahayana

Otra distinción clave entre el Vehículo Fundacional y el Gran Vehículo está en su comprensión de lo que significa iluminarse. Para un practicante de Theravada, la iluminación significa lograr una emancipación total de la existencia cíclica. Esto se hace despejando todo apego y así alcanzando el estado de Shravaka o Pratyeka Arhat.

Para el practicante de Mahayana, esta forma de liberación es incompleta porque es incapaz de eliminar las oscuraciones muy sutiles que producen la apariencia de existencia inherente. Mientras permanezcan estas oscuraciones cognitivas, el practicante estará limitado en el beneficio que puede brindar a otros seres. Por lo tanto, el practicante Mahayana se involucra en una amplia gama de medios hábiles que le permite acumular las vastas reservas de mérito necesarias para lograr el estado de un Buda perfectamente iluminado. Como están motivados por el deseo de ayudar y brindar beneficios a los demás, este nivel de logro es la mejor manera de alcanzar este objetivo. Este estado se caracteriza por cuatro aspectos:

1. La libertad total del sufrimiento del Samsara (nirvana)
2. La actualización del Cuerpo de la Verdad de Buda (dharmakaya) y el cuerpo de la Forma (rupakaya)
3. La actualización de las cualidades ilimitadas de Buda.
4. Desarrollar la capacidad de manifestarse espontáneamente de cualquier forma que necesiten los seres sensibles.

Desde la perspectiva Mahayana, después de que un Arhat muere, su mente se disolverá en el vacío y permanecerá en un estado de no aferramiento, aislándose efectivamente de todas las formas de sufrimiento. Si bien este es un logro asombroso, no hace nada por aquellos seres sensibles que continúan sufriendo. Por esta razón, se cree que, en un futuro lejano, incluso un Arhat completamente liberado necesitará ser despertado de su absorción por los Budas para que pueda renacer nuevamente. Solo que esta vez, lo hará con la intención de entrar en el sendero Mahayana. Debido a que un Arhat está completamente libre de aferramiento, no experimenta sufrimiento como lo hace un ser sensible. Esto hace que sea muy difícil para ellos despertar el grado necesario de compasión para generar bodhicitta. Por esta razón, el Buda enseñó que lo mejor es entrar en el sendero Mahayana antes de lograr la liberación.

El Vehículo del Bodhisattva (bodhisattvayana)

Un bodhisattva es cualquier ser que ha establecido en su mente la determinación inquebrantable de lograr la iluminación por el bien de todos los seres sensibles. Tal ser es considerado un guerrero espiritual porque ha dedicado su vida a este objetivo y está dispuesto a enfrentar cualquier desafío y obstáculo que pueda surgir para lograrlo. Para un bodhisattva, no importa cuánto tiempo tome, no se detendrá hasta que cada ser sensible se libere del sufrimiento.

Como se mencionó anteriormente, el Mahayana se puede entender desde la perspectiva del sutra y el tantra. En este contexto, el Vehículo Bodhisattva representa la perspectiva de los sutras y la entrada a este sendero es desarrollar primero la intención altruista de la Bodhicitta. Es esta mente la que cambia el contexto de todo lo que hace el practicante y hace cada acción que realiza sea una causa que contribuye al estado de iluminación.

Sobre la base de esta motivación, un practicante de bodhisattva desarrollará una visión que reconoce el desinterés no solo de su propia persona, sino también de todas las formas de fenómenos. Sobre la base de este punto de vista, se involucrarán en lo que se conoce como las Seis Perfecciones de generosidad, disciplina ética, paciencia, diligencia, alegría, concentración y sabiduría.

A través de estas prácticas, un bodhisattva cultiva vastos océanos de mérito. Esta energía positiva se canaliza para cortar a través de la mente que se aprecia a sí misma y plenamente realizar la verdadera naturaleza de la realidad. Tal practicante aprende a permanecer en la sabiduría que realiza el vacío, al mismo tiempo que participa activamente en el mundo ilusorio de los surgimientos dependientes. Esto se conoce como lograr la unión de método y sabiduría. Al practicar de esta manera durante tres incontables eones, el bodhisattva es capaz de eliminar por completo todas las formas de oscurecimiento y así alcanzar el estado de un Buda completamente iluminado.

El Fundamento — Las Dos Verdades

El Buda no enseñó directamente filosofía de una manera sistemática. En cambio, expondría diferentes principios que sabía que beneficiarían a las personas que escuchan la enseñanza. No fue hasta muchos años después que se creó un enfoque más sistemático, cuando surgieron varias escuelas filosóficas de pensamiento del rico debate entre diferentes practicantes budistas.

Todas estas escuelas evolucionaron en torno a la enseñanza central del Buda sobre las Dos Verdades. En esta enseñanza, el Buda afirma que hay dos niveles en los que los seres pueden experimentar la realidad: el nivel relativo y el último. Lo que puede considerarse "verdadero" dependerá del nivel en el que te encuentres. Por lo tanto, algunos fenómenos serán ciertos desde una perspectiva relativa, mientras que otros son verdaderos desde una perspectiva última. De esta manera podemos hablar de dos tipos de verdad:

1. **La Verdad Relativa:** Todo lo que compone este mundo que experimentamos actualmente, todos los diversos fenómenos que encontramos, las personas y los lugares, nuestros cuerpos y mentes, son ejemplos de verdades relativas. Es un mundo lleno de sujetos y objetos. Hay diferentes personas con diferentes perspectivas, cada una interactuando con todo tipo de cosas. En esta realidad, no hay dos personas que vean exactamente lo mismo, sino que cada una es el centro de su propio universo, experimentando el mundo desde un punto de vista único y privilegiado. Sin embargo, cuando comparamos nuestras experiencias, podemos ver que hay similitudes. Sobre la base de estas similitudes, podemos acordar ciertas convenciones y, sobre la base de esas convenciones, podemos comunicarnos entre nosotros para establecer lo que es verdad desde nuestra perspectiva.

   Si bien una verdad relativa puede ser cierta para una persona o grupo de personas, no necesariamente puede ser cierta para otra. Por ejemplo, considera las diferencias en nuestros gustos por la comida. Una persona puede experimentar una comida en particular como deliciosa, mientras que otra puede encontrarla completamente repugnante. Ambas interpretaciones son igualmente ciertas desde la perspectiva de los individuos que sostienen estos puntos de vista. Considere también las formas en que diferentes seres experimentan el mundo objetivo. Por ejemplo, la forma en que una hormiga experimentaría un charco de agua en su camino sería completamente diferente de cómo un humano experimentaría ese mismo objeto.

   Es por eso por lo que las verdades relativas son de naturaleza dependiente. Existen solo dependientes de la perspectiva de un individuo. Si la visión de ese individuo está distorsionada por la presencia de estados mentales aflictivos, entonces las verdades relativas que perciben también estarán distorsionadas. Esta es una de las principales razones por las que generamos tanto sufrimiento en nuestras vidas. Nos aferramos a nuestra realidad relativa como si fuera la única realidad, y esto nos lleva a hacer suposiciones falsas sobre lo que realmente estamos experimentando.

2. **La Verdad Ultima:** Cuando eliminamos todos nuestros conceptos erróneos sobre cómo existe realmente la realidad, nos queda una mera experiencia de la realidad tal como es. Este estado mental se conoce como la verdad última. Podemos usar este término para referirnos a:

    - el estado mental omnisciente que está libre de oscuraciones.

    - la naturaleza última de nuestra experiencia que se conoce como "vacío"

    - la sabiduría que realiza directamente esa naturaleza

    - nuestra Naturaleza Búdica; el potencial innato para alcanzar la iluminación

Cuando se compara con nuestra naturaleza última, las verdades relativas parecen ser temporales y superficiales, como un sueño. Desde la perspectiva de una persona que ha despertado de un sueño, todo lo que creía que era verdad en ese sueño era realmente falso. Del mismo modo, desde la perspectiva de una mente que permanece en su propia naturaleza de la realidad última, todas las verdades relativas a las que nos aferramos con tanta fuerza también son en realidad falsas.

De esta manera, la verdad relativa es como el océano y la verdad última es como la orilla. Para sobrevivir en el océano, debemos aprender a nadar y, una vez que tengamos las habilidades necesarias, podemos usar el océano (verdad relativa) para llegar a la orilla (naturaleza última). A través de la práctica del Dharma estamos utilizando la verdad relativa para descubrir nuestra verdad última. Cuando consideramos las Dos Verdades en relación con los Cuatro Sellos, podemos ver que los dos primeros sellos se caracterizan por la impermanencia y el sufrimiento, y por lo tanto pueden identificarse como descriptivos de la verdad relativa. Los dos últimos sellos se refieren a la verdad última que habla directamente del vacío y la iluminación.

Cuando tenemos una experiencia directa de la verdad última, vemos que lo que actualmente nos parecen dos verdades, en realidad, son simplemente dos aspectos de la misma realidad. Reconocer esta verdad profunda a través de la experiencia directa es descubrir la unidad última de las dos verdades.

Los Principios Filosóficos Budistas

Si bien todos los vehículos budistas están de acuerdo con la premisa de las dos verdades, no están de acuerdo sobre qué fenómenos pertenecen a la categoría de la verdad relativa y cuáles pertenecen a la categoría de la verdad última. Cuando organizamos los diferentes puntos de vista basados en la sutileza de su comprensión de la verdad última, llegamos a los siguientes sistemas:

1. **La Escuela de la Gran Exposición (vaibhashika):** Los practicantes que sostienen esta visión creen que fenómenos como la mente, las diversas operaciones de la mente, el mundo material de los objetos formados por partículas, fenómenos incondicionados como el espacio y la experiencia temporal del pasado y el futuro, todos se consideran sustancialmente existentes. Creen que los objetos burdos que surgen en relación con la unión de estos elementos no son reales. Por ejemplo, cuando la facultad sensorial de un ojo encuentra un objeto, da lugar a una conciencia sensorial y todos estos aspectos se consideran la verdad última. El reconocimiento de que lo que está surgiendo en la mente es una "manzana", es una verdad relativa. Es una mera imputación de la mente.

2. **Los Proponentes de la Escuela Sutra (sautrantika):** Esta escuela refina la comprensión de la visión Vaibhashika. Reconocen que los fenómenos no condicionados, como el espacio, la percepción de un continuo sustancialmente existente (física o mentalmente) y la percepción de momentos pasados y futuros del tiempo son meras imputaciones y, por lo tanto, deben considerarse verdades relativas. Los practicantes de este punto de vista sostienen que las únicas cosas que están verdaderamente establecidas son partículas diminutas y momentos instantáneos de conciencia. Usando el ejemplo anterior, la "facultad", la "conciencia" y el "objeto" son todas verdades relativas, imputadas a la configuración interdependiente de partículas físicas percibidas por un momento de la mente.

3. **La Escuela Todo Mente (chittamatra):** Según esta escuela, todo lo que aparece en la mente aparece en la mente misma, como las imágenes de un sueño. Por lo tanto, nada puede establecerse fuera de esta esfera de experiencia. Esto quiere decir que, dado que solo podemos experimentar el mundo físico como apariencias en la mente, entonces no hay base para afirmar la existencia de ese mundo como algo más que la mente. Por lo tanto, las apariencias objetivas de una facultad del ojo que percibe una imagen y la experiencia subjetiva de una conciencia visual son meras imputaciones. La mente ordinaria que puede descansar en una conciencia no dual de la inseparabilidad del sujeto y el objeto, se considera la verdad última.

4. **La Escuela del Camino del Medio (madhyamaka):** Se considera que esta escuela tiene la visión más sutil de todas las escuelas de pensamiento budista. Dentro de esta escuela hay dos interpretaciones principales basadas en los dos linajes Mahayana que llegaron a través de Nagarjuna y Asanga. Ambos están de acuerdo en que la afirmación de Chittamatra de que una conciencia ordinaria no dual es incorrecta y que tal conciencia todavía se está aferrando a una forma sutil de subjetividad que la convierte en una verdad relativa. Ambos están de acuerdo en que todos los fenómenos percibidos por la mente son meras imputaciones, totalmente vacías de cualquier forma de existencia inherente. Donde no están de acuerdo es en la naturaleza de la verdad última. Para un grupo, la mera ausencia de fenómenos inherentemente existentes se considera la verdad última. Para el otro, esta mera ausencia representa la naturaleza de las verdades solo relativas, no representa la naturaleza de las verdades últimas. La verdad última es el estado de conciencia prístina no dual que trasciende todos los convencionalismos y está lleno de todas las cualidades iluminadas. Discutiremos las distinciones entre estas dos interpretaciones más completamente en el Libro Dos de esta serie.

En resumen, cada sistema budista está de acuerdo en que todos los fenómenos condicionados no existen inherentemente, pero esto no significa que no exista nada. Todo surge (incluyéndonos a nosotros mismos) dependiendo de varias causas y condiciones, a través de un proceso de causa y efecto en el que participamos. Es crucial tener esto siempre en mente, de lo contrario, independientemente del punto de vista que pretendamos seguir, estamos en peligro de caer en el extremo del nihilismo.

De estas cuatro escuelas, las dos primeras escuelas representan la visión del Vehículo Fundacional, mientras que las dos últimas representan la visión del Gran Vehículo. Como podemos ver, cada escuela refina las afirmaciones de las escuelas que la preceden. De esta manera, un practicante puede trabajar para establecer cada visión de manera gradual, pasando de lo burdo a lo sutil.

Vehículo	Escuela	Verdad Relativa	Verdad Ultima
Hinayana	Vaibhashika	objetos burdos	partículas materiales, mente, espacio y tiempo
	Sautrantika	objetos burdos, espacio y tiempo	partículas sin partes y momentos de conciencia
Mahayana	Chittamatra	apariencias objetivas y subjetivas	conciencia ordinaria no dual
	Madhyamaka	todas las apariencias dualistas burdas y sutiles	1. mera ausencia de existencia inherente 2. conciencia prístina que está vacía de todos los convencionalismos

Tabla 13-1: Distinciones en como diferentes escuelas comprenden las Dos Verdades.

El Sendero — El Sendero del Bodhisattva

El sendero del Vehículo del Bodhisattva está diseñado específicamente en torno a la eliminación de la mente egoísta. Esta actitud distorsionada se aferra al yo como lo más importante y delega todo lo demás a un segundo plano. Es esta mente la que mantiene el enfoque aislado de una corriente mental individual y, por lo tanto, es esta mente la que actúa como una oscuración para lograr el estado omnisciente de un Buda.

La Bodhicitta

La entrada al Mahayana es a través de la generación espontánea de la mente extraordinaria de la bodhicitta. Impulsado por el amor y la compasión, el aspirante a bodhisattva desarrolla una aspiración genuina de hacer lo que sea necesario para liberar a los seres sensibles del sufrimiento mientras reconoce que la única forma realista de hacerlo es adquirir la capacidad infinita de un ser completamente iluminado. Por lo tanto, por el bien de los seres sensibles, esta persona desarrolla la determinación de dedicar esta vida (y las vidas posteriores que sean necesarias) para lograr el estado de Budeidad.

Al principio, esta mente debe generarse de forma artificial. Es una aspiración tan vasta que se necesita tiempo para que surja espontáneamente. Hay muchas formas de desarrollar esta mente, pero en el Tíbet, las más comunes son:

1. **El Método de Causa y Efecto de Siete Puntos:** En este método, el practicante se enfoca en meditaciones que le ayudan a establecer una conexión amorosa con todos los seres sensibles. Esto se cultiva principalmente a través de la reflexión sobre el amor entre una madre y su hijo, junto con el hecho de que todos los seres sensibles alguna vez han sido nuestra madre. A partir de esta conexión, ella medita sobre el sufrimiento de esos seres sensibles hasta que su compasión se vuelve tan fuerte que la motiva a actuar. A partir de esta intención altruista, ella establece la determinación de lograr la iluminación por el bien de los seres sensibles de su querida madre.

2. **Cultivar los Cuatro Inconmensurables:** Otra técnica es a través del cultivo de las cuatro cualidades universales que proporcionan las condiciones naturales para que surja la bodhicitta: amor, compasión, alegría y ecuanimidad. Todas estas cualidades funcionan para disolver la mente egoísta y enfocar la mente en el bienestar de los demás.

3. **El Método del Intercambio de Nosotros por los Demás:** Este último método se puede utilizar para mejorar los otros dos métodos. Consiste en una serie de razonamientos lógicos que demuestran por qué es ilógico apreciarnos por encima del beneficio de los demás. Estas contemplaciones llevan al practicante a reconocer que la mente egoísta es extremadamente dañina y debe ser abandonada. Esto abre la puerta al cultivo del amor y la compasión inconmensurables.

A través de estas prácticas, los aspirantes a bodhisattvas se esfuerzan por familiarizar sus mentes con esta aspiración a tal grado, que eventualmente se convierte en la motivación predeterminada para cada acción en la que participan. Es en este punto que el practicante se convierte en un bodhisattva y entra en el sendero del bodhisattva.

Las Seis Perfecciones

El adiestramiento de un bodhisattva se divide en un sendero séxtuple que se conoce como las Seis Perfecciones. Esta secuencia de prácticas proporciona un sendero paso a paso para ayudar a desarrollar las cualidades que se necesitan para lograr la Budeidad. Estas cualidades son las siguientes:

La Generosidad

La primera perfección es un antídoto para la mente del apego, que se aferra a las cosas por sí misma. A través de la práctica de la generosidad, el bodhisattva aprende a enfocarse en las necesidades de los demás y a dar todo lo que pueda para beneficiarlos. Esto se hace practicando tres tipos de generosidad:

1. **Donación Material:** El bodhisattva reconoce que mientras los seres sensibles estén luchando por satisfacer sus necesidades mundanas básicas, no podrán participar en la práctica espiritual. Por lo tanto, el bodhisattva se dedica a la generosidad al proporcionar alimentos y recursos materiales a quienes lo necesitan.

2. **Brindar Protección Contra el Miedo:** Incluso si una persona satisface sus necesidades básicas, puede vivir en una situación que la llena de ansiedad o miedo. Este es otro obstáculo para practicar el Dharma y, por lo tanto, el bodhisattva trabaja para brindar tranquilidad a los seres sensibles ofreciéndoles protección.

3. **Enseñar el Dharma:** Finalmente, incluso si una persona tiene la capacidad de practicar el Dharma, si no sabe cómo practicar, no podrá superar sus aflicciones. Por lo tanto, el bodhisattva trabaja diligentemente para proporcionar a los seres sensibles enseñanzas para que puedan crear las causas de la felicidad genuina.

La Disciplina Ética

La segunda perfección ayuda al bodhisattva a desarrollar una mayor fortaleza mental a través de la práctica de la disciplina ética. Su objetivo es crear conciencia en cada acción para que pueda transformar cualquier situación en una oportunidad para beneficiar a los demás. Esto se hace de tres maneras:

1. **Evitando Acciones Negativas:** Al renunciar a las acciones negativas, el bodhisattva abandona dañar a los demás de manera directa e indirecta.

2. **Generando Acciones Positivas y Virtud:** A través del cultivo de cualidades virtuosas, el bodhisattva mejora su capacidad de brindar beneficios a los seres sensibles.

3. **Trayendo beneficios a los Demás:** Al centrarse en las necesidades de los demás, el bodhisattva abandona la mente que se aprecia a sí misma y es capaz de hacer que todo lo que hacen sea una causa para que los seres sensibles se liberen del sufrimiento.

La Paciencia

Debido a que el sendero del bodhisattva es largo y difícil, el practicante debe desarrollar mucha paciencia ante cualquier dificultad que surja en su experiencia. La paciencia desde esta perspectiva toma muchas formas, como la disciplina y la tolerancia. Pase lo que pase, un bodhisattva nunca debe rendirse. Este grado de determinación se desarrolla a través de los siguientes adiestramientos:

1. **La Paciencia del Perdón:** La mente afligida con ira es capaz de destruir grandes cantidades de méritos preciosos en la mente del bodhisattva. Por lo tanto, debe adiestrarse para contrarrestar directamente esta aflicción a través de la práctica del perdón, que incluye la paciencia de las personas que la tratan mal.

2. **La Paciencia como Fortaleza y Coraje para el Dharma:** El sendero está lleno de obstáculos que un bodhisattva necesitará superar. Al practicar la paciencia de las dificultades, como el frío y el hambre, ella aprende a dejar de lado sus apegos a las comodidades mundanas.

3. **La Paciencia para ser Audaz ante la Verdad Profunda:** A medida que el bodhisattva progresa en el sendero, la verdad de la realidad comienza a manifestarse más claramente. Esta verdad puede ser difícil de aceptar. Este adiestramiento está específicamente diseñado para superar la duda aflictiva que impide que un bodhisattva realice la profundidad de su naturaleza.

El Esfuerzo Alegre

El sendero del bodhisattva es un lento proceso de perfección que madura la mente durante tres incontables eones. Para mantener esta continuidad de práctica, un bodhisattva debe desarrollar una diligencia inquebrantable para dedicarse alegremente a la práctica de la virtud, sin importar el tiempo o lo que se requiera de ellos. El adiestramiento en el esfuerzo alegre está diseñado para contrarrestar tres formas de pereza mediante el cultivo de tres formas de diligencia:

1. **La Diligencia Tipo Armadura:** Este es el antídoto para la falta de confianza en uno mismo. Es un tipo de pereza que cree que no somos lo suficientemente buenos y, por lo tanto, ni siquiera deberíamos molestarnos en intentarlo.

2. **La Diligencia de la Acción Correcta:** Este es el antídoto para el posponer. Es la pereza la que empuja la práctica hacia el futuro. A través de este adiestramiento, el bodhisattva aprende a reconocer las oportunidades para la virtud e inmediatamente se compromete a manifestar esa virtud.

3. **La Diligencia del Entusiasmo Perpetuo:** Este adiestramiento es una fuerza contraria a la inactividad. Se centra en desarrollar la mente que lucha constantemente por la iluminación. Este tipo de diligencia le permite al bodhisattva terminar lo que se proponga hacer.

La Concentración

El Vehículo del Bodhisattva es un sendero de compromiso. El bodhisattva trabaja activamente con todo lo que ocurre en su vida, transformando esos eventos en oportunidades para beneficiar a los demás. Por lo tanto, debe poder evaluar con precisión una situación y reconocer posibles cursos de acción. Su capacidad para hacer esto depende de la fuerza y la calidad de su mente, que debe ser enfocada, flexible y libre de distracciones. Esto se logra mediante el desarrollo de tres formas de concentración:

1. **La Concentración practicada por seres ordinarios:** Esta es la mente que se absorbe en la experiencia del éxtasis, ausencia de pensamiento y claridad vívida. Se desarrolla a través de la práctica de la meditación de colocación (shamatha). En este estado, los estados mentales afligidos están inactivos, lo que lo convierte en una base perfecta sobre la cual investigar la naturaleza de la realidad.

2. **La Concentración de Discernimiento:** Esta es la mente que está libre de aferramiento, lo que permite que el bodhisattva permanezca en ecuanimidad incluso cuando participa activamente en el análisis de un fenómeno particular. Se desarrolla a través de la práctica de la meditación perceptiva (vipashyana).

3. **La Concentración Excelente:** Esta es la mente que está completamente libre de todas las formas de oscurecimiento y, por lo tanto, es capaz de permanecer continuamente en un estado de compromiso no dual con la naturaleza de la realidad. Se desarrolla a través de la unión de shamatha y vipashyana.

La Sabiduría

Todas las perfecciones previas proporcionan las condiciones para que el bodhisattva desarrolle formas de sabiduría cada vez más sutiles. Es esta sabiduría la que permite al bodhisattva no solo liberarse del sufrimiento, sino también comprender la gran variedad de fenómenos y cómo pueden usarse para guiar hábilmente a los seres sensibles a ese mismo estado iluminado. Esto se hace mediante el cultivo de tres formas de sabiduría:

1. **La Sabiduría Auditiva:** Esta es la sabiduría generada a través del proceso de escuchar o estudiar las enseñanzas. Produce una certeza con respecto a lo que se ha dicho y cómo se han comunicado las ideas.

2. **La Sabiduría de la Reflexión:** Esta es la sabiduría que surge de pensar y reflexionar sobre la información que se recopiló a través del estudio. Produce una claridad mental que comprende completamente el significado de diferentes ideas y cómo se pueden aplicar a diferentes situaciones.

3. **La Sabiduría de la Meditación:** Esta es la sabiduría que transforma la comprensión en experiencias. Es esta forma de sabiduría la que es capaz de despejar directamente la mente afligida por la ignorancia y, de ese modo, atravesar las oscuraciones afligidas y cognitivas.

De estas seis perfecciones, las cinco primeras se consideran medios hábiles, mientras que la última se considera sabiduría. Cuando los comparamos con los Tres Adiestramientos Superiores, podemos ver que los primeros tres están relacionados con la disciplina ética, los dos últimos son concentración y sabiduría, respectivamente, y el cuarto se comparte entre los tres.

Adiestramientos Superiores	Perfección	Tipos
Disciplina Ética	Generosidad	1. Donativos Materiales 2. Protegiendo contra el Miedo 3. Dando Dharma
	Disciplina Ética	1. Evitando Acciones Negativas 2. Generando Acciones Positivas y Virtud 3. Trayendo Beneficios a Otros
	Paciencia	1. Paciencia del Perdón 2. La Paciencia como Fortaleza y Valor para el Dharma 3. Paciencia para No Tener Miedo ante la Verdad Profunda
Las Tres	Esfuerzo Alegre	1. Diligencia tipo Armadura 2. Diligencia de la Acción Correcta 3. Diligencia del Entusiasmo Perpetuo
Concentración	Concentración	1. Concentración practicada por seres ordinarios. 2. Concentración Discernidora 3. La Excelente Concentración
Sabiduría	Sabiduría	1. Sabiduría de la audición 2. Sabiduría de la Reflexión 3. Sabiduría de la Meditación.

Tabla 13-2: Las Seis Perfecciones.

El Resultado—La Iluminación

Tanto los practicantes del Mahayana como del Theravada progresan a lo largo de los cinco senderos de acumulación, preparación, percepción, adaptación y no más aprendizaje. Sin embargo, debido a que la motivación para participar en estas prácticas es de naturaleza significativamente diferente, los resultados que producen estos senderos también serán significativamente diferentes. Mientras que el sendero Theravada tiene la capacidad de producir un Arhat, el sendero Mahayana es capaz de producir un Buda completamente iluminado. Ahora revisaremos los cinco senderos nuevamente desde la perspectiva de un practicante de bodhisattva.

1. El Sendero de la Acumulación

Entramos en el Sendero de la Acumulación desarrollando una genuina Bodhicitta, y en este punto nos convertimos en un bodhisattva. Este sendero enfatiza la acumulación de océanos de acciones meritorias y comprende tres niveles secuenciales: pequeño, intermedio y grande. Aquellos en el nivel pequeño practican y dominan la contemplación del cuerpo, los sentimientos, la mente y los fenómenos. Aquellos en el nivel intermedio practican y logran perseverancia para evitar pensamientos o acciones no saludables, abandonando los no saludables que ya han surgido, desarrollando nuevos pensamientos o acciones saludables y manteniendo los que ya se han desarrollado. Aquellos en el gran nivel alcanzan un deseo y una intención ininterrumpidos de concentrarse, un esfuerzo ininterrumpido mientras se concentran y una concentración analítica ininterrumpida.

El mérito que se crea en el Sendero de la Acumulación eventualmente se convierte en la causa de la capacidad de un Bodhisattva de emanar en innumerables mundos y beneficiar a innumerables seres cuando se convierte en un Buda. Esto se conoce como el cuerpo de forma (rupakaya) que incluye tanto el cuerpo de disfrute sutil (sambhogakaya) como el cuerpo de emanación burda (nirmanakaya). Al comienzo de este sendero, un practicante Mahayana primero alcanza la verdadera Bodhicitta, convirtiéndose en un Bodhisattva, pero aún debe acumular grandes cantidades de mérito para fortalecer y estabilizar la mente iluminada de Bodhicitta. Finalmente, su mente está completamente absorta en querer que todos los seres estén completamente iluminados y su corazón está tan desarrollado que asumen toda la responsabilidad por esto.

Una vez que un Bodhisattva ha alcanzado el gran Sendero de Acumulación, desarrolla un gran equilibrio meditativo junto con la capacidad de visitar Budas y Bodhisattvas en otros reinos y escuchar sus enseñanzas.

2. El Sendero de la Preparación

Durante el Sendero de Preparación, un Bodhisattva se está preparando para alcanzar el tercer nivel de los cinco senderos de logro; el Sendero de la Percepción, donde perciben directamente la verdadera realidad o el vacío por primera vez. El Sendero de la Preparación se divide en cuatro niveles: calor, pico, paciencia y fenómenos mundanos supremos.

En el primer nivel, el Bodhisattva recibe muchas señales o presagios de que verán la verdad última, y esto se conoce como calor. Esto se compara con el calor que se siente cuando uno se acerca al fuego. En el segundo nivel, conocido como pico, el Bodhisattva ve señales de la integridad de sus cualidades por primera vez. Estas cualidades son el pico de las virtudes mundanas y se conocen como las cinco facultades. Son fe, energía, atención plena, concentración y sabiduría.

En la tercera etapa, el Bodhisattva inicialmente gana confianza para superar el miedo a experimentar el vacío de los fenómenos relativos. Esto se conoce como paciencia. El cuarto y último nivel del Sendero de Preparación asegura que el Bodhisattva experimentará una percepción directa del vacío de la verdad relativa en la siguiente etapa. Este nivel se llama así fenómeno supremo mundano y es la realización ordinaria final antes de convertirse en un ser Arya. Durante este nivel, las cinco facultades están completamente desarrolladas y se convierten en los cinco poderes divinos:

1. El poder de la fidelidad.
2. El poder de la energía
3. El poder de la atención plena
4. El poder de concentración
5. El poder de la sabiduría

Esta es la etapa en la que la mente mundana finalmente termina y comienza la mente trascendental.

3. El Sendero de la Percepción

Durante el Sendero de la Percepción, el Bodhisattva se da cuenta directamente del vacío de la verdad relativa, después de haber erradicado todos los conceptos erróneos adquiridos y los puntos de vista erróneos con respecto a la verdadera naturaleza de los fenómenos que se basaron en un pensamiento conceptual incorrecto sostenido durante esta y otras vidas. Alcanzan la atención plena suprema, la conciencia discriminatoria, la energía, la alegría, la tranquilidad, la concentración y la ecuanimidad, conocidos como los siete factores de la iluminación. Desde esta etapa hasta la Budeidad, el Bodhisattva es conocido como un ser Arya. Obtienen poderes extraordinarios y pueden manifestarse en cientos de lugares diferentes, guiando a cientos de seguidores durante un solo instante. Al ver la verdad última por primera vez, el sendero de la percepción es como vislumbrar el océano. A través del Sendero de la Adaptación, se cultiva una visión cada vez más amplia hasta que se ve todo el océano en todo su esplendor.

4. El Sendero de la Adaptación

Después de eliminar las oscuraciones conceptuales adquiridas en el Sendero de la Percepción, el Bodhisattva Arya se mueve hacia el Sendero de la Adaptación. Aquí se adaptan a la realización del vacío de la verdad relativa, eliminando las oscuraciones innatas de la Budeidad. Este proceso de adaptación es esencial porque nuestras oscuraciones innatas han estado con nosotros desde tiempos inmemoriales, operando por su propia cuenta sin depender de creencias o razonamientos defectuosos. Durante este proceso, el Bodhisattva Arya dedica un enorme esfuerzo a lograr el dominio de las Diez Perfecciones:

1. Generosidad
2. Disciplina
3. Paciencia
4. Diligencia

5. Concentración

6. Sabiduría

7. Medios hábiles

8. Aspiración

9. Fortaleza

10. Conciencia suprema

5. El Sendero de No Más Aprendizaje

En el momento final de esta etapa, entran en un estado meditativo llamado estabilización meditativa tipo vajra, en el que se superan los obstáculos más sutiles que quedan para la budeidad. Surgen de esta concentración como un Buda y logran la omnisciencia. Esto significa que todos los fenómenos del pasado, presente y futuro se conocen directamente, al mismo tiempo y sin esfuerzo. Esto se llama el sendero de no más aprendizaje, ya que no hay necesidad de ir más allá.

Los Diez Bhumis del Bodhisattva

El Bodhisattva Arya elimina progresivamente las oscuraciones innatas aflictivas y cognitivas en una serie de niveles. Desde el Sendero de la Percepción en adelante, se logran diez bhumis del Bodhisattva o bases antes de la Budeidad. Cada uno de estos diez tiene una entrada ininterrumpida y una etapa de liberación. En la etapa de entrada, el logro del Bodhisattva no puede ser interrumpido por oscuraciones, que se disuelven y se purifican naturalmente tan pronto como surgen, mientras que durante la etapa de liberación, la puerta a estas oscuraciones está cerrada y no se puede volver a abrir. En otras palabras, han sido totalmente erradicados junto con sus propensiones.

Además, durante cada uno de los diez bhumis, se logra una de las diez perfecciones (o paramitas), lo que significa que uno desarrolla o perfecciona completamente ciertas cualidades en la mayor medida posible.

De las nueve bases Bhumi del Sendero de la Adaptación, los tres primeros se conocen como el sendero pequeño, los tres siguientes como el sendero intermedio, y los últimos tres niveles se conocen como el gran sendero. El Sendero de la Adaptación generalmente toma dos incalculables eones, aunque no hay un tiempo fijo para cada individuo.

El tiempo no es un problema para un Bodhisattva Arya, ya que independientemente del tiempo que tarden, continuamente experimentan una inmensa alegría al traer beneficios a los demás. Además, este período de tiempo inmensamente largo se determina desde el punto de vista de los demás, ya que desde el punto de vista de la propia experiencia del Bodhisattva, estos niveles pueden atravesarse mucho más rápidamente.

Los diez bhumis del Bodhisattva se describen brevemente a continuación. Desde el segundo bhumi en adelante, se alcanzan las diferentes etapas a medida que se eliminan ciertas oscuraciones a través de niveles progresivamente más profundos de absorción meditativa. Las oscuraciones más pesadas se erradican primero, seguidas de las oscuraciones más sutiles. Los senderos pequeño, intermedio y grande se dividen en tres niveles de realización: el más bajo, el medio y el más elevado, según cuales oscuraciones se eliminan. Hay tres tipos de oscuraciones: pesada, intermedia y sutil, cada una de las cuales se divide en tres niveles distintos. Con tantos niveles dentro de las etapas, puede parecer un uso excesivo de detalles, sin embargo, debemos tener en cuenta que este es un sendero increíblemente logrado y profundo que identifica sutilezas de la mente que son difíciles de comprender para los seres comunes.

El Primer Bhumi - La Alegría Suprema

El primer bhumi se conoce como alegría suprema porque el Bodhisattva ha alcanzado el sendero de la percepción directa por primera vez y, por lo tanto, es sumamente alegre. En otras palabras, se han dado cuenta directamente de que el yo no existe independientemente y que todos y cada uno son interdependientes. Con esta comprensión, superan la falsa idea de que los cinco agregados constituyen un ser verdaderamente existente. En esta etapa, el Bodhisattva alcanza poderes sobrenaturales y puede manifestarse en cientos de lugares diferentes a la vez, con la capacidad de guiar a cientos de seguidores en un solo instante. El Bodhisattva está libre de todo apego a los fenómenos, ya que se los considera directamente insustanciales y sujetos a sufrimiento, decadencia y muerte.

La perfección de la generosidad se alcanza en el primer bhumi, lo que significa que el Bodhisattva tiene la capacidad de regalar cualquier cosa sin arrepentimiento y sin pensar en elogios o recompensas. Incluso regalarían partes de su propio cuerpo si fueran útiles para otra persona. Lo hacen con gran alegría, y aunque experimentan dolor físico, no experimentan sufrimiento en sus mentes. En los niveles superiores, incluso el dolor físico está ausente para un Bodhisattva Arya, ya que la mente está muy habituada al vacío de la verdad relativa. Los bodhisattvas en el primer nivel están motivados principalmente por la fe. Se adiestran en conducta ética pura para purificar sus mentes de oscuraciones aflictivas y prepararse para la absorción meditativa del segundo bhumi. Para entonces, han eliminado por completo las predisposiciones hacia una conducta ética impura, que no volverá a surgir.

El Segundo Bhumi - Inmaculado

Este bhumi se logra cuando el nivel más bajo de realización del sendero pequeño elimina la oscuración más pesada. Durante este nivel, la paramita de la disciplina ética se perfecciona por completo y el autocontrol del Bodhisattva se vuelve tan completo que no surgen pensamientos inmorales, incluso en los sueños. Cualquier movimiento o actividad del cuerpo, la palabra y la mente se purifica de las impurezas más sutiles. Logran acciones virtuosas perfectas del cuerpo, la palabra y la mente, que incluyen abstenerse alegremente de cualquier forma de asesinato, robo, mala conducta sexual, mentira, conversación divisiva, discurso cruel, charla sin sentido, codicia, intenciones dañinas y visiones erróneas.

En esta etapa, el Bodhisattva alcanza poderes sobrenaturales que les permiten manifestarse en miles de lugares diferentes a la vez, con la capacidad de guiar a miles de seguidores en un instante.

Estas habilidades y poderes continúan aumentando a medida que el Bodhisattva progresa a través de bhumis posteriores. Debido a esto, la mente del Bodhisattva se purifica y permanece en ecuanimidad. También alcanzan las cuatro absorciones meditativas de los reinos de la forma, que son superiores al logro de las absorciones mundanas; son más estables, más profundos y útiles para desarrollar la mente sutil.

A través de la maduración de estas cualidades la perfección de su conducta ética se vuelve suprema. Estos bodhisattvas aparecen como monarcas universales para ayudar a los seres vivos, o maestros de los cuatro continentes gloriosos y los siete objetos preciosos: la preciosa rueda, el elefante, el caballo, la joya, la reina, el ministro y el general. Este tipo de riqueza les pertenece naturalmente, ayudándoles a su vez a beneficiar a los demás.

El Tercer Bhumi - La Iluminación

Este bhumi se alcanza cuando las segundas oscuraciones más pesadas son superadas por el nivel medio de realización del pequeño sendero. Se llama Iluminación porque cuando se alcanza, el fuego de la sabiduría quema los objetos del pensamiento dualista. Esta iluminación es, por su propia naturaleza, capaz de extinguir todas las elaboraciones dualistas durante la meditación. Esta es la etapa en que la paramita de la paciencia se perfecciona por completo de tal manera que supera con creces nuestra percepción ordinaria de la paciencia.

La ecuanimidad del Bodhisattva se vuelve tan profunda a este nivel que incluso si alguien le quitara lenta y gradualmente la carne o huesos de su cuerpo, el Bodhisattva no se enojaría ni se perturbaría. Al darse cuenta de que su atormentador es ignorantemente inconsciente de la ley de causa y efecto y estando motivado por pensamientos aflictivos que siembran las semillas para el sufrimiento futuro, en cambio él sentirá una gran compasión por ellos. Los practicantes en el tercer nivel superan todas las tendencias hacia la ira y nunca reaccionan con odio (o incluso molestia) ante las palabras o acciones dañinas. Más bien, su ecuanimidad permanece constante y todos los seres sensibles son vistos con amor incondicional y compasión.

Los bodhisattvas en este nivel también cultivan las cuatro absorciones meditativas de la no forma, que son superiores a las absorciones de la no forma del espacio ilimitado, la conciencia ilimitada, la nada y más allá de la percepción. En esta etapa, se refinan los cuatro inconmensurables del amor, la compasión, la alegría y la ecuanimidad, así como las cinco clarividencias: el ojo divino (capacidad de ver formas sutiles y distantes), el oído divino (la capacidad de escuchar sonidos sutiles y distantes), los poderes milagrosos (la capacidad de emanar formas a través del poder de la mente), el conocer la mente de los demás y el recuerdo de vidas anteriores.

El Cuarto Bhumi – Radiante

El cuarto bhumi, Radiante, se logra con la erradicación del nivel más sutil de oscuraciones pesadas mediante el tercer nivel de realización del pequeño sendero. En este momento se alcanza la diligencia perfecta, el cuarto paramita, y el Bodhisattva luego entra en el sendero intermedio. Este nivel se llama Radiante porque los Bodhisattvas del cuarto bhumi emiten constantemente el resplandor de la sabiduría exaltada. Queman oscuraciones aflictivas y cognitivas con el resplandor de su sabiduría.

Al entrar en absorciones meditativas cada vez más profundas y lograr una poderosa flexibilidad mental, eliminan la pereza y aumentan su capacidad para practicar la meditación durante períodos prolongados de tiempo. Destruyen las aflicciones profundamente arraigadas y cultivan las treinta y siete prácticas del despertar, comenzando con las cuatro aplicaciones de la atención plena. A través del adiestramiento en estas treinta y siete prácticas, los Bodhisattvas desarrollan una gran habilidad en la concentración meditativa y cultivan la sabiduría, debilitando las oscuraciones conceptuales que conducen a una falsa comprensión de la realidad.

El Quinto Bhumi - Difícil de Superar

Este nivel se alcanza con la erradicación del nivel más burdo de oscuraciones intermedias mediante la realización meditativa del primer nivel del sendero intermedio. Es donde se perfecciona la paramita de la concentración y se llama "Difícil de Cultivar" porque implica prácticas arduas que requieren un gran esfuerzo para perfeccionarse. También se le llama Difícil de Superar porque cuando un Bodhisattva ha completado el adiestramiento de este nivel, tienen una profunda sabiduría y percepción que son difíciles de superar o socavar. Cultivando la perfección de la estabilización meditativa, superan las tendencias hacia la distracción y logran la estabilización meditativa suprema.

El Sexto Bhumi - El Acercamiento

El sexto bhumi se logra cuando el segundo nivel de oscuraciones intermedias es superado por el segundo nivel de realización del sendero intermedio. Aquí se desarrolla la paramita de la sabiduría, la sexta perfección. El sexto nivel se llama Aproximación porque el Bodhisattva se habitúa a la realización del surgimiento dependiente y la falta de señales. La falta de señales se refiere al hecho de que los fenómenos parecen poseer cualidades aparentes por su propia naturaleza, pero cuando se examinan nos percatamos de que todas las cualidades son meramente imputaciones mentales y no son parte de la naturaleza de los objetos que parecen caracterizar.

El Bodhisattva manifiesta sabiduría meditativa y renuncia al apego a la existencia cíclica o al nirvana. Una vez superados todos los apegos, los Bodhisattvas en este nivel pueden alcanzar el nirvana, pero debido a la fuerza de la mente del despertar, deciden permanecer en el mundo para beneficiar a otros seres sensibles. Cultivan la perfección de la sabiduría, a través de la cual perciben que todos los fenómenos carecen de existencia inherente, similar a los sueños, ilusiones, reflejos u objetos creados mágicamente. Todas las nociones del "yo" y el "otro" se trascienden, junto con conceptos como "existencia" y "no existencia". Estos Bodhisattvas del sexto nivel permanecen en la contemplación del vacío con mentes que no son perturbadas por ideas falsas.

El Séptimo Bhumi – Involucrado Profundamente

En este nivel, el nivel más elevado de oscuraciones intermedias es erradicado por el nivel más elevado de realización del sendero intermedio, y la paramita de los medios hábiles se perfecciona.

Los seis bhumis anteriores se conocen como niveles impuros porque todavía están contaminados por oscuraciones aflictivas innatas y cognitivas, que aún requieren cierto esfuerzo para ser eliminadas. De acuerdo con la mayoría de los puntos de vista del Mahayana y Vajrayana, todas estas aflicciones mentales se eliminan en esta etapa, dejando solo las oscuraciones más sutiles hacia la omnisciencia. Si coloca ajo en un recipiente por un período de tiempo y luego se retira y lava el recipiente, aún se pueden oler los restos de ajo por un tiempo. Del mismo modo, estas sutiles oscuraciones, también conocidas como tendencias habituales, persisten.

Los bodhisattvas en este nivel desarrollan la capacidad de contemplar ininterrumpidamente y entrar en absorciones meditativas avanzadas durante largos períodos de tiempo, pasando más allá de los senderos de Arhats Shravakas y Pratyeka. Por esta razón, el séptimo bhumi se conoce como Profundamente Involucrado. En este nivel, se perfeccionan los medios hábiles durante la práctica de la meditación y también en el período posterior y tienen una capacidad excepcional para adaptar sus enseñanzas para satisfacer las necesidades individuales de su audiencia. También desarrollan la capacidad de conocer los pensamientos de los demás y en cada momento pueden practicar todas las perfecciones. Todos los pensamientos y acciones están libres de aflicciones, y actúan constantemente de manera espontánea y efectiva en beneficio de los demás.

El Octavo Bhumi - El Inamovible

Los tres bhumis restantes, del octavo al décimo, se conocen como los tres bhumis puros, porque en estos, solo quedan sutiles oscuraciones a la omnisciencia, y no se necesita un gran esfuerzo para eliminarlos.

La octava etapa se obtiene cuando el primer nivel de realización del gran sendero hacia la iluminación supera la más pesada de las oscuraciones sutiles. En este momento, la paramita de la aspiración se alcanza completamente. Este nivel se llama Inamovible porque a través de la no conceptualización, los Bodhisattvas han superado todas las aflicciones con respecto a las señales, de modo que todo se percibe de manera desnuda y directa y sus mentes están completamente absortas completamente en el Dharma. No existe la posibilidad de que puedan vacilar en el sendero y están destinados a la plena budeidad, sin inclinación a buscar el nirvana personal. Cultivan la perfección de la aspiración, lo que significa que se comprometen a cumplir varios votos, por lo que acumulan las causas de nuevas virtudes. Aunque resuelven trabajar por la liberación de los demás y emanan compasión hacia todos los seres sensibles en el universo, estos Bodhisattvas han trascendido por completo la tendencia a imaginar que hay seres verdaderamente existentes para liberar.

La comprensión del vacío de estos Bodhisattvas es tan completa que anula todos los puntos de vista aflictivos, y la realidad aparece bajo una luz completamente nueva. Se comparan con las personas que han despertado de los sueños, y todas sus percepciones están influenciadas por esta nueva conciencia. Alcanzan el estado meditativo llamado contención con respecto a los fenómenos no surgidos, por lo que ya no piensan en términos causales o no causales. También desarrollan la capacidad de manifestarse en diversas formas para enseñar a otros; la compasión y los medios hábiles son espontáneos y completamente naturales. No hay necesidad de planificar o contemplar la mejor manera de beneficiar a otros, ya que estos Bodhisattvas se adaptan hábilmente a cada situación.

El Noveno Bhumi - La Buena Inteligencia

El noveno bhumi se alcanza cuando el nivel medio de oscuraciones sutiles se supera mediante la realización meditativa del segundo nivel del gran sendero. Aquí el Bodhisattva logra la paramita de fuerza o poder.

Desde este punto en adelante, el Bodhisattva se mueve rápidamente hacia el despertar. Desde el octavo hasta el décimo bhumi, se logra un gran progreso hacia la budeidad. En el noveno nivel, comprenden completamente los tres vehículos, los senderos de los oyentes, los realizadores solitarios y los Bodhisattvas, y perfeccionan la capacidad de enseñar la doctrina. A medida que logran un dominio perfecto y completo del Dharma y tienen la capacidad de enseñarlo en todos sus aspectos, este nivel se conoce como Buena Inteligencia. El Bodhisattva adquiere los cuatro conocimientos analíticos de doctrinas, significados, gramática y exposición.

Como resultado, desarrollan elocuencia y habilidad para presentar las enseñanzas doctrinales.

Su inteligencia supera la de todos los humanos y dioses y comprenden todos los nombres, palabras, significados e idiomas.

Pueden entender cualquier pregunta y tienen la capacidad de responder con un solo sonido, que cada ser entiende de acuerdo con su capacidad.

Cultivan la perfección del poder y con la fuerza de su meditación y dominio de los cuatro conocimientos analíticos, pueden practicar las seis perfecciones con diligencia inquebrantable.

El Décimo Bhumi - La Nube de Dharma

La décima etapa se alcanza con la erradicación de las mejores y más sutiles oscuraciones a la iluminación por el más alto nivel de realización meditativa del gran sendero. Se alcanza la paramita de la conciencia suprema.

Ahora, los Bodhisattvas de décimo nivel necesitan eliminar las oscuraciones más sutiles para volverse omniscientes, en cuyo punto alcanzarán el estado completamente iluminado de la budeidad. En esta etapa entran en las absorciones meditativas más poderosas y actualizan la capacidad ilimitada. Cultivar la perfección de la sabiduría exaltada les permite aumentar su sabiduría y fortalece las otras perfecciones, y como resultado permanecen continuamente en la alegría suprema del Dharma.

Los Bodhisattvas del décimo bhumi difunden la doctrina en todas las direcciones y cada ser absorbe lo que necesita para crecer espiritualmente. Adquieren cuerpos perfectos y sus mentes se limpian de las huellas más sutiles de la aflicción. Se manifiestan en formas ilimitadas para el beneficio de los demás y trascienden las leyes ordinarias del tiempo y el espacio. Además, pueden colocar sistemas completos de mundos dentro de un poro, sin disminuirlos ni aumentar el tamaño del poro. Estos Bodhisattvas reciben el empoderamiento de innumerables Budas. Esto se llama grandes rayos de luz porque el resplandor de estos Bodhisattvas brilla en todas las direcciones. Este empoderamiento les ayuda a erradicar las oscuraciones restantes a la omnisciencia y les da mayor confianza y fortaleza.

En el momento final de esta etapa, el Bodhisattva entra en un estado meditativo llamado estabilización meditativa tipo vajra, en el cual se superan los obstáculos más sutiles que quedan para la Budeidad. Surgen de esta concentración como Budas y alcanzan la omnisciencia. Esto significa que todos los fenómenos del pasado, presente y futuro se conocen directamente, al mismo tiempo y sin esfuerzo.

La siguiente tabla resume las diversas etapas del Sendero del Bodhisattva:

Sendero	Práctica	Fundamento	Realización - Oscuración
Acumulación	Las 6 paramitas son necesariamente imperfectas.		
Preparación	Se llaman virtudes en este momento.		
Visión	Generosidad	Alegría Suprema	
Adaptación	Disciplina	Inmaculado	Pequeño - Pesado
	Paciencia	Iluminación	Pequeño - Medio
	Diligencia	Radiante	Pequeño - Sutil
	Concentración	Difícil de Superar	Intermedio - Pesado
	Sabiduría	El Acercamiento	Intermedio - Medio
	Medios Hábiles	Profundamente Involucrado	Intermedio - Sutil
	Aspiración	El Inamovible	Genial - Pesado
	Fortaleza	Buena Inteligencia	Genial - Medio
	Conciencia Suprema	Nube de Dharma	Genial - Sutil
No más Aprendizaje	No Practica	Alto total	

Tabla 13-3: Etapas del Sendero del Bodhisattva.

El Estado de la Budeidad

Al aplicar la realización del vacío a la perfección de todas las buenas cualidades, el Bodhisattva unifica las dos acumulaciones de método y sabiduría y produce el resultado final de un Buda completamente iluminado. Cuando un individuo alcanza tal estado, manifestará dos aspectos iluminados:

1. **El Cuerpo de la Verdad de un Buda (dharmakaya):** Esta es la experiencia individual de la mente iluminada. Es el resultado de la acumulación de sabiduría que erradica por completo toda forma de ignorancia, permitiendo así que la propia Naturaleza Búdica se manifieste sin limitación. Es un estado que está libre de todo sufrimiento y vacío de todas las mentes aflictivas.

2. **Los Cuerpos de la Forma de un Buda (rupakaya):** Esta es la expresión infinita de una mente iluminada desde la perspectiva de los seres sensibles.

Es un resultado directo de la acumulación de un vasto océano de méritos. Todas las buenas cualidades se perfeccionan totalmente dentro de esta mente, manifestándose espontáneamente de acuerdo con las necesidades de los seres sensibles.

Mientras que el Cuerpo de la Verdad satisface las necesidades del individuo, los Cuerpos de la forma satisfacen las necesidades de los demás. Es esta cualidad única la que define la iluminación total y completa.

Repaso de los Puntos Claves

- El Vehículo Mahayana se basa en las enseñanzas recibidas por seres altamente realizados. Estas enseñanzas se centraron en el cultivo de la mente de la iluminación (bodhicitta), una forma activa de compromiso social y una comprensión profunda de la naturaleza de la realidad (vacío).

- Dentro de la tradición sutra del Mahayana, se establecieron dos linajes principales: el Linaje de la Visión Profunda de Manjushri y el Linaje de la Gran Actividad de Maitreya.

- El sendero del sutra del Mahayana se conoce como el Vehículo del Bodhisattva. Proporciona métodos para lograr la iluminación completa en el transcurso de tres incontables eones. También es conocido como el Vehículo de Perfección, ya que se basa en la perfección gradual de varias cualidades para lograr el resultado de la Budeidad.

- El fundamento del Mahayana se distingue por su énfasis en las Dos Verdades: la verdad relativa y la verdad última. La verdad relativa se relaciona con todos los fenómenos dependientes, mientras que la verdad última es la naturaleza de la realidad tal como es.

- Con el tiempo, surgieron varias escuelas de pensamiento para definir cómo entender estas dos verdades: Vaibhashika, Sautrantika, Chittamatra y Madhyamaka. Las dos primeras son visiones basadas en el primer giro, mientras que las dos últimas se consideran visiones basadas en el segundo y tercer giro.

- El sendero del Vehículo Bodhisattva se divide en dos fases: generar bodhicitta como una entrada al sendero y participación en la práctica de las Seis Perfecciones. Las Seis Perfecciones son: generosidad, disciplina ética, paciencia, esfuerzo alegre, concentración y sabiduría.

- Un practicante Mahayana progresa a través de las cinco etapas de manera similar al practicante Theravada; Sin embargo, las prácticas y los resultados específicos experimentados son diferentes debido a la motivación única de la bodhicitta.

- La progresión de un Bodhisattva Arya desde el momento en que se dan cuenta directamente de la naturaleza vacía de la realidad hasta la iluminación total se divide en diez etapas conocidas como los Diez Bhumis (o fundamentos) del Bodhisattva. Cada fundamento representa un nivel de realización progresivamente más sutil que elimina capas cada vez más sutiles de oscuraciones. Los primeros siete motivos son impuros en que el bodhisattva todavía está eliminando las propensiones a las oscuraciones aflictivas. Los tres últimos se conocen como motivos puros, ya que están completamente libres de oscuraciones aflictivas y solo se preocupan por la eliminación de las oscuraciones cognitivas muy sutiles.

- Cuando un Bodhisattva logra el estado de la Budeidad, manifestará espontáneamente dos aspectos iluminados: el cuerpo de verdad dharmakaya y una serie de cuerpos de forma rupakaya.

CAPÍTULO 14

El Vehículo Vajra

Durante su vida, el Buda reservó sus enseñanzas más elevadas y profundas para un grupo muy pequeño de adeptos que fueron capaces de comprender su significado increíblemente sutil. Con la fuerza de su propia absorción mental, el Buda pudo manifestar su mente en varias formas puras conocidas como deidades. Estas deidades solo podían ser experimentadas por los seres más realizados y fue a estos discípulos a quienes el Buda otorgó las enseñanzas esotéricas del Tantra. Debido a su extrema sutileza, estas enseñanzas permanecieron relativamente desconocidas durante muchos siglos después de que el Buda pasó al parinirvana. Se mantuvieron como una tradición puramente oral, que requería una transmisión directa de maestro a discípulo, lo que significaba que el conocimiento de las enseñanzas tántricas seguía siendo raro y protegido.

Cuando las enseñanzas Mahayana se presentaron en el idioma sánscrito, estuvieron disponibles para un público más amplio en la antigua India. Cada vez más personas comenzaron a estudiar estas enseñanzas que condujeron a la creación de universidades monásticas, la más famosa de las cuales fue la gran Universidad monástica de Nalanda. Esta única institución tuvo éxito en atraer a todas las grandes mentes budistas de su tiempo a un solo lugar, causando una explosión de debate filosófico y refinamiento de la doctrina budista.

A medida que los eruditos del Mahayana exploraron profundamente el significado de las enseñanzas del sutra del Buda, alcanzaron niveles asombrosos de realización. Este proceso maduró sus mentes a tal punto que luego se convirtieron en recipientes adecuados para las enseñanzas tántricas. Posteriormente, muchos de los mejores académicos de Nalanda abandonaron la universidad en busca de los yoguis tántricos ocultos, que podrían guiarlos en el sendero vajra.

Mientras que algunos se convirtieron en yoguis errantes, otros regresaron a las universidades monásticas y continuaron su práctica en secreto. De esta manera, muchos dentro de la tradición de Nalanda comenzaron a practicar un enfoque doble. Durante el día estudiarían y practicarían públicamente las enseñanzas del sutra y durante la noche, practicarían en secreto de acuerdo con las enseñanzas tántricas.

Desde Nalanda se desarrollaron varias sucursales universitarias en la región. Una en particular, el colegio tántrico de Vikramashila, fue instrumental en la sistematización de la amplia gama de métodos integrados en los tantras. Durante este período, surgieron dos tipos de linajes para transmitir las enseñanzas esotéricas:

1. **Los Linajes de la Enseñanza:** estos linajes eran en gran medida de naturaleza teórica, proporcionando detalles sobre los diversos rituales y ceremonias relacionados con diferentes prácticas tántricas, así como las diversas teorías que sustentaban los diferentes sistemas. La mayoría de las veces se usaban como una forma de preparar potenciales maestros de vajra con las habilidades y la comprensión necesarias para guiar a otros.

2. **Los Linajes de la Práctica:** estos linajes consistían en las instrucciones esenciales que describían exactamente cómo practicar un determinado sistema de tantra. En la India antigua, estas instrucciones estaban extremadamente protegidas, y se daban solo a un puñado de estudiantes después de que habían demostrado su compromiso y devoción a su maestro.

De estos diversos linajes surgió el Vajrayana. Al reunir todas las enseñanzas del Buda (tanto sutra como tantra), el Vajrayana fue, por mucho, la presentación más completa y totalmente integrada del Buda-dharma. Si bien algunas de estas enseñanzas se dirigieron hacia el este hacia China y más allá, la gran mayoría finalmente se conservó en la tierra de las montañas nevadas al norte.

CAPÍTULO 14 EL VEHÍCULO VAJRA

El Budismo Tibetano

La meseta tibetana había sido durante mucho tiempo el hogar de varias tribus nómadas. Estas tribus finalmente se unieron bajo el estandarte de una línea de sangre real que se creía que descendía de los dioses. A medida que estos reyes crecieron en poder, también lo hicieron sus ambiciones de expansión y bajo el liderazgo del rey tibetano Songtsen Gampo, el imperio tibetano dominó rápidamente la región de Asia Central.

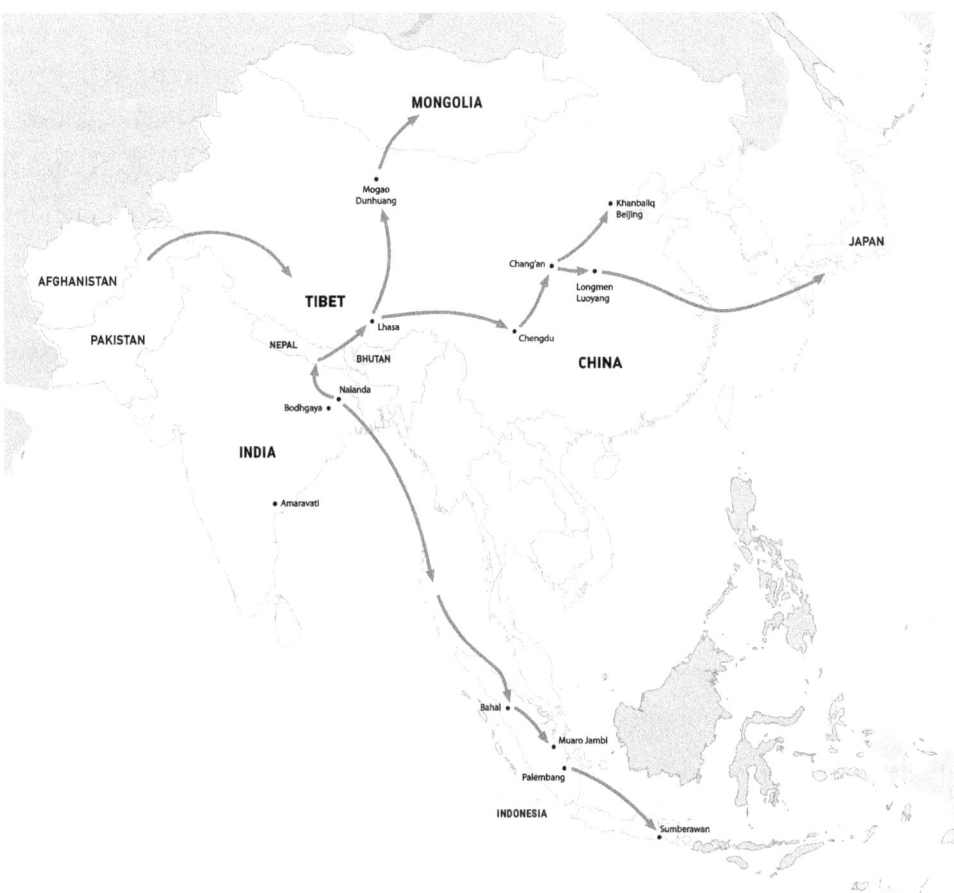

Figura 14-1: Propagación del Budismo Vajrayana.

Fue durante este período de rápido crecimiento que los tibetanos entraron en contacto por primera vez con las antiguas civilizaciones de sus vecinos. La primera cultura que tuvo una gran influencia en las cortes reales fue hacia el oeste en la tierra de Zhang Zhung (la región ahora asociada con el Tíbet occidental). Esta tierra fue anexionada por Songtsen Gampo y sus creencias culturales pronto fueron reconocidas como la religión del estado. Esta tradición se conocía como Yungdrung Bön y se derivaba de las enseñanzas de otro ser iluminado conocido como Tonpa Shenrab. En un acto de diplomacia, el rey acordó casarse con las hijas del rey chino al este y el rey nepalí al sur. A través de la influencia de estas dos princesas, el Tíbet se introdujo al budismo chino e indio. En los próximos años, las tres tradiciones de Zhang Zhung, China e India, tendrían diferentes grados de influencia en la corte real, formando así una cultura tibetana única.

Durante el reinado del rey Trisong Deutsen, el Tíbet envió un ejército de traductores a la India para estudiar las enseñanzas budistas y traducir sus textos. Los traductores hicieron el largo y peligroso viaje por las montañas del Himalaya a centros monásticos como Nalanda, donde trabajaron junto a eruditos indios para traducir todo el canon sánscrito al idioma tibetano.

Además, el Rey invitó a varios maestros altamente realizados de la India a venir al Tíbet para dar enseñanzas. Con el tiempo, se establecieron las bases para una comunidad monástica budista y las enseñanzas se arraigaron en el país. Si bien las enseñanzas fundamentales de los sutras se dieron públicamente, las enseñanzas esotéricas del tantra solo se dieron al Rey y a algunos miembros selectos de la corte real.

A medida que el budismo continuó creciendo en el Tíbet, las tensiones comenzaron a desarrollarse con los seguidores de Bön (Bönpos). Bajo el patrocinio de un devoto Rey budista, los practicantes de Bön experimentaron restricciones crecientes, generando disturbios, que eventualmente condujeron al asesinato del Rey. Cuando el poder se dirigió hacia los Bönpos, el budismo se encontró sin el patrocinio real. Muchas de las instituciones budistas se cerraron posteriormente, lo que provocó que los practicantes se dispersaran a regiones remotas del país y, durante muchas décadas, el budismo casi desapareció de la región del Tíbet central.

Eventualmente, sin embargo, surgió una nueva ola de traductores con la fuerte intención de revivir las enseñanzas budistas en el Tíbet. Asumiendo la responsabilidad, estos traductores viajaron con gran peligro personal a la India, donde estudiaron con los grandes eruditos de Nalanda y Vikramashila.

CAPÍTULO 14 EL VEHÍCULO VAJRA

También practicaron con muchos de los yoguis altamente exitosos de su tiempo, recibiendo un tesoro de enseñanzas tántricas. Luego regresaron a su tierra natal y comenzaron a propagar las enseñanzas que habían recibido.

De esta manera, podemos identificar dos transmisiones principales del budismo al Tíbet:

1. **La Transmisión Temprana (Nyingma):** Las enseñanzas que introdujo Zhang Zhung y de los recopilados de la India a través de los esfuerzos organizados de los Reyes Tibetanos y sus traductores.

2. **La Transmisión Posterior (Sarma):** las enseñanzas que fueron recopiladas por traductores individuales que viajaron a la India, que luego se propagaron a su regreso al Tíbet. También se introdujeron muchas enseñanzas cuando varios reyes indios fueron invitados por varios reinos tibetanos para venir a enseñar en el Tíbet.

Sobre la base de estas dos transmisiones, seis tradiciones espirituales principales se desarrollaron en el Tíbet. Cada tradición principal se distingue generalmente por la presentación filosófica distinta establecida por sus fundadores y los linajes de práctica tántrica únicos en los que se especializa. Según el orden en que se fundaron estas tradiciones, son:

Bön

La tradición Bön se remonta a la antigua tierra de Zhang Zhung y las enseñanzas del ser iluminado conocido como Tonpa Shenrab. Muchos creen que Tonpa Shenrab fue una encarnación previa del Buda Shakyamuni, convirtiendo al Bön en una forma anterior del budismo que luego se desarrolló en la India.

Las enseñanzas de Bön contienen una gran diversidad de métodos para armonizar temporalmente la experiencia mundana y, en última instancia, para lograr la iluminación total. Las prácticas tántricas que se encuentran dentro de esta tradición se centran en desarrollar una visión de la *Gran Perfección* (Dzogchen) mediante el descanso sin esfuerzo de la mente en la conciencia prístina de su propia naturaleza. Gran parte de la forma de los rituales que se encuentran en el budismo tibetano se derivan del enfoque de la práctica de Bön.

Nyingma

La tradición Nyingma surgió principalmente de las enseñanzas del gran santo indio Padmasambhava, conocido en todo el Tíbet como Guru Rinpoché (que significa "maestro precioso"). Con la ayuda del pandita indio Shantarakshita y su principal discípulo, el rey tibetano Trisong Deutsen, Padmasambhava estableció con éxito el budismo Vajrayana en el Tíbet.

También fue responsable de preservar el Buda-Dharma cuando él y su consorte de sabiduría Yeshe Tsogyal, usaron sus poderes milagrosos para sellar innumerables enseñanzas en forma de textos del tesoro. Estas cápsulas de tiempo espiritual permanecieron ocultas dentro del paisaje físico del Tíbet y dentro de las corrientes mentales no físicas de los discípulos más cercanos de Padmasambhava hasta el momento en que la gente estaba lista para recibirlos. De esta manera, las enseñanzas de Nyingma han seguido evolucionando con el tiempo.

Si bien las prácticas de Nyingma provienen de una amplia gama de sutras y tantras, el pináculo de su camino es la Gran Perfección. Al igual que los Bön, los practicantes progresan a través de varias etapas de la práctica, purificando sus mentes de diferentes capas de oscurecimientos. Cuando el practicante está listo, se les presenta la naturaleza prístina de su mente a través de la meditación. Luego se familiarizan con este reconocimiento hasta que se experimente cada momento desde esta perspectiva iluminada.

Sakya

La tradición Sakya es la primera gran tradición que surgió durante el período de la Transmisión posterior. Originalmente fue fundada por el gran Khön Konchok Gyalpo cuando perdió la fe en la autenticidad de las enseñanzas de Nyingma que habían sobrevivido después del período de persecución. Eligió buscar activamente a los diversos maestros que estaban diseminando las nuevas traducciones y se convirtió en una fuerza para la revitalización del budismo en el Tíbet central.

Esta tradición recibe su nombre del monasterio fundado por Konchok Gyalpo. Literalmente significa "tierra gris", después del color distintivo del suelo en el sitio donde se construyó el monasterio. Desde entonces, el liderazgo de los Sakya se ha mantenido dentro de los linajes de la familia Khön, pasando de padres a hijos o de tíos a sobrinos. La característica única de la tradición Sakya es que son los principales poseedores del linaje del sistema de práctica conocido como el *Camino con el Resultado* (lamdre). Este sistema basado en el *Tantra Hevajra*, se originó con el consumado maestro indio Virupa y fue traído al Tíbet por Drokmi Lotsawa. El linaje de la enseñanza se conoció como *Lamdre para las Asambleas*, y proporcionó las enseñanzas fundamentales para desarrollar la vista de acuerdo con el sutra. El linaje de práctica se transmitió en extremo secreto y se conoció como el *Lamdre para Discípulos*. Proporcionó las prácticas únicas para actualizar la visión de acuerdo con el tantra.

Kagyu

Durante el mismo período en que los Sakya se establecieron como una institución monástica, otras tradiciones se formaron en base a las enseñanzas específicas que se transmitían de maestro a discípulo. Un grupo de tales tradiciones se conocen colectivamente como los linajes Kagyu. La mayoría de estos linajes tienen su origen en el Dharma transmitido por el gran traductor Marpa Chökyi Lodrö. Si bien Marpa tuvo muchos discípulos, el más famoso fue el yogui-santo tibetano Milarepa.

Fue el estudiante de Milarepa, Gampopa, quien estableció con éxito un monasterio que combina las enseñanzas del sutra que había recibido de los kadampas (un linaje originario del indio pandit Atisha Dipamkara) y las enseñanzas tántricas que recibió de Milarepa. Esta nueva tradición se conoció como el Dakpo Kagyu y finalmente dio lugar a cuatro escuelas principales con ocho escuelas secundarias.

Como base, los practicantes de Kagyu estudian las enseñanzas del sutra tal como se presentan en el sistema *Etapas del Sendero* (lamrim). Después de completar varias prácticas preliminares, los practicantes generalmente se involucrarán en uno de dos senderos. El *Sendero de la Liberación* se enfoca en desarrollar la visión de Mahamudra de acuerdo con los sutras, mientras que el *Sendero de los Medios Hábiles* se enfoca en desarrollar la visión de Mahamudra basada en el sistema de práctica conocido como los *Seis Dharmas de Naropa*. A menudo, estos dos caminos se combinarán, y el sutra Mahamudra se utilizará como el preliminar para la práctica del Mahamudra tántrico.

Jonang

Durante el período de la transmisión posterior, el budismo indio había madurado significativamente con una gran cantidad de maestros altamente realizados. En este momento, uno de los sistemas de práctica más populares se basaba en el *Tantra de Kalachakra*. Esta enseñanza única y clara fue llevada al Tíbet por no menos de diecisiete poseedores de linajes diferentes, quienes a su vez propagaron fuertemente el Tantra en el Tíbet. El gran yogui Khunphang Thukje Tsondru viajó por la tierra adquiriendo la transmisión de cada uno de estos linajes y luego los practicó extensamente en lugares remotos. Finalmente se instaló en una ermita que fundó en el valle de Jomonang. Esta ermita se conocería más tarde como Monasterio Jonang.

Sobre la base de sus profundas realizaciones del *Sendero del Kalachakra*, Thukje Tsondru combinó todas las instrucciones esenciales que había recibido en un solo sistema unificado de práctica. Al practicar este sistema, el omnisciente Dolpopa Sherab Gyaltsen logró una visión especialmente clara de la mente prístina de la naturaleza búdica. Luego pasó a comunicar estos puntos de vista en lo que se conoció como la *Filosofía Del Camino Medio Del Vacío De Lo Otro* (Zhentong Madhyamaka). Esta enseñanza se apartó significativamente de las presentaciones filosóficas aceptadas de sus contemporáneos y, por lo tanto, fue difícil de aceptar para algunos de ellos. Sin embargo, en general, Dolpopa transformó la forma en que muchas personas pensaban sobre la realidad última, guiándolos hábilmente hacia su propia verdad sagrada.

La tradición de Jonang se especializa en las más altas enseñanzas del Sistema Kalachakra: las prácticas de la etapa de la perfección conocidas como los Seis Yogas Vajra. Estos poderosos métodos yóguicos proporcionan una manera extremadamente eficiente para guiar a los practicantes dedicados a lograr la iluminación en una sola vida.

Geluk

La tradición Geluk fue fundada por el enigmático Je Tsongkhapa, Lobsang Drakpa. Tsongkhapa estudió con una amplia variedad de maestros de diferentes tradiciones y se centró particularmente en reconciliar el pensamiento tibetano con las enseñanzas de los grandes maestros indios. Basado en su extensa investigación sobre los trabajos de Nagarjuna, Asanga y muchos otros, Tsongkhapa formuló una presentación muy estructurada y clara de lo que él sentía era la comprensión más precisa del Buda-dharma.

Tsongkhapa hizo especial énfasis en la importancia de la comunidad monástica ordenada y en el uso del debate filosófico como método para agudizar la mente. Sobre la base de estos principios, tres grandes universidades monásticas surgieron alrededor de sus enseñanzas: Ganden, Drepung y Sera. Estas instituciones albergaban a decenas de miles de monjes, todos involucrados en un proceso extraordinariamente intenso de estudio y práctica.

Las prácticas de Geluk se centran en gran medida en las enseñanzas del sutra desarrolladas por el pandit indio Atisha Dipamkara. En muchos sentidos, Tsongkhapa identificó su propia tradición como una continuación de la tradición Kadam que existió en las primeras etapas del período de Transmisión Posterior. Como tal, los Geluk confían en los linajes de las *Etapas del Sendero* (lamrim) y el *Entrenamiento de la Mente* (lojong) como la base para establecer la realización de la renunciación, la bodhicitta y el vacío. Sobre esta base, los practicantes se involucran con el sistema de Tantra con el que tienen más conexión. La mayoría de los Gelukpas practicarán *Guhyasamaja*, *Yamantaka* o *Chakrasamvara*.

De estas seis tradiciones, las dos primeras pertenecen a la Transmisión Temprana, mientras que las cuatro restantes pertenecen a la Transmisión Posterior. Si bien los seis se consideran budistas, el Bön es único en el sentido de que remontan sus enseñanzas a un fundador diferente. Aunque sus orígenes pueden ser diferentes, al examinar de cerca el resultado de sus prácticas, está claro que todas estas tradiciones tienen la capacidad de llevar a un practicante a la iluminación.

Origen	Transmisión	Tradición	Fundador Principal
Zhang Zhung	Temprano	1. Bön	Tonpa Shenrab
India		2. Nyingma	Padmasambhava
	Posterior	3. Sakya	Khön Konchok Gyalpo
		4. Kagyu	Gampopa
		5. Jonang	Thukje Tsondru
		6. Geluk	Tsongkhapa

Tabla 14-1: Las Seis Tradiciones Espirituales del Tíbet.

Los Nueve Vehículos Progresivos De La Tradición Nyingma

Si nos centramos en las cinco tradiciones que se originaron en la India, podemos ver que todas usan un sendero gradual para guiar a los practicantes hacia sus objetivos espirituales. Cada vehículo se considera solo un apoyo temporal para ayudar al practicante a desarrollar las realizaciones necesarias para avanzar en el sendero. Una vez que esas realizaciones se han actualizado, el enfoque se cambia al siguiente vehículo. De esta manera, un practicante se mueve a través de todas las enseñanzas del Buda desde los cimientos hasta las más profundas enseñanzas esotéricas.

Entre las transmisiones temprana (Nyingma) y posterior (Sarma), se formaron diferentes sistemas de categorización de estos vehículos. En su mayor parte, estas diferencias giraron en torno a los diferentes tipos de tantras que se tradujeron durante cada período. Como la tradición Nyingma tiene la presentación más extensa, comenzaré con este sistema y luego exploraré cómo difieren las tradiciones Sarma.

Los Vehículos Causales (Sutrayana)

La presentación Nyingma de los Nueve Vehículos se divide en tres grupos de tres. El primer conjunto se conoce generalmente como los vehículos causales, ya que su objetivo es crear las causas para la liberación del samsara o la iluminación. También se les conoce como *Sutrayana* porque se basan en las enseñanzas presentadas en los sutras. Ya hemos visto estos vehículos en los capítulos anteriores, por lo que lo siguiente es simplemente un resumen:

1. **El Vehículo Shravaka:** Este vehículo incluye las enseñanzas de las Tres Cestas que el Buda enseñó abiertamente, llevando a los seres al estado de *Shravaka Arhat* o liberación individual.

2. **El Vehículo Pratyekabuddha:** Este es el camino de los "realizadores solitarios" a través del cual los seres alcanzan el estado de *Pratyeka Arhat* descubriendo la visión y el sendero por sí mismos. Viven principalmente durante eones oscuros cuando ningún Buda aparece para girar la rueda del Dharma.

3. **El Vehículo Bodhisattva:** Este vehículo enfatiza las profundas enseñanzas del Buda sobre el vacío y la compasión y nos conduce gradualmente a la completa realización de la *Budeidad* en el transcurso de tres incontables eones.

De estos tres vehículos, los dos primeros se consideran parte del Vehículo Fundacional (Hinayana), mientras que el tercero es la entrada al Gran Vehículo (Mahayana).

Los Vehículos Resultantes (Tantrayana)

Los seis vehículos restantes se conocen como los *Vehículos Resultantes*, ya que se centran en trabajar para dar a conocer el estado resultante en el momento presente. Estos vehículos también se conocen como Tantrayana porque se basan en las enseñanzas presentadas en los tantras.

Todos estos senderos toman el Vehículo Bodhisattva como su fundamento. Esto significa que se espera que el practicante ya haya desarrollado la aspiración iluminada de la bodhicitta, haciendo que todos los siguientes caminos sean parte del Mahayana. De hecho, la razón principal para participar en la práctica del Tantra es alcanzar el estado de Budeidad rápidamente. En lugar de gastar miles de millones de vidas para lograr el objetivo, las diferentes clases de tantra proporcionan medios hábiles para lograr el mismo resultado en tan solo una vida, lo que permite que el practicante sea de mayor beneficio para los seres sensibles lo más rápido posible.

Dicho esto, no todos son capaces de utilizar las técnicas más avanzadas de inmediato. Por lo tanto, hay una serie de clases preliminares de Tantra que le permiten a un practicante progresar gradualmente hacia las prácticas superiores. Antes de participar en cualquiera de estas prácticas, debemos recibir los empoderamientos necesarios de un maestro vajra calificado. Estos empoderamientos funcionan principalmente para madurar las propensiones kármicas del practicante. En la tradición Nyingma, estos tantras se dividen en dos grupos:

Los Tantras Externos

En estos vehículos, el practicante aprende a relacionarse con su propia naturaleza iluminada a través del trabajo *meditativo con una deidad* (yiddam). La deidad es una manifestación simbólica de la unión entre las apariencias y el vacío. Se consideran externos en la medida en que el practicante se relaciona con la deidad como algo diferente de su ser ordinario. A medida que el practicante avanza a través de estos vehículos, lentamente aprende a identificarse con este aspecto puro de la realidad.

Los tres vehículos en este conjunto son:

1. **El Vehículo Tántrico de la Acción (kriyatantrayana):** En el Tantra de Acción, recibimos las iniciaciones de agua y la corona y generalmente visualizamos la deidad frente a nosotros, recibiendo el poder de esa deidad. En el nivel de la verdad relativa, esta deidad es vista como externa y superior a nosotros y existe una clara división entre su pureza y nuestra impureza. El Tantra de Acción enfatiza en las acciones externas como el ritual de purificación, que se llevan a cabo para recibir las bendiciones de la deidad.

2. **El Vehículo Tántrico de la Practica (charyatantrayana):** El Tantra de la Práctica también se conoce como Upa-Yoga Tantra y es casi idéntico al Tantra de Acción, con la utilización de implementos y nombres que se otorgan durante un empoderamiento además de las iniciaciones del agua y la corona. La deidad todavía es vista como externa pero ahora es como una amiga, igualmente pura en apariencia para nosotros. Esta práctica nos permite generarnos como una deidad, aunque el tipo de bendiciones que recibimos es similar al recibido en el Tantra de la Acción. Si bien efectuar el Tantra de Acción o de la Práctica puede darnos la capacidad de ampliar la duración de nuestra vida para ayudarnos con nuestra práctica, en la mayoría de los demás aspectos, la práctica es de naturaleza similar al vehículo del sutra.

3. **El Vehículo Tántrico del Yoga (yogatantrayana):** En el Yoga Tantra, además de las cuatro iniciaciones anteriores, también recibimos las

iniciaciones del vajra, la campana, el nombre y el compromiso, seguidas del empoderamiento del maestro vajra y las iniciaciones de apoyo. La práctica implica generarnos como una deidad iluminada, construir una conexión con esta deidad visualizada durante la meditación y luego disolver la visualización nuevamente en el vacío. De esta manera, el aspecto de la sabiduría de la deidad se funde con nuestra propia mente como el agua vertida en el agua. La práctica del Yoga Tantra implica meditar en los cinco símbolos de la iluminación, representados por la luna, el sol, la sílaba semilla, los implementos de la deidad y todo el cuerpo o la forma de la deidad. En comparación con el camino del sutra, este vehículo contiene muchos métodos hábiles, como los cinco puntos antes mencionados, y el resultado de la iluminación se puede lograr en tan solo dieciséis vidas dependiendo de nuestra habilidad e inteligencia.

Si bien la práctica del Tantra de Acción pone mucho énfasis en los conceptos de pureza y limpieza, estos temas no son tan esenciales en el Tantra de la Práctica y del Yoga. A medida que el practicante progresa a etapas más elevadas, su enfoque se vuelve más interno y menos preocupado por las formas externas de conducta.

Los Tantras Internos

A lo largo de los *Tantras Externos*, el practicante está trabajando con las dos verdades como dos objetos para meditar por separado. Al meditar sobre la deidad y recitar mantras, estamos trabajando con la verdad relativa, mientras que al meditar sobre el vacío después de que la deidad se ha disuelto, trabajamos con la verdad última. A medida que el practicante se traslada a los *tantras internos*, estos dos modos de meditación se combinan en una unión inseparable.

Como veremos en mayor detalle a continuación, la mayoría de estos tantras se practican a base de dos etapas. En la *etapa de generación*, el practicante medita en una deidad para transformar la forma en que percibe diferentes aspectos de su experiencia personal. Luego, en la *etapa de la perfección*, el practicante trabaja para establecer un estado muy poderoso de absorción meditativa que se puede utilizar para darse cuenta de la naturaleza última de la realidad.

Basado en los tantras que se tradujeron durante la Transmisión Temprana, la tradición Nyingma identifica tres tipos de tantras que pertenecen a esta categoría:

1. **Mahayoga:** El Mahayoga se enfoca principalmente en la etapa de generación. Comienza con la meditación sobre el vacío o Bodhicitta suprema, donde todos los fenómenos se realizan como vacíos en su naturaleza pura, y de ahí surge la realización de la Bodhicitta relativa. La unión de la Bodhicitta relativa y la suprema se expresa como una sílaba semilla, que emana rayos de luz que purifican todo el entorno del samsara. La sílaba semilla entonces se transforma en la apariencia pura de la deidad: nuestro cuerpo es visto como la forma de la deidad, el ambiente externo es visto como el mandala o palacio de la deidad y toda experiencia se percibe como el séquito o la actividad de la deidad. Además, todos los sonidos se reconocen como mantras y todos los pensamientos como sabiduría primordial.

2. **Anuyoga:** El Anuyoga se enfoca en la etapa de la perfección, empleando prácticas para controlar los canales, los vientos internos y las esencias del cuerpo sutil del practicante. La visualización de las deidades se genera instantáneamente y todos los fenómenos relativos se ven como el mandala del Buda Primordial Samantabhadra masculino, mientras que en su naturaleza última se perciben como el mandala del Buda Primordial Samantabhadri femenino. La unión de estos mandalas es la realización del mandala de el gran éxtasis, en el que todos los fenómenos se mantienen por igual.

3. **Atiyoga:** El Atiyoga, también conocido como Dzogchen, es la realización directa de la naturaleza vacía de todas las cosas. La naturaleza de la mente se introduce directamente al estudiante y la familiaridad con esta visión se cultiva en la meditación y luego se integra en cada momento de la experiencia. Los tantras Dzogchen se dividen en las categorías de *Mente* (Semdé), *Espacio* (Longdé) e *Instrucciones Medulares* (Mengakdé). De las tres, las Instrucciones Medulares se consideran superiores ya que contienen los dos senderos conocidos como "avance" (trekchö) y "salto"

(tögal). Trekchö, una forma de meditación sobre la conciencia prístina debe realizarse primero para realizar la pureza primordial de todos los fenómenos. La práctica de Tögal nos permite "ver" las visiones que se manifiestan naturalmente de los discos, rayos de luz, deidades y campos del Buda que surgen desde el canal central que une el corazón a los ojos.

Tomados en conjunto, estos nueve vehículos proporcionan una amplia gama de prácticas adecuadas para todos los practicantes budistas sin importar dónde se encuentren en su viaje espiritual. Individualmente, cada uno representa un enfoque específico hacia la práctica. La diferencia entre estos enfoques a menudo se ilustra mediante la analogía de una planta venenosa, donde la planta simboliza nuestras aflicciones emocionales.

El primer grupo de personas que descubre esta planta venenosa reconoce su peligro y comienza a cortarla. Del mismo modo, el practicante del Hinayana ve las aflicciones emocionales como algo que debe abandonarse y, por lo tanto, trata de distanciarse de ellas tanto como sea posible. Su enfoque principal es, por lo tanto, un sendero de renunciación.

El segundo grupo también se da cuenta de que la planta es peligrosa, pero reconoce que no es suficiente con simplemente cortarla, ya que sus raíces restantes brotarán una vez más. Por lo tanto, arrojan cenizas calientes o agua hirviendo sobre las raíces para evitar que la planta vuelva a crecer. Esto describe el enfoque Mahayana, donde la realización del vacío se usa como el antídoto contra la ignorancia, la raíz de todas las aflicciones emocionales.

Y finalmente, el tercer grupo de personas ve la planta desde la perspectiva de un médico. Saben cómo transformar el veneno de la planta en medicina y, por lo tanto, para esa persona, no hay necesidad de destruirla. A través de la sabiduría, es posible saber exactamente cómo usar la planta para obtener beneficios. Del mismo modo, en el sendero tántrico, la energía de las aflicciones se puede usar hábilmente para atravesar los oscurecimientos y así alimentar el proceso de realización.

El Yoga Tantra Más Elevado De Acuerdo Con Las Tradiciones De Sarma

En su mayor parte, los primeros seis vehículos de la Tradición Nyingma se comparten en común con las Tradiciones Sarma. Donde difieren es en las clasificaciones utilizadas para describir las prácticas más avanzadas. Mientras que los nyingma se refieren a estos sistemas como los tantras internos, los sarma se refieren a ellos como el tantra del yoga supremo. Los tantras reales que comprenden estas clases también son diferentes en función de las enseñanzas que se recopilaron durante cada período.

En el Yoga Tantra Superior, practicar los tres tantras inferiores de Acción, Práctica y Yoga Tantra es insuficiente para lograr realmente la iluminación. Eventualmente, todos los practicantes necesitarán practicar el Yoga Tantra Superior, ya que estos son los únicos sistemas que realmente proporcionan los medios para generar la gama completa de cuerpos de forma rupakaya de un Buda.

Todos los sistemas en este nivel son caminos autónomos en sí mismos, proporcionando al practicante (con las propensiones correctas) todos los métodos necesarios para lograr la iluminación en una sola vida. Por lo tanto, las diferencias en los sistemas se basan en dónde ponen su énfasis de acuerdo con las necesidades específicas de los practicantes que los siguen. Como tal, podemos identificar tres categorías:

1. **Los Tantras Paternos:** estos tantras enfatizan las prácticas de la etapa de generación, como la recitación y visualización de mantras. Hay tres tipos de tantras paternos basados en la emoción aflictiva con la que más trabajan: deseo, ira o ignorancia. Ejemplos de tantras paternos incluyen Guhyasamaja y Yamantaka.

2. **Los Tantras Maternos:** estos tantras enfatizan la meditación sobre el vacío sublime de las prácticas de la etapa de la perfección. Estos caminos generalmente se enfocan en el uso del deseo como método para generar una conciencia concentrada y extática. Ejemplos de esta clase incluyen tantras como Chakrasamvara, Vajrayogini, Hevajra y Chandamaharoshana.

3. **Los Tantras No Duales:** estos tantras ponen el mismo énfasis tanto en los medios hábiles de la etapa de generación como en la profunda sabiduría de la etapa de la perfección. El enfoque aquí está en la unión del vacío sublime y el gran éxtasis. El principal ejemplo de esta clase es el Tantra de Kalachakra.

Incluso dentro del Yoga-tantra más elevado, es posible que algunas prácticas sean más o menos profundas que otras. Es la pureza del linaje de transmisión, las instrucciones medulares que lleva el linaje y la capacidad del practicante, lo que finalmente determina cuán profunda puede ser una práctica. Dentro de las tradiciones Sarma del budismo tibetano, el Tantra de Kalachakra generalmente se considera el más profundo y extenso de todos los tantras, ya que fue enseñado directamente por el Buda Shakyamuni. La siguiente tabla resume las diferentes clasificaciones de los tantras dentro del budismo tibetano:

Origen	Vehículo	Nyingma	Sarma
Sutra	Hinayana	Shravakayana	
		Pratyekabuddhayana	
	Mahayana	Bodhisattvayana	
Tantra	Vajrayana	Kriya Tantra	
		Charya Tantra	
		Yoga Tantra	
		Maha Yoga	Yoga Tantra Superior
		Anu Yoga	
		Ati Yoga	

Tabla 14-2: Clasificación de los senderos de acuerdo con el Budismo Tibetano.

El Fundamento -- La Naturaleza Búdica

Como hemos visto, el mahayana se puede dividir en dos enfoques principales: sutra y tantra. En el sutra, se hace hincapié en disipar el concepto erróneo de la existencia inherente a través de la meditación sobre el vacío. Como esta ignorancia nos une a la existencia cíclica, al darnos cuenta primero del vacío de nuestro propio ser, podemos romper ese ciclo. Luego, al darnos cuenta del vacío de todos los fenómenos, podemos despejar la comprensión sutil de la existencia inherente que nos impide actualizar el estado omnisciente de la budeidad.

Al trabajar con este tipo de vacío, podemos decir que estamos adoptando un enfoque negativo en el sentido de que estamos negando algo que no existe. En el tantra, habiendo establecido ya la naturaleza relativa de la realidad (conocida como la unión de las apariencias y el vacío), ahora podemos cambiar nuestro enfoque hacia cómo las cosas realmente existen. Esto se hace trabajando con la naturaleza última de la realidad, lo que a menudo se conoce como la Naturaleza Búdica.

En el Tantra Yoga Supremo, la Naturaleza Búdica también se conoce como la mente de la clara luz. Es el terreno más fundamental sobre el cual surge toda experiencia. Generalmente hay dos aspectos que caracterizan esta mente:

1. **La Creación de Apariencias (Claridad):** la mente es como el espacio, infinita en potencial y completamente libre de todos los límites. Dentro de este espacio, cualquier cosa puede surgir. Es porque la mente está vacía de existencia inherente que tiene la capacidad de dar lugar a todo tipo de apariencias dependientes.

2. **La Conciencia (Luminosidad):** La mente es capaz de saber todo lo que surge en ella. Este no es un conocimiento conceptual, sino una conciencia directa de lo que sea que esté apareciendo. Al igual que el sol, brillando sus rayos de luz, la conciencia es lo que ilumina y da forma a lo que se experimenta.

De la interacción de estos dos aspectos de la Naturaleza Búdica, todas las experiencias de samsara y nirvana emergen naturalmente. Desafortunadamente, debido a nuestra ignorancia, no podemos reconocer esta naturaleza y, por lo tanto, sufrimos sin control. Quedamos atrapados en una única forma de ver el mundo y, sobre esta base, limitamos nuestro potencial innato. En lugar de libertad, creamos esclavitud.

El Tantra se conoce como el camino resultante porque su metodología principal se centra en ayudarnos a reconocer las cualidades manifiestas de esta Naturaleza Búdica dentro de nuestra experiencia actual. Desde la perspectiva de la naturaleza búdica, ya poseemos todo lo que necesitamos para manifestar la iluminación. No hay nada nuevo que deba agregarse o producirse. En este momento, en este instante, es posible conectarnos con nuestra verdad más sagrada.

La clave para hacer esto es reconocer primero que la verdad última de nuestro fundamento como seres sensibles es la misma verdad última de un Buda completamente iluminado. En última instancia, no hay diferencia alguna. Podemos decir que esta naturaleza no tiene principio ni fin. No hay nada que pueda destruir la mente ni hacer que se detenga y, por lo tanto, en términos relativos, es una continuidad eterna. Si bien la Naturaleza Búdica en sí misma no tiene fin, la existencia cíclica sí. Samsara es simplemente una forma en que la Naturaleza- Búdica puede manifestarse. Dado que la Naturaleza Búdica tiene la capacidad de dar lugar a cualquier cosa, también tiene la capacidad de dar lugar a la ignorancia. Cuando surge la ignorancia, nace el samsara y sigue el sufrimiento. Una vez que la mente queda atrapada en tal estado, no puede escapar hasta que se haya eliminado la raíz de la ignorancia.

De esta manera, podemos decir que la Naturaleza Búdica es como el cielo y las mentes afligidas de ignorancia, apego y aversión, son como nubes que surgen accidentalmente en el espacio de este cielo. Mientras las nubes permanecen, nos impiden ver el cielo. Y, sin embargo, no importa qué forma tomen las nubes o si están presentes por un tiempo prolongado o breve, el cielo permanece intacto y tan impecable como siempre. Del mismo modo, nuestra Naturaleza Búdica permanece primordialmente pura, libre de las manchas de nuestras aflicciones. Es este hecho el que hace posible la iluminación.

Otra forma de pensar en la Naturaleza Búdica es imaginarla como una gema que cumple los deseos enterrada bajo tierra. Por encima de esta preciosa joya, un pobre hombre vive en un hogar deteriorado, su vida es dura y está llena de diferentes formas de sufrimiento. Un día, un hombre sabio con poderes clarividentes nota la joya enterrada en el suelo. Reconoce que el pobre hombre se beneficiaría enormemente de tener acceso a esta joya, por lo que le dice que cave en el suelo debajo de su casa. El pobre hombre comienza a cavar a través de la tierra y las piedras y al descubrir un alijo de plata, se alegra de su buena fortuna. Pero el hombre sabio le dice: "¡Sigue cavando! No te conformes con las piedras que parecen plata". Y así el pobre hombre continúa cavando. Pronto llega a un alijo de oro, y nuevamente el hombre sabio le dice: "¡Sigue cavando! No te conformes con las piedras que parecen oro". Finalmente, el pobre hombre remueve los terrones finales de tierra y queda deslumbrado por el brillo de la luz que emana de la gema que cumple los deseos. En este momento, todas las dificultades del hombre han terminado.

De la misma manera, nuestra Naturaleza Búdica está enterrada en lo profundo de las muchas capas de nuestros oscurecimientos burdos y sutiles, y al practicar el Dharma podemos cavar a través de estas capas. En el camino podemos encontrar muchos tipos diferentes de conceptos. Hay aquellos como la plata que actúan como antídotos para nuestros estados mentales afligidos, pero son como curitas que no pueden brindarnos una libertad duradera. Luego están los conceptos como el oro que nos ayudan a reconocer la naturaleza vacía de nuestro mundo imputado, pero estas ideas nos muestran solo un aspecto de nuestra verdadera naturaleza. Finalmente, debemos ir más allá de todos estos conceptos y descansar nuestra conciencia en el vacío sublime que está lleno de todas las posibilidades. Solo así podremos manifestar nuestro mayor potencial, libres de todas las limitaciones.

Distinguiendo Claramente La Verdad Última

A partir de esta premisa básica, podemos comenzar a distinguir algunos conceptos clave que nos ayudarán a comprender cómo funciona el camino tántrico para lograr la iluminación. Estos conceptos se presentan con mayor claridad dentro de los sutras del Tercer giro y los tantras. Por esta razón, representan la comprensión más definitiva de las enseñanzas del Buda sobre la verdad última.

Los Dos Tipos de Resultados

Cuando decimos que la base es la misma que el resultado, debemos recordar que estamos hablando desde la perspectiva de la verdad última. En última instancia, la naturaleza búdica que existe en el momento de la fundación es la misma Naturaleza Búdica que existe en el momento del resultado. Entonces de esta manera son lo mismo. Sin embargo, esto no significa que su manifestación también sea la misma. En general, podemos hablar de dos tipos de resultados que se pueden experimentar:

1. **Los Resultados Separativos:** Estas son las cualidades inherentes de nuestra Naturaleza Búdica que se manifiestan naturalmente cuando se eliminan los estados mentales aflictivos. No tenemos que hacer nada

para crear estas cualidades, ya que están presentes en nuestra naturaleza última. Un ejemplo de un resultado separativo es la mente omnisciente que es capaz de conocer todos los fenómenos directamente.

2. **Los Resultados Producidos:** Estas son las cualidades que se generan al condicionar nuestra Naturaleza Búdica a través de la práctica del Dharma. Lo que estamos haciendo efectivamente es crear las condiciones en las que la ignorancia ya no puede surgir y, por lo tanto, evitando la manifestación del samsara. Un ejemplo de un resultado producido es la sabiduría que se da cuenta del vacío de la existencia inherente.

Los Dos Tipos de Linaje

Sobre la base de nuestra comprensión de estos dos tipos de resultados, surge la pregunta de si todos tenemos la capacidad de actualizar estas diferentes cualidades. Cuando observamos el potencial de diferentes personas, podemos identificar dos linajes principales (o familias) a los que todos pertenecemos:

1. **El Linaje Natural:** todos los seres sensibles, independientemente de su forma o tamaño, pertenecen a la misma familia en el sentido de que todos poseemos igualmente las cualidades de la Naturaleza Búdica. Todo lo que surge en la mente es simplemente un aspecto manifiesto de esa naturaleza y, por lo tanto, podemos pensar en la Naturaleza Búdica como el hilo común que lo une todo. El hecho de que todos tengamos esta naturaleza también significa que tenemos la capacidad de alcanzar la iluminación. No importa dónde nacemos, no importa lo que hayamos hecho, no importa cuál sea nuestra situación actual, todos llevamos esta preciosa joya dentro de nosotros. Esta es nuestra máxima verdad.

2. **El Linaje del Desarrollo:** como todos pertenecemos al linaje natural, entonces también pertenecemos al linaje del desarrollo. Esta es nuestra capacidad básica para adiestrar la mente a través de la práctica espiritual. Al participar en diferentes tipos de actividades, podemos eliminar los oscurecimientos impuros y, por lo tanto, revelar las cualidades puras de nuestro linaje natural. Esta es nuestra verdad relativa. Desde esta

perspectiva, podemos identificar tres etapas del practicante: seres sensibles que experimentan apariencias impuras basadas en oscurecimientos adventicios; bodhisattvas que experimentan una mezcla de apariencias impuras y puras; y budas que solo experimentan apariencias puras.

Los Dos Tipos de Vacío

A medida que comenzamos a tener una idea más clara de cómo la verdad última es distinta de la verdad relativa, nos damos cuenta de que, si bien estos dos modos de experiencia están vacíos, no están vacíos de la misma manera. Es esta diferencia en el tipo de vacío la que establece cómo estas dos verdades son capaces de dar lugar a la gama completa de apariencias.

1. **El Vacío del Yo:** Esta es la forma de vacío que se enfatiza tanto en el segundo giro. Es el reconocimiento de que cada fenómeno surgido de forma dependiente surge dentro de una perspectiva relativa y, por lo tanto, está vacío de su propia entidad. Cuando se analizan tales fenómenos, no se pueden encontrar; todo se disuelve y la mente queda con una conciencia espacial de una mera ausencia.

2. **El Vacío del Otro:** A través de la familiarización con el vacío del yo, un meditador es capaz de atravesar todas las capas conceptuales burdas y sutiles. Eventualmente, incluso los conceptos dualistas muy sutiles como la realidad objetiva de una mera ausencia o la realidad subjetiva de la mente que es consciente de esa ausencia, también se disuelven. En este punto, es posible experimentar la propia Naturaleza Búdica de una manera no dual, no conceptual. Sin embargo, esta experiencia no es solo una mera ausencia, sino que es una experiencia llena de apariencias puras, que surge de la luminosidad innata de la mente. Este nivel de realidad extremadamente profundo está completamente vacío de todos los convencionalismos que lo limitan a ser "esto" o "aquello". Por esta razón, se conoce como el *Vacío de lo Otro* (como en cualquier otra cosa que no sea él mismo) o como el *Vacío Sublime que está Lleno de todas las Posibilidades*. Como sea que lo llames, este no es otro que el estado completamente establecido de la Naturaleza Búdica.

Los Dos Tipos de Pureza

Del análisis anterior, ahora podemos ver que la base fundamental de la Naturaleza Búdica puede considerarse pura de dos maneras:

1. **La Pureza Primordial Natural:** dado que todo lo que surge en la mente surge de nuestra Naturaleza Búdica, todos los fenómenos son por naturaleza puros. Esto significa que cada fenómeno impuro que experimentamos como un ser sensible, tiene un fenómeno puro correspondiente que es experimentado por un ser iluminado. Por ejemplo, los cinco elementos que experimentamos como la base de nuestro mundo externo pueden ser experimentados puramente como los cinco budas femeninos. Si bien los cinco agregados que conforman nuestro complejo cuerpo-mente, se pueden experimentar puramente como los cinco budas masculinos. Por lo tanto, cada aspecto de la realidad impura puede transformarse potencialmente al reconocer su pureza primordial.

2. **La Pureza de las Impurezas Casuales:** si un fenómeno se experimenta como impuro o puro, depende enteramente de la presencia de ignorancia o de cualquiera de sus estados mentales aflictivos derivados. Por lo tanto, para experimentar la pureza natural de los fenómenos, primero debemos eliminar las oscuraciones. Esta forma de pureza se produce a través de la práctica de un camino espiritual. No ocurre naturalmente y requiere un esfuerzo por parte del individuo.

En resumen, las dos verdades deben entenderse claramente como distintas. No son dos caras de la misma moneda. Mientras que la verdad relativa surge dependientemente y está vacía de existencia inherente, la verdad última está completamente establecida por la mente no dualista que está libre de todos los convencionalismos. Al confundir la naturaleza vacía de las verdades relativas como la verdad última, niegas efectivamente la verdad última porque el vacío propio es en sí mismo un convencionalismo y, por lo tanto, está vacío de sí mismo. Sin una verdad última, solo te queda una perspectiva relativa.

El Sendero -- Las Dos Etapas

Entonces, ¿cómo evitamos este concepto erróneo? En última instancia, debemos trascender todos los conceptos y experimentar esta realidad a través de la experiencia directa. Por esta razón, el Vehículo Vajra se enfoca principalmente en prácticas contemplativas y menos en teorías intelectuales y debates. Cuando la mente está libre del pensamiento conceptual, es capaz de conocer la realidad tal como es. Entonces, desde esta perspectiva, la pureza innata de nuestra experiencia es capaz de manifestarse completamente sin limitaciones.

El Empoderamiento

La entrada al Vajrayana es a través de un proceso de maduración que se conoce como "empoderamiento". Un empoderamiento ocurre cuando un Maestro Vajra crea las condiciones necesarias para que un practicante individual obtenga una visión directa de su naturaleza absoluta. Esto se puede hacer formalmente a través de una ceremonia específica de empoderamiento, o informalmente a través de la interacción directa entre un gurú y su discípulo.

Los empoderamientos tienen dos propósitos principales. En primer lugar, brindan la oportunidad para que un estudiante entre en una relación vajra con un maestro cualificado de vajra. Esta relación es crítica para que el estudiante pueda practicar efectivamente el tantra. La base para establecer dicha relación es a través de la toma de varios votos y compromisos.

En segundo lugar, el empoderamiento proporciona una base experimental para que el estudiante trabaje. Durante la ceremonia de empoderamiento real, el estudiante puede experimentar algún aspecto de su Naturaleza Búdica. Esta experiencia es como ver el primer rayo de la luna al comienzo de un ciclo lunar. Luego, con el tiempo, a medida que el estudiante se involucra en las prácticas, se revelará más y más de esa luna, hasta que un día se manifiesta por completo.

En general, todos los Yoga Tantras Superiores usan cuatro empoderamientos para madurar a los estudiantes: el vaso, el secreto, la sabiduría y el empoderamiento de la palabra. Cada empoderamiento revela un aspecto cada vez más profundo de la Naturaleza Búdica, proporcionando así a los estudiantes la base para participar en diferentes etapas de la práctica.

La Etapa De Generación

Durante el proceso de empoderamiento, se introduce al practicante a una representación particular del universo iluminado conocido como *mandala*. Este mandala es una representación simbólica de la pureza innata de todos los fenómenos. Cada aspecto de este mandala está diseñado para ayudar al practicante a enfocar su atención para estar más consciente de esa pureza. El objetivo principal de esta fase de la práctica es sustituir nuestras percepciones impuras de la realidad con percepciones puras. Si bien estas percepciones puras siguen siendo de naturaleza conceptual, están de acuerdo con la naturaleza última de la realidad y, por lo tanto, funcionan como un puente para acercarnos a esa realidad. La práctica principal de la etapa de generación es el *yoga de la deidad*, que consta de tres aspectos:

1. **La Apariencia Clara:** Este es el acto de establecer una visualización vívida y estable de la deidad en la mente. El practicante desarrolla esta apariencia dentro del contexto de la sabiduría que comprende su naturaleza vacía. Sobre la base de esta apariencia, el practicante logra el estado de concentración en un solo punto conocido como shamatha.

2. **Recordando la Pureza:** Cada aspecto de una deidad está incrustado con una riqueza de significado. Al familiarizarse con ese significado, el practicante puede recordar simultáneamente todas estas cualidades, generando así un gran mérito.

3. **El Orgullo Divino:** Este es el acto de desarrollar una fuerte certeza de que nuestra verdadera naturaleza es la deidad. De los tres, este es el aspecto más importante de la práctica de la etapa de generación. Porque es este aspecto el que ayuda al practicante a pasar de la identificación con las apariencias ordinarias a la identificación con apariencias puras.

La Etapa de la Perfección

Una vez que el practicante ha fortalecido su percepción pura, es posible participar en las prácticas de la etapa de la perfección. Estos poderosos métodos yóguicos proporcionan varias formas de trabajar con el cuerpo energético sutil del practicante para producir estados extremadamente concentrados de absorción meditativa. Esta mente muy sutil se puede utilizar para familiarizar al practicante con su propia Naturaleza Búdica, cortando así la ignorancia de las oscuraciones cognitivas y aflictivas. Una persona de facultades agudas que ha acumulado una gran cantidad de méritos en vidas anteriores puede usar estas técnicas para lograr la Budeidad en una sola vida humana sin necesidad de depender de ningún otro camino. Los métodos únicos de la etapa de la perfección se centran en manipular tres aspectos del cuerpo sutil:

1. **Los Canales y Chakras:** En todo nuestro cuerpo, hay espacios a través de los cuales puede fluir la energía. En términos generales, podemos hablar del sistema nervioso que apoya el movimiento de los impulsos eléctricos. En un nivel sutil podemos hablar de tres *canales* principales: el canal central (avadhuti), el canal izquierdo (lalana) y el canal derecho (rasana). Estos tres canales se ramifican desde centros de energía específicos conocidos como *chakras*. Juntos, los canales y los chakras proporcionan un método para hacer circular la energía sutil que apoya estados mentales tanto conceptuales como no conceptuales.

2. **Los Vientos:** Cada día, participamos en aproximadamente 21,600 respiraciones. Estas respiraciones llevan consigo diferentes tipos de energía que actúan como apoyo para diferentes funciones corporales y estados mentales. Normalmente estos vientos se mueven a través de los canales izquierdo y derecho, lo que produce la mente dualista. Si estos vientos son llevados al canal central, entonces se produce una mente no dualista.

3. **Las Esencias:** En un nivel burdo, el movimiento del viento impulsa la circulación de diversos fluidos corporales. Al controlar cómo fluyen los vientos, controlas la circulación y, por lo tanto, puedes dirigirla hacia donde se acumula la energía sutil. Esta energía sutil es capaz de producir una conciencia extremadamente extática y concentrada que puede usarse para atravesar la ignorancia y así romper las cadenas del samsara.

El Resultado – La Budeidad en una Sola Vida

El Vehículo Vajra también es conocido como el "Sendero del Rayo" debido a su amplia gama de técnicas que se pueden utilizar para introducir rápidamente a un individuo a su Naturaleza-Búdica iluminada. Mientras que el practicante tántrico progresará a lo largo de los mismos cinco caminos y bhumis como un practicante de sutra, lo harán a un ritmo mucho más rápido. Lo que ocurra en cada etapa de este proceso dependerá del sistema de tantra que se esté practicando. Sin embargo, en general, podemos considerar las siguientes etapas basadas en las tradiciones de Sarma:

1. **El Sendero de la Acumulación:** El sendero de la acumulación tiene tres niveles. En el primer nivel, participamos en las cuatro contemplaciones del cuerpo, los sentimientos, la mente y los fenómenos, conocidos como las cuatro aplicaciones de la atención plena. Desde el punto de vista del sutra, el cuerpo es visto como asqueroso para desarrollar el desapego y la realización del desinterés. En el tantra, en lugar de ver el cuerpo como asqueroso, nos adiestramos para ver el cuerpo y el medio ambiente como completamente puros. Por lo tanto, contemplar el cuerpo significa familiarizarnos con la forma iluminada de una deidad, mientras que todos los sonidos son el mantra de la deidad y todos los pensamientos y fenómenos son el despliegue de su mente iluminada.

   En el segundo nivel del camino de la acumulación, practicamos las cuatro perseverancias que implican abandonar la no virtud y cultivar la virtud, pero realizamos acciones virtuosas de acuerdo con la visión tántrica del mundo, y cada acción se convierte en una expresión de las cinco sabidurías o actividades de las cinco familias búdicas. Llegamos a ver la meditación, la pos-meditación y el estado de sueño como iguales. Esto se conoce como la etapa intermedia del camino de la acumulación. Mientras que en el camino del sutra hay una fuerte distinción entre lo bueno y lo malo, en el tantra entrenamos para vivir en un "mundo puro" en todo momento.

En el gran nivel del camino de la acumulación, la concentración profunda produce un progreso rápido y logramos estados de concentración refinados basados en la aspiración, la mente, el esfuerzo y el análisis, conocidos como las cuatro bases para los poderes milagrosos. En este nivel, logramos una mayor sensación de claridad y felicidad y también podemos desarrollar la capacidad de lograr muchos siddhis o poderes mágicos. Aunque todavía no hemos entrado en el camino de la visión, en el tantra meditamos en el vacío visualizando la verdad última en lugar de tratar de entender el mundo convencional de una manera analítica, como en el camino del sutra. Esto nos permite identificarnos con las cualidades de una deidad particular y realizar acciones como si fuéramos esa deidad.

2. **El Sendero de la Preparación:** En las dos primeras etapas del camino de preparación, aprendemos a experimentar la paz y el éxtasis practicando la etapa de la generación y la perfección utilizando las cinco facultades: fe, esfuerzo, atención plena, concentración y sabiduría. Continuamos practicando hasta lograr el dominio del cuerpo físico y el movimiento sutil de la mente. En esta etapa no hemos desarrollado una verdadera forma iluminada, pero somos capaces de manifestarnos en un cuerpo de forma sutil de acuerdo con la deidad que se practica. Con tal cuerpo, tenemos la capacidad especial de experimentar estados mentales como los veinticuatro Reinos de las Dakinis y también podemos practicar con seres humanos y no humanos para obtener tres de las cuatro alegrías, cuando los vientos se disuelven en el canal central y entran en los chakras de la coronilla, la garganta y el corazón. En esta etapa, las ochenta aflicciones que surgen naturalmente se eliminan a medida que los estados mentales correspondientes a la aversión, el deseo y la ignorancia se disuelven, aunque sus propensiones aún permanezcan.

Luego entramos en la tercera etapa del camino de preparación, durante la cual practicamos la unión de consortes (ya sean físicas o visualizadas) con una mente vacía y feliz durante las etapas de meditación y postmeditación. Al continuar con esta práctica, podemos desarrollar cinco poderes milagrosos basados en las cinco facultades, como

CAPÍTULO 14 EL VEHÍCULO VAJRA

la capacidad de ver objetos distantes con extraordinaria claridad o clarividencia. También experimentamos los primeros dos de los tres niveles de absorción conocidos como apariencia blanca, aumento rojo y el logro negro. Estos corresponden a las etapas finales de disolución en el momento de la muerte y la desaparición de los estados mentales asociados con la ira, el deseo y la ignorancia.

Si te enfocas en logros mundanos, puedes desarrollar potencialmente los cinco poderes milagrosos y los ocho siddhis: la capacidad de hacer píldoras y lociones para los ojos para mejorar la visión, viajar bajo tierra, la espada mágica, la rapidez, la invisibilidad, la prevención de la muerte y la curación de enfermedades. De este modo, puedes controlar los cinco elementos y realizar otras hazañas mágicas. Sin embargo, enfocarse en los logros mundanos retrasará el logro de las cualidades iluminadas y, por lo tanto, el logro de la iluminación total en una sola vida, aunque puede extender su vida útil a través de estos siddhis mundanos.

3. **El Sendero de la Percepción:** Cuando practicamos el nivel final del sendero de preparación, eliminamos las ochenta aflicciones que surgen naturalmente y experimentamos dos de las tres absorciones, apariencia de la luz blanca y el aumento de la luz roja. Cuando alcanzamos el logro mundano final, entramos en el camino de la percepción y experimentamos la tercera absorción, el logro del espacio en negro, que conduce directamente a la experiencia de la mente primordial de la clara luz. En esta absorción, dominamos las dos etapas de la práctica y experimentamos nuestra sagrada verdad directamente por primera vez. Eliminamos todas las propensiones a las ochenta aflicciones que surgen naturalmente y recibimos iniciaciones de las emanaciones de los Budas. A partir de esta etapa, practicamos los siete factores de la iluminación con sabiduría no dual: atención plena iluminada, investigación, esfuerzo, alegría, vigilancia relajada, contemplación y ecuanimidad.

4. **El Sendero de la Habituación:** Habiendo eliminado las ochenta aflicciones que surgen naturalmente, practicamos la unión de los procesos de generación y perfección. Siempre vivimos de la manera correcta y

mantenemos la visión, las acciones y las realizaciones correctas, lo que beneficia a todos los que encontramos. Este sendero se divide en nueve etapas que se componen de tres niveles en cada una de las tres absorciones de apariencia, aumento y logro. Estas etapas son similares al Bodhisattva bhumis, sin embargo, en el camino tántrico hay menos diferencia entre la experiencia durante la meditación y el período posterior a la meditación, y también hay diferencias menores en los métodos utilizados para eliminar los oscurecimientos innatos.

5. **El Sendero de no Más Aprendizaje:** La eliminación continua de las oscuraciones innatas y sus propensiones, como se describió anteriormente, conducirá al estado de Vajradhara. Esto se conoce como el sendero de no más aprendizaje y es lo mismo que la iluminación completa o la Budeidad. Ahora ya no queda nada por aprender.

Las Cuatro Kayas de Vajradhara

Como el enfoque causal del Vehículo Bodhisattva y el enfoque resultante del Vehículo Vajra son ambos partes del Mahayana, ambos tienen la capacidad de producir el resultado de la Budeidad. Lo que es diferente es el grado de sutileza que usan para describir este estado y los términos que usan para hacerlo.

Desde la perspectiva del tantra, la naturaleza última de un Buda se conoce como Vajradhara. Por lo tanto, en estos sistemas a menudo verás la Budeidad conocida como el estado de Vajradhara. Este estado no es otro que la mente que permanece inseparablemente dentro de una realización directa de su propia Naturaleza Búdica.

Este estado puede describirse de diferentes maneras al enfocarse en diferentes aspectos. Por ejemplo, cuando observamos los aspectos últimos y relativos de la Naturaleza Búdica, podemos hablar de dos cuerpos: dharmakaya y rupakaya. Luego, cuando consideramos la naturaleza de las diversas formas del rupakaya, podemos hablar de tres, cinco o cientos de aspectos diferentes. Sin embargo, lo más importante para recordar es que todo esto se refiere al fundamento primordial de la Naturaleza Búdica. Si bien la manifestación relativa de la mente de Buda es infinita, ninguna de estas manifestaciones es otra que la verdad última.

Dicho esto, en el sistema Kalachakra, a menudo se enfatizan cuatro aspectos:

1. **El Cuerpo de la Esencia (svabhavikakaya):** La naturaleza esencial de Buda es la doble pureza de la Naturaleza Búdica. Esta es la pureza natural del espacio básico de la realidad y la pureza producida al estar libre de impurezas adventicias. Es esta esencia la que se manifiesta continuamente en los aspectos de los otros cuerpos.

2. **El Cuerpo de la Verdad de la Sabiduría (dharmakaya):** Este es el aspecto de la mente iluminada que permanece en un estado perpetuo de conciencia de la realidad tal como es (el cuerpo de la esencia). Está completamente libre de todas las oscuraciones, libre de la experiencia de estados mentales aflictivos y libre de las oscuraciones cognitivas que impiden la omnisciencia. Como tal, el dharmakaya es capaz de conocer todos los fenómenos directamente y sin distorsión.

3. **El Cuerpo del Disfrute (sambhogakaya):** Si bien la mente del Buda permanece en la conciencia no dual de la realidad, se manifiesta en las mentes de los demás en función de sus propensiones individuales. Para los bodhisattvas altamente realizados, el Buda se manifiesta como el cuerpo del disfrute sambhogakaya. Esta forma extremadamente sutil está más allá de la comprensión dual y, por lo tanto, puede manifestarse en un número infinito de posibilidades.

4. **El Cuerpo de Emanación (nirmanakaya):** Para todos los demás, el Buda se manifiesta como lo que se conoce como cuerpos de emanación. Estas formas son como la luna que se refleja en un número infinito de charcos de agua. La forma que toman estas formas depende completamente de la mente de los seres que las perciben. El histórico Buda Shakyamuni es un ejemplo de un *Cuerpo de Emanación Suprema*, una forma particularmente pura que se manifestó hace 2.500 años a un conjunto de discípulos que vivían en la antigua India. En la práctica del Vajrayana, se considera que el gurú es un cuerpo de emanación especialmente precioso, ya que es el método principal a través del cual el dharma se comunica a los seres sensibles.

Repaso de los Puntos Claves

- El Vajrayana representa la culminación de las enseñanzas del Buda tal como se presentan tanto en los sutras como en los tantras. Pasaron muchos siglos antes de que estas enseñanzas esotéricas se propagaran más ampliamente en la India. En su mayor parte permanecieron en secreto, transmitidas como instrucciones orales del gurú al discípulo.

- La sistematización de estas enseñanzas ocurrió en grandes universidades monásticas como Nalanda y Vikramashila. Estas fueron las principales fuentes para el estilo del budismo que luego se importó al Tíbet.

- El budismo tibetano se puede dividir en dos períodos principales según el influjo de las enseñanzas budistas en el país. Hubo la transmisión temprana (nyingma) y la transmisión posterior (sarma).

- A base de las enseñanzas recopiladas durante estos dos períodos, surgieron seis tradiciones espirituales en el Tíbet: Bön, Nyingma, Sakya, Kagyu, Jonang y Geluk.

- Todas estas tradiciones promueven una estructura de camino gradual que integra las enseñanzas del Vehículo Fundacional y el Gran Vehículo. Según la tradición Nyingma, hay tres vehículos causales (shravakayana, pratyekabuddhayana y bodhisattvayana), y seis vehículos resultantes. De los vehículos resultantes, hay tres tantras externos (kriyatantra, charyatantra y yogatantra) y tres tantras internos (mahayoga, anuyoga y atiyoga).

- Las tradiciones Sarma se basan en el Tantra Yoga Supremo en lugar de los tres tantras internos del Nyingma. Estos tantras se pueden agrupar en clases de padre, madre y no dual.

- El fundamento del tantra se basa en desarrollar una comprensión del fundamento último de todos los fenómenos conocidos como la Naturaleza

Búdica. Este término se refiere a la capacidad de la mente para producir apariencias y su capacidad para ser consciente de esas apariencias.

- Hay dos tipos de resultados que pueden identificarse en relación con la Naturaleza Búdica: resultados separativos y resultados producidos. Los resultados separados son las cualidades inherentes de la mente, mientras que los resultados producidos son las cualidades que surgen basadas en el condicionamiento de la mente a través de la práctica.

- Todos los seres pertenecen a dos linajes: el linaje natural representa el hecho de que todos poseemos la Naturaleza Búdica, lo que significa que todos tenemos el potencial de manifestar la iluminación; y el linaje del desarrollo que representa nuestra capacidad compartida para eliminar las oscuraciones a través de la capacitación.

- Hay dos tipos de vacío que corresponden a los dos niveles de realidad: todas las verdades relativas están vacías de un yo inherentemente existente (auto vacío); mientras que todas las verdades últimas están vacías de convencionalismos relativos (vacío de lo otro).

- La verdad última es pura de dos maneras: la pureza primordial natural de la Naturaleza Búdica que nunca se ve alterada por oscuraciones adventicias y la pureza por la eliminación de estas mediante la práctica espiritual.

- La puerta de entrada a la práctica de Vajrayana es a través de recibir el empoderamiento de un maestro vajra calificado.

- Después de recibir el empoderamiento, un practicante tántrico se involucrará primero en la etapa de generación y luego en las prácticas de la etapa de la perfección.

- La práctica de la etapa de generación se enfoca en las prácticas de visualización conocidas como el yoga de la deidad que ayudan al practicante a establecer una percepción pura de sus experiencias. Hay tres aspectos de esta práctica: apariencia clara, recolección de pureza y orgullo divino.

- Las prácticas de la etapa de la perfección trabajan con las energías sutiles del cuerpo con el fin de establecer un estado mental no conceptual y no dual que se puede utilizar para permanecer en nuestra Naturaleza Búdica. Este cuerpo sutil se compone de canales, vientos y esencias.

- Cuando una practicante logra el camino de no aprender más, actualiza el estado de Vajradhara. Este estado se caracteriza por cuatro aspectos de la Naturaleza Búdica: el cuerpo de la esencia (svabhavikakaya), el cuerpo de la verdad (dharmakaya), el cuerpo del disfrute (sambhogakaya) y el cuerpo de emanación (nirmanakaya).

Apéndice

APÉNDICE I:

Los Cincuenta y Un Factores Mentales

La clasificación de los cincuenta y un factores mentales se deriva de la presentación de Asanga en su *Abhidharmasamuccaya*. Este texto constituye una de las fuentes importantes de la literatura Mahayana Abhidharma, proporcionando información detallada sobre el sendero budista en general y un marco para la psicología budista en particular.

Cabe señalar que la siguiente clasificación no está destinada a acumular conocimientos puramente intelectuales. En cambio, las descripciones están diseñadas para brindarte suficiente información para poder identificar cada estado mental durante la experiencia diaria. Desarrollar una mayor conciencia de estos estados te permite trabajar hábilmente con tu mente para reducir los estados mentales destructivos y cultivar los constructivos.

Con este fin, te recomiendo que utilices el siguiente ejercicio para trabajar lentamente en cada estado mental:

Ejercicio: Familiarizarte con tu Mente

- *En una postura relajada, establece un estado mental neutral mediante la práctica de la atención plena de la respiración.*

- *Selecciona un factor mental para investigar. Primero lee su descripción para que las características de este estado estén frescas en tu mente. Observa tu mente actual para ver si puedes experimentar el factor mental que se describe. Incluso si el factor mental no está presente de forma natural, imagina cómo sería si surgiera ahora mismo.*

- *Una vez que tengas una idea general de cómo se siente el factor mental, dedica algún tiempo a explorar tus recuerdos para identificar ejemplos de cuándo ha surgido este estado antes. Trabaja a través de múltiples escenarios para tener una idea de la dinámica de este estado mental.*

- *Ahora considera la intensidad del factor mental. ¿Cómo se manifiesta cuando el factor mental es fuerte? ¿Cómo se manifiesta cuando está débil? Identifica algunos ejemplos para que tengas una idea de la variedad de experiencias.*

- *Ahora considera el efecto que este factor mental tiene en tu mente. ¿Es algo que te gustaría fortalecer o preferirías estar sin él? Piensa en algunas formas en las que podrías trabajar con este factor. Descansa en las ideas que puedan surgir.*

Los Cinco factores Mentales Omnipresentes

1. **La Sensación:** La sensación proporciona la base, y es absolutamente necesaria, para que la mente experimente un objeto con los seis sentidos (incluida la conciencia mental). Cuando una conciencia sensorial percibe un objeto a través de un órgano sensorial, surge una sensación. No es solo el sentimiento burdo que todos reconocen, sino que incluye la sensación más sutil que impregna cada percepción. Esta cualidad de sensación es inherente a todo estado mental y comprende todas las asociaciones inmediatas con el objeto, ya sean agradables, desagradables o neutrales, que tienen lugar en un nanosegundo. El punto principal por entender es que cualquier tipo de conciencia que está surgiendo, en cada instante de experiencia, contiene un elemento de sensación. Todo ser vivo posee este tipo de sensación, ya sea un ser ordinario o un ser Arya.

2. **La Discriminación:** La discriminación es cuando nuestro campo sensorial asume una característica poco común o sobresaliente de un objeto y le atribuye un significado convencional. No cataloga ni nombra el objeto,

APÉNDICE I: LOS CINCUENTA Y UN FACTORES MENTALES

sino que lo discrimina como una cosa en lugar de otra. Por ejemplo, distinguir la luz de la oscuridad o distinguir una mesa del fondo; no se requieren palabras. Todo esto sucede de forma inmediata, simultánea y constante con todo lo que estamos experimentando. Sin distinguir, la mente no podría vincular el objeto con otros procesos mentales.

3. **La Intención:** Este es el impulso consciente y espontáneo que hace que la mente se involucre y experimente objetos, o un propósito consciente que guía la acción. Sin intención, la mente no podría dirigir su atención hacia un objeto. Toda actividad mental tiene intención. Aquí nos referimos a todos los tipos de intención, incluida la que surge cada fracción de segundo y que puede o no necesariamente crear karma. Esto también incluye la intención principal que genera todo karma saludable o malsano.

4. **El Contacto:** El contacto es cómo nos conectamos con un objeto. Ocurre con el encuentro de tres factores: el momento anterior de la conciencia (que podría ser cualquiera de las conciencias), el objeto y la facultad sensorial con sus conciencias asociadas. Sin contacto, la mente no podría encontrar el objeto y establecer una relación o sentimiento con él. Diferencia que un objeto de cognición es agradable, desagradable o neutral, lo que proporciona la base para experimentarlo con un sentimiento de felicidad, infelicidad o indiferencia.

5. **El Compromiso Mental:** El compromiso mental es la penetración de la conciencia en un objeto al prestarle cierto nivel de atención. Cualquier tipo de conciencia, no importa cuán brevemente surja, siempre está comprometida con un objeto en particular. La atención está presente en cada fracción de segundo para todos los seres, y sin ella, la mente no podría permanecer fija en un objeto experimentado por cualquiera de los seis sentidos; no habría estabilidad.

Los Cinco Factores Determinantes del Objeto

1. **Aspiración:** La aspiración se refiere al deseo o la intención de lograr u obtener algo, valga la pena o no. La aspiración actúa como la base del esfuerzo y produce diligencia.

2. **Creencia:** Creencia es la tenencia estable de un objeto o sujeto específico para ser como es; tener una firme convicción de que es esto y no eso. Quizás haya una prueba obvia de que lo que se cree es realmente cierto, o puede haber mucha evidencia de que es así, ya sea a través de la experiencia directa, el razonamiento lógico o la referencia de las Escrituras. También se puede asumir o creer "a ciegas" sin ninguna evidencia. En cada uno de estos casos, la creencia surge en relación directa con el objeto o sujeto.

3. **Atención Plena:** La Atención Plena es como un tipo de "pegamento mental" que mantiene un objeto enfocado, manteniéndolo claro en la mente, como si uno estuviera conjurando una imagen al referirse a ella en una conversación. Esto puede ser durante un período de tiempo largo o corto, y el objeto puede incluir el momento presente. La atención plena se logra cultivando la conciencia de los propios pensamientos, acciones y motivaciones.

4. **Concentración:** Concentración significa que uno enfoca la mente puntualmente en un solo objeto o un tema de investigación, sin ninguna distracción. Este es un estado de enfoque sin distracciones, como enhebrar el algodón en una punta fina para pasarlo por el ojo de una aguja.

5. **Sabiduría:** La sabiduría es el antídoto a la duda. Es una conciencia discriminatoria que agrega un nivel de decisión para distinguir un objeto de cognición, conociendo la realidad de un objeto independientemente de lo que sea. Comprender que en un nivel sutil toda la existencia convencional es impermanente es un ejemplo de sabiduría. La verdadera sabiduría siempre conduce a la paz y la tranquilidad, ya que nos enseña que todo es interdependiente y, naturalmente, nos da una idea de lo que es mejor para nosotros y para los demás. Esto es muy diferente a algunos tipos de conocimiento que pueden ser dañinos y provocar un gran

sufrimiento, tal como saber diseñar armas. Por supuesto, el conocimiento en sí no es dañino, pero no se basa en la verdadera sabiduría.

Las Seis Aflicciones Mentales de Raíz (Arraigadas)

1. **Apego:** El apego es cuando nos aferramos a un objeto con demasiada fuerza, exageramos sus cualidades deseables y nos resulta muy difícil soltarlo, independientemente de lo que sea. Así como el aceite en nuestra ropa es muy difícil de quitar, también lo es el apego.

2. **Aversión:** La aversión es la percepción de un objeto como algo desagradable, exagerando en ocasiones sus cualidades indeseables, sin importar si es bueno o malo. Cualquier ser vivo que tenga aversión siente aversión por un objeto en particular.

3. **Ignorancia de la Verdad:** La ignorancia es la falta de comprensión de la verdad de causa y efecto y la verdad de la existencia interdependiente. En última instancia, significa no darnos cuenta de nuestra naturaleza iluminada. Se compara con una persona pobre que vive sin saberlo en una casa que se encuentra sobre una mina de oro.

4. **Orgullo:** El orgullo es la distinción entre uno mismo y los demás que surge debido a la concepción errónea de un yo inherentemente existente, lo que conduce a una falta de respeto y un exceso de confianza. Esto lleva a considerarnos mejor o peor que otro.

5. **Visión Equivocada:** El punto de vista incorrecto es tener una idea fija e incorrecta de lo que se está examinando. Incluye las visiones extremas de lo eterno y el nihilismo. Lo eterno sostiene la idea de que algo existe permanentemente, como un Dios creador, que es la fuente de todo. El nihilismo es el punto de vista que niega la existencia de fenómenos sutiles como un creador o el nirvana, y rechaza o no investiga la idea de la vida más allá de la muerte. También carece de una comprensión precisa de las causas y consecuencias. Desde una perspectiva budista, ambos puntos de vista extremos carecen de una investigación lógica completamente

desarrollada y, por lo tanto, pueden ser derrotados cuando están sujetos a un razonamiento racional riguroso.

6. **Duda:** La duda es un estado muy negativo. La gente suele pensar que la duda no es una aflicción tan grave, sin embargo, es imposible alcanzar la iluminación con la duda en nuestra mente. Para lograr cualquier cosa, incluso en nuestra vida normal, debemos tener la confianza de que podemos lograrlo. Si actuamos con vacilación, nuestras acciones serán débiles y finalmente nos rendiremos. Incluso realizar pequeñas acciones con recelo las hará más débiles y menos estables. La duda de la que estamos hablando aquí nos aleja de la sabiduría o nos mantiene en un inútil y continuo estado de incertidumbre; esto es diferente del tipo de duda inteligente que nos conduce hacia la sabiduría.

Las Veinte Aflicciones Mentales Secundarias

Las Derivadas de la Aversión

1. **Furia:** Esto es diferente de la ira o el odio porque es una reacción fugaz para causar un daño inmediato, pero no se mantiene.

2. **Resentimiento:** Guardar rencor y aferrarse a la intención de devolver el daño que se ha recibido. No querer perdonar.

3. **Hostilidad:** Un deseo de causar daño, desarrollado a partir de la furia o la ira.

4. **Dañar:** Falta de calidez y cuidado hacia uno mismo y los demás. Es el deseo de causar daño a otras personas o a uno mismo e incluye disfrutar del sufrimiento de los demás. Es lo opuesto al amor y la compasión.

Las Derivadas del Apego

5. **Avaricia:** Aferrarse firmemente a las posesiones sin querer renunciar a ellas o compartirlas con otros.

6. **Excitación:** Voluntad de la mente hacia un objeto deseado. Es diferente de la distracción, ya que nuestra atención vuela del objeto para recordar o pensar en algo atractivo que hemos experimentado previamente.

7. **Auto-enamoramiento:** Poseer una actitud vanidosa y presuntuosa debido al apego hacia algo que tenemos, como la riqueza, la juventud o los niños. Es un tipo de emoción que se distingue del orgullo y la arrogancia.

Las Derivadas de la Aversión y el Apego

8. **Celos:** La incapacidad de soportar el éxito o la buena fortuna de otros debido a nuestro deseo de recibir ganancias y honores.

Las Derivadas de la Ignorancia

9. **Ocultación:** El deseo de ocultar cualquier acción poco ética o no virtuosa que nosotros o alguien con nosotros haya cometido en lugar de tener un verdadero remordimiento.

10. **Pereza:** Cuando la mente no se involucra en algo constructivo o no se deleita en acciones virtuosas debido a un apego a placeres temporales y actividades frívolas como dormir. Es lo opuesto a la diligencia.

11. **Letargo:** Una pesadez de la mente y el cuerpo que hace que la mente se vuelva poco clara y aburrida.

12. **Falta de Fe:** Falta de confianza en uno mismo o en cualquier fenómeno que exista a nivel sutil. También se refiere al desinterés por lo que es verdadero y virtuoso o las buenas cualidades de los demás, lo cual es un apoyo para la pereza..

13. **Olvido:** Causa que perdamos nuestro objeto de atención y no recordemos claramente los actos virtuosos. Ocurre cuando la atención plena se ve nublada por emociones perturbadoras y apoya un estado de distracción y, por lo tanto, es más que "simplemente olvidar".

14. **Descuido:** Mente descuidada e indiferente que desea actuar libremente y sin restricciones sin cultivar la virtud. La búsqueda intencional de distracción mental como soñar despierto. Esto es lo opuesto a la conciencia.

Las Derivadas del Apego y la Ignorancia

15. **Engaño:** Engañar a otros pretendiendo poseer cualidades virtuosas que no tienes para recibir ganancias y honor.

16. **Hipocresía:** Actitud engañosa motivada por un deseo de lucro o de honor, que implica encontrar la forma de ocultar las faltas, pretendiendo poseer cualidades que no se tienen. Es un poco diferente del ocultamiento, que es el deseo de ocultar algo, mientras que la hipocresía implica encontrar una forma de ocultarlo.

Las Derivadas de la Aversión el Apego y la Ignorancia

17. **Falta de conciencia:** No abandonar las acciones negativas, aunque sean perjudiciales para los demás. No ser considerado con otras personas.

18. **Desvergüenza:** No evitar cometer actos inmorales sin preocuparnos cómo estos actos se reflejan en nosotros. Tener falta de respeto por uno mismo.

19. **No introspección:** cuando la mente no está completamente consciente o alerta a las acciones del cuerpo, la palabra y la mente y no toma medidas para prevenir un comportamiento inadecuado.

20. **Distracción:** Una divagación mental hacia un objeto, que causa la incapacidad de permanecer enfocado en un objeto virtuoso. Esto es diferente de la excitación porque no es necesariamente hacia un objeto atractivo; la distracción puede ser hacia cualquier objeto.

Los Once Factores Virtuosos

1. **Fe:** Confiar, creer o dedicarse a lo verdadero y virtuoso. Esto incluye estar interesado o admirar cosas como los fenómenos ocultos o las cualidades saludables de los demás. La fe que se genera simplemente escuchando se considera inestable, mientras que la fe basada en la sabiduría obtenida mediante el examen y el análisis de la propia experiencia es inquebrantable y no se puede perder.

2. **Vergüenza moral:** Es una auto dignidad moral que respeta las cualidades virtuosas y por eso siente vergüenza y remordimiento cuando comete actos inmorales. Proporciona una base para abstenerse de acciones negativas debido a la preocupación de cómo nuestro comportamiento se reflejará en nosotros.

3. **Miedo a lo malsano:** Es similar a la *vergüenza moral* en que es el sentido de abstenerse de acciones negativas, pero en cambio, debido a un sentimiento de vergüenza; preocuparse de cómo nuestro comportamiento se reflejará en los demás, especialmente en los seres santos y nobles practicantes.

4. **Desapego:** No tener deseo por la existencia mundana o preocupaciones mundanas y estar satisfecho con los medios suficientes para sobrevivir, sin anhelar más. Esto evita que nos involucremos en acciones negativas.

5. **No odio:** La ausencia de deseo de causar daño o mantener una actitud hostil hacia un objeto u otro ser vivo que le cause dolor. Esto evita que nos involucremos en acciones negativas.

6. **No ignorancia:** Tener una comprensión y conciencia de la verdad en lugar de estar oscurecido por las afficciones del engaño y la duda. Es una conciencia discriminatoria que se adquiere leyendo y escuchando el Dharma y contemplando y meditando sobre su significado.

7. **Diligencia:** Esforzarse con entusiasmo y alegría por realizar acciones virtuosas. La diligencia es el antídoto contra la pereza.

8. **Flexibilidad Mental:** es una flexibilidad del cuerpo y la mente para permanecer involucrados en actos virtuosos todo el tiempo que deseemos, sin la interrupción de estados físicos y mentales perjudiciales, como inquietudes o divagaciones mentales.

9. **Conciencia:** La aplicación sincera de la conciencia y el cuidado con respecto a qué adoptar y qué abandonar. Esto ayuda a lograr la quietud mental.

10. **Ecuanimidad:** una mente clara, libre de la distracción de las emociones perturbadoras. Permite que la actividad mental permanezca sin esfuerzo y sin ser perturbada por la volatilidad o el aburrimiento.

11. **No dañar:** Una actitud compasiva de calidez y cuidado hacia los demás, entendiendo su sufrimiento y deseando que se liberen de él y sus causas. Su función es evitar causar daño a otros.

Los Cuatro Factores Cambiantes

1. **Sueño:** El sueño hace que las conciencias asociadas con las cinco puertas de los sentidos se retraigan. Si la mente contiene la virtud antes del momento en que se retrae, el sueño se volverá hacia la virtud, mientras que si contiene lo malsano, el sueño se volverá hacia la no virtud. Por eso se llama cambiante. Para los practicantes del Dharma, el sueño y el estado de ensueño ofrecen valiosas e importantes oportunidades para practicar, que discutimos ampliamente en el capítulo 24.

2. **Arrepentimiento:** Se refiere al disgusto mental causado por reflexionar sobre una acción anterior, lo que lleva a un cambio en el estado mental y potencial kármico futuro. Si has hecho algo malo en el pasado o en una vida anterior, esto imprime karma negativo en tu flujo mental; sin embargo, el arrepentimiento o remordimiento genuino purificará tu flujo mental y evitará que ocurran las consecuencias negativas.

3. **Detección burda:** Este es el examen general de un objeto, en busca de ideas y detalles burdos. Es cambiante porque nuestro punto de vista puede

cambiar a través de una mayor investigación y esta en sí tiene el potencial de ser de naturaleza virtuosa o no virtuosa y, por lo tanto, puede ser muy útil para establecer el punto de vista correcto para la práctica del Dharma.

4. **Discernimiento:** Este es el análisis más preciso de un objeto, para escudriñar y distinguir detalles y significados específicos. Por ejemplo, al corregir un libro, la detección burda examina si todas las páginas están allí, mientras que el discernimiento detecta los errores ortográficos. Cuanto mayor sea tu discernimiento, más eficazmente podrás cambiar tu punto de vista o percepción, lo que conducirá a una motivación y acción correctas.

APÉNDICE II

Guía del Primer Libro

PRIMERA PARTE
CREANDO ESPACIO PARA LA REFLEXIÓN

1. Comprendiendo la Mente 1
   1.1 ¿Que Es La Mente? 3
   1.2 La Continuidad De La Mente 6
   1.3 La Sutileza De La Mente 8
   1.4 Un Modelo de la Mente 11
      1.4.1. Mentes Primarias y Secundarias 12
      1.4.2. Las Ocho Formas de la Conciencia 13
         1.4.2.1. La Conciencia Sensorial 13
         1.4.2.2. Conciencia Mental 14
      1.4.3. Cómo Surge Una Conciencia Mental 18
   1.5 Repaso de los Puntos Claves 21

2. Trabajando con los Estados Mentales Destructivos 23
   2.1 Los Cincuenta y Un Factores Mentales 23
      2.1.1. Factores Mentales Omnipresentes 24
      2.1.2. Los Factores Determinantes de los Objetos 26
      2.1.3. Las Aflicciones Mentales Raíz 29
      2.1.4. La Aflicciones Mentales Derivadas 29
      2.1.5. Los Factores Mentales Virtuosos 30
      2.1.6. Los Factores Mentales Variables 31
   2.2 Establecer Una Percepción Válida 32
      2.2.1. La Percepción Directa 33
      2.2.2. El Razonamiento Lógico 34
      2.2.3. La Fe en la Autoridad 35
   2.3 Manejando los Estados Emocionales Destructivos 37
      2.3.1. Las Seis Aflicciones Raíces y sus Antídotos 38
         2.3.1.1. El Apego 38
         2.3.1.2. La Aversión 40

2.3.1.3. La Ignorancia (de la Verdad) 42
2.3.1.4. La Visión Incorrecta 43
2.3.1.5. El Orgullo (Arrogancia) 44
2.3.1.6. La Duda Angustiante 46
2.4 Repaso de los Puntos Claves 48

3. Cómo Meditar 51
3.1 ¿Qué es la Meditación? 52
3.2 Categorías de la Meditación 53
3.3 La Estructura Básica de la Práctica de la Meditación 55
3.4 Los Beneficios de la Meditación 56
3.5 Comenzando una Práctica de Meditación 58
    3.5.1. Elegir un Objeto de Meditación 59
    3.5.2. Creando el Ambiente Adecuado para la Meditación 62
        3.5.2.1. La Ubicación Correcta 62
        3.5.2.2. La Postura Correcta 63
        3.5.2.3. La Actitud Correcta 67
        3.5.2.4. Las Prácticas Preliminares 67
3.6 Los Obstáculos a la Práctica de la Meditación 70
    3.6.1. Las Cinco Faltas y Los Ocho Antídotos 70
        3.6.1.1. La Pereza 71
        3.6.1.2. No Saber u Olvidar las Instrucciones 72
        3.6.1.3. El Embotamiento Mental y Agitación 72
        3.6.1.4. La Sub-Aplicación 75
        3.6.1.5. La Aplicación Excesiva 75
    3.6.2. Los Cinco Impedimentos 76
        3.6.2.1. El Deseo Sensorial 76
        3.6.2.2. La Mala Voluntad 76
        3.6.2.3. La Monotonía y Somnolencia 77
        3.6.2.4. La Inquietud 77
        3.6.2.5. La Incertidumbre o la Duda 77
3.7 Repaso de los Puntos Claves 79

4. Las Etapas de la Meditación 81
4.1 Usando la Respiración como un Objeto 82
4.2 Las Cinco Etapas y los Nueve Estados de Atención 84
    4.2.1. Etapa 1: La Atención Plena del momento presente usando la respiración 84
    4.2.2. Etapa 2: Enfocar la mente en el objeto de meditación 86

       4.2.2.1. Enfocando la Mente en un Objeto 88
       4.2.2.2. Enfoque Continuo 88
    4.2.3. Etapa 3: Mantener la mente en el objeto de meditación 89
       4.2.3.1. El Enfoque Parcheado 91
       4.2.3.2. El Enfoque Cercano 91
       4.2.3.3. Disciplinando la Mente 91
    4.2.4. Etapa 4: Afinando La Mente 92
       4.2.4.1. Pacificando la Mente 95
       4.2.4.2. Pacificando Completamente la Mente 96
    4.2.5. Etapa 5: Unificando la Mente 96
       4.2.5.1. La Unidireccionalidad 97
       4.2.5.2. La Ecuanimidad 97
4.3 El Logro de Shamatha 98
4.4 Las Cuatro Aplicaciones de la Atención Plena 99
4.5 Un Resumen del Sendero de Shamatha 100
4.6 Repaso de los Puntos Claves 103

SEGUNDA PARTE
REFLEXIONANDO SOBRE TU SITUACIÓN ACTUAL

5. Como Practicar el Dharma 107
5.1 Los Ocho Dharmas Mundanos 109
    5.1.1. La Ganancia y La Pérdida 109
    5.1.2. El Placer y El Dolor 111
    5.1.3. El Reconocimiento y Ser Ignorado 112
    5.1.4. La Alabanza y la Crítica 113
5.2 Practica del Dharma 116
5.3 Desarrollando La Percepción a través de la Meditación Analítica 119
    5.3.1. El Proceso de la Meditación Analítica 120
5.4 Los Cuatro Preceptos de la Renunciación 122
5.5 Repaso de los Puntos Claves 125

6. La Ley Kármica de Causa y Efecto 127
6.1 Las Semillas Kármicas y la Corriente Mental 130
    6.1.1. En Cuanto al Renacimiento Continuo 133
6.2 Las Cuatro Leyes Naturales del Karma 135
    6.2.1. Los resultados son definitivos. 135
    6.2.2. Si hay un resultado, debe haber una causa. 136
    6.2.3. Si hay una causa, debe haber un resultado............................. 137

6.2.4. El karma se expande. 137
6.3 Las Maneras de Entender el Karma 139
    6.3.1. El Karma Experimentado por Uno Mismo y Otros 140
        6.3.1.1. El Karma Colectivo 140
        6.3.1.2. El Karma Individual 141
    6.3.2. El Karma Basado en la Intensidad de la Intención 143
        6.3.2.1. El karma con intención débil y no completado. 143
        6.3.2.2. El karma con intención débil y completado. 144
        6.3.2.3. El Karma con intención fuerte, pero no completado. 144
        6.3.2.4. El Karma con intención fuerte y completado. 144
    6.3.3. Karma Basado en la Magnitud del Resultado 146
        6.3.3.1. El resultado experimentado en la vida actual. 146
        6.3.3.2. El resultado kármico que se experimentará en la próxima vida. ... 147
        6.3.3.3. El resultado kármico que se experimentará en vidas posteriores.
        147
    6.3.4. El Karma en el Momento de la Muerte 149
        6.3.4.1. El Orden de Maduración del Karma 150
        6.3.4.2. Proyectando y Completando el Karma 151
    6.3.5. El Karma Basado en el Tipo de Resultado 153
        6.3.5.1. El Resultado Kármico Similar a la Causa. 153
        6.3.5.2. El Efecto Kármico en el Medio Ambiente 153
        6.3.5.3. El Número Incierto de Resultados Kármicos 154
6.4 Establecer una Base Ética para la Vida 155
    6.4.1. Abandonando las Diez Acciones No Virtuosas 157
    6.4.2. Cultivando las Diez Acciones Virtuosas 159
6.5 Repaso de los Puntos Claves 162

7. La Naturaleza Sufriente de la Existencia Cíclica 165
7.1 Cómo el Karma da Lugar a la Existencia Cíclica.. 166
    7.1.1. Los Doce Vínculos del Surgimiento Dependiente 167
        7.1.1.1. Los Doce Vínculos son: 168
        7.1.1.2. Las Causas de Proyección 169
        7.1.1.3. Los Resultados Proyectados. 171
        7.1.1.4. Las Causas de Maduración 173
        7.1.1.5. Maduración de los Resultados. 174
7.2 Comprendiendo la Naturaleza del Sufrimiento 177
    7.2.1. Los Tres Niveles de Sufrimiento 179
        7.2.1.1. El Sufrimiento del Dolor 179

    7.2.1.2. El Sufrimiento del Cambio 180
    7.2.1.3. El Sufrimiento Omnipresente.. 181
 7.3 Los Sufrimientos Individuales dentro de los Seis Reinos 183
  7.3.1. Los Reinos del Infierno 184
   7.3.1.1. Los Ocho Infiernos Calientes 185
   7.3.1.2. Los Infiernos Vecinos 186
   7.3.1.3. Los Ocho Infiernos Fríos 188
   7.3.1.4. Los Infiernos Efímeros 188
   7.3.1.5. Los Reinos de los Fantasmas Hambrientos 190
   7.3.1.6. El Reino Animal 192
   7.3.1.7. El Reino Humano... 194
   7.3.1.8. El Reino de los Semidioses 200
   7.3.1.9. Los Reinos de los Dioses 202
 7.4 Repaso de Puntos Claves 208

8. La Preciosa Oportunidad Que Ofrece una Vida Humana 211
 8.1 Las Características de una Preciosa Vida Humana................................ 212
  8.1.1. Las Ocho Libertades 213
  8.1.2. Las Diez Ventajas 217
   8.1.2.1. Las Cinco Ventajas Individuales 217
   8.1.2.2. Las Cinco Ventajas Circunstanciales............................... 219
 8.2 La Rareza de Alcanzar esta Preciosa Vida Humana............................... 222
  8.2.1. Las Causas para Alcanzar una Preciosa Vida Humana.............. 222
  8.2.2. Ejemplos que Ilustran la Rareza de Lograr una Preciosa Vida Humana 224
  8.2.3. Comparando el Número de Seres en los Seis Reinos 225
 8.3 El Gran Beneficio de Alcanzar esta Preciosa Vida Humana.................. 227
 8.4 Los Obstáculos para Practicar el Dharma... 229
  8.4.1. Las Ocho Circunstancias Temporales 229
  8.4.2. Las Ocho Actitudes Inadecuadas 231
 8.5 Aprovechando al Máximo esta Oportunidad 233
 8.6 Repaso de los Puntos Claves 234

9. Reflexionando Sobre la Muerte e Impermanencia 235
 9.1 La Impermanencia Burda y Sutil... 237
 9.2 Siete Contemplaciones sobre la Impermanencia Burda 239
  9.2.1. La Evolución del Mundo Externo.. 239
  9.2.2. La Impermanencia de los Seres Mundanos 243
  9.2.3. La Impermanencia de los Grandes Gobernantes....................... 244
  9.2.4. La Impermanencia de los Seres Iluminados............................... 245

9.2.5. Otros Ejemplos de Impermanencia 247
9.2.6. La Muerte 248
    9.2.6.1. La Certeza de la Muerte 248
    9.2.6.2. La Incertidumbre de la Hora de la Muerte 250
9.2.7. El Reconocimiento Constante de la Impermanencia 252
9.3 Repaso de los Puntos Claves 256

TERCERA PARTE
DESARROLLANDO LA FE EN UN SENDERO

10. Eligiendo un Sendero Espiritual **259**
10.1 Tipos de Senderos 260
    10.1.1. Los Senderos Basados en el Alcance 260
    10.1.2. Los Senderos Basados en la Motivación 261
    10.1.3. Los Senderos Basados en la Autenticidad 262
10.2 Estableciendo una Filosofía Rimé 265
    10.2.1. La Tolerancia 266
    10.2.2. La Receptividad 268
    10.2.3. La Curiosidad 270
    10.2.4. La Flexibilidad 272
10.3 La Importancia de Confiar en un Linaje Auténtico 276
10.4 Estableciendo un Contexto para el Sendero del Kalachakra 277
10.5 Repaso de los Puntos Claves 278

11. Introducción al Budismo **281**
11.1 La Vida del Buda 282
11.2 Los Tres Giros de la Rueda del Dharma 289
11.3 Las Categorías de los Vehículos Budistas 290
    11.3.1. Los Vehículos Basados en la Propagación 291
    11.3.2. Los Vehículos Basados en su Enfoque 292
    11.3.3. Los Vehículos Basados en el Énfasis 294
11.4 El Fundamento, el Sendero y el Resultado 295
    11.4.1. El Fundamento: Los Cuatro Sellos 296
        11.4.1.1. Todos los Fenómenos Compuestos son Impermanentes 297
        11.4.1.2. Todos los Fenómenos Condicionados son Insatisfactorios 300
        11.4.1.3. Todos los Fenómenos Carecen de Existencia Verdadera 303
        11.4.1.4. El Nirvana es Paz Total más Allá de Todos los Extremos 307
    11.4.2. El Sendero: Los Tres Entrenamientos Superiores 309
    11.4.3. El Resultado: Las Dos Acumulaciones 311

11.5 Repaso de los Puntos Claves 313

12. El Vehículo Fundacional 315
12.1 Los Vehículos Fundacionales... 317
12.1.1. El Vehículo Del Oyente (shravakayana) 318
12.1.2. El Vehículo del Realizador Solitario (pratyekabuddhayana)................ 319
12.2 El Fundamento: Las Cuatro Nobles Verdades 320
12.2.1. La Verdad Del Sufrimiento 321
12.2.1.1. La Impermanencia 321
12.2.1.2. El Sufrimiento 321
12.2.1.3. El Vacío 322
12.2.1.4. El Altruismo 322
12.2.2. La Verdad del Origen... 323
12.2.2.1. El Origen 323
12.2.2.2. La Causa 323
12.2.2.3. La Condición 324
12.2.2.4. La Producción 324
12.2.3. La Verdad de la Cesación 325
12.2.3.1. La Cesación 325
12.2.3.2. La Paz 325
12.2.3.3. La Excelencia 326
12.2.3.4. El Surgimiento 326
12.2.4. La Verdad del Sendero.. 326
12.2.4.1. El Sendero 327
12.2.4.2. El Razonamiento 327
12.2.4.3. El Logro 328
12.2.4.4. La Libertad Total 328
12.2.5. La Secuencia de las Cuatro Nobles Verdades 328
12.3 El Sendero — El Noble Óctuple Sendero 330
12.3.1. La Visión Correcta 331
12.3.2. La Intención Correcta 331
12.3.3. La Palabra Correcta 332
12.3.4. La Acción Correcta 332
12.3.5. Los Medios de Subsistencia Adecuados 333
12.3.6. El Esfuerzo Correcto 333
12.3.7. La Atención Plena Correcta... 334
12.3.8. La Concentración Correcta 334
12.4 El Resultado— La Liberación Personal 335

12.4.1. Los Cuatro Niveles de los Seres Arya 337
12.5 Repaso de los Puntos Claves 341

13. El Gran Vehículo..343
13.1 El Vehículo del Bodhisattva (bodhisattvayana)............................ 346
13.2 El Fundamento — Las Dos Verdades 347
    13.2.1. Los Principios Filosóficos Budistas 350
13.3 El Sendero — El Sendero del Bodhisattva................................... 352
    13.3.1. La Bodhicitta 352
    13.3.2. Las Seis Perfecciones... 354
        13.3.2.1. La Generosidad 354
        13.3.2.2. La Disciplina Ética 355
        13.3.2.3. La Paciencia 355
        13.3.2.4. El Esfuerzo Alegre 356
        13.3.2.5. La Concentración.. 356
        13.3.2.6. La Sabiduría 357
13.4 El Resultado—La Iluminación... 359
    13.4.1. Los Diez Bhumis del Bodhisattva 362
        13.4.1.1. El Primer Bhumi - La Alegría Suprema 363
        13.4.1.2. El Segundo Bhumi - Inmaculado................................ 364
        13.4.1.3. El Tercer Bhumi - La Iluminación 365
        13.4.1.4. El Cuarto Bhumi – Radiante 366
        13.4.1.5. El Quinto Bhumi - Difícil de Superar 366
        13.4.1.6. El Sexto Bhumi - El Acercamiento 367
        13.4.1.7. El Séptimo Bhumi – Involucrado Profundamente 367
        13.4.1.8. El Octavo Bhumi - El Inamovible............................... 368
        13.4.1.9. El Noveno Bhumi - La Buena Inteligencia 369
        13.4.1.10. El Décimo Bhumi - La Nube de Dharma 370
    13.4.2. El Estado de la Budeidad... 371
13.5 Repaso de los Puntos Claves 373

14. El Vehículo Vajra 375
14.1 El Budismo Tibetano 377
    14.1.1. Bön... 379
    14.1.2. Nyingma.. 380
    14.1.3. Sakya.. 380
    14.1.4. Kagyu... 381
    14.1.5. Jonang.. 382
    14.1.6. Geluk.. 382

14.2 Los Nueve Vehículos Progresivos De La Tradición Nyingma 384
   14.2.1. Los Vehículos Causales (Sutrayana) 384
   14.2.2. Los Vehículos Resultantes (Tantrayana) 385
      14.2.2.1. Los Tantras Externos 386
      14.2.2.2. Los Tantras Internos 387
14.3 El Yoga Tantra Más Elevado De Acuerdo Con Las Tradiciones De Sarma . 390
14.4 El Fundamento -- La Naturaleza Búdica 391
   14.4.1. Distinguiendo Claramente La Verdad Última 394
      14.4.1.1. Los Dos Tipos de Resultados 394
      14.4.1.2. Los Dos Tipos de Linaje 395
      14.4.1.3. Los Dos Tipos de Vacío 396
      14.4.1.4. Los Dos Tipos de Pureza 397
14.5 El Sendero -- Las Dos Etapas 398
   14.5.1. El Empoderamiento 398
   14.5.2. La Etapa De Generación 399
   14.5.3. La Etapa de la Perfección 400
14.6 El Resultado – La Budeidad en una Sola Vida... 401
   14.6.1. Las Cuatro Kayas de Vajradhara 404
14.7 Repaso de los Puntos Claves 406

Glosario

- A -

ABHIDHARMA: Una de las tres cestas de las enseñanzas del Buda, que enfatiza la psicología y la lógica budista. Contiene una descripción del universo, los diferentes tipos de seres, los pasos en el camino hacia la iluminación, puntos de vista equivocados, etc.

ABHIDHARMAKOSHA: un clásico budista escrito por Vasubandhu; El primer intento de una representación sistemática de la filosofía, psicología y cosmología budistas.

ACCIÓN NEGATIVA: no virtud, acción destructiva, huella kármica oscura. Acción que deja una huella en la corriente mental que conducirá al SUFRIMIENTO en el futuro.

AGREGADO: Colección mental o física. Ver CINCO AGREGADOS.

AKSHOBYA (Skt.): Nombre de una DEIDAD. Una de las CINCO FAMILIAS DEL BUDA, que representa la conciencia AGREGADA de todos los Budas y la sabiduría del espacio que lo abarca todo (sabiduría del Dharmadhatu)

ALAYA (Skt.): La conciencia fundamental, donde todo el karma se "almacena". Esto tiene aspectos puros e impuros. Ver OCHO CONCIENCIAS.

ALTRUISMO: Ver VACÍO.

AMITABHA: Nombre de una DEIDAD. Una de las CINCO FAMILIAS DEL BUDA, que representa la percepción AGREGADA de todos los Budas y su sabiduría discriminatoria.

AMOGHASIDDHI (Skt.): Nombre de una DEIDAD. Una de las CINCO FAMILIAS DEL BUDA, que representa la formación AGREGADA de todos los Budas y su sabiduría.

AMOR: El deseo de que los seres tengan felicidad y sus causas.

ANUTTARAYOGA-TANTRA (Skt.): El TANTRA yoga más elevado. Ver CUATRO CLASES TÁNTRICAS. Clase tántrica que contiene el método para transformar la experiencia sexual en el camino espiritual.

ANUYOGA: Segundo de los tres yogas internos y octavo de los nueve vehículos (yanas), según la clasificación de la escuela Nyingma. Enfatiza la ETAPA DE LA PERFECCIÓN, especialmente la meditación en los canales, los vientos internos y las esencias sutiles.

APEGO: Incapacidad para separarse de una persona o cosa, y en última instancia conducente al SUFRIMIENTO, generalmente exagerando las buenas cualidades del objeto. Es una de las mayores aflicciones mentales, que impide el logro de la ILUMINACIÓN.

ARHAT (Skt.): Alguien que ha destruido al ego enemigo del apego / aferramiento dualista y por lo tanto, ha logrado la LIBERACIÓN de la EXISTENCIA CÍCLICA, también conocido como destructor de los enemigos. Hay tres tipos de Arhats: SRAVAKA, PRATYEKABUDA, BUDA (o Bodhisattva Arhat).

ARYA (Skt.): Superior, Elevado. Alguien que ha adquirido experiencia meditativa directa de VACÍO, habiendo alcanzado al menos el camino de la percepción, uno de los CINCO SENDEROS. Ver también ARHAT.

ASURA (Skt.): Un ser viviendo en el reino asura o semidiós de la EXISTENCIA CÍCLICA, a la vista de los DIOSES.

ATISHA: También conocido como Dipamkara, un gran erudito indio que llegó al Tíbet en 1042 y causó una gran purificación del budismo presente en ese momento, durante el cual fundó la escuela Kadampa.

ATIYOGA: El más elevado de los tres yogas internos y el último de los nueve vehículos (yanas), según la escuela Nyingma. Incluye el sistema de práctica conocido como Dzogchen, la Gran Perfección.

AUTO GENERACIÓN: Practica en el TANTRA mediante la cual nos imaginamos como la DEIDAD.

AVADHUTI (Skt.): Ver CANAL CENTRAL.

AVALOKITESHVARA (Skt.): 1. Nombre de una DEIDAD específica, que representa la COMPASIÓN de todos los BUDAS; Chenrezig en Tib. 2. Uno de los principales discípulos del Buda SHAKYAMUNI.

- B -

BANQUETE DE OFRENDAS (ganachakra in Skt., tsok in Tib.): Un ritual en el que se bendicen, ofrecen y consumen alimentos y bebidas como néctar de sabiduría.

BARDO (Tib.): Estado intermedio de existencia, o cualquier período de transición. Hay SEIS BARDOS en total: el estado de vigilia, sueño, meditación, muerte, Dharmata (el resplandor de la iluminación) y el devenir (el tiempo entre la muerte y el renacimiento). Comúnmente, el término BARDO se refiere simplemente al bardo del devenir.

BHAGAVAN: Un epíteto del Buda. Alguien que ha superado los CUATRO MARAS, posee todas las buenas cualidades de realización y está más allá del SAMSARA y el NIRVANA.

BHUMI (Skt.): Etapa. Por lo general, se refiere a una de las diez etapas del adiestramiento de Bodhisattva (Bodhisattva-bhumi) durante el sendero de habituación, uno de los CINCO SENDEROS que sigue el sendero de la percepción. Durante cada etapa se enfatiza una de las DIEZ PERFECCIONES.

BODHICITTA (Skt.): La mente de la iluminación, o corazón de la mente iluminada. Por el bien de los demás, anhelando alcanzar la iluminación completa. La mente dedicada a alcanzar la budeidad para ayudar a todos los SERES SENSIBLES. La "Bodhicitta Relativa" es una Bodhicitta APLICADA o ANHELADA. La "Bodhicitta suprema" o la "Bodhicitta de la realidad natural" es la SABIDURÍA motivada por la Bodhicitta relativa que se da cuenta directamente del VACÍO.

BODHICITTA APLICADA: Una Bodhicitta realizada por los votos de Bodhisattva (en oposición a la Bodhicitta ANHELADA), que incluye la práctica de las SEIS PERFECCIONES.

BODHICITTA ANHELADA: Bodhicitta lograda mediante el entrenamiento de la mente con prácticas como los CUATRO INCONMENSURABLES y el TONGLEN (a diferencia de la Bodhicitta APLICADA).

BODHISATTVA (Skt., Changchup Sempa in Tib.): Un guerrero de la iluminación, un ser que lucha por la budeidad con el fin de beneficiar al máximo a todos los SERES SENSIBLES. 1. En general, alguien que ha tomado los votos de Bodhisattva. 2. Más específicamente, un ser que ha hecho ese voto y también ha alcanzado la Bodhicitta espontánea.

BRAHMA: En el budismo, Brahma no es considerado como una deidad eterna (como en la tradición hindú) sino como el gobernante de los dioses del REINO DE LA FORMA.

BUDA (Skt.,Sang-gye in Tib.): Iluminado / Despertado / Omnisciente. Alguien que ha purificado todos los oscurecimientos y ha desarrollado todas las buenas cualidades y los dos tipos de omnisciencia: conocer la naturaleza y diversidad de todos los fenómenos. "El Buda" generalmente se refiere a SHAKYAMUNI BUDA, pero en realidad hay un número infinito de Budas que han alcanzado o alcanzarán la iluminación.

BUDA-DHARMA (Skt.): 1. Las enseñanzas de BUDA (el Dharma de la transmisión) 2. Las REALIZACIONES internas logradas mediante la práctica de las enseñanzas del Buda (el Dharma de la realización).

BUDA SHAKYAMUNI (Skt.): Nombre del BUDA histórico, que vivió en el siglo VI A. C.

BUDEIDAD: Iluminación completa u omnisciencia, libre de los extremos tanto del samsara como de la paz individual del nirvana, también llamado el nirvana no permanente..

BUDISMO: Religión, filosofía fundada por SHAKYAMUNI BUDA. Todas las escuelas budistas están de acuerdo con los CUATRO SELLOS.

BUDISTA: Persona que se ha refugiado en las TRES JOYAS y está de acuerdo con la filosofía de los CUATRO SELLOS.

- C -

CAÍDA: Una falta debido a la transgresión de un voto (monástico u otro).

CAÍDA RAÍZ: Cuando los CUATRO FACTORES QUE LLEVAN A LA PÉRDIDA DE UN VOTO están presentes y no confesamos antes de que pase una sesión (cada veinticuatro horas se divide en seis sesiones).

GLOSARIO

CAMPANA: Un implemento utilizado en la práctica VAJRAYANA, que simboliza el cuerpo y la palabra del BUDA, así como el aspecto femenino de la iluminación, la sabiduría y la forma vacía. Junto con el VAJRA simboliza la unión de la sabiduría y el método, la forma vacía y la dicha inmutable o femenina y masculina.

CAMPO DE MÉRITO (O CAMPO DE REFUGIO): El foco u objeto de la ofrenda, la devoción, la oración, las postraciones, etc., a través de las cuales podemos realizar las acumulaciones necesarias de mérito y sabiduría. Por lo general, se aplica a un enfoque visualizado de la práctica, como las deidades de refugio, el maestro en el Guru Yoga, etc. Dirigir nuestras acciones hacia tal encarnación de las Tres Joyas les da un poder mucho mayor.

CANAL (Nadi in Skt., Tsa in Tib.): Vena sutil por la que circula energía sutil o viento interior. Los canales principales izquierdo y derecho van desde las fosas nasales hasta justo debajo del ombligo, donde se unen al CANAL CENTRAL.

CANAL CENTRAL (Avadhuti Skt, Uma Tib.): Canal de energía principal en el cuerpo, el eje central del cuerpo sutil. Comienza en la frente en el espacio entre las cejas, retrocede debajo del cráneo y luego baja hasta el nivel del ombligo (o más abajo). Su descripción exacta varía según la práctica particular.

CANAL DE ENERGÍA: Venas dentro del cuerpo a través de las cuales fluye el viento interior (Tib. Lung, Skt. PRANA).

CHAKRA (Skt.): Rueda, círculo. Un centro focal donde los canales secundarios (de energía) se ramifican desde el CANAL CENTRAL.

CHENREZIG (Tib.): Ver AVALOKITESHVARA.

CHITTAMATRA (Skt.): Escuela todo-mente, un sistema filosófico budista que sostiene que solo la mente realmente existe.

COMPASIÓN: El deseo de que otros puedan estar libres del SUFRIMIENTO y sus causas.

COMPROMISOS: Promesas hechas al participar en prácticas espirituales.

CONSORTE (Yum in Tib.): DEIDAD femenina representada en unión con una deidad masculina (yab). Ella simboliza la sabiduría inseparable de los métodos hábiles, simbolizados por el hombre. También simbolizan el espacio del vacío inseparable de la conciencia, o el éxtasis del vacío inseparable de la forma vacía. En la práctica de Kalachakra hay CUATRO CONSORTES, cada una con un nivel más sutil de significado.

CUERPO DE EMANACIÓN: Ver NIRMANAKAYA.

CUERPO DE LA FORMA VACÍA: (o cuerpo de forma vacía) Específico para la práctica de Kalachakra, un "cuerpo" no material que aparece en meditación y se desarrolla en el RUPAKAYA o "cuerpo de forma" de un Buda. A veces se compara con el Cuerpo de Arco Iris de otras prácticas de tantra, pero estas lo describen como materia sutil. El cuerpo de la forma vacía, sin embargo, es una producción de la mente y no es material.

CUERPO DEL DISFRUTE: Ver SAMBHOGAKAYA.

- D -

DAKA (Skt.): Equivalente masculino de DAKINI.

DAKINI (Skt.): BUDA tántrico femenino y mujeres que han logrado la REALIZACIÓN directa del VACÍO con la MENTE DE LA CLARA LUZ. También el principio femenino, asociado con la sabiduría.

DEIDAD: La forma simbólica de un ser puro, manifestado desde la sabiduría de BUDA. La forma meditativa de BUDA o un ser de sabiduría. Algunas veces este término se refiere a una deidad de riqueza o PROTECTOR DEL DHARMA.

DERROTA DE UN VOTO: Cuando los CUATRO FACTORES CONDUCENTES A DERROTAR un voto están presentes y ha pasado una cantidad específica de tiempo sin remordimiento.

DEVADATTA (Skt.): Nombre del primo de SHAKYAMUNI BUDA que vio a BUDA lleno de faltas.

DHARMA (Skt.): Doctrina, derecho, verdad. 1. Lo que evita el SUFRIMIENTO; generalmente se refiere a BUDA-DHARMA. 2. Cualquier objeto de conocimiento. 3. Religión o conocimiento religioso. 4. REALIZACIONES del camino y el consecuente cese del SUFRIMIENTO.

DHAMMAPADA (Pali): la colección más popular de dichos del Buda en el canon Pali.

DHANYAKATAKA: Ubicación en el sur de la India donde se dice que BUDA enseñó el TANTRA DE KALACHAKRA.

DHARMADHATU (Skt.): El espacio o terreno omnipresente para todos los seres, así como la fuente de todos los fenómenos. Los tres kayas de la iluminación se manifiestan a partir de esta realidad y de todos los fenómenos convencionales. El DHARMAKAYA es el aspecto iluminado de DHARMADHATU y la fuente de toda actividad iluminada.

DHARMAKAYA (Skt.): Cuerpo de la Verdad de un BUDA, la MENTE pura y omnisciente de un BUDA, resultado de la transformación de la MENTE ordinaria. También se refiere al aspecto del VACÍO de la BUDEIDAD. Ver TRES CUERPOS DEL BUDA.

DHARMAPALA (Skt.): Ver PROTECTOR del DHARMA.

DHARMODGATA: Bodhisattva de quien Sadaprarudita recibió las enseñanzas sobre la sabiduría trascendente.

DHYANA (Skt.): ver JHANA.

DIOS (Deva in Skt.): Un ser en EXISTENCIA CÍCLICA, que permanece temporalmente en un estado celestial como resultado del karma virtuoso (a diferencia del Dios cristiano).

DOLPOPA SHERAB GYALTSEN (Tib.): (1292 – 1361) Maestro altamente realizado y fundador de la tradición Jonang tal como se lleva a cabo hoy, que unificó los linajes del Shentong Sutra y el Kalachakra Tantra.

DZOGCHEN (Tib.): Práctica profunda de la tradición NYINGMA, también conocida como la Gran Perfección.

- E -

ECUANIMIDAD: Libre de prejuicio/ imparcialidad. Estado de la MENTE en el que uno no distingue entre amigo, enemigo y extraño, pero no un estado de indiferencia desganada.

EDAD DEGENERADA: Un período con las CINCO DEGENERACIONES.

EDAD DORADA DE SHAMBHALA: Un período de 1,000 o 1,800 años después de la "derrota de los bárbaros" por el Rey Rudra Chakrin, en la cual florecerán el DHARMA y el TANTRA del KALACHAKRA.

EMPODERAMIENTO (Abhisheka in Skt.): Otorgamiento de permiso y un poder potencial especial para practicar una parte específica del TANTRA, otorgado por un GURU tántrico por medio de un ritual, que generalmente implica una promesa de cumplir compromisos tántricos específicos.

EON: "Gran eón": la vida del universo (KALPA (Skt.)). "Pequeño eón": una vigésima parte de un gran eón.

ESENCIA INDESTRUCTIBLE: La esencia más sutil, ubicada en el corazón, formada a partir de la esencia del esperma y el óvulo de los padres. No se derrite hasta la muerte, cuando se abre y permite que renazcan la mente y el viento muy sutiles.

ESENCIA SUTIL: (Bindu in Skt., Thiklé in Tib.) La esencia sutil de esperma y sangre (óvulo), que permanece en los CANALES DE ENERGÍA o Nadis (Skt.). En el TANTRA DEL KALACHAKRA, estos a menudo se refieren a las cuatro esencias (de los estados de vigilia, del sueño profundo, del soñar y la absorción del éxtasis).

ESTADO INTERMEDIO: Ver BARDO.

ETAPA DE GENERACIÓN: Etapa de práctica en el TANTRA Yoga Superior, en el que uno se genera mentalmente como una DEIDAD y el entorno como el MANDALA de la deidad. Uno medita en formas, sonidos y pensamientos que tienen la naturaleza de las deidades, el mantra y la sabiduría.

ETAPA DE PERFECCIÓN: Etapa final en la práctica del tantra Yoga Superior utilizando métodos que causan que los vientos internos (Prana en Skt. O Pulmón en Tib.) del cuerpo entren, permanezcan y se disuelvan dentro del CANAL CENTRAL y resulten en la BUDEIDAD. En las prácticas de KALACHAKRA, este proceso se describe en seis etapas.

EXISTENCIA CÍCLICA: El ciclo de muerte y renacimiento, que produce un renacimiento incontrolado bajo la influencia de estados mentales aflictivos y huellas kármicas. El proceso surge de la IGNORANCIA y se caracteriza por el SUFRIMIENTO. Ver TRES REINOS y SEIS REINOS.

EXISTENCIA INHERENTE: Syn.: verdadero / objetivo / último / autoalimentado / autosuficiente / independiente / intrínseco / existencia. Existencia: desde el lado del objeto; - por el carácter del propio objeto; - desde dentro de la base de designación; - como su propia talidad; - como su propia realidad; - a través de su propia entidad. La EXISTENCIA INHERENTE es un concepto erróneo, una cualidad inexistente que proyectamos sobre personas y fenómenos, y que no existe ni siquiera convencionalmente. Describe la existencia que es independiente de: causas y condiciones, partes o la MENTE QUE LA IMPUTA.

- F -

FUNDACIÓN: La base para la visión y el camino budista, dividido en la base temporal (equivalente a la VERDAD RELATIVA) y la base última (equivalente a la VERDAD DEFINITIVA).

- G -

GANDHARVA (Skt.): El oledor. Espíritu alimentándose de olores. También puede referirse a seres en el estado intermedio.

GELUG(PA) (Tib.): Los sombreros amarillos. La escuela más grande de la tradición tibetana, fundada por TSONGKHAPA. Su énfasis principal está en la ética y la sólida investigación previa a la meditación seria.

GESHE (Tib.): 1. Título como "Doctor en Teología", otorgado por los principales colegios monásticos de la tradición GELUGPA. 2. Título de algunos maestros de la antigua tradición KADAM.

GOTAS: Ver ESENCIA SUTIL.

GURU (Skt., lama in Tib.): Literalmente uno que es poderoso en buenas cualidades. Maestro espiritual / amigo / mentor.

GURU YOGA (Skt.): Literalmente uno que es poderoso en buenas cualidades. Maestro espiritual / amigo / mentor. GURU YOGA (Skt.): Práctica de ver nuestro GURU como BUDA, o fusionar nuestra mente con la mente del maestro.

- H -

HINAYANA (Skt.): Vehículo fundamental (en oposición a MAHAYANA). Sendero budista que conduce a la LIBERACIÓN individual de la EXISTENCIA CÍCLICA (como SRAVAKA o PRATYEKABUDA), que forma la base de todas las enseñanzas del Buda.

GLOSARIO

- I -

IGNORANCIA: Desconocimiento, falta de reconocimiento de nuestra naturaleza desinteresada e iluminada. 1. Mundano: desconocer los principios del KARMA. 2. Trans-Mundano: no conocer o darse cuenta del VACÍO.

ILUMINACIÓN: Syn.: Budeidad, iluminación completa / despertar. El más elevado nivel de desarrollo, habiendo eliminado para siempre todas las OBSCURACIONES e IMPRESIONES kármicas, y haber desarrollado todas las buenas cualidades y la SABIDURÍA en toda su extensión. La iluminación reemplaza a la LIBERACIÓN individual.

IMPUTAR: Etiquetar / nombrar / designar o dar significado a un objeto.

INICIACIÓN: ver EMPODERAMIENTO.

- J -

JHANA: Forma avanzada de MEDITACIÓN concentrada, después de que SHAMATHA se haya realizado. Hay cuatro jhanas de forma y cuatro jhanas sin forma, que corresponden a experiencias en meditación equivalentes al estado mental de varios seres en los REINOS DE DIOS.

JONANG(PA) (Tib.): Tradición del budismo tibetano que combina el estudio de la visión SHENTONG MADHYAMIKA con la práctica de los SEIS YOGAS DEL KALACHAKRA, establecida por DOLPOPA SHERAB GYALTSEN.

- K -

KADAM(PA) (Tib.): Tradición del budismo tibetano, iniciada por ATISHA. Antes del Lama TSONGKHAPA conocido como "Kadam viejo", luego conocido como GELUGPA.

KAGYU (Tib.): Escuela de budismo tibetano, fundada por Marpa Chökyi y Khyungpo Nyaljor (siglo XI). Linaje de meditación y filosofía cuya práctica especial es el MAHAMUDRA.

KALACHAKRA (Skt.): Rueda del tiempo; nombre de una DEIDAD específica de la clase más alta de YOGA TANTRA, que forma la base de la práctica principal de la tradición de Jonang, los Seis Yogas del Kalachakra. Esta clase de tantra fue enseñada por el Buda y preservada en el Reino de Shambhala, antes de aparecer en la India y el Tíbet alrededor del siglo X. Aunque la deidad se representa comúnmente con veinticuatro brazos, la tradición de Jonang usa la forma de dos brazos de KALACHAKRA en la ETAPA DE GENERACIÓN, conocida como Dukor Lhangkye en tibetano.

KALAGNI (Skt., Dume in Tib.): En el sistema KALACHAKRA, Kalagni es un "planeta" o cuerpo celestial con significado espiritual, representado por un disco amarillo en el que se encuentra KALACHAKRA. Está asociado con el nodo sur de la luna, los eclipses solares y "la cabeza del dragón" en la astrología china.

KALAPA: Capital del país de SHAMBHALA.

KALKI (Skt.): Ver KULIKA

KALPA (Skt.): Vida de un universo, también conocido como un gran eón.

KALYANAMITRA (Gewi Shinyen in Tib.): Un amigo que te lleva al Dharma; alguien de un linaje auténtico que te enseña el camino hacia la iluminación para liberarte. Ver también GURU.

KANGYUR (Tib.): Colección de todas los SUTRAS y TANTRAS traducidos del sánscrito al tibetano. Ver también: TENGYUR.

KARMA (Skt.): Acción. Acción intencional, impulso. También; la IMPRESIÓN que deja la acción en nuestro flujo mental y sus consecuencias. "La ley del karma": la doctrina que sostiene que todas las experiencias son resultados de IMPRESIONES en nuestra corriente mental de acciones previas; las acciones virtuosas conducen a la felicidad, las ACCIONES NEGATIVAS al SUFRIMIENTO y los estados desagradables.

KAYA (Skt.): Cuerpo de un BUDA. Ver también TRES CUERPOS DEL BUDA.

KULIKA (Skt., Rigden in Tib.): "Sostenedor de las castas" o Sostenedor del conocimiento de Shambhala. Título de los Reyes de SHAMBHALA 8 al 24.

- L -

LA PRÁCTICA DE SIETE RAMAS: La postración, la ofrenda, la confesión, el regocijo, el solicitar a los Budas que permanezcan y enseñen el DHARMA y la dedicación.

LAGHUTANTRA (Skt.): El "Kalachakra Laghutantra"; esta es una forma abreviada del texto original; el Kalachakra MULATANTRA que solo existe en Shambhala. El Laghutantra fue escrito por el Rey SHAMBHALA MANJUSHRIKIRTI (o Manjushri Yashas). Este texto cumple la función de tantra raíz para nosotros, ya que el Mulatantra no está disponible.

LALANA (Skt.,roma in Tib): Canal principal izquierdo del cuerpo sutil.

LAMA (Tib.): Literalmente "alguien que está arriba". Sinónimo de GURU.

LAM RIM (Tib.): Lámpara en el sendero. Las etapas del Sendero a la ILUMINACIÓN. Presentación sistemática de todas las enseñanzas de BUDA, presentada por primera vez en esta forma por ATISHA y actualmente utilizada principalmente en la escuela GELUG.

LIBERACIÓN (liberación individual): Estado después de eliminar las OBSCURACIONES AFLICATIVAS y el KARMA que causan un RENACIMIENTO incontrolado en la EXISTENCIA CÍCLICA.

LINAJE: La línea ininterrumpida de maestros budistas que se han dado cuenta de las enseñanzas (conocidas como sostenedores del linaje) a través de las cuales se transmite el DHARMA, que se remontan a la época del BUDA. Un linaje auténtico e ininterrumpido es esencial para preservar la pureza del DHARMA.

LO ETERNO: La creencia en una entidad eternamente existente, un alma por ejemplo. Uno de los DOS EXTREMOS. Ver también NIHILISMO.

- M -

MADHYAMIKA (Skt.): Escuela intermedia. Ver CUATRO PRINCIPIOS. MAHAMUDRA (Skt.): Gran Sello. 1. Según el SUTRA: Visión profunda del vacío. 2. Según el TANTRA: la unión de la gran éxtasis y el VACÍO.

MAHAYANA (Skt.): 'Gran vehículo' (Maha = grande, Yana = vehículo. (En oposición al HINAYANA). Sendero budista, que conduce a la budeidad, con el objetivo de alcanzar la completa budeidad por el bien de todos los seres. También llamado 'Bodhisattva -yana ". Incluye el SUTRAYANA y el TANTRAYANA.

MAITREYA: Amoroso. Nombre del próximo BUDA que viene, también maestro y discípulo principal de SHAKYAMUNI BUDA.

MANDALA (Skt.): Centro y circunferencia, círculo o esfera. 1. Representación simbólica de una meditación visualizada, generalmente en forma de palacio con una o más DEIDADES presentes. 2. Representación simbólica del universo (ver OFRENDA DEL MANDALA).

MANDALA DE LA MENTE: En el TANTRA DEL KALACHAKRA, los niveles centrales y superiores del Mandala, que contiene el Mandala central de la Gran Felicidad, el Mandala de la Sabiduría Exaltada y el Mandala Mental circundante.

MANDALA DE LA PALABRA: En el TANTRA DEL KALACHAKRA, el área del MANDALA entre el MANDALA DE LA MENTE central y el MANDALA DEL CUERPO circundante.

MANDALA DEL CUERPO: En el TANTRA de KALACHAKRA, la base del MANDALA, rodeada por cuatro enormes entradas, que contiene el MANDALA de la PALABRA y el MANDALA Central de la MENTE.

MANJUSHRI (Skt.): Uno de los principales discípulos de BUDA y uno de los OCHO BODHISATTVAS. Nombre de la DEIDAD, que representa la sabiduría de todos los BUDAS.

MANJUSHRIKIRTI (También Manjushri Yashas): El octavo rey de SHAMBHALA (primer rey KULIKA-), que compuso el TANTRA de KALACHAKRA condensado.

MANTRA (Skt.): "Herramienta para pensar". 1. Sílabas prescritas (en Skt.) Para proteger la mente (de AFLICCIONES). Expresan la esencia de energías específicas. La recitación de mantras siempre se realiza con visualizaciones específicas. 2. A menudo, el Mantra se usa como sinónimo de VAJRA o TANTRA.

MANTRA DE LAS CIEN SÍLABAS: Mantra de Vajrasattva, que representa la pureza de todos los Budas y la esencia de las cien familias, incluidas las cuarenta y dos deidades pacíficas y cincuenta y ocho iracundas.

MARA (Skt.): Demonio. Cualquier cosa que interrumpa el logro de la LIBERACIÓN o la ILUMINACIÓN. Ver: CUATRO MARAS.

MARCAS Y SIGNOS: Las 32 marcas principales y 80 signos menores de un BUDA: piel dorada, dedos y dedos palmeados, etc.

MEDITACIÓN (gom in Tib.): Habituarse, familiarizarse. Habituarnos a estados mentales positivos y realistas, especialmente al descubrimiento de la mente iluminada. Se puede dividir en meditación en reposo (también conocida como SHAMATHA, meditación de tranquilidad o permanencia en calma) y MEDITACIÓN ANALÍTICA.

MEDITACIÓN ANALÍTICA: Un método de meditación mediante el cual formulamos una pregunta (por ejemplo, "¿es el yo permanente?") Y se enfoca en esto hasta que se logra algún tipo de comprensión directa. Ver también VIPASHYANA.

MENTE: "Lo que es claro y conocedor", flujo mental. Fenómeno no físico que percibe, piensa, reconoce, experimenta y reacciona emocionalmente al medio ambiente. 1. Facultades mentales (Tib .: rufianes) 2. Formas de ser consciente, fenómenos conscientes (Tib.: shespa).

MENTE DE LA CLARA LUZ: Mente muy sutil que, cuando se manifiesta, percibe todo como un espacio claro y vacío. En él, el aspecto espontáneo, luminoso y conocedor de esta naturaleza esencial de la mente.

MÉRITO: Virtud, potencial positiva, mérito. Impresiones en la corriente mental de acciones positivas, que conducen a la felicidad futura. La acumulación de mérito y sabiduría son los dos aspectos esenciales del camino hacia la iluminación.

MÉTODO DE CAUSA Y EFECTO DE SIETE PUNTOS: Un método para cultivar la Bodhicitta que involucra siete contemplaciones secuenciales: (1) Reconocer a todos los seres como nuestra madre, (2) estar conscientes de su amabilidad, (3) desear devolver su bondad, (4) amor sincero, (5) compasión, (6) intención firme, (7) fe en el resultado.

MIGRAR: (O transmigrar) Ver SERES SENSIBLES.

MILAREPA (Tib.): Gran practicante tibetano (1040-1123), famoso por su logro de la budeidad en una sola vida y las dificultades que soportó.

MONTE MERU: Enorme montaña en el centro del universo según la cosmología tibetana; de uso frecuente en la práctica de visualización. MUDRA (Skt.): Sello. 1. Gesto tántrico con la mano, 2. Consorte tántrica.

MORALIDAD TRIPLE: Mantener los votos, acumular VIRTUD y ayudar a los SERES SENSIBLES.

MUDRA DE ACCIÓN: Una consorte en el Tantra Yoga Superior que ayuda a generar una gran dicha para que el practicante pueda disolver los vientos internos y darse cuenta del vacío. Ver también CONSORTE.

MULATANTRA (Skt.): O mejor: "Kalachakra Mulatantra"; Este es el tantra raíz original de KALACHAKRA. El Rey de Shambhala, SUCHANDRA compuso un comentario breve sobre esto, pero ambos textos no están disponibles fuera de Shambhala. Los dos textos básicos que utilizamos son el Lughatantra (que cumple la función del tantra raíz) de MANJUSHRIKIRTI, y el comentario "VIMALAPRABHA" de Pundarika.

MUNCHUN (Tib.): Una tela gruesa que se usa para cubrir los ojos mientras permite los movimientos oculares, como un sustituto de una habitación oscura por los practicantes que practican la meditación en la oscuridad.

- N -

NADI (Skt.): Ver CANAL DE ENERGÍA.

NAGA (Skt.): Tipo de espíritu que vive principalmente en ríos, océanos o lagos, pero puede vivir en cualquier lugar. Son generalmente invisibles. Generalmente representado con un cuerpo de serpiente.

NAGARJUNA (Skt.): Gran Maestro Budista Indio que revivió el MAHAYANA en el siglo I d. C., después de su desaparición virtual, sacando a la luz los SUTRAS de la Perfección de la Sabiduría.

NAMCU (Tib.): Poder diez veces mayor: el símbolo de Kalachakra o "monograma" compuesto por diez símbolos del mantra.

NATURALEZA BUDICA (Tathagathagarba in Skt.): Potencial de todos los SERES SENSIBLES para convertirse en BUDA.

NATURALEZA DEPENDIENTE: Syn.: naturaleza empoderada por otro. La existencia de cosas relacionadas entre sí, independientemente de nuestros conceptos e imputaciones. No existen realmente porque dependen de causas y condiciones, la agregación de partes o la creación de conceptos para su existencia.

NATURALEZA IMPUTADA: los conceptos, nombres y etiquetas que atribuimos a las cosas, como "árbol", "casa", "bueno" o "malo". Estos términos son meramente conceptos que usamos para describir objetos y comunicar ideas, sin tener una existencia última.

NATURALEZA PRIMORDIAL: LA VERDAD ULTIMA de la iluminación más allá de todos los extremos conceptuales. Según la escuela Shentong, esto realmente existe; está vacío de verdad relativa pero no está vacío de su propia naturaleza iluminada.

NGÖNDRO (Tib.): Algo que precede, va antes. Práctica preliminar a la práctica del TANTRA, que generalmente involucra las CUATRO CONVICCIONES DE LA RENUNCIA y los preliminares internos de refugio, práctica de la Bodhicitta, Vajrasattva, ofrenda del mandala y guru yoga.

NIRMANAKAYA (Skt.): Cuerpo de emanación de un BUDA. El resultado de la transformación del cuerpo ordinario y la experiencia del yo. Es la transformación del SAMBHOGAKAYA en forma física ordinaria. Una red de formas más burdas, emanadas del Sambhogakaya, que a veces pueden ver personas comunes; El Nirmanakaya es visible para aquellos con KARMA puro, otros simplemente verán un ser ordinario. BUDA SHAKYAMUNI es un ejemplo de una emanación suprema del Nirmanakaya.

NIRVANA (Skt.): Más allá del sufrimiento / tristeza, trascendencia del sufrimiento, estado más allá de las causas del SUFRIMIENTO y la insatisfacción. Estado fuera de la EXISTENCIA CÍCLICA alcanzada por un ARHAT. Esto es distinto de la BUDEIDAD, o nirvana no perdurable, que describe una experiencia más profunda de iluminación.

NYINGMA (Tib.): La tradición budista tibetana más antigua, fundada por PADMASAMBHAVA. El énfasis está en la práctica tántrica y DZOGCHEN.

- O -

OBSCURACIONES: Conceptos erróneos y sus estados mentales aflictivos resultantes, incluidas las OBSCURACIONES AFLICTIVAS (u obscuraciones al nirvana) y las OBSCURACIONES COGNITIVAS más sutiles, también conocidas como obscuraciones a la omnisciencia. También se pueden clasificar como OBSCURACIONES ADQUIRIDAS o INNATAS.

OBSCURACIONES ADQUIRIDAS: Esos estados mentales adquiridos intelectualmente que surgen debido a la adhesión a sistemas de creencias falsos o puntos de vista erróneos, que nos han influido durante muchas vidas. Estas obscuraciones se superan durante el sendero de la visión. Estos son distintos de las OBSCURACIONES INNATAS, que se superan en el sendero de la habituación.

OBSCURACIONES AFLICTIVAS: Syn.: obscuraciones emocionales, impurezas, aflicciones mentales, emociones aflictivas. Funciones mentales contaminadas, que son obstáculos para la LIBERACIÓN y son las causas del SUFRIMIENTO. Interrumpen nuestra paz mental y nos impulsan a actuar de manera perjudicial para los demás (y para nosotros mismos). Las aflicciones fundamentales son: IGNORANCIA, deseo /APEGO, ira / odio / aversión, orgullo, duda y puntos de vista erróneos. Estos también incluyen obscuraciones kármicas (esas obscuraciones causadas por cualquier tipo de karma que no ha sido purificado, incluido el karma positivo). Son distintos de las OBSCURACIONES COGNITIVAS más sutiles, y todos se abandonan cuando se alcanza el NIRVANA.

OBSCURACIONES COGNITIVAS: Estas incluyen todos los conceptos de sujeto, objeto y acción y otras manchas o ideas más sutiles que nos impiden alcanzar la omnisciencia o vea la verdad última y relativa al mismo tiempo. Por ejemplo, podríamos tener una idea de que el pasado, el presente y el futuro realmente existen o que el sufrimiento existe y el nirvana (el fin del sufrimiento) existe; Sin embargo, estas son meras ideas, ya que en verdad pasado, presente y futuro solo existen en relación entre sí y el sufrimiento es solo una idea que existe en relación con el nirvana. Del mismo modo, la idea de que nuestro propio sufrimiento está separado del sufrimiento de los demás también es una idea, y esto se supera practicando el camino del Bodhisattva. Son distintos de las OBSCURACIONES AFLICTIVAS, que se superan con el logro del NIRVANA.

OBSCURACIONES EMOCIONALES: Ver OBSCURACIONES AFLICTIVAS.

OBSCURACIONES INNATAS: Esos estados mentales defectuosos innatos que han estado presentes desde el tiempo sin principio, en todos los seres, y que operan sin depender de las escrituras o razonamientos defectuosos. Estos son distintos de las OBSCURACIONES ADQUIRIDAS.

OCTUPLE NOBLE SENDERO: Visión correcta, intención correcta, palabra correcta, acción correcta, sustento correcto, esfuerzo correcto, atención correcta y concentración correcta.

OFRENDA DEL MANDALA: Transformar mentalmente el universo en un REINO PURO y ofrecerlo. "Ofrenda del mandala interior": ofrenda del cuerpo, la riqueza, la felicidad, etc.

OFRENDA INTERNA: En el tantra Yoga Supremo, esta ofrenda se produce transformando mentalmente diez sustancias corporales en néctar.

ORGULLO DIVINO: Orgullo sin engaños que se considera a sí mismo como una DEIDAD y el entorno y los placeres como los de la DEIDAD. Es un antídoto para las concepciones ordinarias.

ORIGINACIÓN DEPENDIENTE: Doctrina sobre la interrelación de los fenómenos. Muy relacionado con el VACÍO. Ver DOCE ENLACES DE ORIGINACIÓN DEPENDIENTE.

OYENTE: Ver SRAVAKA.

- P -

PADMASAMBHAVA (Guru Rinpoché): Gran maestro tántrico indio, que llegó al Tíbet en 817 DC. Con su SIDDHIS disipó las fuerzas del mal que obstruían el budismo en el Tíbet.

PARAMITA (Skt.): PERFECCIÓN, ver SEIS y DIEZ PERFECCIONES.

PARAMITAYANA (Skt.): Vehículo de perfección. El MAHAYANA, pero excluyendo el TANTRAYANA. PERFECCIÓN: ir más allá, llegar más allá de la limitación. (Skt.: paramita). Ver: SEIS y DIEZ PERFECCIONES.

PERCEPCIÓN PURA: La práctica principal en el VAJRAYANA, mediante la cual el practicante se adiestra para percibir todo el mundo y sus contenidos como un reino puro del Buda, como la manifestación de KAYAS y SABIDURIAS. Esto se logra visualizándose como una deidad, el mundo exterior como su MANDALA, todos los sonidos como su MANTRA y todos los pensamientos como la mente iluminada de la deidad.

POSTURA DE SIETE PUNTOS DE VAIROCHANA: (1) Piernas cruzadas, (2) manos en el regazo (derecha sobre la izquierda), (3) espalda recta, (4) codos y hombros ligeramente alejados del cuerpo, (5) mentón ligeramente bajo, (6) cara relajada con la lengua contra el paladar superior, 7) ojos medio abiertos mirando más allá de la punta de la nariz.

POSTURA VAJRA: Postura de piernas cruzadas con los pies en los muslos opuestos.

PRÁCTICA DE SEIS SESIONES: Conjunto de meditaciones tántricas diarias realizadas seis veces al día con la intención de mantener los compromisos tántricos. Los mejores practicantes efectuaran esta práctica seis veces al día, sin embargo, el punto más crucial es recordar estos compromisos al menos seis veces en cada período de veinticuatro horas. En algunas tradiciones, la forma de esta práctica se conoce como el guru yoga de seis sesiones.

PRANA (Skt.): Ver PULMÓN.

PRATIMOKSHA (Skt.): Votos de liberación individual. Preceptos establecidos por SHAKYAMUNI BUDA para laicos budistas, monjes y monjas.

PRATYEKABUDA (Skt.): Buda solitario / Realizador. Seguidor de la tradición HINAYANA que logra la LIBERACIÓN (no la budeidad) por mérito propio, descubriendo enseñanzas budistas básicas como los DOCE ENLACES DE ORIGINACIÓN DEPENDIENTE.

PRETA (Skt.): Fantasma hambriento. Un ser obsesionado por la codicia y el apego, que vive en el reino previo al REINO DEL DESEO, sufriendo principalmente por la falta de comida, bebida y refugio.

PRINCIPIO: Visión / escuela filosófica. Ver CUATRO PRINCIPIOS.

PROTECTOR DEL DHARMA: Guardián de las enseñanzas del BUDA, protegiendo su transmisión de diluirse o distorsionarse. 1. Protectores mundanos: DIOSES, espíritus ordinarios, etc., unidos por un GURU tántrico para proteger el budismo y sus practicantes. 2. No mundano: manifestaciones de BUDAS o Bodhisattvas en forma colérica que protegen a los practicantes.

PUJA (Skt.): Ceremonia / acto de adoración, ofrenda.

PULMÓN (Tib.): Viento, energía, prana (Skt.). 1. Sutil (vida-) viento / energía. En el tantra, estos vientos son el vehículo de la conciencia, lo que hace que surja la sutil mente de la clara luz cuando se disuelve en el canal central. 2. Enfermedad, alteración / desequilibrio energético en el cuerpo. 3. Transmisión oral de un texto del DHARMA.

PUNDARIKA: segundo KULIKA Rey de SHAMBHALA, mejor conocido por su famoso comentario sobre el KALACHAKRA TANTRA conocido como Vimalaprabha (Luz Inmaculada).

PURIFICACIÓN: Evitar que el KARMA negativo madure: esto contrarresta el impacto de las acciones negativas pasadas y elimina los oscurecimientos y los obstáculos para la realización espiritual. Existen muchos métodos de purificación, pero uno de los más efectivos es la práctica de VAJRASATTVA.

- R -

RAHU (Skt., dachan in Tib.): En el sistema de KALACHAKRA, Rahu es un "planeta" o cuerpo celestial con significado espiritual, representado por un disco negro en el que se encuentra KALACHAKRA. Está asociado con el nodo norte de la luna, los eclipses lunares y "la cola del dragón" en la astrología china.

RANGTONG: Autovacío o vacío intrínseco (a diferencia de Shentong).

RASANA (Skt., roma in Tib.): Canal principal derecho del cuerpo sutil.

RATNASAMBHAVA (Skt.): Nombre de una DEIDAD. Una de las CINCO FAMILIAS DEL BUDA, que representa el sentimiento AGREGADO de todos los Budas y su sabiduría de ecuanimidad.

REALIZACIÓN: Una comprensión profunda y fuerte / conocimiento interno (más allá de la comprensión intelectual) que se convierte en parte de nosotros y cambia nuestra percepción del mundo.

REALIZADOR SOLITARIO: Ver PRATYEKABUDA.

REFUGIO: Refugiarse significa confiar el desarrollo espiritual a los BUDAS, el DHARMA y la ARYA SANGHA. "Refugio interior" se refiere al refugio en nuestra propia NATURALEZA BÚDICA: nuestra propia SABIDURÍA natural; Esto se puede entender en varios niveles.

REINO DE DIOS: Reino de los DEVAS, "cielo". Estado dentro de la EXISTENCIA CÍCLICA. Algunos reinos de Dios están en el REINO DEL DESEO, otros en el REINO de la FORMA y el REINO SIN FORMA. Ver TRES y SEIS REINOS.

REINO DE LA FORMA: Estado de EXISTENCIA CÍCLICA donde no se experimenta el sufrir el SUFRIMIENTO. Los seres aquí han renunciado al disfrute de los objetos de los sentidos externos, pero aún tienen APEGO a la forma interna (su propio cuerpo sutil y MENTE).

REINO DEL DESEO: Uno de los TRES REINOS dentro de la EXISTENCIA CÍCLICA, donde los seres disfrutan de los cinco objetos sensoriales externos (forma, sonido, olor, tacto y gusto) y donde se experimenta el SUFRIMIENTO de sufrir. Consiste en los SEIS REINOS (incluidos los dioses del deseo), y es distinto de los REINOS FORMA y FUERTE de los dioses.

REINO DEL INFIERNO: Un estado o reino sin alegría dentro de la EXISTENCIA CÍCLICA en la que se experimenta un SUFRIMIENTO intenso. Aquí uno generalmente experimenta los efectos de sus acciones en lugar de crear nuevas causas para el sufrimiento futuro. Ver SEIS REINOS.

REINO SIN FORMA: Estados más elevados de EXISTENCIA CÍCLICA. Los seres aquí han renunciado a los placeres de la forma y al APEGO, y existen solo dentro de su corriente mental. Su MENTE todavía está ligada por un sutil deseo y APEGADA a los estados mentales y al ego. Ver TRES REINOS.

RENUNCIA: Determinación de ser libre o emerger del SUFRIMIENTO DE LA EXISTENCIA CÍCLICA, ya no tener APEGO a los placeres de la EXISTENCIA CÍCLICA que conducen a más SUFRIMIENTO y AFLICCIONES.

RIMÉ (Tib.): Movimiento ecuménico o no sectario, lit. imparcial. Se caracteriza por una actitud de respeto por todas las enseñanzas y escuelas del budismo.

RINPOCHÉ (Tib.): Precioso. Refiriéndose a un TULKU, a veces solo un título de respeto.

RUDRA CHAKRI (Skt.): Rigden Dragpo (Tib.) (2327 - 2427 CE) 'Iracundo con la Rueda' el Rey de SHAMBHALA que se prevé que derrotará a los "bárbaros" en 2424 en una guerra espiritual.

RUPAKAYA (Skt.): Forma (Rupa) Cuerpo (Kaya) de un BUDA. Manifestación física de un BUDA. Se puede dividir aún más en SAMBHOGAKAYA y NIRMANAKAYA.

- S -

SABIDURÍA: 1. Prajña (Skt.), sherab (Tib.); conciencia discriminante. 2. Jñana (Skt.), yeshe (Tib.); conciencia profunda, sabiduría-conocimiento, sabiduría primordial.

SADHANA (Skt.): Método tántrico de realizarnos como la figura del Buda para la cual hemos recibido EMPODERAMIENTO; también un texto ritual del TANTRAYANA que establece una práctica particular de MEDITACIÓN.

SAKYA (Tib.): Escuela de budismo tibetano, fundada por Khon Könchok Gyelpo (siglo XI). Su práctica principal es el "Lamdré" o " visión triple". Sakyas gobernó en el Tíbet durante más de 100 años, antes de que el poder secular fuera entregado al Dalai Lama de la tradición GELUGPA. (Siglos XIII y XIV).

SAMADHI (Skt): Estabilización meditativa, concentración. MEDITACIÓN donde la mente está enfocada en un solo punto, y donde el objeto de meditación y el practicante son experimentados como inseparables e indistinguibles. Como hay muchos tipos de Samadhi, el término no infiere nada sobre la REALIZACIÓN o el logro del practicante..

SAMAYA (Skt.): Vínculo sagrado o promesa entre profesor y alumno, y también entre alumnos, en VAJRAYANA. Hay muchas obligaciones detalladas, pero la más esencial es considerar el cuerpo, la palabra y la mente del maestro como puros. Ver también VOTOS TANTRICOS.

SAMAYASATTVA (Skt.): Ver SER COMPROMETIDO.

SAMBHOGAKAYA (Skt.): Cuerpo del gozo / éxtasis de un BUDA que solo los Bodhisattvas que han logrado el décimo bhumi pueden percibir, y de los cuales las formas del Nirmanakaya emanan para el beneficio de los demás. La forma física (psíquica) de la SABIDURÍA del BUDA. El resultado de la transformación de la palabra, la comunicación y el viento interior.

SAMSARA (Skt.): Ver EXISTENCIA CÍCLICA.

SANGHA (Skt.): Comunidad espiritual. 1. En el sentido más amplio; toda una comunidad de budistas: monjes, monjas y laicos hasta Bodhisattvas iluminados (este no es el significado original de Sangha). 2. Más restringido: monjes y monjas. 3. Más específico: seres ARYA.

SEMIDIOS: Ver ASURA.

SER COMPROMETIDO- (Samayasattva Skt.): Un BUDA visualizado o uno mismo visualizándose como BUDA. UN SER de SABIDURÍA (Jnanasattva Skt.) Es un BUDA real que está invitado a unirse con el ser comprometido.

SER de SABIDURÍA: Ver SER COMPROMETIDO.

SER SENSIBLE: (Trans) -emigrante. Ser que posee una MENTE que está contaminada por AFLICCIONES o sus IMPRESIONES, que viven dentro de la EXISTENCIA CÍCLICA (por lo tanto, generalmente excluye las plantas).

SHAMATHA (Skt.): Calma, concentración. 1. Método de MEDITACIÓN para lograr la tranquilidad. 2. El estado meditativo tranquilo resultante; la capacidad de permanecer enfocado en un solo objeto con una MENTE flexible y feliz. Quiescencia mental, estado de conciencia calmado y estable.

SHAMATHA TÁNTRICO: Una meditación especial que tiene lugar en una habitación oscura con los ojos bien abiertos; el segundo preliminar único para los SEIS YOGAS del KALACHAKRA según la tradición JONANG.

SHAMBHALA (Skt.): Reino mítico que también se llama la tierra pura de KALACHAKRA. El rey SUCHANDRA de Shambhala le pidió al Buda que enseñara este tantra; las enseñanzas del Kalachakra se guardan y se practican allí.

SHENTONG (Tib.): También conocida como Shentong Madhyamika o Gran Camino Medio, esta es considerada como la más alta de todas las escuelas filosóficas budistas. Literalmente significa vacío "extrínseco" u "otro", ya que todos los fenómenos están vacíos, excepto la naturaleza Búdica, que está llena de cualidades iluminadas. Esto es distinto de la visión del Rangtong Madhyamika del vacío ("intrínseco" o "vacío"), que sostiene que la verdad última es la negación de la existencia inherente de todos los fenómenos, más allá de todos los extremos conceptuales.

SHUNYATA (Skt.): Ver VACÍO.

SIDDHI (Skt.): El logro sobrenatural / poder psíquico define un siddhi ordinario; la realización iluminada define un siddhi supremo.

SKANDHA (Skt.): Ver AGREGADO.

SRAVAKA (Skt.): Oyente. Alguien que escucha, practica y proclama las enseñanzas de BUDA. Seguidores de la tradición THERAVADA, concentrándose en la RENUNCIA y las emociones pacificantes, para lograr la LIBERACIÓN.

STUPA (Skt.): Objeto relicario budista. Las estupas budistas indias son monumentos en forma de cúpula que contienen reliquias del BUDA o sus discípulos. Las estupas tibetanas suelen ser puramente simbólicas; de cualquier tamaño o material, pero de forma y proporciones cuidadosamente definidas que representan la mente del BUDA.

SUCHANDRA: Rey de SHAMBHALA que solicitó al BUDA el TANTRA DEL KALACHAKRA.

SUFRIMIENTO: Cualquier condición insatisfactoria, en referencia al dolor físico y mental, todas las situaciones problemáticas y la insatisfacción que es parte de la naturaleza cambiante y condicionada de la existencia cíclica. Ver también TRES TIPOS DE SUFRIMIENTO y CUATRO VERDADES NOBLES.

SUTRA (Skt.): Discurso / conversación, etc. del BUDA, excluyendo las enseñanzas sobre el TANTRA.

SUTRAYANA (Skt.): Vehículo SUTRA. También: "sendero exotérico o común". Nombre del HINAYANA y PARAMITAYANA combinados, excluyendo así el TANTRAYANA (el sendero esotérico).

SVABHAVIKAKAYA (Skt.): Cuerpo de naturaleza de un BUDA. La naturaleza vacía de la MENTE omnisciente del Buda (o sabiduría); se refiere a los TRES KAYAS juntos.

- T -

TANTRA (Skt.): Continuidad, corriente. (Continuidad o entrelazamiento mantenido a lo largo de la práctica.) 1. En general refiriéndose a los sistemas de MEDITACIÓN descritos en los textos del TANTRAYANA; prácticas que involucran las CUATRO PUREZAS, meditación sobre los CANALES DE ENERGÍA, CHAKRAS y esencias sutiles dentro del cuerpo. Estas enseñanzas esotéricas no se encuentran en el SUTRAYANA y requieren el EMPODERAMIENTO de un GURU tántrico. 2. Más específico; una escritura que describe una práctica de TANTRAYANA.

TANTRA KRIYAYOGA (Skt.): Primero de CUATRO CLASES TÁNTRICAS, que enfatiza la purificación y ve a la deidad como superior a nosotros.

TANTRAYANA (Skt.): El vehículo o sendero tántrico; parte del MAHAYANA. Véase también VAJRAYANA.

TARA (Skt.): Salvadora; nombre de una DEIDAD femenina específica, que representa las actividades iluminadas de todos los BUDAS.

TARANATHA (Tib.): (1575-1635) Maestro sumamente realizado de la tradición Jonang.

TATHAGATA (Skt.): Uno Así Ido; título de un BUDA.

TENDENCIAS HABITUALES: Patrones habituales de pensamiento, discurso o acciones creados por lo que hemos hecho en vidas pasadas; estos permanecen como huellas sutiles incluso después de que han cesado los niveles más graves de oscurecimiento, obstruyendo la realización de la omnisciencia. Son la forma más sutil de OBSCURACIONES A LA OMNISCIENCIA u OBSCURACIONES COGNITIVAS, y se abandonan durante los tres bhumis puros del Bodhisattva.

TENGYUR (Tib.): Colección de comentarios a las enseñanzas de BUDA traducidos del sánscrito al tibetano.

THERAVADA (Skt.): La tradición de los Ancianos. La tradición budista está muy extendida en el sudeste asiático y Sri Lanka. Generalmente, se puede decir que las prácticas son HINAYANA.

TIERRA PURA: Reino fuera de la EXISTENCIA CÍCLICA donde los BUDAS, BODHISATTVAS y practicantes con suficiente VIRTUD permanecen. Todas las condiciones son propicias para practicar el DHARMA y alcanzar la ILUMINACIÓN. El "Budismo de la Tierra Pura" es una tradición del MAHAYANA que enfatiza los métodos para renacer allí.

TIRTHIKA (Skt.): Alguien que no sigue el Camino Medio, un no budista, que generalmente refiriéndose a un hindú.

TONGLEN (Tib.): Dar y recibir. Entrenamiento de la MENTE para superar el egoísmo y desarrollar COMPASIÓN por los demás; dar nuestra felicidad y absorber el SUFRIMIENTO de los demás.

GLOSARIO

TORMA (Tib.): Pastel de ofrenda ritual, utilizado en rituales tántricos.

TRIPITAKA (Skt.): Tres cestas. Tres colecciones de escrituras budistas; 1. Vinaya (Skt.): Disciplina / votos; 2. SUTRA: enfatizando la concentración / meditación; 3. Abhidharma (Skt.): Conocimiento / sabiduría / fenomenología.

TSOK (Tib.): Ofrenda tántrica (comida).

TSONGKHAPA (Tib.): Gran erudito tibetano (1357-1419), fundador de la tradición tibetana GELUGPA.

TULKU (Tib.): Reconocida reencarnación o emanación de un GURU o ser iluminado. Hay muchos niveles diferentes de TULKU, siendo el más elevado una emanación suprema como BUDA SHAKYAMUNI (Choki tulku).

TUMMO (Tib., kundalini in Skt.): Calor psíquico, calor interno generado en prácticas especiales de meditación tántrica.

TUSHITA (Skt.): Tierra alegre. El REINO PURO del Bodhisattva de los 1000 BUDAS de este EON. Se dijo que Buda Shakyamuni descendió de Tushita cuando nació en la India.

- U -

UPASAKA (Skt.): Budista laico con OCHO PRECEPTOS.

UPAYOGA (tantra de rendimiento): la segunda de las CUATRO CLASES TANTRICAS o vehículos, en el que la verdad última está representada por una deidad igualmente pura a uno mismo, a quien se ve como un amigo.

USHNISHA (Skt.): La protuberancia carnosa en la coronilla de un BUDA.

UTPALA (Skt.): Flor de loto azul.

- V -

VACÍO: Expresión completa: "Vacío de la EXISTENCIA INHERENTE". La doctrina de que todos los conceptos y fenómenos carecen de EXISTENCIA INHERENTE. Ver la VERDAD ULTIMA.

VAIROCHANA (Skt.): Nombre de una DEIDAD. Una de las CINCO FAMILIAS DEL BUDA, que representa la forma (o cuerpo) AGREGADA y la sabiduría reflejada de todos los Budas.

VAJRA (Skt.): Indestructible / diamante / adamantino. 1. Cetro ritual tibetano (dorje), que simboliza la mente de BUDA, las cinco sabidurías, el gran extasis y la cualidad masculina de la iluminación. Junto con la CAMPANA simboliza la unión del método y la sabiduría o el éxtasis inmutable y la forma vacía, y lo masculino y lo femenino. 2. Cualquier cosa utilizada en la práctica del TANTRA para diferenciarla de las cosas cotidianas. 3. utilizado como sinónimo de TANTRA o MANTRA.

VAJRADHARA (Skt.): Nombre de una DEIDAD, que representa el aspecto SAMBHOGAKAYA de SHAKYAMUNI BUDA. Vajradhara es a menudo considerado como el fundador del budismo VAJRAYANA.

VAJRAPANI (Skt.): Sostenedor del Vajra. Uno de los principales discípulos de BUDA. Nombre de la DEIDAD iracunda, que representa el poder de todos los BUDAS.

VAJRASATTVA (Skt.): Nombre de una DEIDAD (Ser Vajra), específicamente relacionado con prácticas de PURIFICACIÓN como la recitación del mantra de las cien sílabas.

VAJRAYANA (Skt.): Syn.: Mantra / vajra / secreto / poco común / vehículo esotérico, un sendero budista MAHAYANA conducente a la ILUMINACIÓN. Ver también TANTRA. VASIJA: implemento de las DEIDADES, que generalmente simboliza el primer EMPODERAMIENTO.

VERDAD ABSOLUTA: Ver VERDAD ULTIMA.

VERDAD CONVENCIONAL: ver VERDAD RELATIVA.

VERDAD RELATIVA: Verdad totalmente falsa (en oposición a la VERDAD ULTIMA), existencia convencional (por ejemplo, como se percibe con los seis sentidos); La interdependencia de los fenómenos.

VERDAD ULTIMA: (1) el estado de la budeidad (u omnisciencia); (2) la naturaleza última de la realidad conocida como "vacío"; (3) la sabiduría que realiza directamente ese vacío; y (4) nuestra naturaleza búdica o potencial para la iluminación. Sinónimos: VACÍO, sin EXISTENCIA INHERENTE, visión correcta, verdadera naturaleza fundamental, no verdaderamente existente, sin auto-existencia, esfera del DHARMA, realidad natural, naturaleza de la mente, mente innata de la clara luz, vacío, vacío de auto-existencia, sagrada verdad.

VIENTOS INTERNOS: Ver PULMÓN.

VIMALAPRABHA (Skt.): 'Luz Inmaculada', un comentario sobre el TANTRA DE KALACHAKRA de PUNDARIKA (segundo KULIKA Rey de SHAMBALA). Junto con el Laghutantra, forma la base de nuestro conocimiento del Tantra del Kalachakra.

VINAYA (Skt.): Disciplina. Reglas que rigen la conducta del SANGHA (aquí generalmente se aplica a monjes y monjas).

VIPASHYANA (Skt.): Ver más allá, visión superior o clara, visión. 1. Técnica meditativa que identifica y analiza los patrones de la MENTE y el mundo que proyecta. 2. La SABIDURÍA resultante o conocimiento perfecto, que discrimina completa y claramente los fenómenos. Ver también MEDITACIÓN ANALÍTICA.

VIRTUD: ver MÉRITO.

VISHVAMATA (Skt.): Consorte de KALACHAKRA.

VOTO: Un compromiso sagrado para nuestro beneficio y el de los demás, dividido en tres niveles: votos PRATIMOKSHA, BODHISATTVA y VAJRAYANA.

GLOSARIO

VOTOS DE BODHISATTVA (o votos de Bodhicitta): compromisos sagrados para beneficiarse a sí mismo y a los demás, que conducen a la iluminación, dando pautas específicas sobre cómo desarrollar y mantener la Bodhicitta. Hay dieciocho votos raíz de bodhisattva y cuarenta y seis secundarios.

VOTOS TÁNTRICOS: en el VAJRAYANA para beneficio propio y de los demás, enfatizando la percepción pura del maestro y de los compañeros de estudios. Hay muchos votos tántricos, pero el núcleo incluye veinticinco directivas poco comunes, promesas de conectarse con las cinco (o seis) familias búdicas, catorce votos raíz y once votos ramificados.

- W -

- Y -

YAMA (Skt.): Nombre del Señor de la Muerte (incontrolada).

YAMANTAKA: Adversario de YAMA. Nombre de una DEIDAD específica que representa la forma iracunda de MANJUSHRI.

YANA (Skt.): Vehículo. Generalmente; sendero / sistema específico de práctica budista.

YIDAM (Skt.): DEIDAD iluminada o forma de un Buda usado en meditación tal como KALACHAKRA o AVALOKITESHVARA. Esto forma la base de la práctica tántrica personal.

YOGA (Skt.): Práctica, esfuerzo, aplicación. En el sistema tibetano, generalmente es una tradición meramente mental, aunque los seis yogas del Kalachakra tienen un sistema muy preciso de posturas físicas y técnicas de respiración.

YOGA-TANTRA (Skt.): Tercero de las CUATRO CLASES TÁNTRICAS, que emplea la autogeneración como una deidad iluminada.

YOGINI (Skt.): Practicante femenina; en el TANTRA del KALACHAKRA generalmente se refiere a los ochenta yoguis del Mandala de la Palabra.

YOJANA (Skt.): Medida de distancia, aproximadamente una milla.

- Z -

ZEN: Variación japonesa de la palabra china "Chan". Una tradición budista MAHAYANA originaria de China como Chan, y desarrollada en Japón.

Glosario de Números

- 2 -

DOS ACUMULACIONES: Colecciones de MERITO (virtud / método) y SABIDURÍA.

DOS CATEGORÍAS DE FENÓMENOS: Permanentes y funcionales.

DOS CAUSAS PARA TOMAR REFUGIO: Miedo y fe.

DOS CUERPOS DEL BUDA: DHARMAKAYA and RUPAKAYA.

DOS EXTREMOS: Visión de lo eterno y el nihilismo.

DOS ETAPAS DEL TANTRA: ETAPA DE GENERACIÓN y ETAPA DE LA PERFECCIÓN.

DOS OBSCURACIONES: OBSCURACIONES AFFLICTIVAS y OBSCURACIONES COGNITIVAS, u oscurecimientos al nirvana y a la omnisciencia. Ver también NUEVE OBSCURACIONES.

DOS PRELIMINARES ÚNICOS PARA EL TANTRA DEL KALACHAKRA: Autogeneración como la deidad del Kalachakra; práctica del shamatha tántrico en un cuarto oscuro.

DOS VERDADES: VERDAD RELATIVA y VERDAD ULTIMA.

- 3 -

TRES ABSORCIONES (EN LA PRÁCTICA TÁNTRICA): Apariencia blanca (nangwa Tib.), Aumento rojo (chedpa Tib.) Y logro negro (thopa Tib.).

TRES ADIESTRAMIENTOS: Adiestramiento en moralidad / disciplina, concentración y SABIDURÍA / discriminación (los adiestramientos esenciales de SUTRAYANA).

TRES AISLAMIENTOS: Aislamiento del cuerpo, de la palabra y de la mente.

TRES ASPECTOS PRINCIPALES DEL SENDERO: RENUNCIA, Bodhicitta y la SABIDURÍA de la REALIZACIÓN DEL VACÍO de un texto del Lama TSONGKHAPA.

TRES CATEGORÍAS DE FENÓMENOS: Fenómenos obvios, fenómenos ocultos y fenómenos bien ocultos.

TRES CATEGORÍAS DE VIRTUDES: Virtud natural, asociada y mediada.

TRES CESTAS: Ver: TRIPITAKA.

TRES CUERPOS DEL BUDA: DHARMAKAYA (cuerpo de la verdad), SAMBHOGAKAYA (cuerpo del disfrute) y NIRMANAKAYA (cuerpo de emanación).

TRES DEFECTOS DE LA VASIJA: Un envase invertido (que representa la mente cerrada); un envase con agujeros (que representa un recuerdo pobre); un envase que contiene veneno (que representa la contaminación con ideas preconcebidas o fijas).

TRES DELIRIOS / VENENOS / NEGATIVIDADES: IGNORANCIA, aversión / ira, APEGO / deseo.

TRES FORMAS DE ALCANZAR LA BODHICITTA: El camino del rey, el camino del barquero, el camino del pastor.

TRES GIROS DE LA RUEDA DEL DHARMA: Primer giro enfatizando las enseñanzas THERAVADA, segundo giro enfatizando las enseñanzas del SUTRA MAHAYANA, tercer giro enfatizando las enseñanzas de la NATURALEZA BÚDICA y el VAJRAYANA.

TRES HERRAMIENTAS DE SABIDURÍA: Sabiduría auditiva, sabiduría de contemplación, sabiduría de MEDITACIÓN.

TRES JOYAS: Los tres objetos del REFUGIO: BUDA, DHARMA y SANGHA. A nivel externo: SHAKYAMUNI BUDA, sus enseñanzas y la comunidad de personas ordenadas o amigos espirituales. En el nivel interno: la propia NATURALEZA BÚDICA, la verdad omnipresente y los seres ARYA.

TRES KAYAS: ver TRES CUERPOS DE BUDA.

TRES MANERAS DE AGRADAR A UN MAESTRO: Practicando de acuerdo con lo que enseñan, cuidando sus necesidades y haciendo ofrendas materiales.

TRES MARCAS DE EXISTENCIA: Impermanencia, sufrimiento, no ser.

TRES NATURALEZAS: Naturaleza imputada, dependiente y primordial.

TRES NIVELES DE PRACTICANTES BUDISTAS: Nivel inicial / básico: logro de un BUEN RENACIMIENTO, Nivel medio / intermedio: logro de la LIBERACIÓN individual, y Alcance más elevado / grande: logro de la Budeidad por el bien de todos los seres.

TRES NIVELES DE REFUGIO: Refugio THERAVADA, MAHAYANA y VAJRAYANA.

TRES PRÁCTICAS DE LA ASPIRACIÓN BODHICITTA: Considerar a otros seres como iguales a nosotros, intercambiarse por otros, considerar a los demás como más importantes que uno mismo.

TRES PUERTAS: Cuerpo, palabra y MENTE.

TRES REINOS: REINO DEL DESEO, de la FORMA y SIN FORMA.

TRES TIEMPOS: Pasado, presente y futuro.

TRES TIPOS DE ACCIONES: Acciones de la mente, la palabra y el cuerpo.

TRES TIPOS DE FE: Fe espontánea, ansiosa y confiada.

TRES TIPOS DE FENÓMENOS FUNCIONALES: Materia física, fenómenos mentales y factores constitutivos.

TRES TIPOS DE PERCEPCIÓN VÁLIDA: Percepción válida basada en: las cinco conciencias y la conciencia mental; razonamiento lógico; confiar en la autoridad.

TRES TIPOS DE PEREZA: Complacencia, falta de confianza en sí mismo, estar habitualmente ocupado.

TRES TIPOS DE SUFRIMIENTO: Sufrimiento del dolor, sufrimiento de cambio y sufrimiento omnipresente (potencial de sufrimiento).

TRES TIPOS DE VOTOS: PRATIMOKSHA (liberación individual), BODHISATTVA y votos TANTRICOS.

TRES VENENOS: APEGO, aversión e ignorancia.

TRES YOGAS DE NO MOVIMIENTO: No movimiento del cuerpo, de la palabra y de la mente (elementos de la práctica TANTRICA SHAMATHA).

- 4 -

CUATRO ACTIVIDADES EXTRAORDINARIAS: ver CUATRO ACCIONES SUBLIMES.

CUATRO APLICACIONES DE MENTE PLENA: Mente plena del cuerpo, los sentimientos, la mente y los fenómenos (dharmas).

CUATRO AUDACIAS DE UN BUDA: Audacia en el conocimiento de todas las cosas, audacia en el conocimiento de la cesación, audacia para declarar que todos los oscurecimientos han sido definitivamente superados, la audacia de que el camino de la renuncia a través del cual se deben obtener todos los atributos excelentes, ha sido realizado.

CUATRO AUTÉNTICOS: Maestro auténtico, comentarios auténticos, palabra auténtica del Buda, experiencia auténtica de la verdad.

CUATRO BASES PARA PODERES MILAGROSOS: Concentración basada en: la disposición, la mente, el esfuerzo y el análisis.

CUATRO COMPROMISOS (EN LA PRÁCTICA DE LA MEDITACIÓN): compromiso bien enfocado, compromiso interrumpido, compromiso ininterrumpido, compromiso espontáneo.

CUATRO CONSORTES: Consorte físico (legya Tib.), Consorte visualizado (yegya), el fuego tummo interno (damsik gya) y la gran consorte de la forma vacía (shagya chenmo).

CUATRO CONTINENTES: Este, Purvavideha (Skt.), Tierra de cuerpo noble; al sur, Jambudvipa, nuestro mundo humano; oeste, Avaragodiniya, Ganadería; norte, Uttarakuru, Voz Desagradable. Estos continentes aparecen en la OFRENDA DEL MANDALA, y son parte de la representación simbólica de todo el universo según el ABHIDHARMA. La descripción del universo de KALACHAKRA difiere un poco.

CUATRO CONVICCIONES DE LA RENUNCIA: Contemplación sobre: el karma, el sufrimiento, la impermanencia y lo valioso de una preciosa vida humana.

CUATRO CUERPOS DEL BUDA: SVABHAVIKAKAYA, DHARMAKAYA, SAMBHOGAKAYA y NIRMANAKAYA.

CUATRO DEMONIOS: Ver CUATRO MARAS.

CUATRO DISCIPLINAS NOBLES: Evitar responder a (1) ira con ira, (2) daño físico con daño físico, (3) crítica con crítica, (4) argumentos verbales con argumentos verbales. Se dice que estas disciplinas distinguen a los practicantes reales, ya que controlan las causas de la ira y la falta de paciencia. (Esto es parte de los votos secundarios del Bodhisattva, conectados con la perfección de la paciencia).

CUATRO EMPODERAMIENTOS: Empoderamiento del vaso, empoderamiento secreto, empoderamiento de la sabiduría, empoderamiento de la palabra sagrada o (cuarto) empoderamiento.

CUATRO ESENCIAS: Esencia del sueño profundo (esencia de la mente), esencia de los sueños, esencia del despertar, esencia del éxtasis trascendental (esencia de la cuarta ocasión).

CUATRO ETAPAS DEL SENDERO THERAVADA: El que entra a la corriente, el que retorna, el que no retorna, el Arhat.

CUATRO FACTORES CONDUCENTES A INCUMPLIR UN VOTO: (1) Reconocimiento: una persona a sabiendas contradice el voto; (2) motivación: contradicen intencionalmente el voto (sin remordimiento ni cambio de opinión); (3) llevan a cabo la acción; (4) esto produce un resultado específico. Estos factores generalmente son necesarios para romper cualquier voto, aunque algunos votos pueden incumplirse si solo algunos de ellos están presentes.

CUATRO FACTORES MENTALES VARIABLES: el sueño, el arrepentimiento, la detección burda, el discernimiento.

CUATRO FACTORES VINCULANTES: Vea CUATRO FACTORES CONDUCENTES AL INCUMPLIMIENTO DE UN VOTO.

CUATRO FORMAS JHANAS: Cuatro niveles de absorción meditativa, cuyo fruto nacerá en cuatro clases de reinos de los dioses de la forma.

CUATRO GRANDES CORRIENTES DE SUFRIMIENTO HUMANO: Sufrimiento de: nacimiento, vejez, enfermedad y muerte.

CUATRO INCONMENSURABLES: AMOR inconmensurable / bondad amorosa, COMPASIÓN, EQUANIMIDAD y alegría empática.

CUATRO INCUMPLIMIENTOS: (1) romper una promesa, (2) romper un voto de Vinaya, (3) romper un voto de Bodhisattva, (4) romper un voto tántrico.

CUATRO INTENCIONES CORRECTAS: (1) Deseando mejores condiciones durante esta y futuras vidas, con fe en las Tres Joyas, (2) renuncia y el deseo de la auto liberación, (3) Bodhicitta, deseando alcanzar la iluminación completa por el bien de los demás , (4) percepción pura, viendo a todos los seres como iluminados mientras están motivados por la Bodhicitta relativa.

CUATRO INTENCIONES INCORRECTAS: buscar ganancias del maestro; recibir enseñanzas para alcanzar objetivos mundanos; basar nuestra relación con el maestro en preocupaciones egocéntricas; recibir las enseñanzas para beneficio personal.

CUATRO JHANAS SIN FORMA (O CUATRO REINOS SIN FORMA): espacio infinito, conciencia infinita, nada, más allá de la percepción.

CUATRO MANERAS DE ATRAER SERES (ESTUDIANTES): Ser generoso, hablar de manera placentera, enseñar de acuerdo con las necesidades individuales y actuar de acuerdo con lo que uno enseña.

CUATRO MANERAS INCORRECTAS DE RECORDAR LAS ENSEÑANZAS: Recordar las palabras que nos atraen pero olvidando el significado; recordar el significado pero olvidando las palabras; memorizar las palabras y el significado pero sin entender; recordar en el orden incorrecto o con el significado incorrecto.

CUATRO MARAS: Los AGREGADOS (la base del sufrimiento), la aflicción, la muerte (YAMA) y los objetos placenteros (literalmente los hijos de los dioses: distracciones / pensamientos de apego a objetos externos).

CUATRO NEGATIVIDADES INTENSAS: (1) aceptar el homenaje de un practicante más avanzado, (2) aprovechar la riqueza de un practicante genuino, (3) evitar que los devotos acumulen méritos y (4) engañar al maestro del Dharma.

CUATRO NOBLES VERDADES: Verdad de: SUFRIMIENTO, la causa del SUFRIMIENTO, el cese del SUFRIMIENTO, el NOBLE OCTUPLE SENDERO.

CUATRO O SEIS CLASES TÁNTRICAS: Tantra Kriyayoga (tantra de acción), tantra Upayoga-(tantra del desempeño), tantra Yoga, tantra Annutarayoga (Yoga tantra superior). En la tradición Nyingma, el Yoga-tantra superior se divide en Mahayoga, Anuyoga y Atiyoga, para un total de seis clases.

CUATRO PARADOJAS DE LA ILUMINACIÓN: (1) La naturaleza búdica es primordialmente pura pero está envuelta en impurezas temporales, (2) aunque las impurezas nunca han sido parte de la naturaleza búdica, cuando practicamos el sendero aparentemente hay eliminación de impurezas, (3) aunque todas las cualidades del Buda existen dentro de los seres ordinarios, no las vemos, (4) aunque la compasión del Buda es infinita, omnipresente y omni-abarcante, el Buda no tiene ninguna intención.

CUATRO PENSAMIENTOS QUE DIRIGEN LA MENTE HACIA EL DHARMA: Ver CUATRO CONVICCIONES DE LA RENUNCIA.

CUATRO PERSEVERENCIAS: No cultivar una nueva no virtud, renunciar a la no virtud existente, cultivar la virtud, no permitir que la virtud existente se degenere.

GLOSARIO

CUATRO PODERES (PARA LA PURIFICACIÓN): Arrepentimiento, apoyo, acción como antídoto (mantras, postraciones, etc.), resolución de no repetir negatividades.

CUATRO PODERES SUBLIMES (EN LA PRÁCTICA TÁNTRICA): pacificación, expansión, control y sumisión / subyugación iracunda.

CUATRO PRINCIPIOS: Cuatro escuelas filosóficas budistas, que difieren en su visión del VACÍO: Vaibhashika, Sautrantika, Chittamatra y Madhyamika (que incluye tanto al Rangtong como al Shentong Madhyamika). Las primeras dos son escuelas HINAYANA, las otras dos son escuelas MAHAYANA. La primera de estas escuelas plantea partículas sin partes verdaderamente existentes y momentos de tiempo indivisibles. Las escuelas posteriores tienen una visión más profunda, con los principios del Madhyamika refutando la verdadera existencia de todos los fenómenos relativos.

CUATRO PUERTAS QUE LLEVAN A VIOLAR UN VOTO: (1) La puerta de la ignorancia; (2) la puerta de la falta de respeto; (3) la puerta del descuido; y (4) la puerta de la distorsión mental.

CUATRO PUREZAS (EN LA PRÁCTICA TÁNTRICA): Lugar (el ambiente se ve como el MANDALA DE LA DEIDAD), Cuerpo (se imagina que el cuerpo ordinario es el cuerpo de la DEIDAD), Disfrute (los placeres sensoriales se ven como ofrendas a la DEIDAD), Acción (todas nuestras acciones son consideradas como las acciones de la DEIDAD).

CUATRO RECONOCIMIENTOS CORRECTOS: (1) Estamos enfermos; (2) los maestros del Buda y el Dharma son como doctores; (3) el Dharma es como la medicina; (4) practicar el Dharma es como tomar la medicina.

CUATRO SELLOS: Todos los fenómenos compuestos son impermanentes; todo lo relacionado con las aflicciones mentales contiene sufrimiento por su naturaleza; el yo y todos los fenómenos carecen de existencia verdadera; la iluminación es paz total más allá de todos los extremos.

CUATRO SUFRIMIENTOS HUMANOS NATURALES ADICIONALES: Sufrimiento de: encontrarte con tus enemigos, separarte de tus seres queridos, no obtener lo que quieres y obtener lo que no deseas.

- 5 -

CINCO AGREGADOS: Forma (cuerpo), sentimiento, percepción (discriminación, reconocimiento), formación (volición, factores de composición, fuerzas motivacionales), conciencia (conciencia mental y de los cinco sentidos).

CINCO CHAKRAS: En el budismo, generalmente los centros de energía en la frente, la coronilla (centro del gran éxtasis), la garganta (centro del disfrute), el corazón (centro del Dharma) y cuatro dedos debajo del ombligo (centro de emanación). SEIS CHAKRAS se utilizan en el sistema KALACHAKRA.

CINCO CIENCIAS: gramática, lógica, medicina (reparación de cosas), artes y manualidades, filosofía.

CINCO DEGENERACIONES: Degeneración de: la vida útil, tiempo (proliferan las guerras y hambrunas), seres (cada vez más difíciles de ayudar), puntos de vista (propagación de falsas creencias) y emociones negativas.

CINCO DELITOS HORRENDOS (DE RETRIBUCIÓN INMEDIATA): Matar al padre, a la madre o a un ARHAT; intento de herir (extraer sangre) de un BUDA, causar división entre la SANGHA.

CINCO ELEMENTOS: Tierra, agua, fuego, aire y espacio. Estos elementos tienen cualidades burdas y sutiles que determinan cómo se disuelve el cuerpo y la mente en el momento de la muerte.

CINCO ETAPAS DE LA MEDITACIÓN CORRECTA: Movimiento, percepción, habituación, estabilización, perfección (de acuerdo con las instrucciones tántricas de shamatha).

CINCO FACTORES DE LA CONCENTRACIÓN MEDITATIVA: Investigación, análisis, felicidad mental, éxtasis y enfoque en un solo punto.

CINCO FACTORES DETERMINANTES DEL OBJETO: La aspiración, la creencia, la atención plena, la concentración, la sabiduría.

CINCO FACTORES MENTALES OMNIPRESENTES: Sensación, discriminación, intención, contacto y atención.

CINCO FACULTADES: Facultad espiritual de: fe, esfuerzo, atención plena, concentración y sabiduría.

CINCO FALTAS A LA CONCENTRACIÓN MEDITATIVA (ver también OCHO ANTIDOTOS): pereza, olvido de las instrucciones, aburrimiento y agitación, aplicación deficiente de los antídotos, aplicación excesiva de los antídotos.

CINCO FAMILIAS DEL BUDA: AMITABHA, AKSHOBHYA, RATNASAMBHAVA, VAIROCHANA, AMOGHASIDDHI.

CINCO HABILIDADES EXTRASENSORIALES MUNDANAS: audición divina que oye sonidos cercanos y lejanos, clarividencia o visión divina que conoce la muerte y el renacimiento de todos los seres, memoria de existencias pasadas, conocimiento de la mente de los demás, habilidades sobrenaturales que implican el control de los cuatro elementos tales como volar por el espacio o moverse a través de objetos sólidos.

CINCO OBSTACULOS: Deseo sensual, mala voluntad, aburrimiento y somnolencia, inquietud y remordimiento, duda.

CINCO PODERES MILAGROSOS: Poder de: la fe, el esfuerzo, la atención plena, la concentración y la sabiduría.

CINCO PRECEPTOS: para evitar: matar, robar, conducta sexual inapropiada, mentir con intenciones negativas y tóxicas que nublan la mente.

CINCO PRELIMINARES TÁNTRICOS COMUNES (Preliminares internos): (Preliminares internos): Refugio, Bodhicitta, Vajrasattva, ofrenda del mandala, gurú yoga.

CINCO SENDEROS: Senderos de: la acumulación, la preparación, la perspicacia, la habituación y el no más aprendizaje. Uno se convierte en un ser ARYA que ha alcanzado el sendero de la percepción. Las definiciones de estos senderos difieren en el THERAVADA y el MAHAYANA.

CINCO SABIDURIAS: Espacio todo abarcante o Dharmadhatu, como espejo, ecuanimidad, discriminación y sabiduría que todo lo logra.

CINCO TESOROS SUBLIMES: el maestro perfecto, la enseñanza, el lugar, los discípulos y el tiempo.

CINCO VIENTOS RAÍZ y CINCO RAMALES DE VIENTOS: Vientos raíz: (1) vaciado hacia abajo (controlan la descarga y retención de desechos en los orificios inferiores, ubicados en la región genital.), (2) ascendentes (controlar la deglución, el habla y otras actividades de la garganta), (3) sostenedores de la vida (mantener la esencia de la vida, ubicada en el corazón), (4) ecualizadores (controlar la digestión y la separación de desechos ubicados en el ombligo) y (5) omnipresentes (controlar el movimiento, ubicado a través de todo el cuerpo). Cinco ramales de vientos: (1) moviéndose (ubicados en los ojos), (2) moviéndose completamente (orejas), (3) moviéndose perfectamente (nariz), (4) moviéndose rápidamente (lengua), (5) moviéndose ciertamente (superficie de la piel).

- 6 -

SEIS BARDOS: El estado de vigilia, sueño, meditación, muerte, Dharmata (el resplandor de la iluminación) y el devenir (el tiempo entre la muerte y el renacimiento).

SEIS CHAKRAS: Por lo general: la frente, la coronilla, la garganta, el corazón, el ombligo, el secreto (ubicado en la base de los genitales, también conocido como el centro de protección del éxtasis). A veces, la frente y la coronilla se consideran un solo CHAKRA.

SEIS ERRORES A EVITAR MIENTRAS ESCUCHAMOS LAS ENSEÑANZAS: Orgullo o mente cerrada por la arrogancia, falta de fe o una actitud hipercrítica, falta de esfuerzo e interés, distracción externa, tensión interna y desánimo.

SEIS FORMAS DE CLASIFICAR EL KARMA: (1) Karma individual y colectivo, (2) karma basado en la intención, (3) karma basado en la magnitud del resultado, (4) karma en relación con el momento de la muerte, (5) proyectando y completando el karma, (6) karma basado en el tipo de resultado.

SEIS FUNDAMENTOS DE LA PRÁCTICA DEL DHARMA (PRELIMINARES EXTERNOS): Contemplaciones sobre – el karma, el sufrimiento, los beneficios de la liberación, el valor de una preciosa vida humana, la impermanencia, la búsqueda y el seguimiento de un maestro del DHARMA.

SEIS PERFECCIONES: Generosidad, disciplina, paciencia, diligencia alegre, concentración y SABIDURÍA.

SEIS PERCEPCIONES EXTRA SENSORIALES: audición divina que escucha sonidos cercanos y lejanos, clarividencia o visión divina que conoce la muerte y el renacimiento de todos los seres, memoria de existencias pasadas, conocimiento de la mente de los demás, habilidades sobrenaturales como volar por el espacio o moverse a través de objetos sólidos, conocimiento de la liberación.

SEIS PODERES (EN LA PRÁCTICA DE LA MEDITACIÓN): Poder de: escuchar, reflexión, atención plena, vigilancia, diligencia entusiasta, familiaridad completa.

SEIS RAICES MENTALES AFLICTIVAS: Apego (aferrarse), aversión (ira), orgullo, ignorancia de la verdad, visión equivocada, duda.

SEIS REINOS DEL SAMSARA: INFIERNO, PRETA (fantasma hambriento), animal, humano, ASURA (semidiós) y REINO DE DIOS.

SEIS SENTIDOS: vista, oído, tacto, gusto, olfato, mental.

SEIS YOGAS DEL KALACHAKRA: El sistema de la práctica del tantra Yoga Superior involucra los canales de energía, los vientos internos y las esencias sutiles, que es la base de la ETAPA DE PERFECCIÓN DEL KALACHAKRA, tal como se conserva en la tradición JONANG. Estos seis yogas incluyen seis prácticas específicas realizadas en secuencia usando una habitación oscura en varias etapas: retirada, estabilización meditativa, retención, poder de la fuerza vital, recolección y absorción meditativa.

SEIS YOGAS DE NAROPA: Sistema de meditación común de TANTRA, que comprende el corazón de la práctica de la ETAPA DE PERFECCIÓN en la escuela de budismo tibetano KAGYU.

SEIS YOGAS DE NIGUMA: Sistema de meditación similar a los SEIS YOGAS DE NAROPA.

- 7 -

SIETE CONTEMPLACIONES DE LA IMPERMANENCIA: Impermanencia de: los seres mundanos, los seres arios, los grandes gobernantes y del mundo externo. Otros ejemplos de impermanencia son la muerte y el reconocimiento constante de la impermanencia.

SIETE FACTORES DE LA ILUMINACIÓN: La atención plena, la investigación, la discriminación, la energía, la alegría, la tranquilidad (facilidad de alerta), la concentración y la ecuanimidad.

SIETE OBJETOS PRECIOSOS: Posesiones de un Monarca Universal (que simbolizan los SIETE FACTORES DE LA ILUMINACIÓN): Preciosos: - La Rueda (atención plena), el Elefante (SABIDURÍA), el Caballo (Energía, PULMÓN), la Joya (Alegría), la Reina (tranquilidad), el Ministro (concentración) y el general (ecuanimidad).

SIETE PUNTOS VAJRA (ASPECTOS DE LA ILUMINACIÓN): BUDA, DHARMA, SANGHA, NATURALEZA BÚDICA (el elemento), las cualidades, las actividades.

- 8 -

OCHO ACTOS PERVERSOS: Ver OCHO MODOS DE CONDUCTA INCORRECTOS.

OCHO ANTÍDOTOS EN LA PRÁCTICA DE LA MEDITACIÓN: la aspiración, la fe, la diligencia, la flexibilidad, la atención plena, la vigilancia, la aplicación del remedio y la ecuanimidad.

OCHO BODHISATTVAS: (El séquito intimo del BUDA SHAKYAMUNI) MANJUSHRI, VAJRAPANI, AVALOKITESHVARA, Kshitigarbha, Sarvanivaranaviskambini, Akashagarbha, MAITREYA, Samantabhadra.

OCHO CARACTERÍSTICAS MENTALES INADECUADAS: Ver OCHO CIRCUNSTANCIAS INTRUSIVAS Y OCHO CARACTERÍSTICAS MENTALES INADECUADAS.

OCHO CIRCUNSTANCIAS INTRUSIVAS Y OCHO CARACTERÍSTICAS MENTALES INADECUADAS: Ocho circunstancias intrusivas: (1) fuertes aflicciones mentales, (2) intelecto limitado, (3) seguir un falso amigo espiritual, (4) pereza y complacencia, (5) estar abrumado por un karma negativo intenso, (6) esclavización a actividades mundanas o compromisos inquebrantables, (7) practicar por miedo o querer escapar, (8) motivarse por preocupaciones mundanas. Ocho características mentales inadecuadas: (1) sentirse cautivo por compromisos mundanos, (2) falta de humildad, (3) falta de verdadera comprensión o determinación para ser libre, (4) falta de fe en el maestro o las enseñanzas, (5) disfrutar de la no virtud, (6) apatía hacia la práctica del Dharma, (7) romper los votos del PRATIMOKSHA o BODHISATTVA, (8) romper los votos TANTRICOS.

OCHO CONCIENCIAS: Conciencias principales de los: ojos, oídos, la nariz, la lengua, el cuerpo, la mente, la mente engañada y la conciencia fundamental.

OCHO CUALIDADES DE LA ILUMINACIÓN: Tres cualidades que benefician al iluminado (no compuesto, espontáneamente realizado, consciente de sí mismo), tres cualidades que benefician a los demás (gran sabiduría, compasión y poder para beneficiar), la cualidad para beneficiarnos, la cualidad para beneficiar a otros.

OCHO LIBERTADES Y DIEZ VENTAJAS: Ocho libertades: la libertad de nacer: (1) como un ser infernal, (2) como un preta, (3) como un animal, (4) como un dios de larga vida, (5) como una persona que carece de interés en los valores espirituales o éticos, (6) en un lugar espiritualmente remoto, (7) con discapacidad sensorial o cognitiva u (8) en un eón oscuro donde un Buda no ha venido. Diez ventajas: (1) un nacimiento humano, (2) nacer en un lugar principalmente espiritual, (3) facultades intactas, (4) sin un estilo de vida conflictivo, (5) teniendo fe en el Dharma, (6) el Buda ha venido, (7) él ha enseñado el Dharma, (8) el Dharma todavía existe hoy, (9) el Dharma se considera precioso, (10) uno ha sido aceptado por un maestro espiritual.

OCHO MODOS INCORRECTOS DE CONDUCTA (OCHO ACTOS PERVERSOS): (1) Criticar el bien, (2) alabar el mal, (3) interrumpir la acumulación de méritos de una persona virtuosa, (4) perturbar la mente de aquellos que tienen devoción, (5) renunciar a nuestro maestro espiritual, (6) renunciar a los compromisos con nuestra deidad, (7) renunciar a los hermanos y hermanas vajra, (8) profanar un mandala o desobedecer las reglas durante el retiro.

OCHO OFRENDAS A LAS DIOSAS: Diosa de la Belleza, Guirnaldas, Canción, Danza, Flores, Incienso, Lámparas y Perfume.

OCHO PRECEPTOS: abstenerse de: (1) causar daño y quitar la vida, (2) tomar lo que no se da libremente, (3) mala conducta sexual, (4) mentir intencionalmente o usar palabras hirientes, (5) intoxicantes que nublan la mente , (6) comer en el momento equivocado (la hora correcta es una vez, después del amanecer y antes del mediodía), (7) cantar, bailar o usar joyas, (8) dormir en un lugar alto o lujoso o dormir excesivamente.

OCHO PRECEPTOS DEL MAHAYANA: Votos para no: (1) matar, (2) robar, (3) tener actividad sexual, (4) mentir, (5) intoxicarse, (6) hacer más de una comida en veinticuatro horas., (7) sentarse en asientos o camas altas y caras, (8) vestir con joyas, bailar y tocar música con APEGO. Estos votos se pueden tomar por varios períodos de tiempo.

OCHO PREOCUPACIONES MUNDANAS: Deseo de: fama, placer mundano, ganancia material y elogios. Sentirse infeliz cuando se pierde: fama, placer mundano, ganancia material y cuando escuchamos críticas duras o desagradables hacia nosotros.

OCHO SIDDHIS: la capacidad de hacer píldoras y lociones para los ojos para mejorar la visión, viajar bajo tierra, la espada mágica, la rapidez del pie, la invisibilidad, la prevención de la muerte y la curación de enfermedades.

OCHO SÍMBOLOS AUSPICIOSOS: la sombrilla, el pez dorado, el jarrón del tesoro, el loto, la concha, el nudo (de larga vida), el estandarte de la victoria y la rueda del Dharma.

OCHO TIPOS PRINCIPALES DE CONCIENCIA: vea OCHO CONCIENCIAS.

OCHO VERSOS PARA EL ENTRENAMIENTO MENTAL: Texto esencial corto del maestro Kadampa Langri Thangpa, enfatizando la práctica de TONGLEN.

OCHO VOTOS DE LA RAMA TÁNTRICA: Vea el Tercer Volumen (también menciona tres votos adicionales de la rama tántrica).

- 9 -

NUEVE CONTEMPLACIONES EN UN CEMENTERIO: (1) un cadáver de uno, dos o tres días muerto, materia hinchada, lívida y supurante, (2) un cadáver devorado por cuervos, halcones, buitres, perros, chacales o gusanos, (3) un esqueleto con carne y sangre unida por tendones, (4) un esqueleto sin carne con sangre unida por tendones, (5) un esqueleto sin carne y sangre unido por tendones, (6) huesos desconectados dispersos en todas las direcciones, (7) huesos blanqueados del color de las conchas, (8) huesos amontonados, (9) huesos con más de un año, podridos y desmenuzados en polvo.

GLOSARIO

NUEVE ETAPAS DE MEDITACIÓN: Enfocando la mente en un objeto, enfoque continuo, enfoque parcheado, enfoque cercano, disciplinando la mente, pacificando la mente, pacificando completamente la mente, unidireccional, ecuanimidad.

NUEVE OBSCURACIONES: Siete OBSCURACIONES AFLICTIVAS (1-3. tres venenos en su estado latente, 4. seis aflicciones secundarias que surgen de los tres venenos, 5. el nivel instintivo de ignorancia, 6. abandonos en el camino de la visión Theravada, 7. abandonos en el camino de la meditación Theravada) y dos OBSCURACIONES COGNITIVAS (1. abandono de los siete niveles impuros del Bodhisattva, 2. abandonos de los tres niveles puros del Bodhisattva, o tendencias habituales).

NUEVE YANAS: Los vehículos progresivos del camino budista de acuerdo con la tradición nyingma del budismo tibetano. Incluyen: Shravakayana, PratyekaBudayana, Mahayana, Kriyayoga, Upayoga, Yoga-tantra, Mahayoga, Anuyoga and Atiyoga.

- 10 -

DIEZ BHUMIS (ETAPAS): etapas en el sendero hacia la budeidad después de que hemos alcanzado el sendero de la percepción. Estos son (en orden comenzando con el primer bhumi): alegría suprema, inmaculado, iluminación, radiante, difícil de superar, el acercamiento, profundamente involucrado, lo inamovible, la buena inteligencia, la nube del Dharma. El "undécimo bhumi" es la budeidad.

DIEZ DIRECCIONES: Los ocho puntos cardinales, así como arriba y abajo.

DIEZ GRILLETES: visión de identidad, duda, comprensión errónea de las reglas y observancias, deseo sensual, mala voluntad, deseo de existencia en los reinos de la forma o sin forma, vanidad, inquietud, ignorancia.

DIEZ NO VIRTUDES: tres son del cuerpo: matar, robar, conducta sexual inapropiada; cuatro son del discurso: mentir, palabras divisivas, palabras hostiles, conversación inútil; tres son de la mente: codicia, mala voluntad, visión incorrecta.

DIEZ PERFECCIONES: SEIS PERFECCIONES más: medios hábiles, aspiración, poder y sabiduría exaltada.

DIEZ PODERES DE UN BUDA: (1) Saber lo que vale la pena o es aconsejable y lo que no tiene valor o no es aconsejable; (2) conocer la maduración de todas las acciones (karma); (3) conocer las diferentes habilidades y potencial de todos los seres; (4) conocer el temperamento de todos los seres; (5) conocer los deseos y aspiraciones de todos los seres; (6) conocer los senderos que alcanzan el rango completo del samsara y el nirvana; (7) conocer la estabilidad meditativa, etc., y cuando está afectada y sin contaminación; (8) recordar existencias pasadas; (9) conocer la transferencia de la conciencia al nacer y al morir a través de la visión divina; (10) saber que todas las aflicciones han cesado y que se ha alcanzado la paz ultima.

DIEZ RECUERDOS: el Buda, el Dharma, la Sangha, la virtud, la generosidad, las deidades, la conciencia de la muerte, la atención del cuerpo, la atención de la respiración, el recuerdo de la paz.

DIEZ SEÑALES (en la práctica de la etapa de la perfección de Kalachakra): Estas diez señales son: humo, espejismo, nubes, luciérnagas, luz solar, luz de la luna, piedras preciosas brillantes, eclipse, luz de las estrellas, rayos de luz.

DIEZ VENTAJAS (DE UN NACIMIENTO HUMANO PRECIOSO): Ver OCHO LIBERTADES Y DIEZ VENTAJAS.

DIEZ VIRTUDES: tres son del cuerpo: salvar la vida de otros, practicar la generosidad, desarrollar disciplina moral y alentar a otros a hacer lo mismo; cuatro son de la palabra: decir la verdad, reconciliar las disputas, hablar dulce y calmadamente, hablar de manera significativa (como rezar o enseñar); tres son de la mente: tener pocos deseos, tener buena voluntad hacia los demás y mantener puntos de vista correctos.

- 11 -

ONCE FACTORES MENTALES VIRTUOSOS: Fe, vergüenza moral, miedo a la maldad, desapego, no enojo, no ignorancia, diligencia, flexibilidad mental, conciencia, ecuanimidad, no dañar.

ONCE MANERAS DE AYUDAR A LOS SERES: Ayudar a los que están SUFRIENDO debido a; son ignorantes del KARMA; previamente me han ayudado; están en peligro; están llenos de dolor; son pobres; indigentes; ya en el camino verdadero; o en un camino equivocado; ayudando hábilmente y ayudando usando cualquier SIDDHI que poseas.

- 12 -

DOCE ACTOS DE UN BUDA: Habitar en Tushita, descender y entrar al útero, nacer, dominar las artes, disfrutar de los placeres sensuales, renunciar al mundo, practicar el ascetismo, llegar al punto de la iluminación, vencer las fuerzas demoníacas, lograr la iluminación perfecta, girar la Rueda del Dharma y pasar al nirvana final.

DOCE VÍNCULOS DE LA ORIGINACIÓN DEPENDIENTE: Ignorancia, formación kármica, conciencia, nombre y forma, las seis puertas de los sentidos, contacto, sentimiento, deseo intenso, aferramiento, devenir, (re) nacimiento, envejecimiento y muerte.

-13-

TRECE ORNAMENTOS DE UN BUDA SAMBHOGAKAYA: Cinco prendas de seda: (1) diadema, (2) prenda superior, (3) bufanda larga, (4) cinturón, (5) prenda inferior. Ocho adornos de joyas: (1) corona, (2) pendientes, (3) collar corto, (4) brazaletes en cada brazo, (5) dos collares largos, uno más largo que el otro, (6) un brazalete en cada muñeca, (7) anillo en cada mano, (8) tobillera en cada pie.

GLOSARIO

- 16 -

DIECISÉIS ASPECTOS DE LAS CUATRO NOBLES VERDADES: impermanencia, sufrimiento, vacío, altruismo, origen, causa, condición, efecto, cesación, paz, excelencia, renuncia, sendero, razonamiento, realización, libertad total.

DIECISÉIS RESPIRACIONES DE MENTE PLENA: Conciencia de: la respiración larga, la respiración corta, el cuerpo entero, calmando el cuerpo, los sentimientos, calmando los sentimientos, la alegría, la felicidad, la mente, alegrando la mente, concentrando la mente, liberando la mente, impermanencia, disipar (el sufrimiento), liberación, dejar ir.

- 18 -

DIECIOCHO VOTOS RAÍZ DEL BODHISATTVA: Seis votos para gobernantes y administradores (los primeros cuatro se cuentan dos veces), ocho votos para la gente común. A veces también se incluyen los cuatro votos raíz de la tradición de Asanga. Vea el Libro Dos para detalles de los votos específicos.

- 20 -

VEINTE AFLICCIONES MENTALES DERIVADAS: furia, resentimiento, ocultamiento, hostilidad, celos, avaricia, engaño, hipocresía, autoengaño, nocividad, falta de conciencia, desvergüenza, letargo, excitación, falta de fe, pereza, falta de atención, olvido, no introspección distracción.

- 25 -

VEINTICINCO DIRECTIVAS POCO COMUNES: Cinco acciones para abandonar; cinco acciones para evitar; cinco matanzas prohibidas; cinco para respetar; cinco grupos para no faltar el respeto; cinco desapegos.

- 31 -

TREINTA Y UNA CARACTERÍSTICAS NO ATRACTIVAS DEL CUERPO HUMANO: pelos en la cabeza, pelos en el cuerpo, uñas, dientes, piel, carne, tendones, huesos, médula ósea, riñones, corazón, hígado, diafragma, bazo, pulmones, intestinos, mesenterio, estómago, heces, bilis, flema, pus, sangre, sudor, grasa, lágrimas, grasa, saliva, moco, aceite de las articulaciones, orina..

- 32 -

TREINTA Y DOS SEÑALES PRINCIPALES DE UN BUDA: (1) Plantas de los pies uniformes y con marcas de ruedas, (2) pies anchos y tobillos no visibles, (3) dedos largos, (4) dedos entrelazados con una delicada red, (5) piel suave y carne juvenil, (6) cuerpo con siete partes elevadas y redondeadas (palmas, plantas, hombros y cuello), (7) pantorrillas como un antílope, (8) genitales ocultos como el elefante, (9) torso como el de un león, (10) huecos entre clavículas bien llenos, (11) curva de sus hombros perfectos y hermosos, (12) manos y brazos redondeados, suaves y parejas, (13) brazos largos, (14) cuerpo rodeado con una aureola de luz, (15) cuello como un caracol, sin matices, (16) mejillas como las de un león, (17) cuarenta dientes iguales en número en la mandíbula superior e inferior (veinte en cada una), (18) dientes supremamente puros y hermosos, (19) dientes inmaculados, de longitud similar y alineados en filas iguales, (20) colmillos supremamente blancos y afilados, (21) lengua larga, habla ilimitada y significado inconcebible, (22) sentido supremo del gusto, (23) discurso amable como la melodía de Brahma, (24) ojos puros como lotos utpala azules, (25) pestañas densas y brillantes como las de un buey, (26) cabello de urna blanco inoxidable embelleciendo su rostro, (27) un ushnisha (protuberancia de la corona) coronando el centro de su cabeza, (28) piel pura y delicada, (29) piel de color dorado, (30) cabellos finos y suaves en su cuerpo, cada uno curvándose rector y hacia su corona desde un solo poro, (31) cabello inmaculado que se asemeja a una gema de color azul profundo, (32) estatura física bien proporcionada como un árbol de nyagrodha y cuerpo firme e invulnerable con la fuerza de Narayana. También hay ochenta señales menores de un Buda, como la calidad de sus uñas, etc.

- 37 -

TREINTA Y SIETE PRÁCTICAS DE UN BODHISATTVA: Conjunto secuencial de prácticas que abarcan todos los aspectos del camino del BODHISATTVA hacia la iluminación (conocidas también como las treinta y siete alas de la iluminación, estas prácticas también se aplican al sendero de THERAVADA). Incluyen: las CUATRO APLICACIONES DE LA MENTE PLENA, CUATRO PERSEVERANCIAS, CUATRO BASES DEL PODER MILAGROSO, CINCO FACULTADES, CINCO PODERES MILAGROSOS, SIETE FACTORES DE ILUMINACIÓN y el ÓCTUPLE NOBLE SENDERO.

- 40 -

CUARENTA OBJETOS DE MEDITACIÓN (DE ACUERDO CON EL TERAVADA): Diez kasinas (objetos que representan los elementos, los colores, la luz y el espacio), diez tipos de asquerosidad (etapas de descomposición de los restos humanos), DIEZ RECUERDOS, CUATRO INCONMENSURABLES, CUATRO JHANAS SIN FORMA, una percepción (la repulsión de la comida y el alimento), una que define (los cuatro elementos).

- 46 -

CUARENTA Y SEIS RAMAS DE LOS VOTOS DEL BODHISATTVA: 1-6: perfección de la generosidad; 7-16: perfección de la disciplina; 17-20: perfección de la paciencia; 21-23: perfección de diligencia gozosa; 24-26: perfección de la concentración; 27-34: perfección de la sabiduría; 35-46: moralidad de lograr el bien de los demás.

- 50 -

CINCUENTA VERSOS DE DEVOCIÓN AL GURU: Texto importante de Ashvagosha que describe la actitud correcta hacia el maestro tántrico.

- 51 -

CINCUENTA Y UN FACTORES MENTALES DERIVADOS: CINCO FACTORES MENTALES OMNIPRESENTES, CINCO FACTORES DETERMINANTES DEL OBJETO, SEIS AFLICCIONES MENTALES RAÍZ, VEINTE AFLICCIONES MENTALES DERIVADAS, ONCE FACTORES MENTALES VIRTUOSOS, CUATRO FACTORES MENTALES VARIABLES.

- 80 -

OCHENTA AFLICCIONES QUE SURGEN NATURALMENTE (según el TANTRA): Treinta y tres aflicciones derivadas de la aversión, cuarenta aflicciones derivadas del apego, siete aflicciones derivadas de la ignorancia. (Estas desaparecen a medida que los vientos internos se disuelven, lo que corresponde a las TRES ABSORCIONES de la apariencia blanca, el aumento rojo y el logro negro).

DEVELANDO TU VERDAD SAGRADA

Sobre el Autor

Khentrul Rinpoche es un Maestro No Sectario del Budismo Tibetano. Ha dedicado su vida a una gran variedad de prácticas espirituales, estudiando con más de 25 maestros de todas las principales tradiciones tibetanas. Si bien tiene un respeto y apreciación genuino por todos los sistemas espirituales, tiene la mayor confianza y experiencia con su camino personal del Kalachakra Tantra como se enseña en la Tradición Jonang-Shambhala.

Rinpoche trae una mente aguda e inquisitiva en todo lo que hace. Sus enseñanzas son tanto accesibles como directas, a menudo enfatizando una sensibilidad muy pragmática. A través de los años, Rinpoche ha sido el autor de una variedad de libros para guiar a sus alumnos. Ha hecho grandes esfuerzos específicamente para traducir y proporcionar comentarios sobre los textos que presentan las etapas graduales del Camino de Kalachakra.

Rinpoche cree que nuestro mundo definitivamente tiene el potencial de desarrollar una paz y armonía genuinas mientras se preserva nuestro medio ambiente y humanidad. Esta Era Dorada de Shambhala es posible a través del estudio y la práctica del Sistema Kalachakra. Con este fin, Rinpoche ha comenzado a viajar por el mundo para compartir su conocimiento de este linaje único libre de prejuicios sectarios..

La Visión de Rinpoche

El Dzokden fue fundado con el propósito expreso de apoyar a Khentrul Rinpoche en la realización de su visión para una mayor paz y armonía en este mundo. A medida que nuestra comunidad continúa creciendo y desarrollándose, más y más personas se están involucrando con este extraordinario esfuerzo.

Para darles una idea del alcance de la visión de Rinpoche, podemos hablar de ocho objetivos que reflejan sus prioridades a corto y largo plazo:

Los Objetivos Inmediatos

En última instancia, la felicidad duradera y genuina sólo es posible a través de una profunda transformación personal. Ahora más que nunca, necesitamos métodos para desarrollar nuestra sabiduría y actualizar nuestro mayor potencial. Es por esta razón que Rinpoche le da tanta prioridad a la preservación del Linaje Jonang Kalachakra. Hay cuatro formas en que Rinpoche propone hacer esto:

1. **Crear oportunidades para conectarse con un linaje auténtico y completo del Kalachakra en estrecha colaboración con meditadores dedicados en el remoto Tíbet.** Nuestro objetivo es crear todos los apoyos para la práctica de Kalachakra de acuerdo con los auténticos maestros del linaje que han mantenido esta tradición durante miles de años. Hacemos esto al encargar estatuas y pinturas, escribir libros y dar enseñanzas en todo el mundo. Ponemos especial énfasis en garantizar la autenticidad de nuestros materiales, aprovechando la experiencia profunda de meditadores altamente realizados que dedican sus vidas a estas prácticas.

2. **Establecer centros de retiro internacionales para el estudio y la práctica del Kalachakra.** Para integrar las enseñanzas en nuestras mentes, es crucial tener la oportunidad de participar en períodos de práctica intensiva. Por lo tanto, estamos trabajando para crear la infraestructura necesaria que respaldará y nutrirá a los miembros de nuestra comunidad

para participar en un retiro a corto y largo plazo. Esto incluye la compra de tierras y la construcción de todo lo que se necesita para llevar a cabo retiros grupales y solitarios. Nuestro objetivo a largo plazo es desarrollar una red de dichos centros en todo el mundo, formando una comunidad global que respalde una amplia variedad de profesionales..

3. **Traducir y publicar los textos únicos y raros de los maestros del Kalachakra.** El Sistema de Kalachakra ha sido el tema de innumerables textos en el transcurso de la larga historia del Tíbet. Hasta ahora, solo una pequeña fracción de estos textos ha sido traducida y está accesible en Occidente. Si bien los textos teóricos son importantes, nuestro objetivo es centrarnos particularmente en 81 las instrucciones básicas que guiarán a los practicantes dedicados a una experiencia más profunda de estas profundas enseñanzas.

4. **Desarrollar las herramientas y programas para una experiencia de aprendizaje estructurado.** Con grupos de estudiantes distribuidos por todo el mundo, creemos que es importante aprovechar al máximo las tecnologías modernas para facilitar el proceso de aprendizaje para nuestros estudiantes. Nuestro objetivo es desarrollar una sólida plataforma educativa en línea que permita a nuestra comunidad internacional acceder a programas de estudio de calidad que sean intuitivos, estructurados y atractivos..

Las Metas a Largo Plazo

Mientras trabajamos para lograr la paz y la armonía suprema en nuestras propias mentes, no debemos perder de vista el hecho de que existimos dentro del contexto de un mundo lleno de una gran diversidad de personas. Estas personas dan lugar a una amplia variedad de creencias y prácticas que a su vez dan forma a como nos relacionamos e interactuamos entre nosotros. En esta realidad interdependiente, es vital encontrar estrategias viables para promover una mayor tolerancia y respeto. Con este fin, Rinpoche propone cuatro áreas específicas de actividad:

1. **Promover el desarrollo de una Filosofía Rimé a través del diálogo con otras tradiciones.** Con el deseo de ser miembros constructivos de una sociedad pluralista, debemos aprender formas de reconciliar nuestras diferencias. Con este objetivo, nuestra meta es ayudar a las personas a desarrollar las cualidades positivas que promueven una actitud de respeto mutuo, apertura a nuevas ideas y un deseo inquisitivo de superar nuestra ignorancia.

2. **Desarrollar modelos de conducta altamente realizados ofreciendo apoyo financiero a profesionales dedicados.** Para asegurar la autenticidad de nuestras tradiciones espirituales, es imperativo que haya personas que realicen las realizaciones más elevadas. Por lo tanto, nuestro objetivo es crear un programa de becas financieras que facilite a los practicantes genuinos que desean dedicar sus vidas al desarrollo espiritual, independientemente 82 de su sistema de práctica. Al ayudar a las personas a actualizar las enseñanzas, se convierten en modelos positivos para quienes los rodean, inspirando y guiando a las generaciones venideras.

3. **Actualizar el gran potencial de las mujeres practicantes mediante el desarrollo de programas de capacitación especializados.** La cultura tibetana tiene una larga historia de cultivar maestros altamente realizados a través del entrenamiento intensivo de aquellos que son reconocidos por tener un gran potencial. Desafortunadamente, con demasiada frecuencia, la búsqueda de potencial se enfocó solo en los candidatos masculinos. Rinpoche cree que es cada vez más importante contar con modelos de roles femeninos fuertes y altamente realizados que puedan ayudar a lograr un mayor equilibrio en nuestro mundo. Por esta razón, estamos trabajando para desarrollar un programa de capacitación único para brindar a las mujeres la oportunidad de actualizar su potencial espiritual. Nuestro objetivo es diseñar un plan de estudios especializado, así como la infraestructura financiera para apoyar plenamente todos los aspectos de su educación.

4. **Promover una mayor flexibilidad mental y una comprensión más amplia de la realidad a través de programas educativos modernos.** En un mundo que evoluciona rápidamente, debemos replantearnos los tipos de habilidades que les enseñamos a nuestros hijos. Las rígidas estructuras del pasado a menudo están mal equipadas para preparar a los estudiantes para los desafíos que enfrentarán durante sus vidas. Por lo tanto, nuestro objetivo es desarrollar una variedad de programas educativos que puedan ayudar a los niños a ser más flexibles y más capaces de adaptarse a su contexto. Una parte importante de estos programas es el desarrollo de una mayor conciencia del papel que desempeña nuestra mente en nuestras experiencias cotidianas. También buscamos introducir reformas en el sistema educativo monástico que los ayuden a ser más relevantes para este mundo moderno.

¿Cómo Puedes Ayudar?

Nada de esto será posible sin tu apoyo y participación. Esta visión requerirá una gran cantidad de mérito y generosidad de múltiples benefactores a lo largo de muchos años. Si deseas ayudar, no dudes en contactarnos.

Dzokden
3436 Divisadero
Belgrave VIC 3160
USA

office@dzokden.org
dzokden.org

www.ingramcontent.com/pod-product-compliance
Lightning Source LLC
LaVergne TN
LVHW081527060526
838200LV00045B/2022